高等院校"十三五"系列规划教材

大学生信息素养

林豪慧 主 编
陈晓瑜 杨 伟 副主编

电子工业出版社
Publishing House of Electronics Industry
北京·BEIJING

内 容 简 介

本书以提高大学生信息素养为目标，依据《高等教育信息素养框架》引入信息素养的新视野，介绍信息素养的相关知识技能和行为能力，并结合高校信息素养教育实践，提供了丰富的学生作品实例，包含搜索信息、探索未知、活用信息、创造信息等多方面的内容。全书共 8 章，包括：信息素养，人人都应具备；认知信息的价值，认识信息安全与伦理；培养检索思维，探索式查找与获取信息；知悉信息源，学术科研必备；开放与免费资源，公平获取信息；管理文献与知识，提升学习科研效率与质量；分析研读信息，进行科研过程训练；活用信息，发现、探索、创新、创造。

本书既可作为本科生和研究生培养学术和科研信息素养的教材，也可作为教学、科研、工程技术人员和社会各界人士有效利用信息、开展研究活动的参考材料。

未经许可，不得以任何方式复制或抄袭本书之部分或全部内容。
版权所有，侵权必究。

图书在版编目（CIP）数据

大学生信息素养 / 林豪慧主编. —北京：电子工业出版社，2017.8
ISBN 978-7-121-31734-7

Ⅰ. ①大… Ⅱ. ①林… Ⅲ. ①信息技术－高等学校－教材 Ⅳ. ①G202

中国版本图书馆 CIP 数据核字（2017）第 123905 号

策划编辑：张云怡
责任编辑：张云怡
特约编辑：赵树刚　罗树利等
印　　刷：涿州市般润文化传播有限公司
装　　订：涿州市般润文化传播有限公司
出版发行：电子工业出版社
　　　　　北京市海淀区万寿路 173 信箱　　邮编：100036
开　　本：787×1092　1/16　印张：21　字数：538 千字
版　　次：2017 年 8 月第 1 版
印　　次：2021 年 9 月第 12 次印刷
定　　价：47.00 元

凡所购买电子工业出版社图书有缺损问题，请向购买书店调换。若书店售缺，请与本社发行部联系，联系及邮购电话：(010) 88254888，88258888。
质量投诉请发邮件至 zlts@phei.com.cn，盗版侵权举报请发邮件到 dbqq@phei.com.cn。
本书咨询联系方式：(010) 88254573。

前 言

《大学生信息素养》完稿，作为主编，心里既轻松，又怀着忐忑和期待。轻松是因为完成了一项重要工作，这项工作经历思考酝酿、准备素材和资料、编写和不断修改，终告付梓，能与读者朋友们见面，心中欢喜。忐忑是因为信息世界变化迅捷，信息素养和有关概念、理念常在变化更新，因而深恐成书及读者使用时部分内容已有变迁。另因时间仓促、编者水平有限等原因，书中内容表达也难免存在不成熟、疏漏和错误，恐给读者造成困惑、不解和不便，在此先请亲爱的读者朋友们谅解。期待是因为本书在编写上作了一定的创新尝试，以《高等教育信息素养框架》（以下简称《框架》）的理念为引领，结合编者在信息素养教育实践和探索中所得的经验、素材和感悟进行筹划和编写，在大纲和内容编排、资料和素材选取、呈现和表达形式等方面有所体现，并特别充实了案例部分，作为信息素养教育教材编写的一次探索，也期待读者朋友们的鉴定、反馈和建议，感谢读者朋友们的厚爱、宽容和不吝赐教。

引入信息素养框架的新理念，是本书的编写思路，也是本书的一个重要特色。国内外对信息素养概念的理解和诠释不断演变，原有信息素养概念遭遇现在信息全媒体化和泛在化的冲击，使素养概念的融合必要且必然。2015年ACRL发布《框架》，其信念是只有通过一套更丰富、更复杂的核心理念，信息素养作为一项教育改革运动的潜力才能得以充分实现，它采纳、借鉴了框架和元素养的概念，是对信息素养概念的重塑，是灵活和可扩展的，是可以与时俱进的，因而在国内外引起较大反响，国内高等教育界也在积极引进、研究和应用中。由于《框架》发布时间较短，以其作为编写大纲和指导理念的同类教材尚不多见。本书在拟定大纲时，力求引入《框架》的理念，并结合实用性，在一定程度上将其呈现在大纲中，尽量彰显出信息素养是包含信息的知识技能和思维意识的复合能力，更加关注学生在认识信息世界变化、合理使用信息和学术成果、创造新知识等方面的内容。

本书的第二个特色是在教材中突出了学生的参与度，尝试用教学实践来诠释信息素养的技能范畴已从确定、获取、定位、了解、生产和使用信息，扩展到参与式、交互式数字环境下的信息协作、生产和信息共享等方面，并显示了以学生为中心，支持泛在学习、情境学习、问题解决式学习、协作式学习，发展创新、创造能力的信息素养教育的努力方向。体现在教材中（主要是第8章）是结合大学生的学习生活实践，采用了一批大学生作品实例，这些作品实例来自编者近几年信息素养教育中积累的第一手资料，是从几千份作品中精选出来的，略经整理、润饰和删减，从编者所在高校的侧面，真实、鲜活地反映了当前大学生在学业、科研、成长和生活过程中，获取、评估和利用信息解决学业和生活等实际问题、呈现信息解决方案、尝试学术训练和学术交流的一般状况和动态。可以说，这既是一本教材，也是一本学材。

本书的第三个特色是在内容和形式上与同类教材相比也有所创新。例如，增加文献阅读、知识管理的内容，介绍了若干种信息管理工具，用以提升读者的学习、科研、生活和工作效率；又如，在每章前面提供该章节的思维导图，方便读者快速把握主要内容和结构，既呈现了教材内容，同时也用实际行动引导读者学习和应用信息素养的思维和技能；再如，关注到内容的立体化补充，将一些拓展性和延伸性的材料和资源（小文档和小课件等）纳入章节中及章节后，利用提供二维码的方式，供有兴趣的读者扫码浏览，使本书能进行一定程度的电子化使用。该类内容，如有更新的必要，编者可以在后台进行处理。

本书共8章，第1、2、3、6、7、8章由林豪慧编写，第4章由杨伟和陈晓瑜合作编写，第5章由陈晓瑜编写。全书由林豪慧策划主编，并对书稿进行统筹、修改、审校和定稿。

本书的编写获得了广东工业大学本科教学工程的正式立项，以及图书馆陈如好馆长、李晖书记的关心和支持，陈如好馆长审阅了全书。本书采用了杨耿江、李劲青、廖国通、蒲奕廷、胡胜梁、凌海玲、陈顺成、黄振锋、卢智伟、徐妙涵、郑灿涛、杨培锋、李秀雯、吴薇、陈锴彬、王湘丽、刘蕙珊、陈结云、蔡泽钊等同学的报告素材，也从很多学术文献、学术会议报告、圕人堂、科学网博文、微信公众号、网络中得到了启发和灵感，由于篇幅所限，未能在此及书后参考文献中尽列，在此一并深表谢意！

希望读者朋友们能从本书中不同程度地受益。如有任何反馈和建议，敬请不吝赐教！联系邮箱：linhaohui@gdut.edu.cn。

林豪慧
2017.6

目 录

第1章 信息素养，人人都应具备 ... 1
  1.1 信息素养的提出与发展 ... 2
  1.2 信息素养相关概念 ... 4
      1.2.1 素养概念的多元视角 ... 4
      1.2.2 素养概念的融合 ... 5
      1.2.3 媒体与信息素养 ... 6
      1.2.4 元素养 ... 11
  1.3 《高等教育信息素养框架》 ... 13
      1.3.1 《高等教育信息素养框架》的制定过程 ... 13
      1.3.2 《高等教育信息素养框架》的理念 ... 14
      1.3.3 《高等教育信息素养框架》的主要内容 ... 15
  1.4 大学生信息素养 ... 21
      1.4.1 新的信息环境 ... 21
      1.4.2 大学生与信息素养 ... 22
  练习、讨论与思考 ... 23

第2章 认知信息的价值，认识信息安全与伦理 ... 24
  2.1 信息拥有价值 ... 25
      2.1.1 信息的价值 ... 25
      2.1.2 信息价值的量度 ... 26
      2.1.3 信息价值的评估 ... 28

2.2 识别信息来源和格式 31
2.2.1 几个常用术语 31
2.2.2 文献信息资源 34
2.2.3 信息源的变迁 37
2.2.4 文摘和综述等 38
2.3 认知信息伦理与规范 40
2.3.1 学术写作中的引用规范 40
2.3.2 参考文献的著录规则 42
2.3.3 信息活动的权利和义务 45
2.4 重视信息安全 47
2.4.1 信息安全的重要性 47
2.4.2 信息安全相关的法律法规 48
2.4.3 关注信息安全 50
↳ 练习、讨论与思考 51

第3章 培养检索思维，探索式查找与获取信息 52
3.1 检索思维：检索即策略式探索 53
3.1.1 检索是一种过程 53
3.1.2 检索过程是循环和递进的 53
3.2 检索知识：高效检索的基石 53
3.2.1 检索系统 54
3.2.2 检索语言 57
3.2.3 检索算符 67
3.2.4 检索效果 70
3.3 检索策略：探索式查找与获取信息 72
3.3.1 什么是检索策略 72
3.3.2 什么是检索式 72
3.3.3 检索策略详解 73
↳ 练习、讨论与思考 81

第4章 知悉信息源，学术科研必备 82

4.1 学术信息源的访问与类型 83
4.1.1 学术信息源的常用访问入口 83
4.1.2 学术信息源的揭示方式 83

4.2 书目、图书信息源 84
4.2.1 馆藏目录检索系统 84
4.2.2 电子图书数据库 86

4.3 文摘数据库、引文数据库 88
4.3.1 Web of Science（SCI） 88
4.3.2 Engineering Village 96
4.3.3 中文社会科学引文索引（CSSCI） 101

4.4 全文型综合性学术信息源 101
4.4.1 中国知网 101
4.4.2 万方数据知识服务平台 107
4.4.3 维普知识资源系统 109
4.4.4 SDOL 电子期刊全文数据库 111
4.4.5 EBSCOhost 检索平台 112
4.4.6 PQDT 学位论文全文库 113
4.4.7 Wiley Online Library 114
4.4.8 SpringerLink 电子期刊及电子图书数据库 114
4.4.9 Taylor&Francis Online 期刊数据库 114
4.4.10 WorldSciNet 电子期刊 115
4.4.11 Nature 115
4.4.12 Science Online 116

4.5 全文型学科专业性学术信息源 116
4.5.1 RESSET 金融研究数据库 116
4.5.2 北大法宝 118
4.5.3 IEEE/IET Electronic Library 119
4.5.4 SciFinder 120
4.5.5 ACS Publications 120
4.5.6 RSC 期刊 120

- 4.5.7 ACM 数据库 ... 120
- 4.5.8 AMS 数字资源 ... 121
- 4.5.9 AIP 数据库 ... 121
- 4.5.10 APS 全文电子期刊数据库 ... 121
- 4.5.11 IOP 平台 ... 121
- 4.5.12 ASM 期刊数据库 ... 122
- 4.5.13 OSA 数据库 ... 122
- 4.5.14 ASME 数据库 ... 122
- 4.5.15 ASCE 数据库 ... 122
- 4.5.16 Emerald 数据库 ... 123
- 4.5.17 CAMIO 艺术博物馆在线 ... 123

4.6 其他各类学术信息源 ... 124
- 4.6.1 EPS 数据平台 ... 124
- 4.6.2 全球产品样本数据库 ... 124
- 4.6.3 Encyclopedia Britannica Online ... 125
- 4.6.4 考试学习类数据库 ... 125

4.7 专利信息源 ... 126
- 4.7.1 专利基础知识 ... 126
- 4.7.2 专利文献 ... 128
- 4.7.3 专利文献的检索 ... 134

4.8 标准信息源 ... 141
- 4.8.1 标准和标准文献 ... 142
- 4.8.2 标准文献的检索 ... 146

➔ 练习、讨论与思考 ... 149

第 5 章 开放与免费资源，公平获取信息 ... 151

5.1 搜索引擎 ... 152
- 5.1.1 搜索引擎概述 ... 152
- 5.1.2 综合性搜索引擎选介 ... 153
- 5.1.3 学术搜索引擎选介 ... 156

5.2 开放获取资源 ... 159
- 5.2.1 开放获取的定义及产生背景 ... 159

		5.2.2 开放获取的途径	161
		5.2.3 开放获取期刊及资源简介	162
		5.2.4 开放获取仓储及资源简介	165
5.3	网络公开课和慕课		169
		5.3.1 网络公开课	169
		5.3.2 慕课	169
		5.3.3 优秀的网络公开课和慕课资源推介	170
5.4	网盘与网盘搜索引擎		174
		5.4.1 网盘和云盘	174
		5.4.2 网盘搜索引擎	175
5.5	微博、微信搜索		176
		5.5.1 微博及微博搜索	177
		5.5.2 微信及微信搜索	179
	练习、讨论与思考		180

第 6 章　管理文献与知识，提升学习科研效率与质量　182

6.1	提醒和跟踪新资讯		183
		6.1.1 邮件提醒	183
		6.1.2 RSS 信息订阅	184
		6.1.3 微信号订阅	191
6.2	文献管理软件		192
		6.2.1 为什么需要文献管理软件	192
		6.2.2 常用的文献管理软件	193
		6.2.3 文献管理软件如何使用	196
6.3	网络笔记工具		198
		6.3.1 为什么需要网络笔记	198
		6.3.2 常用的网络笔记	199
		6.3.3 印象笔记使用基础	200
6.4	思维导图		202
		6.4.1 思维导图的作用	202
		6.4.2 常用的思维导图软件	202
	练习、讨论与思考		204

第 7 章　分析研读信息，进行科研过程训练 ... 205

7.1　科学研究基础 ... 206
7.2　文献调研 ... 206
7.2.1　文献调研的目的和方法 ... 206
7.2.2　文献调研的原则 ... 207
7.3　信息评价与分析 ... 207
7.3.1　信息评价 ... 207
7.3.2　信息分析 ... 210
7.4　文献阅读 ... 212
7.4.1　文献阅读的顺序 ... 212
7.4.2　单篇文献的阅读顺序 ... 214
7.4.3　单篇文献的阅读侧重 ... 214
7.4.4　阅读文献时做笔记 ... 215
7.5　科研和写作选题 ... 216
7.5.1　选题的技巧 ... 216
7.5.2　初学者的三个选题原则 ... 217
7.5.3　选题的来源 ... 219
7.5.4　题目的表达 ... 220
7.6　学术写作 ... 221
7.6.1　文献综述的撰写 ... 221
7.6.2　科技论文的撰写 ... 224
7.7　科技查新 ... 230
7.7.1　科技查新的主要术语 ... 230
7.7.2　查新报告案例 ... 231

➥ 练习、讨论与思考 ... 235

第 8 章　活用信息，发现、探索、创新、创造 ... 237

8.1　研究即探究过程 ... 238
8.1.1　对于学习者的知识技能要求 ... 238
8.1.2　对于学习者的行为方式要求 ... 239
8.1.3　辩证地利用信息，在传承中创新 ... 240

	8.1.4 对本章案例的说明	241
8.2	专业学习深化拓展	241
8.3	论文写作基础训练	256
8.4	科研项目一展身手	269
8.5	学术竞赛充分准备	284
8.6	多元兴趣自主探索	286
8.7	健康身心健康人生	299
8.8	社会责任你我也担	307
	↘ 练习、讨论与思考	320

主要参考文献 321

第 1 章

信息素养，人人都应具备

1974年，美国信息产业协会主席保罗·泽考斯基首次提出了信息素养的概念，认为信息素养是利用大量的信息工具及主要信息源使问题得到解答的技能。信息素养概念一经提出，便得到广泛传播和使用，世界各国的研究机构和教育机构围绕信息素养展开了持续而广泛的研究、探索和实践，其概念亦随时代的发展不断演变。在互联网时代，信息素养是个人投身信息社会的一个先决条件，提升和优化公民的信息素养已经成为各国的共识，信息素养也成为促进人类发展的全球性政策。信息素养，人人都应该具备的素养。

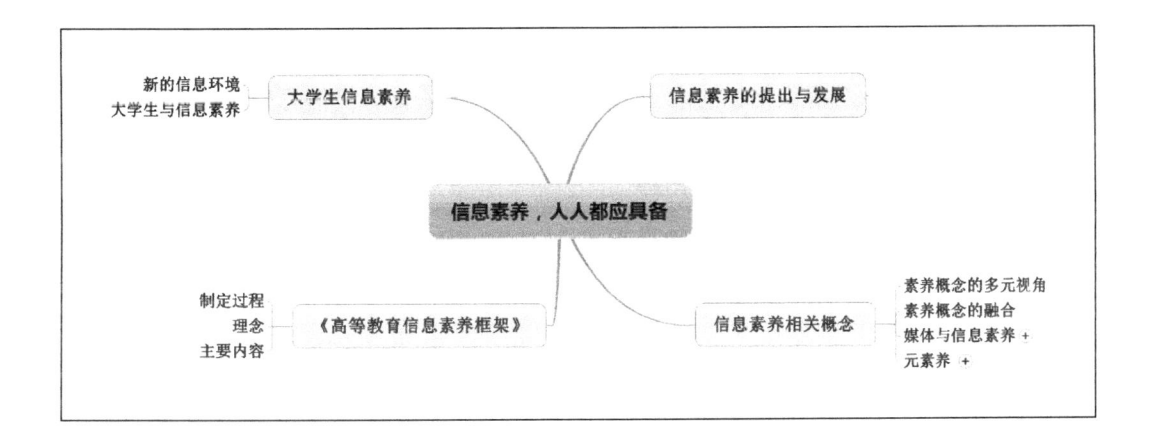

```
新的信息环境         大学生信息素养              信息素养的提出与发展
大学生与信息素养

                    信息素养，人人都应具备

制定过程                                         素养概念的多元视角
理念       《高等教育信息素养框架》   信息素养相关概念   素养概念的融合
主要内容                                         媒体与信息素养 +
                                                元素养 +
```

1.1　信息素养的提出与发展

1974 年，美国信息产业协会主席保罗·泽考斯基（Paul Zurkowski）在给美国图书馆与信息科学委员会的报告中，首次提出了信息素养（Information Literacy，简称 IL，也译为信息素质）的概念。他认为，信息素养是利用大量的信息工具及主要信息源使问题得到解答的技能。这个定义的内涵有三个方面：一是在具体问题中使用相关信息；二是具有利用信息工具和主要信息源的知识与技能；三是利用信息的目的是解决具体问题。简单地说，信息素养就是获取、评价以及使用信息资源的能力。

1976 年，黎·伯奇纳（Lee Burehinal）提出，一个具备信息素养的人需掌握一系列新的技能，包括高效地检索与利用所需信息解决实际问题的能力。

1979 年，罗伯特·泰勒（Robert Taylor）认为，信息素养应包含以下几方面的因素：在大部分的问题解决方案中使用恰当的事实与信息；各种可获得信息源的基础知识；信息的存储组织是一个持续的过程，它与用户的信息需求同样重要；必须掌握信息获取的策略与方法。美国信息协会将信息素养解释为"人们在解决问题时利用信息的技术和技能"。

以上几种定义中，信息素养都被看作一种掌握并利用信息的技能。

1980 年以后，以计算机技术为核心的信息技术得到了日新月异的发展，信息技术也在各行各业中得到广泛应用。在这种形势下，各国专家学者和机构对信息素养概念的内涵做了大量理论研究和探讨，使得信息素养的含义不断深化，不仅包括各种信息技术和技能，而且包括个体对待信息的态度。日本学者指出，信息素养应包括四个方面的内容：一是判断、选择、处理、创造和传递信息的能力；二是对信息社会的特性和信息化对社会和人类影响的理解；三是对信息重要性的认识和信息责任感；四是对信息科学的基础及信息手段的特性和基本操作的掌握。美国信息学家霍顿（Forest Horton）认为计算机在信息时代将体现其潜在的价值，他指出："相对于计算机素养而言，信息素养反映了整个社会对知识爆炸的认识水平，是计算机信息处理系统在问题处理和决策过程中对所需信息进行标识、存取等提供知识的水平"。这一定义标志着计算机信息处理已被引入信息素养概念中。1983 年，霍顿提出，教育部门应开设信息素养课程，以提高人们对电子邮件、数据分析以及图书馆网络的使用能力。这把信息素养与计算机和网络联系了起来。

1987 年，信息学家帕特里亚·布里维克（Patrieia Breivik）将信息素养概括为一种了解提供信息的系统，并能鉴别信息的价值，选择获取信息的最佳渠道，掌握获取和存储信息的基本技能。

1989 年，美国图书馆协会（ALA）和美国教育传播与技术协会（AECT）提出了被接受和最为广泛使用的信息素养定义："具有信息素养的人能够知道什么时候需要信息，能够有效地获取、评价和利用所需要的信息"。这个概念指出了信息素养的四个基本点：信息素养是一种技术与技能；信息素养的技术与技能是运用信息工具与主要信息源的知识与技能；是否具备信息素养的标准是能否利用信息解决问题；信息素养需要培养。这四个基本点中，"运用信息工具与主要信息源的知识与技能并解决问题"是信息素养的核心，也是保罗·泽考斯基向图书馆界提出培养社会成员信息素养的主要原因。即，信息素养的核心是信息能力，特别指检索、评价和利用信息的能力，也就是说，能够快速地、有效地获取信息，能够熟练地、批判性地评价信息，能够精确地、创造性地使用信息。这是信息时代学习能力中最重要的能力，它强调的是采取各种方式获取需要的信息来解决实际问题。因此，它非常宽泛，适用于各类群体，包括没有受过高等教育的普通民众。信息素养这个概念也从图书情报界迅速扩展到教育界，甚至全球各个领域。

1992 年，道伊尔（Doyle C. S.）在《信息素养全美论坛的总结报告》中进一步将信息素质定义为："一个具有信息素养的人，他能够认识到精确和完整的信息是做出合理决策的基础，确定对信息的需求，形成基于信息需求的问题，确定潜在的信息源，制定成功的检索方案，从包括基于计算机和其他信息源中获取信息、评价信息、组织信息并实际应用，将新信息与原有的知识体系进行融合，在运用批判的观点思考和解决问题的过程中使用信息。"这个定义使信息素养的内涵具体化了。

1996 年，美国学院和学校协会南部学院委员会对信息素养的定义是："具有确定、评价和利用信息的能力，成为独立的终身学习者。"

1998 年，在全美图书馆协会和美国教育传播与技术协会的出版物《信息能力：创建学习的伙伴》中，从信息技术、独立学习和社会责任等方面更进一步扩展和丰富了信息素养的内涵和外延。

2000 年 1 月，美国大学与研究图书馆（ACRL）在得克萨斯州的圣安东尼奥召开了美国图书馆协会会议，会上审议并通过了《美国高等教育信息素养能力标准》(Information Literacy Competency Standards for Higher Education)，并于 2004 年 2 月获美国独立大学理事会（CIC）的认可。该标准被世界上多个国家采用或参照采用。

2003 年，布拉格宣言：信息素养是终身学习的一种基本人权（Information Literacy is a basic human right to lifelong learning）。

2005 年，亚历山大宣言：信息素养和终生学习是信息社会的灯塔，照亮了信息社会发展、繁荣和走向自由的进程。

2008 年，联合国教科文组织（UNESCO）法国巴黎报告：走向信息素养指标（Towards Information Literacy Indicators）。

2013 年，《国际图联关于图书馆与发展的宣言》指出，图书馆尤其是公共图书馆的重心，将逐渐从阅读向包括阅读在内的更广泛的素养转移，而且更加突出信息素养和技术素养对于现代人的重要性。希望让更多的人能通过掌握这些技能，增加工作机会，提高创业能力，提升生活品质。国际图联（International Federation of Library Associations and Institutions – IFLA，全称国际图书馆协会联合会）成立于 1927 年，是联合各国图书馆协会、学会共同组成的一个机构，是世界图书馆界最具权威、最有影响的非政府的专业性国际组织，也是联合国教科文组织 A 级顾问机构，国际科学联合会理事会准会员，世界知识产权组织观察员，协会总部设在荷兰海牙。根据其官网 2016 年 7 月 29 日的统计，共有近 140 个国家和地区的 1300 多个协会、机构和个人参加了国际图联。

2015 年 2 月 2 日，ACRL（Association of College and Research Libraries，美国大学和研究图书馆协会）理事会提交了《高等教育信息素养框架》（Framework for Information Literacy for Higher Education），提出了信息素养框架的新理念，由 ACRL 董事会于 2016 年 1 月 11 日签署通过。本书后文将作相应介绍。

1.2 信息素养相关概念

1.2.1 素养概念的多元视角

素养是一个多元、情境、动态的概念。人类进入 21 世纪以来，世界各国纷纷由工业社会进入信息社会，新型社会要求公民具备新的能力以适应不断变化的环境。受到信息媒体、通信技术和数字世界的持续影响和冲击，素养的概念历经发展延伸，除了信息素养，还有媒体素养、网络素养、计算机素养、数字素养、图书馆素养、文化素养、视觉素养、科学素养、元素养等相关素养，示意图如图 1-1 所示。不同素养概念之间的界限逐渐模糊，呈现出多个概念逐步走向复合的趋势。多个概念既各有侧重，又在一定程度上相似、交叉、融合，信息素养概念面临一系列相似概念的竞争和冲突。

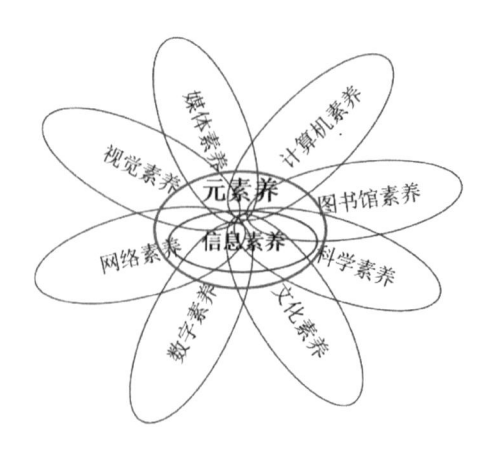

图 1-1 信息素养和相关素养

媒体素养、信息素养和数字素养有着不同的学术起源和研究范畴。媒体素养源于媒体和公民的研究，关注媒体内容、媒体行业和社会影响，具有强烈的社会性内涵；信息素养源于图书馆学和信息科学，关注知识的创造和使用，以及对学习过程、信息存储处理和使用充分知情；数字素养源自计算机科学和信息学。

媒体素养的概念起源于20世纪30年代，但在近20年内才得以快速发展，最早可追溯至屏幕材料的使用。在英国，媒体素养被定义为在多种情境下获取理解和创设交流的能力；在北美，媒体素养被视作一系列通信能力的集合，包括各种形式信息的获取分析和表达能力，这些信息可以是纸质的或非纸质的。尽管媒体素养概念在表述上各不相同，但都一致强调批判地处理媒体信息，提高获取、理解、分析、使用和创建媒体制品能力的特征。

数字素养通常是指有效地、批判地从一系列来源中获取和评估不同格式（尤其是数字格式）信息的能力，在此基础上使用一系列工具和资源（尤其是数字技术）创造新的知识。就概念本身来说，数字素养与媒体素养十分接近，主要体现在帮助使用者安全和道德地进行社交与合作。

虽然信息素养聚焦于如何使用不同的技术工具管理不同格式和形式的信息，媒体素养聚焦于媒体的获取与发展，数字素养集中于使用数字设备软件的能力以及信息通信技术的开放透明，但它们都表现出以下相似之处：首先，关注培养人的能力——获取、理解、评价、交流、使用和创建媒体消息与信息的能力，致力于促进终身学习、全民参与、促进建构知识社会的目标，强调道德地使用信息、批判性地分析内容、多媒体平台的使用、知识生产这四个方面的重要性。其次，促进人类的基本权利和自由，尤其是发表和获取信息的自由。媒体素养尤其考虑言论自由、新闻自由和媒体多元；信息素养则强调通过任意媒体，不论国界地找寻收集信息和思想的权利；数字素养涉及信息和信息通信技术（尤其是互联网）的开放、多元、包容和透明。最后，三者都越来越重视信息和通信技术支持下的多媒体资源的使用，关注的重心包括对内容的批判性评价、对媒体和信息供应者职能的理解、对媒体信息产品服务与过程的了解等。

1.2.2 素养概念的融合

近年来，随着信息技术应用的逐步深入，媒体素养、信息素养和数字素养等概念呈现出日渐融合的发展趋势，一方面大众媒体和信息通信技术不可逆转地影响着人们日常的生活、学习和工作，人们迫切需要在新的技术环境下的多种素养技术和能力，单一的信息素养或媒体素养都不足以体现个人应对与使用媒体和信息的能力；另一方面，技术的融合淡化了不同素养之间的界限，数字技术的迅速发展与深入应用成为媒体素养和信息素养融合的主要原因。20世纪90年代，Koelsch认为，计算机技术将媒体素养的内涵延伸至信息素养。信息素养专家们意识到需要与媒体世界联通，应更加重视对检索到的信息进行批判分析；在媒体素养方面，面对数字化时代下的海量信息，从业者也深刻认识到提升信息素养、熟练进行信息搜索、评估和应用的重要性。

由此，国际上提出了媒体与信息素养、元素养的概念。

1.2.3 媒体与信息素养

1. 媒体与信息素养的提出

素养概念的融合成为时代的必然。信息素养和媒体素养传统上被视为独立和不同的领域，联合国教科文组织（UNESCO）将这两个领域作为今天生活和工作所必需的综合能力（知识、技能和态度），将相关概念进行融合，提出了媒体与信息素养（Media and Information Literacy，MIL）的概念。

教科文组织在其 2013 年发布的《全球媒体与信息素养评估框架》中，对 MIL 的概念作了界定，MIL 被定义为一组能力，这些能力允许公民使用一系列工具，以批判的、道德的和有效的方式，获取、检索、理解、评估和使用、创造、分享所有格式的信息和媒体内容，以参与和从事个性化、专业化和社会化的活动。教科文组织认为，提升公民的 MIL 对于公民权利的享有和社会的持续发展都是极为重要的，每位公民都需要学习、理解媒体与信息的传播规则，学习管理资源的能力，了解更多来自虚拟世界的机遇和威胁。教科文组织通过综合战略来创造媒体和信息素养社会，支持和鼓励各成员国创建有利的环境，帮助本国公民成为具有媒体和信息素养的人。

2. 媒体与信息素养五大法则

联合国教科文组织于 2017 年 2 月发布了媒体与信息素养五大法则（见图 1-2），期望通过信息素养与媒体素养的结合，内化为人们在 21 世纪生活与工作所必备的知识、技能与态度。媒体与信息素养可以辨识出信息和媒体在我们日常生活中的主要角色，使公民能够了解媒体和其他信息提供者的功能，并且能够以批判的角度去评估其内容，让用户以及信息和媒体内容的提供者得以做出明智的决策。

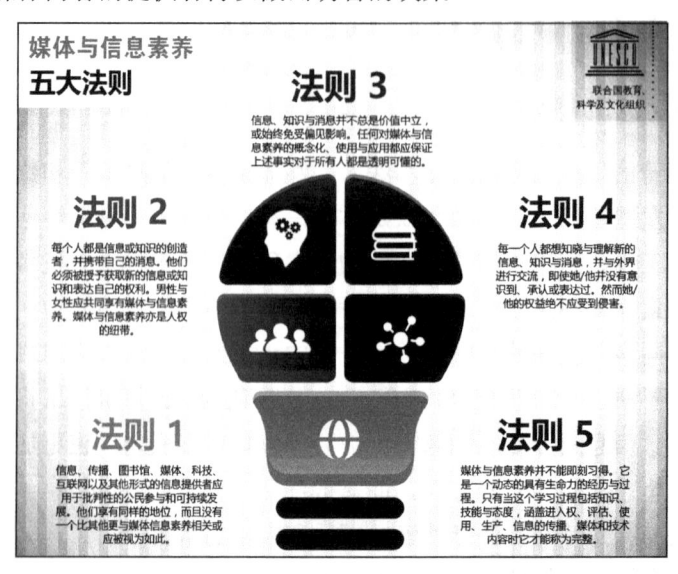

图 1-2 媒体与信息素养五大法则

3. 《全球媒体与信息素养评估框架》

（1）《全球媒体与信息素养评估框架》简介。

信息与交流技术飞速发展，时代要求人们具有更好地管理信息与知识的能力。据联合国教科文组织网站 2013 年 12 月 11 日报道，联合国教科文组织发布了《全球媒体与信息素养评估框架》（Global Media and Information Literacy Assessment Framework，以下简称《MIL 评估框架》），为各成员国评估其在创造能动的媒体与信息素养环境上所做的准备及评估公民在媒体与信息素养方面的能力方面，提供方法上的指导与实践工具，尤其聚焦于服务与培训领域的教师。

联合国教科文组织在其战略中引入了 MIL 的新概念，从而将一些相互关联的概念，如信息素养、媒体素养、ICT（Information and Communication Technologies，信息和计算机技术）和数字素养及其他相关方面，纳入一个总体概念，如图 1-3 所示。其认为这些素养在复合概念中是互补和统一的，同时，承认这些类型的素养是独立的，具有自身的完整性和身份。

联合国教科文组织认为，对于任何社会的可持续发展，信息素养人口的培育都是必不可少的，要求个人、社区和国家都要获得不同范围的能力形成信息素养和媒体素养。ICT 快速增长，在互联网领域占据主导地位，越来越多地与移动技术融合，为公民的工作、参与和包容提供了新的机会和形式。ICT 的使用、社交网络平台、全球共享信息和媒体内容的大规模获取、生成和处理，创造了一个独立的虚拟世界，或者一个新的现实世界。此外，大型媒体和信息提供商作为主要的互联网服务提供商，和其他全球性的公司、社区和网络一起，不仅直接影响着国家和地理区域的自然和历史边界，还进入了每个人的个人、专业和社会生活，如图 1-4 所示。

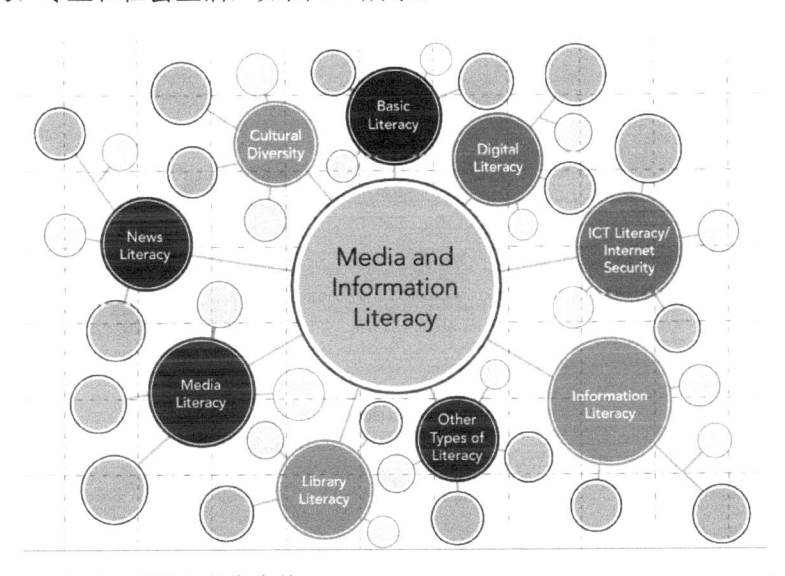

图 1-3 复合概念的媒体与信息素养（Composite concept of Media and Information Literacy）

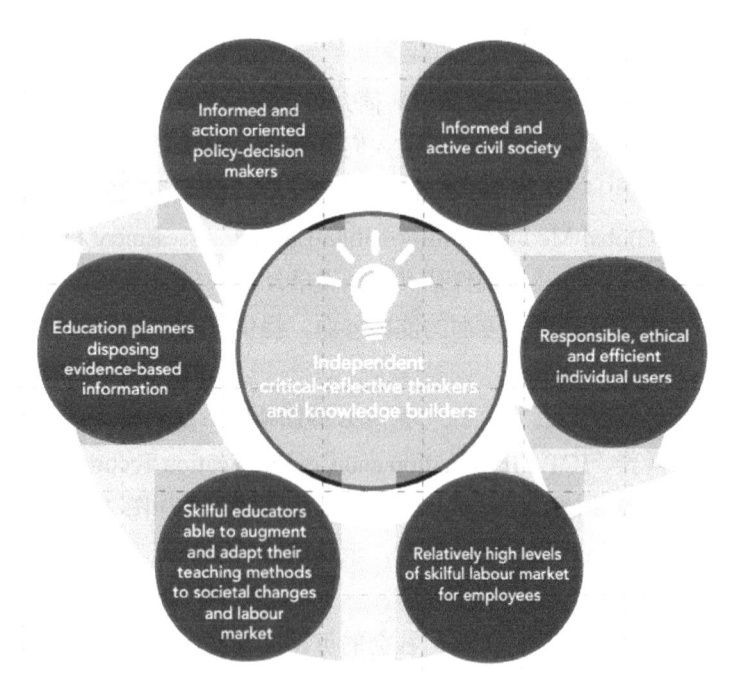

图 1-4 媒体与信息素养对于社会的直接影响（Direct Impact of MIL to Society）

在 MIL 评估框架中，评估是必不可少的第一步，是开发、监测和实施干预的过程，它提供有效和可靠的数据用于战略决策，特别是制定国家政策、战略并建立条件和要求。没有有效和可靠的数据，政策制造商和决策者可能不知道现有需求、差距和挑战，可能也很少了解可用或需要采取的手段、有效措施以实现预期目标。图 1-5 所示说明了《MIL 评估框架》的主要利益相关者。

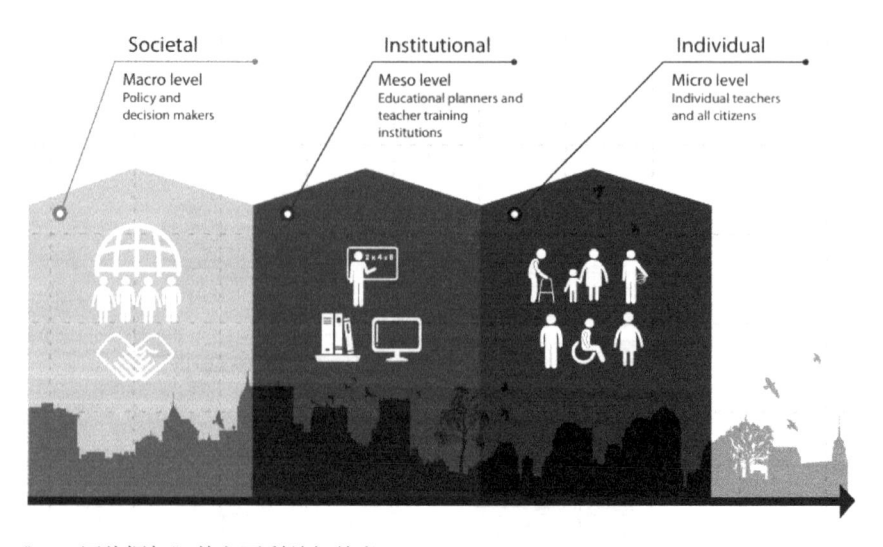

图 1-5 《MIL 评估框架》的主要利益相关者（Major Stakeholders of the MIL Assessment Framework）

(2)《全球媒体与信息素养评估框架》的主要内容。

①《MIL 评估框架》包括三部分，具体如下。

一是理论依据。素养概念的变迁；不同素养之间的关系与融合及其对社会产生的影响；MIL 的概念与理论依据；MIL 对社会社区和个人的潜在益处；MIL 发展的条件；国家实施 MIL 评估的理论依据。

二是评估框架细则。MIL 评估的对象目标与结构，其中第一层是国家准备度，评估国家对提升 MIL 相关举措的准备程度；第二层是针对个体 MIL 能力的评估，特别关注服务和培训领域中的教师能力。

三是评估的实施。为实施 MIL 评估提供方法上的指导和切实可行的建议；针对评估结果建议进一步的对策与解决方案；提供面向国家和个体的各种实用的评估工具。

②《MIL 评估框架》的两个层面：MIL 的国家准备度和 MIL 能力。

MIL 的国家准备度用于描述一个国家为提升 MIL 水平所采取相关举措的准备程度。《MIL 评估框架》中的国家准备度评估指标包括以下五个方面：媒体和信息素养教育（Media and information in education）、媒体和信息素养政策（Media and information literacy policy）、媒体和信息供给（Media and information supply）、媒体和信息的获取与使用（Media and information access and use）、公民社会（Civil society）。

在《MIL 评估框架》中，MIL 的国家准备度分为三个等级：一是非常有利的环境，与 MIL 环境相关的五方面指标都被包括在内，在国家层面上得到了较好的发展和支持。二是比较有利的环境，大多数指标都被包括在内，得到国家层面的发展和支持，部分指标仍需提高。三是不太有利/不利的环境，多数 MIL 指标有待提高，部分指标缺失。

在《MIL 评估框架》的第二层采用了 MIL 能力矩阵来描述公民在 MIL 方面的能力和表现水平。MIL 能力矩阵包含五个方面：MIL 要素（MIL component）、MIL 二级指标（MIL subject matter）、能力（Competency）、表现标准（Performance criteria）、熟练程度（Proficiency level）。

③《MIL 评估框架》的能力矩阵。

《MIL 评估框架》中 MIL 要素包括获取、评价和创建三个方面，在此作简要介绍。

获取要素。获取指的是使用适当的技术访问检索和存储信息和媒体内容的能力，它包括明确对信息、媒体内容和知识需求的能力，识别各种来源和格式（纸质、音频、图像和数字）的信息和媒体内容的能力，能从数字或实体图书馆、博物馆、个人文件或其他来源中进行检索获取。

获取要素的评估，将表现水平（或熟练程度）分为高、中、低三个等级：低级水平表现为能够认识到自己对信息和媒体（内容）的需求，能使用基本的工具快速查找、提取信息源，能甄别并存储信息和媒体内容；中级水平表现为明确信息和媒体（内容）需求的性质、角色和范围，能使用不同工具在不同的、相互矛盾的信息源中查找和提取，在法律和道德原则的基础上存储和应用；高级水平表现为能将自己对信息和媒体的需求转变为具体的检索策略和计划，在必要时能使用不同的工具，以一种系统、准确和有效的方式，从各种信息源中检索所需信息以备后续利用。

评价要素。评价指的是理解、批判地分析和评估信息、媒体内容、媒体和信息机构的工作和职能的能力。其中包括比较事实，在观点中分辨事实，觉察时机，识别重要的意识形态和价值观，质疑社会、经济、政治、专业人员和技术力量如何塑造媒体和信息内容，评估信息的质量（准确性、相关性、流通时间、可靠性和完整性）。

在信息爆炸的时代，个体首先需要掌握组织、提取、综合媒体和信息的技术技能；其次，理解媒体机构、媒体专业人员和信息提供者的性质、功能和操作的含义；再次，在更广泛的背景下，明确媒体和信息的功能对促进言论自由、信息自由和获取信息十分重要；最后，具有媒体和信息素养的个体能够理解经济、社会和政治力量，并明察媒体公司、信息提供者以及公共机构所产生的影响。

评价要素的表现水平（或熟练程度）分为高、中、低三个等级：低级水平表现在选择信息的来源方面，缺乏对评估标准的运用，对媒体和信息提供者的主要原则、条件、社会角色的应用和认识不足，对媒体和信息内容甄别的能力有限；中级水平表现为能在理解媒体和信息提供者的重要性和社会角色、分析不同观点的基础上，分析和鉴别信息内容的质量，有选择性地存储以备后续应用；高级水平表现为能在特定情境和多种条件下，解释、比较、批判地评价、认证信息和媒体内容，鉴赏作者及媒体和信息提供者的作品。

创建要素。创建指的是掌握信息、媒体内容和新知识的建立，以及与他人有效交流的能力。包括道德地、有效地使用信息和媒体内容，具备使用的基本知识（如知识产权方面）。具有媒体和信息素养不仅意味着具有分析和制作技能，也需要有媒体和信息的相关知识，以及道德地使用媒体、信息和 ICT 的态度及价值观。具有 MIL 的公民能够参与和监督民主化进程，因此对媒体制作、知识创造、使用与影响的监控也是 MIL 的关键因素。

创建要素的评估。评估创建要素的表现水平（或熟练程度）同样分为高、中、低三个等级：低级水平表现为不能综合运用基本工具组织和存储信息，在传播方面不能进行批判性评价，缺乏道德法律意识；中级水平表现为能使用恰当的方式和工具，以一种新的形式创建、制作和沟通新的信息和媒体内容，对与他人开展对话时进行道德与法律层面上应用的意识不足；高级水平表现为能够针对目标受众、结合信息和媒体内容创建、产生新知识，以各种恰当的方式和工具，通过参与的、符合道德和法律的、高效的形式进行交流和传播，并监控所带来的影响和冲击。

1.2.4 元素养

1. 元素养理论产生与发展的背景

不断变化的新 Web 2.0 环境需要更综合性的信息素养。Web 2.0 是由用户主导而生成的内容互联网产品模式，强调人们在交互协同的情境下生产和分享信息，信息交流模式从单项静态向多向实时转变。Web 2.0 技术创新的经典案例包括 Facebook、Twitter 和 YouTube 等社交媒体，以及博客、RSS、Wiki、SNS 即时通信等。面对新的 Web 2.0 环境，研究者开始对信息素养概念进行反思和批判，如 Elmborg 提出"批判性信息素养"，强调信息主体需要拥有批判意识来处理周围的信息以控制自己的生活。Mackey 和 Jacobson 认为，社交媒体和交互协同在线社区的出现需要推动信息素养升级为元素养，以满足多元化的素养要求。Carbo 在提交给 UNESCO 的信息素养报告中介绍元素养时指出，在知识社会，尤其是生活在"云时代"，人们需要的各种能力不只是技术，而是知识、技术和认知的综合。从信息素养到元素养，意味着这个概念从诞生之初到社交媒体和公民社会走过了一个完整的周期，因为元素养意味着掌握基础知识，然后超越自我。由此可见，不断变化的新 Web 2.0 信息环境不仅呼吁更加综合的信息素养，而且让人们开始反思信息素养概念本身的适用性，在此情形下元素养应运而生。

面对信息技术发展和信息环境变化，包括媒体素养、数字素养等在内的一系列相似概念成为图书情报学、计算机科学和传播学领域研究的焦点，这些概念从不同角度或侧面对人在信息社会中应具备的素养进行探索，但它们与信息素养都有相似、重合之处，以致在使用时造成混乱，不能全面反映新信息环境对人的素养要求，所提出的素养提升方案造成人的能力缺失或分割；另外，起源于图书情报学的信息素养面临干扰和竞争，开始变得模糊不清。正如 Carbo 指出，与其继续关注各种各样的素养模式，不如用更具包容性的、更宏大的框架来整合不同类型的素养模式，以适应当今的知识社会，这也是 Carbo 支持推广元素养模型的依据。受困于信息素养面临多种概念竞争和冲突的现实，Mackey 和 Jacobson 提出元素养的概念，指出元素养承认社交媒体时代各种素养模式提出的信息能力，并为回应诸如 Facebook、Twitter、YouTube 和其他 Web 2.0 技术的挑战而生；他们进一步认为，元素养就是新数字时代的信息素养，因为它提供了在社交媒体和交互协同在线社区中进行信息获取、评估、组织、交互协同生产与分享所必需的更高级的思维。

2. 元素养的提出

信息素养是人们有效参与信息社会的一个先决条件，并伴随着信息技术发展不断地被赋予新的内涵。面对 Web 2.0 不断创新的浪潮，特别是网络社交媒体时代的到来，纽约州立大学学者 Mackey 和 Jacobson 整合多种素养模型，形成新的综合性素养框架，在 2011 年提出了元素养的概念。元素养被界定为面向新的 Web 2.0 环境下，特别是网络社交媒体时代，通过对相关素养理论的整合并与新信息技术应用相结合，指导信息主体在社交媒体和交互协同在线社区中进行信息获取、评估、组织、交互协同生产与分享的整体性、综合性和自我参照的素养框架，强调对信息的批判性思维和交互协同能力。

2014年4月，由美国图书馆学会ALA所属出版社Neal-Schuman出版了两人合著的《元素养：通过重塑信息素养增强学习者的能力》（Metaliteracy: Reinventing Information Literacy to Empower Learners，简称《元素养》）一书，以敏锐开阔的现实视角、推陈出新的创新精神，以及Jacobson担任美国大学与研究图书馆协会ACRL信息素养评估工作组负责人的特殊契机，一出版就得到广泛关注，并在一系列学术期刊、学术会议、课堂以及网络上进行阐述和实践，推动元素养理论的发展。

元素养，是面向Web 2.0特别是社交媒体的整体性、综合性和自我参照的素养框架，强调对信息的批判性思维和交互协同能力。元素养的提出，是面对单一信息素养不适应Web 2.0的新浪潮，特别是网络社交媒体时代的状况，而提供一个元视角来整合各种素养模型，推动了信息素养理论的发展，也展示了信息素养发展的方向。元素养模型展现了重塑信息素养理论和制度的努力，提供了在交互协同的信息环境中运用批判性思维、元认知学习进行自我强化学习的有效工具。

3. 元素养的主要内容

元素养理论将元素养学习分为4个领域，指向4个培养目标，其中每个目标下面细分为若干个具体目标，每个细分目标分属于不同的领域，如表1-1所示。4个领域是：B行为（Behavioral），学习者完成学业应当具有的技巧和能力；C认知（Cognitive），学习者完成学业所需的理解、组织、应用和评估；A情感（Affective），学习者通过参与学业实现的态度或情感转变；M元认知（Metacognitive），学习者对自己学习活动的批判性反思——学习者能够知道为何学和如何学，学到什么和没学到什么，先入之见和继续学习之道。

表1-1 元素养的领域和目标

目标	所指内容	领域
目标1：能够批判性地评估动态演化的信息内容和网络情境	（1）将参与者情境与信息源结合起来以便确定信息的价值	B、C
	（2）从研究者视角区分原始信息和编辑信息，了解信息价值和细节	C
	（3）判断来自各种网络信息源的正式或非正式信息的价值	C
	（4）对用户反馈做积极评估，理解传统网络与社交平台之间不同的机制和情形	B、C
	（5）理解从各种渠道获取信息的重要性，特别是评判地获取社交平台内容	A
目标2：理解技术变迁情境中个人隐私、信息伦理和知识产权等议题	（6）区分原始信息、合成信息或开源信息的差别	C
	（7）区分适合开放或分享的信息和适合在受限环境中传播的个人信息	C
	（8）运用信息技术构建活跃的网络空间	B
	（9）在生产或再创造信息时恰当地运用版权和共享许可	B
	（10）遵守信息分享的伦理准则	A

续表

目　标	所指内容	领　域
目标3：在多元化信息参与环境中交互协同和分享信息	（11）切实地参与到交互协同的信息环境中去	B
	（12）负责任地参与到交互协同的信息环境中去	A
	（13）有能力区分学术文献、维基等信息形式，并恰当使用和引用，以创造新信息	B
	（14）能描述在交互协同环境中与他人所分享信息的不同侧面	A
	（15）根据服务需求能将不同信息形式进行转换，将非结构化数据整合成统一形式	M、C
	（16）和他人有效地就个人或专业信息进行沟通，懂得师生角色可以相互转化	A、B
	（17）用多媒体形式生产所需内容，将在不确定环境中获取的信息转换为新形式	B
	（18）尊重用户生产的内容并合理评估别人的贡献，懂得自己也是信息生产者和消费者	A
	（19）保持全球化视角，在全球化环境中与他人交流以促进深度学习	A
目标4：具备将终身学习和个人、学业及专业目标与学习和科研相结合的能力	（20）根据个人需要设定问题或任务的范围	C
	（21）在过程中对需求和下一步任务进行再评估	C
	（22）懂得信息需求获取策略与信息工具相匹配的重要性	C
	（23）在学习过程中对自己的知识和学习策略进行反思	M
	（24）在信息情境中进行批判性思考并能够迁移到新的情境中	M
	（25）持久的、适用性强的和灵活的价值观念	M
	（26）在交互协同的环境中有效沟通，保持多元化学习视角	M
	（27）懂得学习是一个过程，总结经验教训能带来新的认知和发现	M
	（28）通过了解当今信息技术，保持全球化视野，开展智慧的自我学习	M
	（29）通过互动和表达自我赋权，具有教学相长和师生角色转换的能力	M
	（30）懂得元素养具有的终生实践的价值	M

1.3 《高等教育信息素养框架》

1.3.1 《高等教育信息素养框架》的制定过程

2016年1月11日，美国研究图书馆协会（Association of College and Research Libraries，ACRL）理事会签署通过了《高等教育信息素养框架》（Framework for Information Literacy for Higher Education，以下简称《框架》）。中文版由清华大学图书馆韩丽风、王茜、李津等翻译，邓景康、林佳审核。

2000年发布的《高等教育信息素养能力标准》像ACRL其他所有标准一样，也需要周期性审核。2011年7月，ACRL任命了一个特别工作组来决定如何处理现行标准。2012年6月，工作组建议修订现行标准。前期审核工作组为后来于2013年成立的修订工作组提供了具体建议，包括更新标准，以使其反映当下人们对知识的创造与传播、不断变化的全球高等教育和学习环境、从信息素养到信息通晓的转换、扩大信息素养概念到包括多种素养，比如跨媒体信息素养、媒体素养、数字素养等的思考。构建整个模型基础的两个新元素已经形成：阈概念和元素养概念。工作组于 2014 年 2 月和 4 月分两部分发布了本框架的第一版，在四周的时间内，通过两个线上意见听取会和一个线上反馈表单收到了若干评论。经过修改之后，第二版草案于 2014 年 7 月 17 日发布，委员会继续通过反馈表单、两次在线意见听取会和一次面对面的意见听取会，对社交媒体和典型博文的分析寻求广泛的反馈。工作组利用 ACRL 和 ALA 的所有沟通渠道，定期将最新进展通报给个人会员及 ALA 和 ACRL 的所有单位（委员会、部门、圆桌会议、民族团体、分会、分支机构）。ACRL 意识到，对《高等教育信息素养能力标准》的任何修改都将在图书馆行业和高等教育界产生重大影响。工作组持续修改文档，在 2014 年 11 月发布了第三版，并继续广泛征求意见，通过反馈表来搜集评论与建议。2014 年 12 月，工作组对框架进行了最后的修改。ACRL 的其他两个组，即 ACRL 信息素养标准委员会和 ACRL 标准委员会对最终的草案进行了评审，提供了修改意见。后者将最终的文档和建议提交给 ACRL 委员会，其在 2015 年 ALA 芝加哥仲冬会议上进行评审并通过。

2016 年 6 月 25 日，ACRL 董事会在 2016 年 ALA 年会上取消了 2000 年 1 月发布的《高等教育信息素养能力标准》，意味着该标准不再生效，文件在 ACRL 网站保留到 2017 年 7 月 1 日，以助于过渡到《高等教育信息素养框架》。

1.3.2 《高等教育信息素养框架》的理念

《框架》的制定出于这样一个信念，即只有通过一套更丰富、更复杂的核心理念，信息素养作为一项教育改革运动的潜力才能得以充分实现。美国《高等教育信息素养能力标准》发布十多年来，学术图书馆员及其高等教育协会的合作伙伴们开发了相应的学习成果、工具和资源，并且一些大学已经利用它们将信息素养的概念和技能注入到了教学大纲中。然而，高等教育环境在迅速变化，我们所有人赖以工作和生活的信息生态系统也往往是动态而不确定的，这些都需要我们再次把注意力聚焦在这一生态系统的基本理念上。学生在创造新知识、认识信息世界的轮廓和动态变化，以及合理使用信息、数据和学术成果方面有着更重要的作用和义务。教师在设计促进和加强信息的核心概念与本领域学术相融合的课程及作业方面具有更大的职责。图书馆员则在识别自己知识领域内可以拓展学生学习的核心理念，创设紧密结合的信息素养新课程，以及与教师更广泛的合作方面担负着更大的责任。

《框架》特意使用了"框架"（Framework）一词，因为它是一个基于互相关联的核心概念的集合，可供灵活选择实施，而不是一套标准，或者一些既定的学习成效或技能的列表。该框架的核心是将许多信息、研究和学术的相关概念和理念组织成一个整体的概念性认识。这些概念性认识是由 Wiggins 和 McTighe 提出的，其关注点是制订课程计划中的基本概念和问题，以及"阈概念"（Threshold Concepts）。阈概念是指那些在任何学科领域中可以增强理解、思考以及实践方式的通道或门户类概念。《框架》借鉴了正在进行的一个关于鉴定信息素养阈概念的德尔菲研究成果，但以创新的思路并突出"阈概念"进行重新整合。《框架》还增加了两个反映重要学习目标的相关元素：知识技能（Knowledge Practices）和行为方式（Dispositions）。知识技能表示的是学习者如何增强他们对这些信息素养概念的理解；行为方式是描述解决学习的情感、态度或评价维度的方式。本框架按六个框（Frame）编排，每一个框都包括一个信息素养的核心概念、一组知识技能，以及一组行为方式。代表这些框的六个概念按其英文字母顺序排列如下：

（1）信息权威性的构建与情境相关（Authority Is Constructed and Contextual）。
（2）信息创建是一种过程（Information Creation as a Process）。
（3）信息拥有价值（Information Has Value）。
（4）研究即探究过程（Research as Inquiry）。
（5）学术研究即对话（Scholarship as Conversation）。
（6）检索即策略式探索（Searching as Strategic Exploration）。

无论是知识技能，还是支撑每个概念的行为方式，都不是要为各具体机构指定使用本框架应该做什么；每家图书馆及其校园合作单位需要因地制宜来部署框架，包括设计学习成果。同样的原因，所列内容也不是详尽无遗的。

此外，《框架》主要采纳了"元素养"（Metaliteracy）的概念。元素养是指学生作为信息消费者，以及成功参与合作的信息创造者的一组综合能力，它为我们开启了信息素养的全新愿景。元素养要求从行为上、情感上、认知上以及元认知上参与到信息生态系统中。本框架正是基于元素养这一核心理念，特别强调元认知，或叫作批判式反省（Critical Self-reflection），因为这对于在快速变化的生态系统中变得更加自主是至关重要的。

《框架》提供了信息素养的新视野，作为一个总体的能力，学生是消费者和能够成功参与协作空间的信息创造者。《框架》设想信息素养延长了学生学术生涯中的学习弧线，并与其他学术和社会学习的目标相融合，所以给出了信息素养的扩展定义，以强调动态性、灵活性、个人成长和社区学习：信息素养是指包括信息的反思发现，理解信息如何生产与评价，以及利用信息创造新知识、合理参与学习社区的一组综合能力。

1.3.3 《高等教育信息素养框架》的主要内容

《框架》的中文版内容如下。

信息权威性的构建与情境相关

信息资源反映了其创建者的专业水平和可信度，人们基于信息需求和使用环境对信息资源进行评价。权威的构建取决于各种团体对不同类型权威的认可。权威性与信息环境相关，因为信息需求有助于确定所需的权威水平。

专家知道，权威是在一个团体内部被认可或可起作用的影响力。对于权威，专家是以一种有根据的怀疑态度，以及对新观点、不同声音和思想流派变化的开放态度来看待的。专家认识到，需要确定由不同学术权威所创造的信息的有效性，并承认偏袒权威现象的存在，尤其是涉及他人的世界观、性别、性取向和文化导向时。对这一点的认识使初学者能够批判性地审视所有的证据——可能是一篇很短的博客文章，也可能是一篇同行评审的会议论文——并且能够提出一些与信息的来源、场景及其适用于当前信息需求的相关问题。这样一来，初学者就会尊重权威所代表的专家意见，同时对产生权威的体系及其创建的信息持保留态度。专家知道如何寻求权威的观点，但也认识到，一些不大可能的声音也可能是具有权威性的，这取决于用户的需求。初学者可能依赖于一些基本的权威性指标，例如出版物类型或作者资质，而专家则认可不同的思想流派和学科范式。

▶ **知识技能**

提高个人信息素养能力的学习者应当：

- 确定权威的不同类型，如学科专业知识方面（如学术成就）、社会地位（如公共职位或头衔）或特殊经历（如参与某个历史事件）。
- 使用研究工具和权威性的指标来确定信息来源的可信度，了解可能影响这种可信度的因素。
- 理解在很多学科领域，知名学者和著名出版物被视作权威，并普遍以此作为标准。然而，即便在这种情况下，一些学者仍将挑战这些信息来源的权威性。
- 认识到权威的内容可以被包装得正式或不正式，并且可能包括所有媒介类型的来源。
- 认识到他们自己正在一个特定的领域形成自己的权威声音，以及由此而承担的责任，包括追求精确度和可靠性、尊重知识产权，以及参与社区实践。
- 理解信息生态系统由于权威人士积极互联、信息源随时间不断发展而日益社会化的本质。

▶ **行为方式**

提高个人信息素养能力的学习者应当：

- 在遇到不同的甚至相互冲突的观点时，形成和保持开放的心态。
- 激励自己找到权威的信息来源，认识到权威性可以被授予或通过意想不到的方式表现出来。
- 逐步意识到对内容做客观评估的重要性。评估时要有批评精神，并清楚意识到自己的偏见和世界观可能对评估带来的影响。
- 质疑传统的推崇权威的观念，并认识到多元观点和世界观的价值。
- 意识到维持这些态度和行为需要经常进行自我评价。

信息创建是一种过程

任何形式的信息都是为了传递某个消息而生成的，并通过特定的传送方式实现共享。研究、创造、修改和传播信息的迭代过程是不同的，由此产生的作品能够反映出这些差异。

信息创造的过程可能导致一系列不同的信息格式和传送方式，所以专家们在选择使用资源时往往会不拘于格式。每一种信息产生过程的独特性和局限性，以及特定的信息需求共同确定了信息产品的使用。专家们认识到，信息产品在不同的场景中有不同的价值，如学术界和工厂车间。影响和反映信息产生的要素，例如出版前或出版后的编辑或审稿过程，可以作为衡量质量的指标。信息创造与传播过程的动态性，要求我们持续地关注和理解不断进化的信息创造过程。认识到信息创造的本质，专家们开始关注信息创造的基本过程以及最终产品，批判性地评价信息产品的有用性。初学者开始认识到创造过程的重要性，这使得他们在匹配信息需求与信息产品的时候做出老到的选择。

▶ **知识技能**

提高个人信息素养能力的学习者应当：

- 阐明通过不同创造过程所产生的信息的功能和局限性。
- 评估信息产品的创造过程与特定信息需求之间的匹配程度。
- 阐述一个特定学科中传统与新兴的信息创造与传播过程。
- 认识到信息可能会因为包装格式的不同而被区别对待。
- 从信息格式判断其所含信息为静态或动态。
- 监测在不同场景中施加于不同类型信息产品的价值。
- 将对信息产品的作用和局限性的认识转移到新类型的信息产品中去。
- 在自己创造信息的过程中形成一种认识，即自己的选择会影响信息产品的使用目的及其所传达的消息。

▶ **行为方式**

提高个人信息素养能力的学习者应当：

- 力图找出能体现基本创造过程的信息产品特性。
- 重视将信息需求与适当产品相匹配的过程。
- 承认信息的创造最初可能始于一系列不同信息格式或模式的传递。
- 承认以新兴格式或模式所表达的信息创造的潜在价值的模糊性。
- 抵制将格式等同于基础创造过程的倾向。
- 懂得理解为实现不同的目的，可有不同的信息传播方式供选择。

信息拥有价值

信息作为一种商品、一种教育手段、影响方式以及谈判和认知世界的途径等，拥有多维度的价值。法律和社会经济利益影响信息的生产和传播。

信息的价值在多种情况下都有体现，包括各种出版工作、信息的获取、个人信息的商业化和知识产权法。在"免费"信息和相关服务非常丰富的环境下，在第一次通过引用规则、抄袭警示和版权法声明而面对知识产权概念的情况下，初学者可能很难理解信息的多元化价值。作为信息的创造者和使用者，专家知道自己在参与学术社区中的权利和义务。专家懂得信息价值可能会以排斥某些观点的方式而被强大利益群体行使。然而，价值也可以为个人或机构所使用，从而影响公民的、经济的、社会的或个人的权益。专家也懂得，在何时服从、何时质疑当前法律或社会经济现状时，个人有责任参考信息的价值，而做出深思熟虑的明智选择。

▶ 知识技能

提高个人信息素养能力的学习者应当：

- 通过合理地注明出处和引用，表达对他人原创观点的尊重。
- 理解知识产权是法律和社会的共同产物，随着文化背景的不同而有差异。
- 能够清晰表述版权、正当使用、开放获取和公有领域的意义及其显著特征。
- 理解在信息生产和传播系统中，一些个人或群体是如何以及为什么被忽视或被排斥的。
- 认识到获取或缺乏获取信息来源的问题。
- 判断信息发布的途径和方式。
- 理解个人信息商品化和在线交互活动如何既影响个人获取的信息，又影响他们生成或在线传播的信息。
- 在线活动中充分认识到个人隐私和个人信息商业化的问题，从而做出明智选择。

▶ 行为方式

提高个人信息素养能力的学习者应当：

- 尊重他人的原创。
- 重视知识生产所需的技能、时间和精力。
- 将自身定位为信息市场的贡献者而非单纯的消费者。
- 倾向于审视自身的信息特权。

研究即探究过程

在任何领域，研究都是不断迭代的，通过提出越来越复杂的问题或新问题，获得的答案反过来又产生更多的问题或丰富探究的思路。

专家将探究视为关注学科内或学科间开放的或未解决的问题或质疑的过程。专家发现学科内的协作能够扩展该领域的知识。很多时候，这一过程包括争论或对话的异议点，而这些恰恰可能深化相关知识点的讨论。探究的过程会超越学术界而延伸至社会大众领域，也可能会聚焦到个人的、专业的或社会的需求。其问题的范围涉及从基于基础知识概述的简单提问，到越来越复杂的能力——包括提炼研究问题、利用更先进研究方法和探索更多元化的学科视角。初学者在该过程中可以获得探究的战略视角和更多的调研方法。

▶ **知识实践**

提高个人信息素养能力的学习者应当：

- 基于信息空白或重审现有的、可能存在矛盾的信息来制定研究问题。
- 确立合适的调研范围。
- 通过将复杂问题分解为简单问题、限定调研范围来处理复杂的研究。
- 根据不同的需求、环境条件和探究类型使用多种研究方法。
- 监测收集到的信息，评估缺口或薄弱环节。
- 以有意义的方式组织信息。
- 综合多渠道获取的观点。
- 通过信息分析和演绎得出合理结论。

▶ **行为方式**

提高个人信息素养能力的学习者应当：

- 视研究为开放式的信息探索和深入过程。
- 领会一个问题也许看起来很简单，但仍可能对研究有颠覆性和重要性。
- 重视问题发现和学习新调研方法过程中的求知欲。
- 保持开放意识和批判态度。
- 重视持久性、适应性和灵活性，认识到模糊性对研究过程是有益的。
- 在信息收集和评估过程中寻求多维视角。
- 如有需要，可寻求适当帮助。
- 在收集和使用信息过程中要遵守道德和法律准则。
- 展现虚心求知（如认识到个人知识或经验的局限性）。

学术研究即对话

由于不同的视角和理解，学者、研究人员或专业人士团体随着时间的推移不断以新见解和新发现参与到持续的学术对话中。

学术和专业领域的研究是一个松散性的实践，其观点的形成、争论、相互权衡要经历相当长的一段时间。不同于为复杂问题寻求分散的答案，专家知道，某个议题可能在持续对话过程中有若干个相互竞争的观点，对话中信息的使用者和创造者聚在一起互相讨论。专家了解到，一些主题在讨论过程中有了确定答案，而有的问题可能并没有一个无异议的答案。专家因此倾向于寻求更多的观点，而不仅限于他们已经熟知的。这些观点可能是在他们自己的学科或专业领域中，也可能在其他领域。即使不同级别的初学者和专家都可以参与到对话中时，事实上已有的权威结构可能影响他们的参与能力，并且能够授予某些声音和信息特权。随着对该领域讨论的证据、方法和模式越来越熟悉，初学者可以更好地进入到对话中来。新型的学术和研究对话形式为各种个体能够发出自己的声音提供了更多的途径。为相关前期研究注明归属信息也是参与对话的一项义务，这有助于将对话向前推进以及增强对话中的某种观点。

▶ **知识技能**

提高个人信息素养能力的学习者应当：

- 在自己信息作品中引用他人有贡献的成果。
- 在适当的层面为学术对话做出贡献，比如本地的在线社区、引导式讨论、本科生学术刊物、会议报告/海报。
- 识别通过各种途径加入学术对话的障碍。
- 理性评判他人在参与信息环境中所做的贡献。
- 识别特定文章、书籍和其他学术作品对学科知识所做的贡献。
- 总结针对具体学科中特定主题的学术观点随时间变化的情况。
- 认识到一个指定学术作品可能不代表唯一——甚至也不是多数人的观点。

▶ **行为方式**

提高个人信息素养能力的学习者应当：

- 认识到他们加入的往往是进展中的学术对话，不是已结束的对话。
- 找出他们研究领域内正在进行的对话。
- 将自己视为学术的贡献者而不仅是消费者。
- 认识到学术对话发生在各种场合中。
- 在更好地理解学术对话大背景之前，不对某一具体学术作品的价值进行判断。
- 理解责任是伴随着进入对话而来的。
- 重视用户生成内容的价值，批判性地评价他人做出的贡献。
- 认识到系统可以给予权威特权，而初学者会由于语言和学术流程的不流利而失去参与及继续深入学术对话的能力。

检索即策略式探索

信息检索往往是非线性并且迭代反复的，需要对广泛的信息源进行评估，并随着新认识的形成，灵活寻求其他途径。

检索行为往往从问题开始，这个问题指引着寻找所需信息的行为方向。检索过程包括调查、发现和偶然所得，需要识别可能的相关信息源，以及获取这些信息源的途径。专家认识到，信息检索是一个情境化的、复杂的经历，影响着检索者的认知、情感和社会层面，反之也受到这些因素影响。初学者可能检索有限的资源，而专家可以通过更广泛、深入的检索来确定该项目领域内最合适的信息。同样，初学者往往很少使用检索策略，而专家依据信息需求的来源、范围和背景而选择多样化的检索策略。

▶ **知识技能**

提高个人信息素养能力的学习者应当：

- 确定满足信息需求任务的初始范围。
- 识别产生某一主题信息并决定该信息访问途径的相关各方，如学者、组织、政府、企业。
- 检索时合理运用发散（如头脑风暴）和收敛（如选择最佳的来源）思维。
- 选择与信息需求和检索策略相匹配的检索工具。
- 根据检索结果来设计和改进需求与检索策略。
- 理解信息系统（如已记载信息的收集）的组织方式，以便获取相关信息。
- 合理使用不同类型的检索语言（如控制词表、关键词、自然语言）。
- 有效管理检索过程和结果。

▶ **行为方式**

提高个人信息素养能力的学习者应当：

- 展现出思维的灵活性和创造性。
- 明白初次的检索尝试并不一定得到足够的结果。
- 认识到各种信息源在内容和形式上有很大的不同，并且其相关性和价值也会因需求和检索性质的不同而差异很大。
- 寻求专家的指导，比如图书馆员、研究人员和专业人士。
- 认识到浏览及其他偶然发现的信息收集方法的价值。
- 坚持面对检索的挑战，并知道在拥有足够的信息时结束任务。

1.4 大学生信息素养

1.4.1 新的信息环境

当前，人们面临着更加复杂多样的互联网信息环境。

在信息生态环境方面，信息的类型、载体、生成日益多元化；人们可获取的信息数量更加庞大；传统信息源的影响在显著削弱；信息搜索更加便捷化，然而信息管理、信息分析、信息评价更加凸显重要。

在学术生态环境方面,学术交流从研究到出版的整个流程在变化,学术生态更加开放。传统出版仍保持着优势,但开放获取发展迅速。据 2016 年 1 月 Emerald 作者的调查报告,98%的学术成果通过传统出版发表,18%使用开放获取发表成果;欧盟研究报告预测,90%以上的学术期刊论文将在 2019—2024 年间实现开放获取;全球研究理事会要求各国公共科研资助机构实施公共资助项目学术论文开放获取;美国国立健康研究院 NIH 资助项目发表论文的 80%已实现开放获取;英国研究型大学论文开放发表接近 60%;2014 年 5 月,中国国家自然科学基金委和中国科学院分别要求公共资助科研项目学术论文开放获取。开放的学术生态提供了大量的开放学位论文、开放教育资源、开放数据和开放报告,人们获取信息的来源更为广泛多元。

在高等教育环境方面,开放教育、MOOC 迎来了在线学习的大规模发展;非正规学习兴盛,逐步成为正规学习的补充;新型教育模式,如在线学习、混合式学习和协作式学习在增长;智能化学习、个性化(自主式)学习正引领未来的智能化学习;在线教育可以实时记录学习者的学习行为,教师和管理者可以通过数据分析调整教学计划,提高教学效率和质量。比如,"学堂在线"推出基于微信平台的混合式教学工具"雨课堂",从课前、课上到课后的每个环节,都支持学生参与体验,让"教"与"学"释放出更多能量。

1.4.2 大学生与信息素养

大学生的信息需求涵盖学业科研、个人成长、生活娱乐、求职创业等诸多方面,无论是专业学习、课程论文、创新训练、科研项目、实习设计、学术竞赛、毕业设计,还是社团活动、求职应聘、考研考证、公务员考试,以及个人生活娱乐、兴趣培养、网络交流等,都会与专业学术信息、普通网络信息发生交互,主要是信息消费者,同时也是信息的生产者,与信息的联系愈加紧密。

互联网让任何人都能以几乎零成本的代价获取任何他想学习的知识、信息或者技能,然而,面对瞬变的全媒体环境、多样的信息生态环境、开放的学术交流环境、复杂的高等教育环境,面对大数据、云信息、高性能计算,对于信息,除了获取,还有管理、分析、评估、创新、交互等各种维度和程度的不同要求和需求。无论是对于大学生,还是社会公众,对信息素养的要求不是降低,而是更加提高。在互联网时代,信息素养是个人投身信息社会的一个先决条件,提升和优化公民的信息素养已经成为各国的共识,信息素养也成为促进人类发展的全球性政策。信息素养,是每个人都应该具备的素养。

依本章前面所述的信息素养的提出与发展、信息素养相关概念、《高等教育信息素养框架》等内容,信息素养的内涵在延伸、拓展、演变和重塑中,人们应该从融合、多元、可扩展的角度来理解、培养与提升信息素养。信息素养,是包含了多种关于信息的知识技能和思维意识的一组复合能力:在信息生产过程中,认知和评价不同产生途径和形式的信息的价值；在问题解决过程中，能够制定、调整信息发现和获取的策略，探索式查找与获取信息。还有，能以批判性思维分析、评价获取的信息；能规范合理地利用获取的信息解决问题并创造出新内容，辩证地利用信息并进行创新；认知信息的伦理与安全，如知识产权、信息道德、学术规范、隐私与安全等；能以各种方式呈现和交流自己的研究成果。

对于信息素养的学习与提升，需要通过渐进而系统的方式，融入到大学生不同阶段的学术活动中，重视学习中的参与性和合作性。作为大学生，应当将信息素养的内涵延伸至当前信息环境下，与自身学习和学术研究等目标相结合，强调自身作为信息使用者和信息创造者的双重角色，强调新环境下信息素养概念的动态性、灵活性及其与个人成长的相关性。

练习、讨论与思考

1．谈谈你对高校学生应该具有的信息素养能力的理解。

2．网络谣言止于智者。试从信息素养的角度进行分析，谈谈你的看法。

3．1989年美国图书馆协会（ALA）和美国教育传播与技术协会（AECT）提出的信息素养定义，关注哪几个方面，你怎么理解？

4．2000年美国大学与研究图书馆（ACRL）在美国图书馆协会会议上审议并通过了《美国高等教育信息素养能力标准》，该标准列出了5大能力标准、22项执行指标和87个表现效果。试选取若干二级指标和表现效果，评价自己的信息素养。

5．《全球媒体与信息素养评估框架》有哪几个部分？哪几个层面？它提出媒体与信息素养要素包括获取、评价和创建，这三个要素主要包括哪些能力？

6．元素养理论将元素养学习分为4个领域，指向4个培养目标，分别指什么？试选取其中一个目标，查看对应所指的内容，评估自己的状态并设法提高。

7．2015年美国研究图书馆协会（ACRL）理事会签署通过了《高等教育信息素养框架》，试说明它采用"框架"一词的原因。

8．《高等教育信息素养框架》主要采纳了元素养的概念，试谈谈你的理解。

9．《高等教育信息素养框架》按六个框（Frame）编排，每个框都包括一个信息素养的核心概念、一组知识技能，以及一组行为方式。尝试理解、应用以指导提升自己的信息素养。

拓展与延伸（请扫描二维码浏览）

第 2 章

认知信息的价值，认识信息安全与伦理

信息与知识的产生具有一定的社会价值、学术价值和经济价值。在信息世界中，人们既是信息消费者，也是信息生产者，相关的信息和信息活动让人与人之间、人与社会之间、虚拟与现实之间产生各种交互，由此也伴生安全、规范、伦理、法律、社会和经济利益等一系列相关问题，需要人们正确认知信息的价值，了解信息活动的权利和义务，尊重知识产权，遵循学术规范，重视信息安全，规范信息行为。

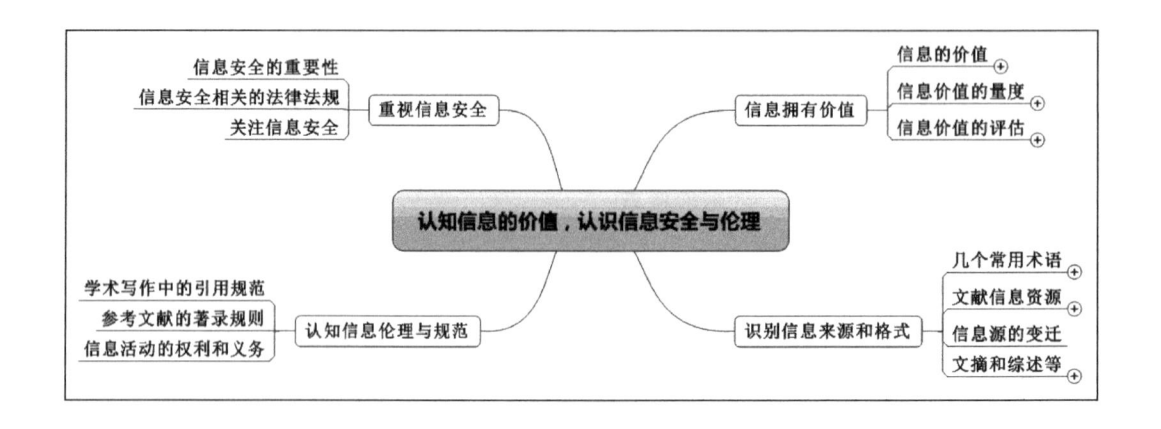

2.1 信息拥有价值

信息是一种非常有价值的资源，人类社会中的一切活动都离不开信息。信息具有价值性特征，即利用信息资源能为使用者的决策活动提供支持并产生价值。从广义上讲，信息资源开发是指任何能够改进和加速信息资源交流与利用的活动；从狭义上讲，信息资源开发是一种创造和生产信息产品的活动。因此，信息资源开发的目的在于信息使用，或者说信息资源开发的成果最终要体现在利用上。

信息不仅是沟通交流、认识世界、教育传播的产物，也是一种财产和商品，具有交换及使用等多维价值，蕴含巨大的法律和社会经济利益。

信息的价值在于它能向物质转化。信息的价值一般可以按所付出的必要社会劳动来计算，也可以按使用信息所产生的效果计算。所得收益越大，其价值也就越大。

2.1.1 信息的价值

通常，事物所具有的能够满足人类某种需要的属性叫价值。信息的价值，一般被看成它的实用属性，即对信息使用者来说，信息对达到具体目标的有益性。信息的价值既决定于用户对信息需要的程度，也决定于能否充分发挥其作用。只有既需要而又能发挥其作用的信息，才是有价值的。

信息是有价值的，但必须通过信息管理者的行动。信息的价值有伸缩性，可能很大，也可能很小，还可能是负价值，关键看信息管理者如何行动和采取行动的时间。信息的价值可能是直接的，针对某个信息采取了行动就能取得效益；也可能是间接的，需要对信息进行处理后才能发现其价值。例如，每天的商业广告可能没有直接价值，但长期积累、分析就可以看出商品的生产、供应形势等重要信息。

这里的"价值"是一个十分模糊的概念。一般来说，人们难以决定某一信息价值的大小，因而有必要对"信息价值"作进一步探讨。由于价值决定使用，所以这一探讨又具有重要的实际意义。

1．信息的总体价值（绝对价值）与使用价值（相对价值）

讨论信息的价值，要有明确的对象及条件：一方面，信息对于任何观察者都具有同一数值的绝对性；另一方面，对于不同的接收者，又具有不同数值的相对性。并且，同一信息对同一用户的价值也会随时间的变化而变化。例如，爱因斯坦的相对论，一方面，对于物理学家来说，其价值比对一个普通人大得多；另一方面，相对论从提出之时到现在，其价值已经发生了变化。可见，讨论信息的价值须在一定的范围内进行。

B.C.布鲁克斯曾经指出："向他人提供的信息，必须适合其知识结构，因为这是信息使用者有可能了解该信息的正确性和成熟性的一个条件。"这就是说，要从用户对信息的认识角度来讨论信息的价值。

（1）信息的总体价值。信息的总体价值又称为信息的绝对价值，或总体使用价值，按米哈依诺夫的说法，它是从绝对真实的社会认识角度来讨论的信息价值，而不是考虑完全由利用这一信息的具体条件和对象所决定的具体价值。这一价值只能用全人类的认知结构进行衡量。

（2）信息的使用价值。信息的使用价值可称为信息的相对价值，它是信息对于某一用户的利用价值，即以用户的认知结构来衡量的用户的信息交流与信息利用价值；同时，这一价值还受用户使用条件的限制。可见，同一信息尽管总体价值是一定的，然而对于不同的用户，在不同的使用条件下，它却有不同的使用价值。

2. 信息的总体价值（绝对价值）与使用价值（相对价值）的关系

信息的总体价值（绝对价值）与使用价值（相对价值）存在一定的关系。一般来说，信息的绝对价值不大，则对于多数用户的相对价值亦不大。这是由于绝对价值是对于社会整体而言的，而相对价值是对于组成社会的每个个体而言的。值得注意的是，信息的价值（包括总体价值和使用价值）是一个变量，它随着人类社会及用户个体认知结构的变化而变化。

事实上，用户对信息的认知是吸收信息的先决条件，而信息对用户的作用将改变用户的认知结构，由此体现信息的价值。托尔曼（E. C. Tolman）指出，在认知过程中，主体（用户）获得的代表外部环境的表象，如同地图可以代表地形图一样，将作用于主体（用户）的头脑。如果主体（用户）对此是未知的，将扩充其认知结构；如果是部分未知的，将部分改变认知结构。

以上所说的认知，包含了"认识"与"知识"。科学信息作用于用户，其主要作用是改善用户的知识结构；一般消息型信息，由于并不一定扩充用户的知识，其主要作用是向用户提供未知的消息，改变的是用户对信息所反映的事件的认识。因此，我们说认知结构具有两方面含义。

2.1.2 信息价值的量度

信息总体价值与使用价值的测量是一个复杂的问题。从理论上看，信息的价值可以用使用者（社会大众、团体或个体用户）的认知结构来衡量。对于科学信息而言，主要用"知识结构"来衡量。事实上，客观知识结构就是一个精干的信息库，用户使用科学信息的目的就在于扩大"知识库"。为了理解和进一步利用科学信息，用户应具有一定的知识储备。按 A. 史列捷尔的术语，这一知识储备可以用"词库"来描述，即用"词库"来表示人们的知识结构。

1. 信息使用价值的变化

信息的使用价值包含它的实际使用价值和潜在使用价值两部分。信息使用价值的变化,一是信息价值中的实际使用价值与潜在使用价值之间的转化;二是信息使用价值的衰减。

(1)信息的实际使用价值与潜在使用价值的转化。

信息的实际使用价值简称为实用价值,是指在目前条件下它对于用户的使用价值;而用户目前不能利用的信息实体所具有的使用价值称为信息的潜在使用价值。显然,信息的实用价值和潜在使用价值都属于信息的使用价值。如果某一信息对于用户既存在目前可以利用的部分,又存在暂时还不能利用的部分,那么该信息便同时存在实用价值和潜在使用价值,二者的和即为使用价值。

$$V_{使}=V_{实}+V_{潜}$$

这里需要注意的是,信息对于用户的实用价值并不是用户利用信息以后才存在的,而是对于用户固有的一种当前实用价值,由用户的知识结构和使用条件决定。

信息对于用户的实用价值和潜在使用价值可以互相转化。例如,人类历史上一些重大的科学发明无疑对于科学界有着巨大的使用价值,但由于当时各方面条件的限制却没有立即被人们利用的可能,因此在相当长的时期内表现为潜在使用价值,直到人们具备吸收这些信息的条件时,其潜在使用价值才转化为实际使用价值。对某一用户而言,信息的实用价值也可能转化为潜在使用价值。

某一信息对于用户具有实际使用价值的条件主要包括两个方面:

① 允分条件。主要指用户的知识结构和水平与信息内容相匹配的条件,即用户具有使用信息的能力;此外,用户的心理在客观上应与信息相适宜。

② 必要条件。信息内容应包括在用户的信息需求之中;同时,用户具有接触信息的可能性。

上述两个条件也适用于信息的潜在使用价值向实用价值转化的过程。

(2)信息使用价值的衰减。

一般说来,任何信息问世以后价值都会逐渐减少,这种信息价值逐渐减少的现象可称之为信息使用价值的衰减。

价值衰减的一种情况是信息使用后的价值减少。信息一经用户使用,其使用价值将会发生变化;如果被所有用户完全吸收,总使用价值将变为零。这里有两点需要注意:信息要被所有可能的用户利用;信息要被利用它的用户完全吸收。实际上,任何信息都不可能在运动过程中完全满足这两条,即使是消息,经用户使用后可能仍保持一定的参考价值,因此我们说信息的总体价值会逐渐减少,直至趋于零。

此外,还存在多种形式的衰减,包括:信息经过用户使用后,其使用价值逐渐衰减;信息未经使用,但为新的信息所超越;信息内容已经包含在其他更新的更适用的信息之中;用户通过其他途径改变了自己的知识结构;信息所属学科或领域的地位下降;信息内容过时(特别是消息性信息)。

信息使用价值的衰减是一种客观规律，是自然界和社会发展规律的体现。半衰期和普赖斯指数可用作衡量指标。

① 半衰期。1960 年 P. 巴尔顿和 R. 凯普勒从用户使用科技文献的角度出发，提出了科技文献半衰期这一科技文献价值衰减的指标（或称科技文献老化指标）。"半衰期"的概念来源于放射性物质核衰变的研究，定义为放射性元素核的因衰变而减少到原来的一半所需要的时间。应用于文献研究中表示现在被利用的全部文献的一半的最近发表时间。例如，假设目前用户所使用的 50%左右的物理文献是在最近 4.6 年以内发表的，则物理文献的半衰期为 4.6 年。半衰期还可以反映信息价值衰减的速度，因而可以直接用来描述信息使用价值的衰减情况。我们可以通过统计用户所需文献信息的数量，粗略地计算某领域信息的半衰期；同时，也可以采用跟踪调查法，直接估算某些具体信息的半衰期。

② 普赖斯指数。D. 普赖斯建议引入另外一个衡量各种知识领域的文献老化指标。他认为，"有现实作用"的引文数量与"档案性"引文数量的比例是比引文的"一半生命期"更重要的特征。于是，他将不老于 5 年的文献引用数量与总的引文数量的比例作为一个指数。该数值可以宏观地和微观地用来表示某一学科领域、某一期刊、某个研究所，以至于某人的某一篇文献的价值变化。"档案性文献"的普赖斯指数的数值范围为 22%～39%，"有现实作用"的文献则为 75%～80%，各学科的总平均值为 50%。普赖斯指数显示了文献的利用情况。由于它的广泛适用性，该指数可以用来描述任何信息的使用情况和价值变化。

2．信息实用价值的分析

信息实用价值即信息价值中的实际使用价值。其定性分析包括以下三个方面。

（1）信息正确性与可靠性的分析。信息（特别是科技信息）的正确性与可靠性是衡量它有无价值的必要条件，某一信息如果缺乏这两个方面就失去了使用价值。在信息的正确性与可靠性分析中可采用逻辑思维的分析方法。

（2）信息水平的衡量。对于信息的水平，很难用一个统一的标准去衡量，在一般情况下应注意以下问题：信息产生时间；内容的新颖程度；在某领域的地位；总体利用情况。

（3）信息对于用户的适用性分析。信息对用户的适用性是确定其实际使用价值的重要标准，对此可进行相应研究：分析信息所含知识与用户知识结构的关系；确定信息与用户目前工作的相关性；分析信息对用户可能产生的作用；分析用户的心理状态对吸收信息的影响。

2.1.3　信息价值的评估

在信息获取的过程中始终伴随着如何鉴别与评价信息的问题。纷繁复杂的信息世界很容易扰乱人们的注意力，因而，有效地鉴别与评价所获得的信息，对人们来说尤为重要，这是利用信息的前提。当前信息传播渠道和信息媒体类型呈多样化，人们基于信息需求和使用环境对所获得信息资源的可靠性、权威性、有效性及学术价值等进行评价是普遍的信息活动。

网络上分布着海量的学术文献，显然，并非所有资料都完美无瑕，也并非都能对研究者提供有益的帮助。对于研究者来说，能否获得有学术价值的文献资料，对是否能在高起点上进行研究至关重要。一般而言，评估与判断信息的价值，可以从信息的来源、信息的价值取向以及信息的时效性等多个方面对信息价值进行判断。我们需要了解对信息进行鉴别和评价的基本原则和方法，学会以批判性思维和眼光进行评估，使得信息能够为我们创造财富。

1. 信息鉴别与评价的基本认识和知识技能

（1）信息内容的可靠性与权威性与信息源和生产者相关。

（2）研究、创造、修改和传播信息的过程不同，生产者专业水平的差异，都会影响最终的信息产品价值和权威性。

（3）不同使用者对于信息价值的判断是有差异的，信息价值的评价标准并非唯一。比如，一份提供了购书网站潜在客户的名单，对于经营图书音像类产品的企业是有价值的，而对于一个餐馆业主来说，价值基本上为零。信息仅对能满足其期望的人才有价值可言。

（4）不同使用情境也产生不同的评价结果。

（5）能够对不同阶段、不同呈现形式的信息产品的价值质量做出判断，并结合自身信息需求，选择利用各种信息中间产品或最终产品。

（6）认识到权威是一个学科或团体内被认可或起重要作用的影响因素。了解如何去确认权威，会使用相关的标准、指标等研究工具去寻找、发现权威的观点和意见，同时对产生权威的体系及其创建的信息持保留态度，了解可能影响信息价值判断的相关因素，如出版物类型、作者、资质不同的思想流派和学科范式等，并意识到为树立和形成自己的权威声音，在信息生产过程中应努力承担相关责任，包括追求准确和可靠、尊重知识产权和学术规范等。

2. 信息鉴别与评价的行为方式和常用方法

认识到对信息内容做客观评估的重要性，激励自己找到权威的信息来源，在做信息评估时要有批判精神，能意识到自己的认识角度、世界观和可能的偏见会对评估产生影响，敢于质疑传统的价值判断标准，对权威的推崇保持开放心态，尊重多元价值观，包容不同观点，经常对自己的信息评价态度和行为进行自我反省，努力发现与信息创造过程相关的信息产品的特点，重视找到与信息需求相匹配的适当的信息产品形式。

（1）从信息的来源鉴别信息。

① 看信息来源是否具有权威性，是否真实可靠。

② 查看信息的来源，判断信息的要素是否齐全。

③ 使用逻辑推理、查阅、调查的方法进行考证和进行深入的调查。

④ 信息的来源是否来自权威部门。

⑤ 判断信息中涉及的事物是否客观存在、构成信息的各种要素是否真实，与同类信息进行比较。

⑥ 研究此信息是否具有代表性、普遍性。

⑦ 实地考查。

⑧ 学会分析和鉴别，去其糟粕，取其精华。

（2）信息是否具有时效性。

在信息来源都可靠的前提下，还要判断信息的实效性。判断方法如下：

① 对突发性或跃进性的事实，在第一时间内做的报道，具有很强的实效性。

② 渐进性的事实，应在事实变动中找到一个最新、最近的时间点来判断实效性。

③ 过去发生的事实，新近才发现或披露出来的，可以通过说明自己得到信息的最新时间和寻根探源的方法加以弥补。

（3）从信息的价值取向、情感成分进行判断。

信息对于每个人的价值各不相同。社会角色不同、知识背景不同、生活经历不同等决定了信息的价值取向的多样性。一个人不可能接受所有的信息，他只关心与自己相关的信息，因为这些信息对于他来说是有价值的。在日常生活中所获取的信息对于我们来说，有的有用，用的无用；有的真实，有的虚假。

（4）对信息的可信度问题进行研究判断。

21世纪对于信息的需求量之大，是之前任何时代都无法想象和比拟的。政府需要统计资料来进行宏观调控，工厂需要市场数据来规划生产，人们需要医疗信息来保障健康。正确的信息帮助人们更好地生产和生活，错误的信息导致人们出现意外和损失。因此，区别信息的真伪、确定信息的可信度，是一个重要的和广泛的话题。计算机领域、人因学领域、心理学领域……各领域的专家和学者从20世纪就开始进行大量和深入的研究。

就像一个可信的人是因为诚实、慎言和拒绝欺骗而使他人信服一样，一条可信的信息也应该因为它没有歧义、偏颇和失实而令人能够信服。可信度的对象通常是信息源、信息结构和内容，以及传播的媒介。

（5）对于学术论著的一些判断方法。

① 查阅学术论著（常指图书或论文）的序言和介绍。在论著中，作者往往要介绍写作目的，同时也会指出读者对象。通过阅读序言和介绍，可以了解该论著是汇总过去的

研究成果，还是阐述新观点，是否能帮助读者更好地了解研究的领域。通过阅读文章的序言，读者可以发现作者的写作目的，有些是在进行某一领域中已出版文献的总结、评论和综述，这类学科综述大部分可用作二手资料来源。有些作者是为了检验或者发展一套新理论或新方法。如果这类论著发表在著名的学术刊物或由权威出版社出版，即使理论上存在争议，也应当受到读者的重视。还有一些作者的写作目的可以是复制以前的研究，以寻找类似的或截然不同的结论；修订或改编一种尺度或其他的研究标准；检验现有理论的一小部分。这些研究虽然都是重要且受到高度重视的，但传统上都会认为比起那些引进或发现新的理论和研究标准的研究来说水平要低一些。阅读论著的序言和介绍可以告诉读者它的研究范围和潜在价值。

② 评价论著的方法和数据。一本有价值的图书、一篇有水平的论文所应用的研究方法应该非常清楚详细，数据应该准确无误，成果应该是明显的。如果研究方法含混，数据有明显差错，可信度就会大大降低。

③ 评价论著的时效性、地域性。有些学科领域的研究会带有很强的时代特征、地域特征，当收集到一些研究资料以后，一定要注意这些资料产生的年代背景及国家地区背景，因为学科领域在全世界的发端、流传与发展并不平衡，有些研究可能还带有浓厚的本土化特色。因此，要注意分析。

④ 了解作者的背景和资格。了解查证作者过去的出版发表记录。在这一领域中，该作者还有哪些论著，哪些人、有多少人曾引用他（她）的作品，是这一领域的专家还是年轻的学者，所在的机构等。这些背景资料，也有助于我们用于判断论著的价值和质量。

2.2 识别信息来源和格式

产生信息或情报的源泉或母体可简称为信息源。从事科学研究工作或生产管理及经营活动的组织和个人，各种图书馆、情报中心、信息中心，文献资料等都是信息源。从根本上来说，一切信息和情报都来源于自然界或人类的实践活动，只有自然界和人类社会才是信息的真正源泉。文献上记录的信息只是信息传递过程中的一种存在方式或表达方式，不过，对于大多数信息用户或读者来说，文献信息资料是获取信息常用的和主要的来源，所以习惯上就将它们称为信息源，也称为信息资源、信息来源。

2.2.1 几个常用术语

1. 信息

在人类社会与自然界中，从日常生活到科学研究，信息无处不在、无时不有。我们在社会的各个角落经常能听到"信息"二字，如人或动物的大脑通过感官能接收到的有关外界及其变化的消息就是一种信息，人与人之间的消息交换也是一种信息，人与机器之间、机器与机器之间的消息交换也是一种信息。同样，外交家注重国际关系的微妙变化，经商者关心市场商情，军事家捕捉战争风云的瞬息变幻，这些都是我们在社会的各个角落能听到的"信息"。

信息的内涵十分广泛，并无严格定义，不同学者从不同角度对信息做出各种定义。例如，在文献信息学中，信息往往被理解为知识内容；而心理学家认为信息不是知识，知识存在于人们的大脑中，信息则存在于人们意识之外的东西，如自然界、印刷品、硬盘及空气中。在遗传学中，信息被作为一种遗传物资 DNA 的结构形式、组织方式来下定义；而在管理学界，信息则被理解为管理活动的特征及其发展情况的统称。图书情报学家认为，信息可以定义事物和记录，记录所包含的信息是读者通过阅读而获得的。我国《辞海》载："信息是指对消息接受者来说预先不知道的报道。"我国国家标准《情报与文献工作词汇基本术语》（GB 4894—1985）载："信息是物质存在的一种方式、形态或运动状态，也是事物的一种普遍属性，一般指数据、消息中所包含的意义，可以使消息中所描述事件的不定性减少。"日本《广辞苑》载："信息是对某种事物的预报。"美国《韦氏大辞典》载："信息是通信的事实，是在观察中得到的数据、新闻和认识。"信息论的奠基人香农认为："信息是用来消除不定性的东西。"控制论专家维纳认为："信息就是人与外界互相作用过程中相互交换的内容和名称。"我国学者周怀珍认为："信息是物质和能量在空间和时间中分配的不均匀程度。"

人们从不同层次、不同侧面对信息的概念给予不同的解释，对信息赋予不同的内涵与外延，从而达到认识世界与改造世界的目的。

信息具有普遍性、传递性、时效性、共享性、客观性等特性。

2. 知识

知识是人们对客观事物的存在和运动规律的认识，是人类在改造客观世界的实践中积累起来的认识和经验的总和。

《辞海》对"知识"的解释是人类认识的成果或结晶，包括经验知识和理论知识。其初级形态是经验知识，高级形态是系统的科学理论。当代科学辞典认为，知识是一种特定的人类信息，是整个信息的一部分。

知识提供某种经过思考的判断和某种实验的结果，是信息经过多次反复以及人们的加工整理而序列化后形成的。信息经过人脑的储存、识别、加工、处理及转换等形式而形成知识。人们不仅能通过信息感知世界、认识世界和改造世界，而且能将获得的信息转变成知识，作为认识和改造世界的武器。人类在接收了社会和自然界的大量信息后，通过实践活动和大脑的思维活动，将这些信息结合实践活动进行分析与综合，形成新的认识，这种经过加工、孕育后的信息就成为了知识。或者说，知识是同类信息的深化、积累，是优化了的信息的总汇和结晶。从外延来看，知识包含在信息之中。

知识具有实践性、规律性、渗透性及继承性等属性。

3. 情报

"情报"为外来语，来自日语"情报"（Information），主要指"信息、资讯、消息"。"情报"一词最早产生于军事领域，是战时关于敌情的报告，以后在不同的历史时期有着不同的含义。但是，无论情报的内容与形式如何变化，其共同之处就是情报是指为一定目的收集和传递的有特定效用的知识。

在此我们认为情报是指被传递的知识或事实，是知识的激活，是运用一定的媒体（载体），越过空间和时间传递给特定用户，解决科研、生产中的具体问题所需要的特定知识和信息。它具有知识性、传递性和效用性3个基本属性。

4. 文献

《文献著录总则》（GB 3792.1—1983）中将"文献"（Literature，Document）一词定义为：文献是记录有知识的一切载体。在这看似简单的定义中，实际上包含了作为文献的4个基本要素：①记录知识的具体内容；②记录知识的手段，如文字、图像、符号、声频、视频等；③记录知识的物质载体，如纸张、光盘、录像带等；④记录知识的表现形态，如书刊、录音带等。由此可见，人类创造积累的知识，用文字、图形、符号、声频、视频等手段记录保存下来，并用以交流传播的一切物质形态的载体，都称为文献。

在阅读文献时，人们关注的不只是文献的载体和形态，更注重文献中传递的信息、蕴含的知识。文献因载有知识和信息才有存在的价值和意义，而知识和信息因附着于文献这一载体之上，才得以超越时空地保存和传递。

5. 信息、知识、情报和文献的关系

综上所述，人们通过对表征客观世界之客观信息的获取、加工等一系列思维过程，形成了反映客观事物本质和规律的具有主观性色彩的知识，将知识以某种方式系统化地记录于某种载体之上而形成文献。当知识对特定用户而言具有意义和价值时，则成为情报。它们之间的关系如图2-1所示。

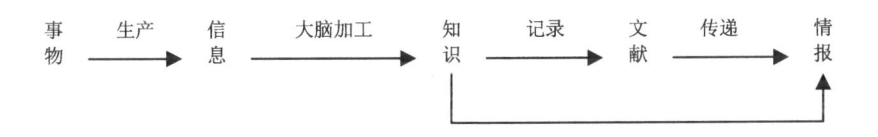

事物 —生产→ 信息 —大脑加工→ 知识 —记录→ 文献 —传递→ 情报

图 2-1　信息、知识、情报和文献的关系

图 2-2 所示表示其外延关系。简言之，信息包括知识、文献和情报，知识、文献和情报三者有相交部分但并不重合。文献可以提供信息、知识和情报，但信息、知识和情报获得的方式并不完全是文献。信息是情报和知识的载体，情报是特指的专业信息。知

识是信息的内核,是信息中的精华部分,信息的价值取决于其精华部分的价值。如果说信息是食物,那么知识则是食物中的营养成分。知识依存于信息,信息经过提炼和加工可成为知识;知识组织最终要通过信息组织方式来实现。信息是原料,经过人类的认识活动,成为已知的知识。而被传递、被激活的有用的信息就是情报。

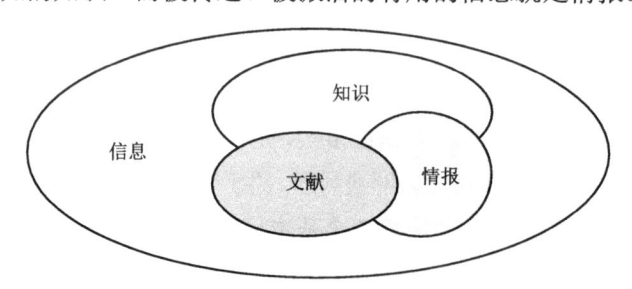

图 2-2　信息、知识、情报和文献的外延关系

2.2.2　文献信息资源

文献信息资源是指用一定的记录手段将系统化的信息内容存储在纸张、胶片、磁带、磁盘和光盘等物质载体上而形成的一类信息资源。换言之,文献信息资源就是指包含信息的各种类型的文献。文献的基本功能是存储与传播信息。文献是社会信息交流系统中重要的成分之一,它是社会文明发展历史的客观记录,是人类思想成果的存在形式,也是科学与文化传播的主要手段。正是借助于文献,科学研究才能得以继承和发展,社会文明才能得以发扬光大,个人知识才能变成社会知识。文献信息资源是人类最丰富、最宝贵的信息资源,也是信息量最大的一种信息资源。文献信息资源按照不同的划分方法,可以分为不同的类型。

1. 按载体形式划分

(1) 印刷型信息资源。印刷型信息资源是传统的、常见的信息资源,指通过油印、铅印、胶印等各种印刷手段将信息记录在纸张上的信息资源。其特点是使用方便、易于携带和阅读,但体积大、不易整理和保存。

(2) 缩微型信息资源。缩微型信息资源包括缩微胶卷、缩微平片等,指利用光学技术将信息记录在感光材料上的信息资源。其特点是体积小、易保存、存储密度高,但它的使用需要专门的设备和环境。

(3) 声像型信息资源。声像型信息资源包括唱片、录音带、录像带、电影、幻灯片等,是通过专门的设备,使用声、光、磁、电技术将信息以声音、图像等形式记录下来的信息资源。其特点是直观形象,但需要专门的设备。

(4) 电子型信息资源。电子型信息资源也称电子资源,是以数字方式将图、文、声、像等信息存储在磁、光、电介质上,通过计算机、网络或相关设备使用的记录有知识内容或艺术内容的信息资源，包括电子公告、电子图书、电子期刊、数据库等。如果这些电子信息资源能够在互联网或局域网内检索，那么也被称为网络信息资源。

2．按出版类型划分

根据中华人民共和国国家标准 GB/T 7714—2015《信息与文献 参考文献著录规则》，文献类型分为：普通图书、会议录、汇编、报纸、期刊、学位论文、报告、标准、专利、数据库、计算机程序、电子公告、档案、舆图、数据集及其他。下面对常见的文献类型加以说明。

（1）图书（Book）。图书是一种成熟而稳定的出版物，是对已有的研究成果、生产技术、实践经验或某一知识体系的概括和论述。它的特点是内容全面系统、观点相对成熟，但它的出版周期较长，报道速度慢，具有相对滞后性。图书是传播知识、教育和培养人才的主要工具。

（2）期刊（Serials，Periodicals，Journal，Magazine）。期刊是一种有固定名称、有一定出版规律的连续出版物。其特点是出版周期短、报道速度快、数量大、内容丰富新颖，能及时反映当代社会和科技的发展水平和动向，因此查阅期刊是科研人员进行研究不可缺少的信息资源。

（3）报纸（Newspaper，Paper）。报纸是一种出版周期最短、发行量最大的出版物，它报道的内容极为广泛，和人们的生活息息相关，是人们日常生活中最常接触到的信息资源。报纸的信息具有极强的时效性，信息量大，这也造成报纸查找的不便。

（4）会议文献（Conference Document，Conference Paper）。会议文献是指发表在各种学术会议上的论文和报告。其学术性很强，往往反映了当前的学科进展和发展动态，是获取最新信息的重要来源。

（5）学位论文（Dissertation，Thesis）。学位论文是指高等院校或研究机构的毕业生和研究生为取得学位而撰写的论文，它的级别可分为学士论文、硕士论文和博士论文。尤其是博士论文，具有一定的创造性，所论及的内容较为专深，对科研、生产和教学有较大的参考价值。

（6）专利文献（Patent Document）。专利文献是指与专利制度有关的所有专利文件，包括专利说明书、专利公报、专利分类表、专利检索工具以及专利的法律文件。其中，专利说明书是主体，它具有统一编号、数量大、内容丰富新颖、实用可靠以及报道迅速等特点。

（7）科技报告（Science & Technical Reports）。科技报告是科技人员从事某一专题研究所取得成果和科研进展的实际记录。其特点是反映新技术较快，内容比较专深新颖，数据比较可靠，保密性较强，有相当一部分科技报告不公开发行。科技报告每份单独成册，有专门编号用以识别报告类型及其主持机构。

（8）标准文献（Standard Literature）。标准文献是描述有关产品和工程质量、规格、工艺流程及其测试方法等的技术文件，是一种经权威机构批准的规章性文献，具有一定的法律约束力。

（9）产品资料（Product Literature）。产品资料是国内外生产厂商或经销商为推销产品而印发的商业宣传品，按其内容性质大体上可以分为产品目录、产品样本、产品说明书等。该类文献直观性强、数据翔实，是宝贵的科技信息资源、商贸信息资源和竞争情报资源。

（10）技术档案（Technical Records）。技术档案是科研部门在生产建设和技术活动中形成的具体工程对象的技术文件、图样、图表、照片、原始记录或其复制品。其内容包括任务书、审批文件、研究计划、技术指标、技术措施、调查材料、设计计算和工艺记录等。它是科研和生产建设中积累经验、提高质量的重要依据。此类文件具有明显的保密性和内部控制使用的特点。

（11）政府出版物（Government Publication）。政府出版物是各国政府部门及其所属机构所发表的各类文件，主要包括行政政策性文件和科技文件两种。

3．按加工层次划分

（1）一次文献。一次文献是以作者本人的科研工作成果为依据而创作的原始文献，如专著、期刊论文、科技报告、会议论文、专利文献和学位论文等，具有新颖性、创造性和系统性等特征，参考和使用价值较高。但由于其量大、分散而无序，给读者的查找和利用带来极大的不便。

（2）二次文献。二次文献是将大量无序、分散的一次文献收集、整理、加工、著录其特征（如著者、篇名、分类、主题、出处等），并按一定的顺序加以编排，形成供读者检索所需一次文献线索的新的文献形式。这种工具性文献包括目录、题录、文摘、索引及相应的数据库，因其具有检索功能而称为检索工具或检索系统。

从上述定义的引申来看，二次文献信息是关于文献的文献、关于信息的信息，有时也称为二次信息。百度、Google等搜索引擎是各种数据和网页的信息集合，其功能作用等同于上述二次文献。提供网上信息资源检索和导航服务的专门站点或服务器，它同样是对采集到的网上信息进行加工整理，建立起存储和管理网络信息的索引数据库，为用户提供网络信息检索导引。

相对于一次文献而言，二次文献是从分散到集中、从无序到有序、从繁杂到简约，因而具备了可查检的便捷性，用以解决读者查阅所需特定文献线索的问题。知识和信息的散乱无序性与用户使用的特定选择性之间的矛盾，一直是困扰学者学术生涯的一道永恒的难题，在知识爆炸、信息泛滥的今天，这个矛盾愈加突出，仅靠"学海无涯苦作舟"的勤奋和坚韧，实难登上光辉的彼岸，唯有驾驭好二次文献这一叶方舟，方可自由荡漾于知识和信息的海洋。正因为如此，包括网上检索工具在内的二次文献及其利用，也就成为信息检索课的核心内容。

（3）三次文献。科技人员围绕某一专题，借助于二次文献，在充分研究与利用大量一次文献的基础上,即经过阅读、分析、归纳、概括,而撰写成的新的文献即三次文献。它们或综述已取得的成果进展,或加评论,或预测发展趋势,形式有综述（Review）、述评（Comment）、进展（Advance，Progress）、现状（Update）、发展趋势（Trend）等期刊文献和百科全书、年鉴、手册等参考工具书。许多学术期刊上均辟有综述栏目,而且出版专门刊载三次文献的综述性期刊也越来越多。

与一次文献的产生有所不同的是,三次文献是以现有一次文献中的知识信息为基本研究素材,对其进一步加工、整理、重组,使之成为更加有序化的知识信息产品。但由于同样融入了作者的智力劳动,所以和一次文献一样同属智力产品,因而使三次文献具有信息含量大、综合性强和参考价值大等特点,可使读者不必大量阅读一次文献,就可借此比较全面地了解某一专题、某一领域当前的研究水平和动态。当学者面临知识和信息的海量无限性与其时间精力的相对有限性这一困扰时,三次文献不失为一条最佳捷径。

（4）零次文献。零次文献指未经信息加工,直接记录在载体上的原始信息,如实验数据、观测记录、调查材料等。这些未融入正式交流渠道的信息,往往反映的是研究工作取得的最新发现,或是遇到的最新问题,或是针对某些问题的最新想法等,而这一切无疑是启发科研人员的思路、形成创造性思维的最佳思维素材。

综合上述,各级别文献的形成及相互关系如图 2-3 所示。

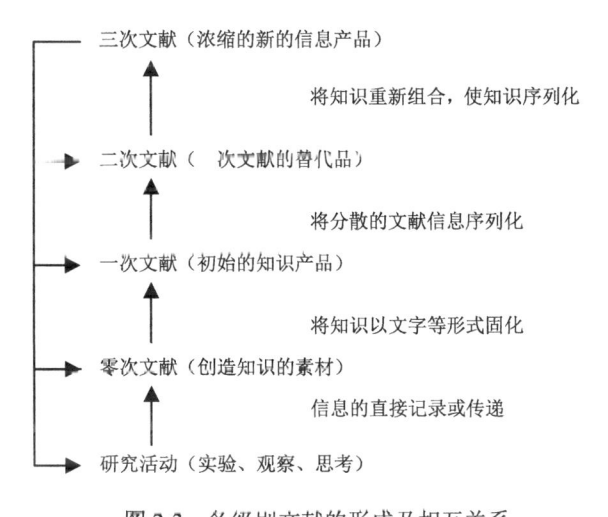

图 2-3 各级别文献的形成及相互关系

2.2.3 信息源的变迁

互联网使得信息的采集、传播的速度和规模达到空前的水平,实现了全球的信息共享与交互。现代通信和传播技术,大大提高了信息传播的速度和广度,克服了传统的时间和空间障碍,将世界更进一步地联结为一体。数字化信息资源开始占据主流位置,社交网络、自媒体、全媒体化的出现,使得信息来源更具便利性、多样性和复杂性,对人们的信息获取、利用、交互、创造等信息活动全过程都产生了巨大的影响。

由于上述因素和变化，使信息源也产生了极大的变化，包括：信息资源数字化不断推进；各种数据类型日益整合；出现了很多大型数据库商；信息来源日益多元；搜索引擎占据着信息入口的重要位置；非营利组织在信息采集和提供方面做了大量工作；免费资源不断增多，为人们的利用带来了极大的方便；Web 2.0 催生了各种新技术的应用；对知识和信息的搜索、揭示已经可以深入到知识单元；由于信息巨量，使得一站式搜索和获取势在必行；面向移动环境、移动端的信息应用日益发展，广为人们所喜爱和接受；信息资源与信息服务更为密切地结合，很多时候兼二为一。

2.2.4 文摘和综述等

如前所述，二次文献是人们对一次信息源进行加工、提炼或压缩之后得到的产物，它是人们为了便于管理利用一次信息源而编制和累积起来的工具性文献，这种工具性文献包括目录、题录、文摘、索引等。三次文献是对有关领域的一次信息源和二次信息源进行广泛深入的分析、综合后得到的产物，如各种综述、述评、学科总结、百科全书、年鉴、手册、文献指南等。它们都是常用的工具性文献，下面稍作介绍。

1. 目录

目录（Bibliography）是一批相关文献的著录集合，用以报道文献的出版信息或收藏信息。目录通常以一个完整的出版或收藏单元（如一种书、一种刊等）为著录的基本单位，即以文献的“种”、“本”或“件”（Item）为报道单元。它对文献信息的描述比较简单，以图书的目录（一般简称为书目）为例，每个记录条目的著录项（Elements）有：书名、卷（期）数、作者、出版地、出版社、出版时间及收藏情况等。书目著录示例如图 2-4 所示。

题名	APP蓝图：Axure RP7.0移动互联网产品原型设计 / 吕皓月编著
其它题名	Axure RP7. 0移动互联网产品原型设计
责任者	吕皓月编著
出版项	北京：清华大学出版社, 2015
载体形态	284页：彩图；23cm
主题	网页制作工具
中图分类号	TP393. 092. 2
附注	本书专注于介绍移动互联网的案例制作，以使用微信、LinkedIn、腾讯新闻客户端、滴滴打车、iOS 7等主流移动互联网应用程序为案例，深入浅出地介绍了移动互联网应用程序的设计和交互精髓。并且，最终这些制作的高保真原型可以真正地在手机上进行体验，就好像真正安装了它们一样。
ISBN	978-7-302-38562-2 CNY69.00

图 2-4　书目著录示例

常用的目录包括馆藏目录和联合目录。图书馆的藏书目录，也称馆藏目录，是反映某个图书馆的藏书情况，帮助进馆读者查找和借阅图书的工具。

联合目录，是指由一批图书馆合作编制的综合反映各成员馆书刊收藏情况的目录，如图书联合目录、期刊联合目录等。它在开展馆际互借、实现信息资源共享和充分发挥众多图书馆的整体作用等方面有重要的用途。读者可以利用它来了解某一国家或地区的信息资源分布情况，比如 CALIS 联合目录公共检索系统（http://opac.calis.edu.cn，简称 OPAC）。

关于馆藏目录和联合目录的更多介绍，可参见本书"4.2.1 馆藏目录检索系统"的相关内容。

2．题录

题录是将期刊、报纸等文献中的论文和文章的篇目，或者图书中的章节，按照一定的排检方法编排而成，供人们查找篇目出处的工具。题录通常按"篇"报道，具有广泛、全面、快速的特点，一般按照论文或章节的名称顺序排列。题录单条记录的著录项通常包括篇名、著者（或含其所在机构）和原文出处等项目，如图 2-5 所示，是常见的期刊论文的题录式记录。

> 张启彬，王鹏，陈宗海. 基于速度空间的移动机器人同时避障和轨迹跟踪方法. 控制与决策，2017，（2）：358-362.

图 2-5　题录示例

题录记录是描述某一特定文献的外部特征的一条记录，它为人们了解有关文献的存在情况和鉴别出版物提供简略的数据或信息。它与文摘的主要区别是：文摘不仅要对文献的外部特征做出完整的描述，而且还要对其内容特征作简要的描述。而题录只描述文献的外部特征，对文献的分析只限于表层，缺乏深度，故简短易作。在文摘款目中，题录是其中的一部分。

3．文摘

文摘（Abstract）是以最简练的文字概括文献的特征，不仅描述文献的外表特征，而且还揭示文献的内容特征，是带有摘要内容的、扩展了的题录，它比题录多出摘要等部分。文摘著录格式如图 2-6 所示。

> 张启彬，王鹏，陈宗海. 基于速度空间的移动机器人同时避障和轨迹跟踪方法. 控制与决策，2017，（2）：358-362.
> 【摘　要】针对有障碍物环境下非完整轮式移动机器人的轨迹跟踪问题，提出一种基于速度空间的同时避障和轨迹跟踪方法（VSTTM）。首先，根据机器人的动力学特性构建速度空间，得到由速度元组构成的控制集；其次，构造目标函数并对各控制量进行评价，其中跟踪误差评价函数评估跟踪效果，碰撞检测函数检测是否发生碰撞，终端状态惩罚项保证算法的稳定性；最后，通过优化过程找到最优的无碰控制量。

图 2-6　文摘著录格式示例

根据摘要内容的详细程度，文摘可分为：
- 指示性文摘，是原文的简介，一般在 100 字左右，有的仅一句话。
- 报道性文摘，是原文的浓缩，一般在 200～300 字左右，或更多字数。基本上能反映原文的技术内容，信息量大，参考价值高。

4. 索引

索引指将文献中具有检索意义的事项（可以是人名、地名、词语、概念，或其他事项），按照一定方式有序编排起来以供检索的工具。

在手工检索工具中，通常是将书刊中的内容或项目分类摘录，标明页数，按一定次序排列，附在一书之后，或单独编印成册，以便读者查阅。在数据库等检索工具中，索引是对数据库表中一列或多列的值进行排序的一种结构，使用索引可快速访问数据库表中的特定信息。

5. 综述与述评

综述是对某一领域或课题的有关文献进行归纳、整理、分析、加工制作后形成的一种综合报告，系统阐述该领域的内容、意义、历史、现状和发展趋势。综述又称综述报告或文献综述。它的主要特点是，作者主要对现有文献作客观的归纳和综合，一般不加以评论，资料搜集得比较全面，讨论的问题比较集中、具体，其主要读者是研究人员、管理决策者。

述评是对某一领域、研究课题或成果的水平、现状、发展动向及影响进行全面系统的分析评价。其内容一般包括三部分：综述部分、分析评价部分、建议或意见部分。一般先交代问题的原委，继而对现有文献资料进行分析归纳，对有关的理论、假说、技术方法或成果加以审议和对照比较，从中提炼出新的概念和信息。它既是现有知识的综合，又有评价和预见。其主要特点是，强调作者在综述的基础上要提出自己的观点、看法和评价意见。

综述和述评具有信息整理、鉴别和压缩传递以及预测功能。其作用主要表现在：① 帮助人们了解有关领域的发展概况和趋势，用很小的代价获得最重要的信息源；② 为确定研究方向和课题、制订各种计划和策略提供比较可靠的依据；③ 为科学评价研究成果提供参考依据。同时，还应当注意，综述和述评是经过多次加工压缩的情报，其内容的可靠性和观点的科学性必然会受到作者学识水平和心理素质的制约，不能盲目相信和过分依赖这种信息源，不能完全用它代替一次信息源和二次信息源。

2.3 认知信息伦理与规范

个体在参与信息活动的过程中，既有自由获取、交流和利用信息等的权利，也有遵守信息道德、伦理、规范和法规的义务。

2.3.1 学术写作中的引用规范

任何研究和创新都基于前人研究的基础，在学术论文写作中都会引用他人文献，那么，如何引用才是合理规范的呢？人们也越来越多地意识到引用的伦理规则的重要性。此处给出北京大学法学院贺卫方教授结合其编辑工作的经验，以及根据各种文献整理出的十条规范，供读者思考和参考使用。

1．学术引用应体现学术独立和学者尊严

作为学者，在学术写作的过程中，应当在各个环节遵循学者的职业伦理，需要对学术研究事业心存虔敬。在引用环节上，所有征引文献都应当受到必要的质疑，而不是当然的真理。

2．引用必须尊重作者原意，不可断章取义

无论是作为正面立论的依据，还是作为反面批评的对象，引用都应当尊重被引者的原意，不可曲解引文。当然，从解释学上看，确实不大容易。首先是作者表意的过程是否能够曲折妥帖地达到原初目的，接下来的问题是，任何理解都是在读者与文本之间的互动中产生的，读者本身的价值预设会投射到文本之上，使得义本相同意义却因人而异。

人可以运用理性，人与人之间可以通过研究、交流而产生理解。时间的流逝可以带来后人解读前人文献上的困难，不过，时间也能够带来某种知识的确定性，随着解读者的增多，一些误解逐渐祛除，作者真意终究可以为人们所认知。况且，以尊重作者原意的心态进行引用会带来人们对被引用者的同情理解，减少误读曲解，这也是没有疑问的。

3．引注观点应尽可能追溯到相关论说的原创者

建立在前人研究基础上的新作，需要对于此前研究尤其是一些主要观点的发轫、重述或修正过程有清晰的把握。否则，张冠李戴，不仅歪曲了学术史的本来面目，而且也可能使得相关思想学说本身在辗转之间受到歪曲。其实，对于思想或学术谱系的认真梳理，清楚地区别原创与转述，正是一个研究者的基本功，通过引文，写作者的这种基本功是否扎实往往可以清楚地显示出来。

4．写作者应注意便于他人核对引文

不少文献存在着不同版本，不同版本之间在页码标注甚至卷册划分上并不一致。因此，如果引用者不将所引文字或观点的出处标示清楚，势必会给读者核对原文带来不便。

5．应尽可能保持原貌，如有增删，必须加以明确标注

为了节省篇幅，或使引文中某个事项为读者所理解，引用者可以进行一定限度的增删。通常增加的内容应以夹注的方式注明；删节则通常使用省略号。删节之间，引用者应留心避免令读者对引文原意产生误解。

6．引用应以必要为限

学术研究须具有新意，引用是为了论证自家观点。因此，他人文字与作者本人文字之间应当保持合理的平衡，要避免过度引用，尤其是过度引用某一个特定作者，势必令

读者产生疑问:"为什么我不干脆直接读原著呢?"当然,对于研究对象特定于某种文献或只能依赖某种文献的写作者,这种"专项"引用便是不得已之事。

7. 引用已经发表或出版修订版的作品应以修订版为依据

在作品发表之后,作者又出修订版,或者改变发表形式时(如论文收入文集)做出修订,这在学术著作史上都很常见。修订,意味着作者对于原来作品的观点、材料或表述不满意,因此代表着晚近作者的看法或思想。不过,这条规则有一个限制,如果引用者所从事的恰好是对于特定作者学说演变的研究,则引用此前各种版本便是必要的。

8. 引用未发表的作品须征得作者或相关著作权人的同意,并不得使被引用作品的发表成为多余

学术研究中经常需要引用尚未公开发表的手稿、学位论文、书信等。除非只是提供相关文献的标题、作者等技术信息,否则对于正文文字的引用必须征得作者或著作权人的同意,这是为了确保尊重作者对于某些不希望披露的信息的权利。尤其是私人书信,不经同意的发表足以侵犯我国民法所保障的隐私权,引用时更需慎之又慎。另外,由于引用先于被引用作品可能的发表,过度引用也可能导致原作内容过分公开,从而损害被引用作品发表的价值,因此有必要对此类引用作较之引用已发表作品更严格的限制。

9. 引用应伴以明显的标识,以避免读者误会

通常引用有直接与间接两种,直接引用需要使用引号,间接引用应当在正文或注释行文时明确向读者显示其为引用。引用多人观点时应避免笼统,使读者可以清楚区分不同作者之间的异同。直接引文如果超过一定数量,则应当指示排版时通过技术方式为更清晰之显示。

10. 引用须以注释形式标注真实出处,并提供与文献相关的准确信息

引用时的作伪常常表现为注释中的出处信息的虚假,例如掩盖转引,标注为直接引用。另外,近年来一些作者引用译著时喜欢引中文版却标注原文版。边码(边白处标注的原著页码,以便读者核查原文和利用索引)更便利了在注明出处时的作伪。将转引标注为直引,将自译著的引文标注为来自原著,不仅是不诚实的表现,而且也是对被转引作品作者以及译者劳动的不尊重。

2.3.2 参考文献的著录规则

国家标准 GB/T 7714—2015《信息与文献 参考文献著录规则》2015 年 5 月 15 日发布,2015 年 12 月 1 日起实施。该标准规定了各个学科、各个类型信息资源的参考文献的著录项目、著录顺序、著录用符号、著录用文字、各个著录项目的著录方法以及参考文献在正文中的标注法,适用于著者和编辑著录参考文献。

1. 部分常用文献类型的著录规则

（1）专著（普通图书）。

主要责任者. 题名：其他题名信息[文献类型标识/文献载体标识]. 其他责任者. 版本项. 出版地：出版者，出版年：引文页码[引用日期]. 获取和访问途径. 数字对象唯一标识符.

示例：燕今伟，刘霞. 信息素质教程[M]. 武汉：武汉大学出版社，2008：120-122.

（2）连续出版物中的析出文献（期刊论文）。

析出文献主要责任者. 析出文献题名[文献类型标识/文献载体标识]. 连续出版物题名：其他题名信息，年，卷（期）：页码[引用日期]. 获取和访问途径. 数字对象唯一标识符.

示例：杨汝岱. 中国制造业企业全要素生产率研究[J]. 经济研究，2015，（02）：61-74.

（3）专利文献。

专利申请者或所有者. 专利题名：专利号[文献类型标识/文献载体标识]. 公告日期或公开日期[引用日期]. 获取和访问途径. 数字对象唯一标识符.

示例：袁柳，徐明，周造文，吴小亚. 一种模锻件单面薄壁结构梁类零件变的补偿法加工方法[P]. 江西：CN106312475A，2017-01-11.

（4）报纸中的析出文献。

示例：汪瑞林. MOOCs辨析与在线教育发展[N]. 中国教育报，2014-01-04（003）.

（5）学位论文。

示例：马晨. 中国跨境电商的发展现状及今后对策研究[D]. 对外经济贸易大学，2015.

（6）会议文献。

示例：张立德. 国内外纳米材料与纳米结构研究的最新进展[C]//第四届中国功能材料及其应用学术会议论文集. 2001：9-13，17.

（7）标准文献。

示例：全国信息与文献标准化技术委员会. 文献著录：第4部分 非书资料：GB/T 3792.4－2009[S]. 北京：中国标准出版社，2010：3.

（8）电子资源。属电子专著、电子专著中的析出文献、电子连续出版物、电子连续出版物中的析出文献以及电子专利的著录项目与著录格式分别按对应文献类型的有关规则处理。除此以外的电子资源按以下规则著录：

主要责任者. 题名. 其他题名信息[文献类型标识/文献载体标识]. 出版地：出版者，出版年：引文页码（更新或修改日期）[引用日期]. 获取和访问途径. 数字对象唯一标识符.

示例：中国互联网络信息中心. 第29次中国互联网络发展现状统计报告[R/OL]. (2012-01-16)[2013-03-26]. http://www.cnnic.net.cn/hlwfzyj/hlwxzbg/201201/P020120 7O9345264469680.pdf.

文献类型和电子文献载体的标志代码如表 2-1 和表 2-2 所示。

表 2-1　文献类型及标志代码

文献类型	标志代码	文献类型	标志代码	文献类型	标志代码
普通图书	M	期刊	J	专利	P
会议录	C	学位论文	D	数据库	DB
汇编	G	报告	R	计算机程序	CP
报纸	N	标准	S	电子公告	EB

表 2-2　电子文献载体及标志代码

载体类型	标志代码
磁带	MT
磁盘	DK
光盘	CD
联机网络	OL

2．顺序编码制和著者-出版年制

参考文献表可以按顺序编码制组织，也可以按著者-出版年制组织。引文参考文献既可以集中著录在文后或书末，也可以分散著录在页下端。阅读型参考文献著录在文后、书的各章节后或书末。

顺序编码制是按正文中引用的文献出现的先后顺序连续编码，将序号置于方括号中。在论文正文中引用文献的作者姓名或成果叙述文字的右上角，用方括号注阿拉伯数字，依正文中出现的先后顺序编号。例如，"……表明已低到2500m 的高度[1]"，"……文献[1]指出，此高度已低到2500m"，"MacFarland[1]指出，此高度已低到2500m"。如果顺序编码制用脚注方式，则序号可由计算机自动生成圈码。参考文献表采用顺序编码制组织时，各篇文献应该按正文部分标注的序号依次列出。顺序编码制为我国科学技术期刊所普遍采用。

正文引用的文献采用著者-出版年制时，各篇文献的标注内容由著者姓氏与出版年构成，并置于"（）"内。参考文献表采用著者-出版年制组织时，各篇文献首先按文种集中，可分为中文、日文、西文、俄文、其他文种五部分；然后按著者字顺和出版年排列。中文文献可以按著者汉语拼音字顺排列，也可以按著者的笔画笔顺排列。

3．数字对象唯一标识符

在著录项目的设置方面，为了适应网络环境下电子资源存取路径的发展需要，标准新增了"数字对象唯一标识符"，以便读者快捷、准确地获取电子资源。

数字对象唯一标识符（Digital Object Identifier，DOI），是针对数字资源的全球唯一永久性标识符，具有对资源进行永久命名标志、动态解析链接的特性。

参考文献的获取和访问路径中不含数字对象唯一标识符时，可依原文如实著录数字对象唯一标识符。否则，可以省略数字对象唯一标识符。

2.3.3 信息活动的权利和义务

我们每个人不仅是信息的消费者，同时也是信息产品的生产者和信息市场的贡献者。我们一方面通过网络和各种渠道获取信息，另一方面通过各种方式不断地生成和发布信息。在从事信息活动的过程中，应该理性地认识到信息活动的权利和义务。

1．信息和知识是自由的，但并不意味着毫无约束

信息和知识是自由的，网络访问和使用也有很高的便利性和自由性，但这并不意味着人们在信息活动过程中是毫无约束的。这里有一个前提，即秉持学术自由精神，以及严格的自律及道德约束。学者可以自由教授内容、交流观点和看法，同时，学术自由也是一个具有争议性的话题，在实践中存在如何把握好尺度的问题，因此，在实践中有一定的限制。

人们需要学术自由，同时也需要应有的学术严谨态度和学术自律。当前，中国正在积极建设法治社会，推进依法治国，我们应当认识到，网络的自由应该是有限度的、有界限的，不能超越伦理和法律的边界。

2．了解知识产权

（1）知识产权。

知识产权指权利人对其所创作的智力劳动成果所享有的财产权利，是依照各国法律赋予符合条件的著作者以及发明者或成果拥有者在一定期限内享有的独占权利。知识产权分为工业产权和著作权两大类。

工业产权是指技术发明的专利权，以及商标、工业品外观式样、服务业标志、商品产地标志和产品名称的专用权。

专利权是依法授予发明创造者或单位对发明创造成果独占、使用、处分的权利。专利权的主体是指有权提出专利申请和专利权，并承担相应的义务的人，包括自然人和法人。我国专利权的客体是发明、实用新型和外观设计。专利权人的权利有：独占实施权、许可实施权、转让权、放弃权、标记权。专利权人的义务包括实施专利的义务、缴纳年费的义务。

商标，是为了帮助人们区别不同的商品而专门有人设计、有意识地置于商品表面或其包装物上的一种标记。商标权是指商标使用人依法对所使用的商标享有的专用权利。商标权的主体是申请并取得商标权的法人或自然人。商标权的客体是经过国家商标局核准注册、受商标法保护的商标，即注册商标，包括商品商标和服务商标。商标权人的权利有：使用权、禁止权、转让权、许可使用权。商标权人的义务有：保证使用商标的商品质量、负有缴纳规定的各项费用的义务。

著作权,也称版权,是公民、法人或非法人单位按照法律享有的对自己文学、艺术、自然科学、工程技术等作品的专有权,对文字著作和艺术品的印刷、销售、演出、摄影、录音等方面的专有权。著作权的主体指著作权所有者,即著作权人,包括作者、继承著作权的人、法人或非法人单位、国家。著作权的客体指受著作权保护的各种作品。可以享受著作权保护的作品,涉及文学、艺术和科学作品,它是由作者创作并以某种形式固定下来能够复制的智力成果。著作权的权利有:人身权和财产权。人身权包括发表权、署名权、修改权、保护作品完整权。财产权包括使用权、获得报酬权。

知识产权由人身权利和财产权利两部分构成,也称之为精神权利和经济权利。所谓人身权利,是指权利同取得智力成果的人的人身不可分离,是人身关系在法律上的反映。例如,作者在其作品上署名的权利,或对其作品的发表权、修改权等,即为精神权利。所谓财产权是指智力成果被法律承认以后,权利人可利用这些智力成果取得报酬或者得到奖励的权利,这种权利也称之为经济权利。它是指智力创造性劳动取得的成果,并且是由智力劳动者对其成果依法享有的一种权利。

(2) 知识产权法。

知识产权法是指因调整知识产权的归属、行使、管理和保护等活动中产生的社会关系的法律规范的总称。我国现有一系列知识产权的法律,专利法方面主要有《中华人民共和国专利法》,商标法方面主要有《中华人民共和国商标法》,著作权法方面主要有《中华人民共和国著作权法》。另外,还有《技术合同法》和《反不正当竞争法》等。

相关的法规条例有《专利审查指南》、《中华人民共和国商标法实施条例》、《驰名商标认定和保护规定》、《信息网络传播权保护条例》、《计算机软件保护条例》、《广播电视管理条例》、《音像制品管理条例》、《出版管理条例》、《植物新品种条例》、《植物新品种保护条例》、《地理标志产品保护规定》、《地理标志产品专用标志管理办法》、《农产品地理标志管理办法》、《农产品产地安全管理办法》、《中国名牌农产品管理办法》等。

相关的国际条约有《保护工业产权巴黎公约》、《伯尔尼保护文学和艺术作品公约》、《专利法条约》、《专利法条约实施细则》、《世界知识产权组织版权条约》、《世界知识产权组织表演和录音制品条约》、《保护表演者、录音制品制作者》、《视听表演北京条约》、《商标法新加坡条约》、《商标法新加坡条约实施细则》等。

3. 尊重和保护知识产权,合理利用他人的信息产品和成果

在了解知识产权和知识产权法的基础上,尊重知识产权,以法律来保护和约束自己的信息活动和信息行为。这也是公民的法律义务。理解版权的合理使用,理解开放获取和公有领域等概念的意义及特征,合理利用他人的信息产品和成果;尊重他人的原创观点,对他人在知识生产中所付出的技能、时间和精力给予充分重视。

4. 维护自身的相关权利

数字化的信息具有极其快速的传递能力和几乎无成本的复制能力，再加上网络和社交媒体的发达，让信息在公开网络上一经发布，即可扩散至全社会、全世界，可以被所有网络用户看到和获取。因而，我们应该意识到，在线交互可能会对信息的生成、获取、传播产生影响，包括对自己的、他人的、熟人的、陌生人的、社区的、社会的乃至对全世界的影响，而且几乎是无法消除的影响。此外，也存在着个人信息商品化、个人隐私保护、个人信息不当使用等问题。我们应充分认识到，网络是一把双刃剑，既可以发生正向作用，也会产生负面影响，既要尊重他人的隐私权和知识产权，也要积极维护自身的相关权利，避免个人相关信息被滥用、盗用、恶意利用，乃至损害自身、他人和社会的合法权益。

2.4 重视信息安全

2.4.1 信息安全的重要性

1. 什么是信息安全

信息作为一种资源，它的普遍性、共享性、增值性、可处理性和多效用性，使其对于人类具有特别重要的意义。信息的泛在化虽然给人们带来了便利，但也具有其破坏性的一面。保障信息安全，是不可忽视的重要问题。

信息安全是指信息系统（包括硬件、软件、数据、人、物理环境及其基础设施）受到保护，不因偶然的或者恶意的原因而遭到破坏、更改、泄露，系统连续、可靠、正常地运行。

信息安全的实质就是要保护信息系统或信息网络中的信息资源免受各种类型的威胁、干扰和破坏，即保证信息的安全性。根据国际标准化组织的定义，信息安全性的含义主要是指信息的完整性、可用性、保密性和可靠性。

信息安全本身包括的范围很大，比如防范商业企业机密泄露、防范青少年对不良信息的浏览、防范个人身份信息的泄露等。网络环境下的信息安全体系是保证信息安全的关键，包括计算机安全操作系统、各种安全协议、安全机制（数字签名、消息认证、数据加密等），直至安全系统等，只要存在安全漏洞，便可威胁全局安全。

狭义的信息安全建立在以密码论为基础的计算机安全领域，早期中国信息安全专业通常以此为基准，辅以计算机技术、通信网络技术与编程等方面的内容；广义的信息安全是综合性的，从传统的计算机安全到信息安全，不只是名称的改变，也是对安全发展的延伸，安全不再是单纯的技术问题，而是管理、技术、法律等问题相结合的产物。

2. 信息安全常见类型

网络安全主要包括线路连接的安全、网络操作系统安全、权限系统安全、应用服务安全、人员安全管理等几个方面。通过安装能保证安全的相关软件、硬件及相关权限管理等手段，可以提高网络系统和信息系统的安全性，降低各类风险，及时掌握网络信息系统中存在的信息安全问题，发现安全问题和攻击行为，并有针对性地做出相对应的处理措施。

信息安全包括国家军事政治机密、商业企业机密、个人私有信息机密等。网络环境下的安全体系是保证网络信息安全的关键，包括操作系统、安全协议、数字签名、信息认证、数据加密等，任何一个漏洞都可能威胁到全局的安全。信息安全的实质就是保护信息系统和信息资源不受各种威胁和破坏，从而保证信息的安全性。

文化安全主要指各种不利于我国国家发展、制度实施及传统文化的威胁，主要表现在宣传舆论方面。在信息化时代，文化越来越成为综合国力竞争的重要因素，国家文化安全也越来越成为人们关注的焦点。如何应对挑战，规划和构筑21世纪文化发展战略和国家文化安全战略，已经成为时代赋予我们的一项艰巨任务。

3. 信息安全的重要性

不管是机构还是个人，正把日益繁多的事情交由计算机和网络来完成，敏感信息经过脆弱的通信线路在计算机系统之间传送，专用信息在计算机内存储或在计算机之间传送，电子银行业务使财务账目可通过通信线路查阅，执法部门从计算机中了解罪犯的前科，医生用计算机管理病历等。在信息传输和传播的全过程中，保障信息安全，使其不至于在对非法（非授权）获取（访问）不加防范的条件下传输信息，都是极其重要的问题。

近年来，通过网络犯罪的案件不断增加，网络系统的安全已引起国家和个人的高度重视。对于上网所涉及的信息，如果得不到安全保证，网络攻击者就会通过一定的技术手段窃取和获得相应的权限，然后进行操作，产生一定的不可估量的严重后果。所以，在网络环境的虚拟世界里，安全问题尤为重要。

信息安全是任何国家、政府、部门、行业都必须十分重视的问题，是不容忽视的国家安全战略。随着网络信息化的不断普及，信息系统的安全已成为影响政府及个人的重要因素。当然，对于不同的主体来说，包括各种组织、行业和个人，其对信息安全的要求和重点也是有区别的。

2.4.2 信息安全相关的法律法规

1.《中华人民共和国网络安全法》

为保障网络安全，维护网络空间主权和国家安全、社会公共利益，保护公民、法人和其他组织的合法权益，促进经济社会信息化健康发展，我国制定了《中华人民共和国网络安全法》。该法由全国人民代表大会常务委员会于2016年11月7日发布，自2017年6月1日起施行。

第2章 认知信息的价值，认识信息安全与伦理

《中华人民共和国网络安全法》包括七章，分别是总则、网络安全支持与促进、网络运行安全、网络信息安全、监测预警与应急处置、法律责任和附则。

其中，"第四章 网络信息安全"的内容如下。

第四十条 网络运营者应当对其收集的用户信息严格保密，并建立健全用户信息保护制度。

第四十一条 网络运营者收集、使用个人信息，应当遵循合法、正当、必要的原则，公开收集、使用规则，明示收集、使用信息的目的、方式和范围，并经被收集者同意。

网络运营者不得收集与其提供的服务无关的个人信息，不得违反法律、行政法规的规定和双方的约定收集、使用个人信息，并应当依照法律、行政法规的规定和与用户的约定，处理其保存的个人信息。

第四十二条 网络运营者不得泄露、篡改、毁损其收集的个人信息；未经被收集者同意，不得向他人提供个人信息。但是，经过处理无法识别特定个人且不能复原的除外。

网络运营者应当采取技术措施和其他必要措施，确保其收集的个人信息安全，防止信息泄露、毁损、丢失。在发生或者可能发生个人信息泄露、毁损、丢失的情况时，应当立即采取补救措施，按照规定及时告知用户并向有关主管部门报告。

第四十三条 个人发现网络运营者违反法律、行政法规的规定或者双方的约定收集、使用其个人信息的，有权要求网络运营者删除其个人信息；发现网络运营者收集、存储的其个人信息有错误的，有权要求网络运营者予以更正。网络运营者应当采取措施予以删除或者更正。

第四十四条 任何个人和组织不得窃取或者以其他非法方式获取个人信息，不得非法出售或者非法向他人提供个人信息。

第四十五条 依法负有网络安全监督管理职责的部门及其工作人员，必须对在履行职责中知悉的个人信息、隐私和商业秘密严格保密，不得泄露、出售或者非法向他人提供。

第四十六条 任何个人和组织应当对其使用网络的行为负责，不得设立用于实施诈骗，传授犯罪方法，制作或者销售违禁物品、管制物品等违法犯罪活动的网站、通讯群组，不得利用网络发布涉及实施诈骗，制作或者销售违禁物品、管制物品以及其他违法犯罪活动的信息。

第四十七条 网络运营者应当加强对其用户发布的信息的管理，发现法律、行政法规禁止发布或者传输的信息的，应当立即停止传输该信息，采取消除等处置措施，防止信息扩散，保存有关记录，并向有关主管部门报告。

第四十八条 任何个人和组织发送的电子信息、提供的应用软件，不得设置恶意程序，不得含有法律、行政法规禁止发布或者传输的信息。

电子信息发送服务提供者和应用软件下载服务提供者，应当履行安全管理义务，知

道其用户有前款规定行为的，应当停止提供服务，采取消除等处置措施，保存有关记录，并向有关主管部门报告。

第四十九条 网络运营者应当建立网络信息安全投诉、举报制度，公布投诉、举报方式等信息，及时受理并处理有关网络信息安全的投诉和举报。

网络运营者对网信部门和有关部门依法实施的监督检查，应当予以配合。

第五十条 国家网信部门和有关部门依法履行网络信息安全监督管理职责，发现法律、行政法规禁止发布或者传输的信息的，应当要求网络运营者停止传输，采取消除等处置措施，保存有关记录；对来源于中华人民共和国境外的上述信息，应当通知有关机构采取技术措施和其他必要措施阻断传播。

2.《互联网广告管理暂行办法》等

为了规范互联网广告活动，保护消费者的合法权益，促进互联网广告业的健康发展，维护公平竞争的市场经济秩序，根据《中华人民共和国广告法》等法律、行政法规，制定《互联网广告管理暂行办法》，为中华人民共和国国家工商行政管理总局令第 87 号，自 2016 年 9 月 1 日起施行。利用互联网从事广告活动，适用广告法和本办法的规定。

还有很多相关的法律法规，如《中华人民共和国保守国家秘密法》、《中华人民共和国计算机信息系统安全保护条例》、《计算机信息网络国际联网安全保护管理办法》、《互联网上网服务营业场所管理条例》等。

2.4.3 关注信息安全

刚刚买了房，装修公司的电话就打过来了；刚刚买了车，保险公司的电话就跟过来了……这属于个人隐私信息被泄露，让人烦心，更让人忧心。手机银行、网络支付、支付宝、微信和 QQ 转账，让个人财产和机构财产在看不见对方的情况下流转，如何确保安全？如何保护好电子健康信息的安全，以免个人隐私泄漏？如何保护好包括身份户籍、名下资产、手机通话记录、名下支付宝账号等在内的各类公民个人信息，以免损害个人利益？信息安全问题，涉及人们学习、工作、生活和娱乐的方方面面，因而，保护信息安全，维护自己和他人权益，在信息社会中的每个人都应关心和了解。

从用户角度来说，要加强对信息安全的重视程度。网络信息安全是一个综合性的系统工程，涉及各种应用技术、网络管理、网络使用等诸多方面，既包含信息系统自身的安全，也包含物理的、逻辑的技术要求，更少不了用户对网络安全的足够认识。

从技术上看，要不断加强信息网络的安全建设。建立长期有效的安全机制，保证网络安全的技术手段主要有：数据的备份、病毒的防护、补丁的更新、提高物理环境安全、安装防火墙系统、安装网络安全审计系统、定期查看"系统日志"（对可疑日志进行认真分析）、修补易受攻击的系统并更换不支持的软件、数据加密等。

目前 4G 通信技术正在向 5G 发展，在较长的一段时间里，将同 5G 技术相互补充、共同发展。通信技术、人工智能正在快速发展，新一代技术变革即将来临之际，就是突破常规、突破边界之时，此时更应关注信息安全。通过信息加密，多种模式融合的安全认证执行，或者行为分析的方式，甚至通过引入深度学习的方法，早期预见黑客攻击的模式，就可以在终端层面保护和强化技术安全，为直接的信息安全建立一道非常重要的防火墙。

小案例：关注即送红包、优惠券、礼品，你会愿意吗？

微信和支付宝引发的全民领红包风潮，刺激了许多企业趁势加入营销的队伍，纷纷抛出了"关注即送"的橄榄枝。大伙儿乐此不疲地领红包、领礼品，不少人采取了先关注公众号再取消的办法，抢到红包、得到礼品后，立即取消关注。

这真的是实惠又没有损失的做法吗？通信专业人士提醒：注意信息安全。授权获得个人信息，就意味着包含个人真实身份或手机号码的信息已被对方获取。商家看似在做赔钱赚吆喝的买卖，可实际上，掌握大数据信息才是其用意所在。所以用户也要注意，个人信息是被谁获取了，不要盲目将信息透露给对方。

练习、讨论与思考

1．小明在网上登记了自己的基本个人资料后，收到一封来自国外的航空信件，说他中了50万元现金大奖，只要他立即电汇1000元的手续费，两天内就可以将现金送到他手上。你从哪些方面来分析这条信息的真伪？

2．每年的11月、12月是企业到高校招聘的高峰期，来年的3月、4月也是大学生求职的黄金时段。面对铺天盖地的招聘信息，如何快速准确地鉴别真假信息，以避免上当受骗？

3．当物价上涨，各种生活必需品上涨幅度大大超过人们的心理承受能力时，关于物价上涨的信息对于不同的人有不同的反应，比如政府官员、经济学家、家庭主妇、学生等。你会如何分析评估？

4．根据图2-4的书目信息，将其改写成规范的参考文献格式。

5．有文献为：谭雪峰．自主导航农业机器人全方位视觉目标识别与跟踪研究[J]．农机化研究，2017，（12）：53-57．请问属于什么文献类型？

6．你如何看待微信号内容的付费订阅？

7．商业数据库全文常常需要付费，你能否找出一些替代性免费方案？

8．信息和知识是自由的，但并不意味着毫无约束。你能找到一些实际案例，并就这一方面对其进行分析吗？

第 3 章

培养检索思维，探索式查找与获取信息

在新的信息环境下，查找信息的范围大大扩充，检索行为已从以往的单一、直接转向复杂、多样和多维，并且以不断循环、递进、往复的形式向前推进。检索过程包括查询、发现和偶然所得，需要从问题出发，对广泛的信息源进行评估，确定可能的信息源和相关的检索途径。信息检索已成为一个情境化的探索过程，检索者的认知、情感和社会关系等都会影响到检索进程，同时检索也会改变检索者的上述因素。

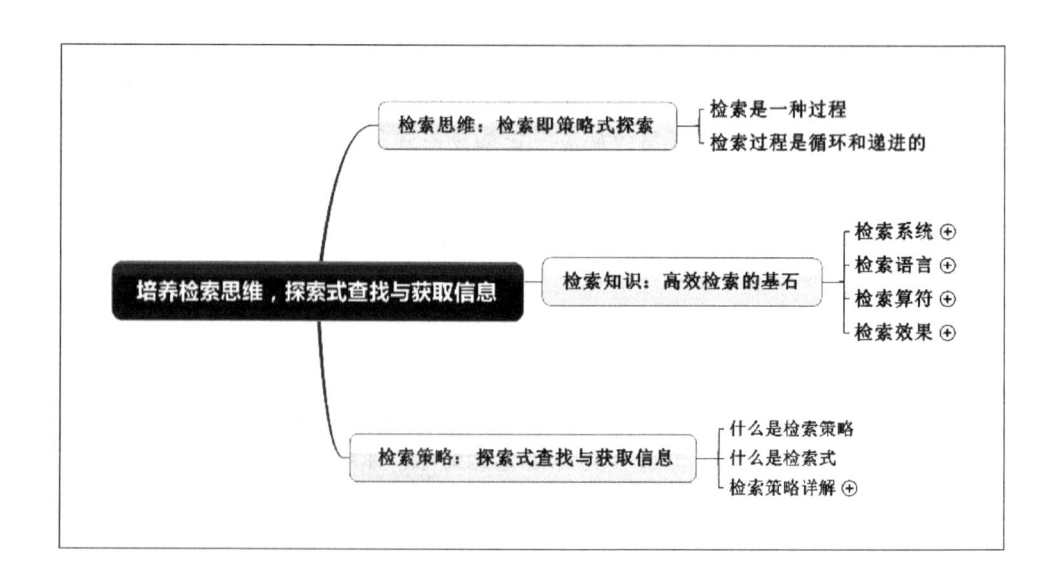

3.1　检索思维：检索即策略式探索

下面围绕信息检索的特点、过程和策略展开论述。

3.1.1　检索是一种过程

信息查找是一种非线性的、需要反复进行并且带有偶然性的发现活动，是与问题的发现、研究和解决过程同步进行的，是探索式地查找与获取信息的过程。在这个过程中，我们需要了解如何从信息需求出发，确定信息来源、信息查询方向及信息检索的初始范围，合理运用发散思维和收敛思维，设计制定检索策略，选择与信息需求和检索策略相匹配的检索工具，理解信息系统的组织方式，合理使用不同类型的检索语言，如控制词表、关键词、自然语言等，灵活运用各种检索途径，根据检索结果来调整检索提问、改进检索策略，有效推进检索进程，以及管理检索结果。

3.1.2　检索过程是循环和递进的

我们也要意识到，各类信息源除在内容和形式上具有差异外，其相关性和价值也会因为信息需求和检索目标的不同而有很大差异，要重视利用浏览及其他偶然发现的形式收集信息，认识到检索过程的复杂性，具备检索思维的灵活性和创造性，了解到一次的检索尝试不一定能够得到满意结果，要能够积极面对检索的挑战，知道寻求专家指导，能够随着检索中产生的新认识灵活寻求其他检索途径，运用多样化的检索策略来把控检索方向，既能将检索推向广泛和深入，也能根据问题解决的程度和需要，适时地结束检索过程，既解决问题，又利用好时间，提高学习、科研和工作的效率。

检索作为一种可以动态调整、变化、循环、迭代和递进的过程，是需要因检索的需求、检索的效果、检索任务的完成情况、检索的结果、结果的可用程度等诸多因素进行调整优化的。因而，检索者应树立动态调整、相对优化的检索思维，检索不是一成不变的，不是唯一的，不是固定的，也不是固化的。同时，检索者与检索也存在交互，检索者的知识、能力、专业、认知、情感和社会关系等都会影响到检索进程，同时检索也会改变检索者。

3.2　检索知识：高效检索的基石

检索中需要掌握的基础知识介绍如下。

3.2.1 检索系统

1. 检索系统及其构成

检索系统，或称检索工具，是指根据特定的信息需求而建立起来的用于信息收集、加工、存储、检索及分析等的程序化系统，其主要目的是为人们提供信息服务。检索系统可以是供手工检索使用的卡片目录、书目、文摘、索引等，也可以是计算机化的信息检索系统，如搜索引擎、网络数据库、光盘数据库、搜索网站和搜索平台等。

（1）广义上理解，信息检索系统是与检索相关的工具、设备和人的总和，一般包括：

① 检索文档（File）。检索文档即标有检索标识的信息集合（Information Set），如手工检索系统中的书目、索引和文摘中由文献款目组成的记录、工具书中的条目或短文组成的主体，计算机检索系统中的数据库。

② 技术设备。技术设备指能贮存信息的技术设备，如输入装置、储存器、输出装置、通信设备等。

③ 语言工具。语言工具指检索语言、标引规则、输入和输出标准等。

④ 作用于系统的人。其包括信息加工、标引人员、录入人员、检索人员、系统管理维修人员等。

（2）狭义的信息检索系统，一般指用于提供检索的工具本身，也就是我们常说的检索工具。

检索工具有很多类型。根据载体不同，可分为手工检索工具和计算机检索工具。根据组织和提供信息方式的不同，可分为搜索引擎、数据库、参考工具等，而每种又可分为不同的类型。比如，对于数据库来说，根据提供信息的详略程度，可分为二次文献数据库（包括目次型、文摘型、指南型等）和全文数据库等。二次文献数据库也称为参考数据库，主要是指引用户到另一信息源获得原文或其他细节，本身并不提供全文。根据数据库收录信息内容的学科领域范围，则可分为综合性的数据库和专业性的数据库。

不同的检索工具，在具体编排方式、使用方式、使用功能等方面都会有所差异，但其基本原理、构成、类型却是相同的。手工检索工具和计算机检索工具的基本构成如表 3-1 所示。

表 3-1 手工检索工具和计算机检索工具的基本构成

系统 内容 组成	手工检索工具 （印刷型检索工具）	计算机检索工具 （数据库等）
使用指南	正文前部分： 使用说明、目次表、样例等	帮助文档 Help
主体部分	正文部分 条目 著录项	主文档 记录 字段

续表

组成 \ 系统 内容	手工检索工具 （印刷型检索工具）	计算机检索工具 （数据库等）
索引部分	正文后部分：辅助索引	倒排（索引）文档
检索语言	主题词表 分类表	主题索引 分类索引
其他	正文后部分： 资源来源目录、附录、对照表	

正文部分是检索系统的主体部分。它是反映文献信息特征的那些条目的有序集合，每个条目有若干数据著录项组成，条目按序有址，如文摘号或索引号。手工检索系统中大多数检索刊物的正文部分按学科分类体系的序列编排，提供分类检索途径（检索点）。计算机检索系统的正文部分是系统的主文档。

手工检索系统的辅助索引（Subsidiary Index）是对正文分类检索方式的补充。常见的辅助索引有作者索引、主题索引等。对应于计算机检索系统，索引以倒排文档形式出现。计算机检索系统的倒排索引品种要远多于手工检索系统，如其还有年份、语种、文献等类型索引。

分类表（Classification Table）与主题词表（Thesaurus）是用户分别用于浏览、确定分类类目、类号和主题词的工具。准确选择分类号、主题词是获得满意检索结果的前提。

使用指南、样例、帮助文档介绍检索系统的学科范围、结构、功能和使用方法，是用户使用前必读的内容。

资源来源目录是被检索工具摘录过的一次文献的清单，描述期刊、会议录或其他出版物的名称、代码及出版和收藏等情况，是用户获取原文的一个主要依据。

2．记录与字段

无论是手工检索工具（印刷型检索工具），还是计算机检索工具（数据库和搜索引擎等），都可以理解为文献信息的集合，这种集合既存储和记录文献，又提供给使用者查找文献线索或获得文献的功能。根据记录文献的方式和详略程度，有目录、题录、文摘、索引等方式，印刷型检索工具主要以上述形式为使用者提供文献线索，通常不直接提供文献原文；数据库等计算机检索工具，除了能给使用者提供目录、题录、文摘等形式的文献线索，很多还进一步给用户提供文献全文，非常方便。其内在结构通常包括文档、记录、字段等要素。以下对记录和字段稍作介绍，方便读者学习了解。

（1）记录（Record）。数据库主要由"文档、记录、字段"三个层次构成。文档也称文件，在逻辑上是由大量性质相同的记录组成的集合，是数据库中数据组织的基本形式；记录是指对应于数据源中一行信息的一组完整的相关信息；一条记录由若干个字段组成。

记录是机器可存取的基本单位，是供计算机读取的格式化数据，用于数据资源的交换与共享。由于格式规范，程序便能准确地识别每条记录及其数据著录项的内容。国际标准化组织（ISO）颁布的标准有 ISO-2709 格式，它包括头标（Leader）、目次（Directory）、数据区（Date Field）及记录分隔符。我国制定的 GB 2901—82 标准参照 ISO 2709，并具中国特色。

记录有逻辑记录（Logical Record）和物理记录（Physical Record）之分。逻辑记录与存储环境无关，它是把一些在逻辑上相关的数据组织到一起的数据集合，是面向用户的记录，相当于手工检索工具中的一个条目。物理记录则是指硬件设备上的一个基本存贮单位，是计算机内存与外存间进行数据交换的基本单位。

不同的数据库，向使用者提供的记录的表现形式可能会有所差异，如图 3-1 所示。该条记录是万方数据平台的一条记录，可以帮助我们了解数据库中一条记录的构成。

图 3-1　记录示例

（2）字段（Field）。字段是记录的基本单元，用于描述事物的某一属性和特征。字段与文献记录中的著录项相对应，也是我们检索的入口。

在数据库等检索工具中，可用于检索的字段通常包括描述文献外表特征的字段，如作者字段、号码字段、出版字段、语种字段等，也包括描述文献内容特征的字段，如文摘字段、主题词字段、分类号字段等。名称字段则既可以表达文献的外表特征，也可以表达文献的内容特征。更进一步细分还有子字段，它们是字段的一部分。各字段有其自己特征的标识符，其内容称作字段值（Field Value）或属性值（Attribute Value）。

在图 3-1 中，显示了篇名、摘要、作者、作者单位、刊名、刊期、分类号、关键词等字段。

常见的字段名称和代码如表 3-2 所示。根据文献类型的不同，题名又分为：书名、刊名、报纸名、专利题名、标准名、学位论文名、档案名、舆图名、析出的文献名等。

表 3-2　文献数据库中的常用字段

表达内容特征的字段			表达外表特征的字段		
中文字段名称	英文字段全称	英文字段简称	中文字段名称	英文字段全称	英文字段简称
题　名	Title	TI	作　者	Author	AU
文　摘	Abstract	AB	作者单位	Author Affiliation	AF
叙　词	Descriptor	DE	期刊名称	Serials Title	ST
关键词	Keyword	KW	语　种	Language	LA

3.2.2　检索语言

1. 检索语言的定义

用来描述文献、组织文献记录，进行文献检索的标识系统，称为检索语言。检索语言是存储信息与检索信息所使用的共同语言，它是标引人员与检索人员之间沟通思想、取得一致理解的桥梁，是标引和检索之间的约定语言，是一种人工语言。

就检索语言的实质而言，它是从自然语言中精选出来并加以规范化的一套词汇符号，是概括文献信息内容或外表特征及相互关系的标识体系。检索语言由词汇和语法两部分组成。词汇是指收录在分类表、词表中所有的标识（分类号、检索号、代码等），是可识别的语词；语法是指如何运用标识来准确表达文献信息的内容和外表特征，以有效实现文献信息检索的规则。由于检索的匹配过程是通过检索语言的匹配来实现的，检索语言的质量好坏以及对它的使用正确与否直接影响检索效率的高低，因此用户检索能力的提高也离不开对检索语言的了解和掌握。

2. 检索语言的类型

检索语言能描述文献内容特征和外表特征，一方面用来编排组织文献，另一方面又可用于表达信息提问。检索语言可以分为许多不同的类型。

（1）按照规范化程度，检索语言可分为受控语言和非受控语言。

① 受控语言，也称为人工语言或规范化语言。受控语言即是对自然语言中的同义词、近义词、反义词、多义词、上位词、下位词、相关词等经过一系列规范化处理的语言，也叫规范化语言或人工语言，是人为对标引词和检索词加以控制和规范，目的是确保每个词只能表达一个概念，一个概念只能用一个词表达，必要时还可以对概念进行扩大、缩小和延伸。标题词、单元词、叙词及分类号都属于受控语言。

② 非受控语言，也称为自然语言，主要是关键词语言。关键词语言是直接从原始信息中抽取出自由词作为检索词的检索语言，也是大众广为熟悉和使用的检索语言。

（2）按标识组配方式，检索语言可分为先组式检索语言和后组式检索语言。

先组式检索语言是描述文献主题概念的标识在检索之前就已经固定好了的标识系统，如分类语言、标题词语言等。后组式检索语言是描述文献主题概念的标识在检索之前未固定组配，而是在检索时根据检索的实际需要，按照组配规则临时进行组配的标识系统，如叙词语言等。

（3）按照包括的专业范围，检索语言可以分为综合性检索语言和专业性检索语言。

综合性检索语言是在一定范同内或国际范围内通用的检索语言，如各国的图书分类法；专业性检索语言是适用于某一专业领域的检索语言，如各国的专利分类法等。

（4）按照描述信息的特征划分，检索语言可分为描述信息外部特征的语言和描述信息内容特征的语言。

① 描述信息外部特征的语言是以文献上标明的、显而易见的外部特征，如题名、著者姓名、机构名称、文献号和文献出处等，作为文献的标识和检索的依据。通常按照文献题名、作者姓名、出版者等的字序进行排列，或者按照报告号、专利号等号码的数序进行排列，形成以文献题名、作者姓名及号码等为检索途径，满足用户需求。

② 描述信息内容特征的语言与描述信息外部特征的语言相比，其在揭示文献特征与表达信息提问方面具有更大的深度。描述信息内部特征的语言的结构与使用规则，比描述信息外部特征的语言更复杂。描述信息内容特征的语言包括分类语言和主题语言。

我们所说的检索语言，通常都是指描述信息内容特征的语言。下面介绍常用的分类语言和主题语言。

1. 分类语言

（1）分类语言的概念。分类语言以学科体系为基础，将各种概念按学科性质和逻辑层次结构进行分类和系统排序，用分类号和相应的分类款目来表达各种概念，能反映事物的从属派生关系，便于按学科门类进行族性检索。分类语言也称为分类法，其分类体系通常以分类表的形式体现出来，所以一般对分类语言（分类法）和分类表常常不予严格区分。

图书分类表、专利分类表通常都采用分类语言。按照分类方式的不同，分类语言又分为体系分类语言、组配分类语言和混合分类语言等。体系分类语言在我国使用广泛，因而下面对其进行介绍。

（2）体系分类语言。将文献根据其所属的学科内容分门别类地系统化组织，是一种直接体现知识分类的等级关系的标识系统，是按文献内容特征进行分类的检索语言。其主要特点是按学科、专业集中文献，并从知识分类角度揭示各类文献在内容上的区别和联系，提供从学科分类角度检索文献的途径。

体系分类语言的构成原理是以学科体系为基础，将各种概念按照学科性质进行分类和系统排列，并按分类号编排组织成一个完整的体系。它按照知识门类的逻辑次序，运用概念划分和归属的方法，由总到分、由一般到个别、由抽象到具体、由简单到复杂，类目层层划分，层层隶属，逐步展开，形成一个有序的等级制体系。

所谓"类"，是指具有许多共同属性事物的集合。凡用来表达同一事物的概念称为"类目"。每类事物，除了有共同的属性，还有其个性，也就是说，还可以用个性相近的事物为标准再进行划分。例如，通信类，可以划分为通信系统、有线通信、电话、电报、传真等子类目。"通信"属于被划分的类，一般称其为"母类"或"上位类"（属概念）；经过一次划分所形成的一系列概念，如通信系统、有线通信、电话、电报、传真等，称为"子类"或"下位类"（种概念）。子类与子类之间称为"同位类"（并列概念）。子类中的某一概念还可再进行划分，如通信系统，又可分成数字通信系统、扩展频谱通信系统、多址通信系统等，依此层层细分下去。

在体系分类表中，一个大类或上位类每划分一次便产生许多子类，所有不同级别的子类向上层层隶属，向下级级派生，从而形成了一个严格有序的、直线性的知识门类等级体系。

体系分类语言广泛用于图书、资料的分类和检索，它是图书情报界使用最普遍的一种检索语言，它的具体体现形式就是图书分类法，比较有影响的有《中国图书馆分类法》、《国际十进分类法》和《杜威分类法》等。

（3）《中国图书馆分类法》简介。《中国图书馆分类法》（原称《中国图书馆图书分类法》）是我国建国后编制出版的一部具有代表性的大型综合性分类法，是当今国内图书馆使用最广泛的分类法体系，简称《中图法》。《中图法》初版于1975年，1999年修订出版了第四版，增加了类分资料的类目，并与类分图书的类目以"+"标识进行了区分，因此正式改名为《中国图书馆分类法》，简称不变。2013年修订出版第五版。《中图法》由基本部类和基本大类、简表、详表、通用复分表组成。

①《中图法》的基本部类和基本大类。基本部类，又称基本序列，由五大部类组成。基本大类，又称大纲，是在基本部类的基础上展开的第一级类目，由22个大类组成，用A～Z 22个字母表示，如表3-3所示。

表3-3 《中图法》基本部类和基本大类表

基本部类	基本大类
1. 马克思主义、列宁主义、毛泽东思想、邓小平理论	A. 马克思主义、列宁主义、毛泽东思想、邓小平理论
2. 哲学	B. 哲学、宗教
3. 社会科学	C. 社会科学总论　D.政治、法律　E.军事　F.经济　G.文化、科学、教育、体育　H.语言　I.文学　J.艺术　K.历史、地理
4. 自然科学总论	N.自然科学总论　O.数理科学和化学　P.天文学、地球科学　Q.生物科学　R.医药、卫生　S.农业科学　T.工业技术　U.交通运输　V.航空、航天　X.环境科学、安全科学
5. 综合性图书	Z.综合性图书

② 简表。简表是在基本大类上展开的二级类目表，通过简表可了解分类概貌。工业技术大类的简表如表 3-4 所示。

表 3-4 《中图法》T 工业技术大类简表（二级类目表）

TB 一般工业技术	TL 原子能技术
TD 矿业工程	TM 电工技术
TE 石油、天然气工业	TN 无线电电子学、电信技术
TF 冶金工业	TP 自动化技术、计算机技术
TG 金属学与金属工艺	TQ 化学工业
TH 机械、仪表工业	TS 轻工业、手工业
TJ 武器工业	TU 建筑科学
TK 能源与动力工程	TV 水利工程

③ 详表。详表是分类表的主体，它依次详细列出类号、类目和注释。此处以"计算机软件"说明其类号、类目展开示例，如表 3-5 所示。

表 3-5 "计算机软件"类号、类目展开示例

TP3　计算技术、计算机技术
　TP31　计算机软件
　　TP311 程序设计、软件工程
　　TP312 程序语言、算法语言
　　TP313 汇编程序
　　TP314 编译程序、解释程序
　　TP315 管理程序、管理系统
　　TP316 操作系统
　　TP317 程序包（应用软件）
　　TP319 专用应用软件……

④ 通用复分表。通用复分表对主表中列举的类目进行细分，以辅助详表中的不足。通用复分表由总论复分表、世界地区表、中国地区表、国际时代表、中国时代表、世界种族与民族表、中国民族表和通用时间、地点表组成，附在详表之后。

（4）确定课题分类号的方法。确定课题的分类号是分类途径检索文献的关键。下面介绍单概念课题和多概念课题的分类方法以及上位类分类方法。

① 单概念课题。所谓单概念课题，是指课题涉及的主题概念只有一个，如"刑法"、"股票"、"语法"等都属于单概念课题。使用分类表给单概念课题确定类号的一般方法是，了解分类表的体系结构，重点掌握大类的分布；在相关的大类中，由大到小，逐步查找最接近于课题要求的类号。

利用分类途径查找文献的具体步骤是，分析所需查找文献的内容主题，判断该主题在分类法中属于哪一大类，然后再从大类一级一级往下寻找，直到查到具体类目为止，

记下分类号，再根据检索到的分类号在检索工具中检索，获得相关文献。

例如，要查找"塑料吹塑成型"的《中图法》相关分类号，第一步，先分析课题，塑料是一种化工产品，按其学科属性分析，它属于工业技术中的化学工业大类，"塑料吹塑成型"则属于塑料化工工艺；第二步，从分类表中逐级向下查找，得：TQ320.664 塑料吹塑成型。

② 多概念课题。涉及两个或两个以上概念的课题即为多概念课题，如"计算机在人口预测研究中的应用"（含"计算机"、"人口预测"两个概念）属多概念课题。给多概念课题确定分类号的方法，除应用单概念课题分类方法以外，还应注意并列概念课题和应用性课题的归类方法。

并列概念课题。对于涉及同一研究对象的几个方面或者涉及几个并列研究对象的课题，凡是有主次者，应取其重点或主要研究对象归类。例如，"新闻宣传研究"，如果侧重于"新闻"，在《中图法》中取"G212 新闻采访和报道"；如果侧重"宣传"，则应取"G223 广播电视宣传和群众工作"。如果涉及同一研究对象的几个方面都需要检索时，则应在所涉及的几个类中同时查找。还是这个例子，"新闻"和"宣传"都有所侧重，则两个类号都应该查找。

应用性课题。研究一种理论、方法等在某方面应用或对某方面影响的课题，应在所应用或受影响的类目中查找。例如，"计算机在人口预测方面的应用"的《中图法》类号应归入"人口预测"所在的类号"C923"，而不应归入"计算机的应用"所在的类号"TP39"。研究一种理论、方法、工艺等在多方面应用或对多方面造成影响的课题，则在该理论、方法、工艺等本身所属的类目中查找。例如，"计算机在人文社会科学方面的应用"应归入"计算机的应用"所在的类号"TP39"。

③ 上位类分类方法。这种归类法是一种特殊的分类方法，它是指欲查课题在分类表中无符合要求的专指类目时，可以归入它的紧邻上位类。确定合适的上位类号是这种分类方法的关键。例如，"电影音乐合成"在《中图法》中没有现成的类号可用。经分析，"电影音乐合成"是一项影视技术，因此，"电影音乐合成"的类号可以用上位类分类方法选择"J93 电影、电视拍摄艺术与技术"下的"J933 录音"。

2．主题语言

主题语言又称为主题法系统，是一种描述性语言，它用语词直接表达文献的主题，这些语词就是表达主题概念的标识。将这些作标识的语词按字顺排列并使用参照系统来间接表达各种概念之间的关系，这就是主题语言。主题语言直接醒目、易学易用，便于进行特性检索，一直是各种检索工具必备的检索渠道或编排依据。

（1）主题、主题词、主题词表。

① 主题。文献主题，即文献论述或涉及的主要事物或问题。文献主题可分为简单主题和复杂主题两类，当某文献或提问只涉及一个主题时，该主题就叫简单主题；若某文

献或提问涉及两个或两个以上的主题，则该主题叫复杂主题。实际上，绝大多数图书、论文、会议文献的主题，都是复杂主题。

② 主题词。主题词是用于描述、存储、查找文献主题的词汇，是表达一定意义的最基本的词汇单元。根据选词原则、组配方式、规范方法，可分为标题词、叙词、关键词和单元词等。

标题词：是从文献的题目和内容中抽选出来，经过规范处理，用以描述文献内容特征的词和词组。标题词一般分为两级，即主标题和副标题。编制标题词表时，标题词被一一列举，并将主标题和副标题固定地组配在一起。

叙词：是表达文献基本内容的概念单元，即在概念上不能再分的基本概念。叙词经过规范形成一个完整的词表，词表中词与词之间无从属关系，都是一个个相互独立的概念单元。

关键词：是从文献的题目和内容中抽选出来，未经过规范处理的自由词汇。关键词没有固定词表，标引文献时根据文献内容选择恰当的词汇进行组配，以表达文献的内容特征。

单元词：是从文献的题目和内容中抽选出来的、最基本的、字面上不能再分的词汇。单元词一般未经规范，也无词表，无固定组配关系，检索时才根据提问的内容特征，选取恰当的单元词进行组配检索。

③ 主题词表。主题词表是把主题词按一定方式组织与展示的词汇表。受控的主题词之间的语义关系用参照系统等方式加以显示。主题词表是沟通文献标引人员和文献检索人员的桥梁，相当于他们进行思想交流的一种工具。

（2）主题语言的要素。

① 语词标识：检索标识是代表一定主题概念的标记符号，是标引、存储和检索文献主题的依据。语词标识采用自然语言中的名词术语，作为描述文献主题的检索标识。

② 字顺系统：是主题语言区别于其他检索语言的重要标志。汉字的字顺系统，即汉字排检方法，主要有两类。一是音序法，即以汉字的音序作为编排次序的排检方法，主要有声韵法、注音字母法和拼音字母法。二是形序法，即从汉字字形特征出发来编排汉字次序的排检方法，包括部首法、笔画笔形法和四角号码法。

③ 参照系统：是主题语言显示主题词语义关系的语义网。其基本作用是显示概念关系，扩大检索途径。

④ 主题检索工具：这是依据主题语言原理编制的各种主题检索工具，主要是主题目录、主题索引及计算机的主题词倒排档。

（3）叙词语言。

叙词语言是以表达文献主题内容的概念单元为基础，经过规范化处理、可进行逻辑组配的一种主题语言。它的基本性质是概念组配。概念组配是概念的分析和综合，而不是简单地依据字面意义进行组词和拆词。

第 3 章 培养检索思维，探索式查找与获取信息

叙词语言是主题语言的高级形式，是后组式检索语言，有一套较完整的参照系统，能显示叙词之间的相互关系。对于熟悉自己专业词汇的科技人员来说，从叙词表中找到切题的叙词后，只要组配得当，就能大大提高检索效率。常用的叙词表有《汉语主题词表》、《INSPEC Thesaurus》、《Compendex Thesaurus》等，分别介绍如下。

①《汉语主题词表》，简称《汉表》，是由中国科学技术信息研究所、国家图书馆主编的我国第一部大型综合性汉语叙词表。全表共收词 108 568 条，其中叙词 91 158 条，非叙词 17 410 条，包括主表（字顺表）、附表、词族索引、范畴索引和英汉对照索引，是世界上收词最多的词表。

《汉语主题词表》共三卷 10 分册，分为自然科学和社会科学两部分。第一卷为社会科学部分，包括 2 个分册；第二卷为自然科学部分，包括 7 个分册，其中第 1～4 分册为主表，第 5 分册为词族索引，第 6 分册为范畴索引，第 7 分册为英汉对照索引；第三卷为附表。

《汉语主题词表》由以下几部分构成：前言，是对词表的编制意义、目的、编制简况和适用范围的概括介绍；说明，是对词表的编制原则、体系结构和使用方法进行的全面说明；使用规则，是关于词表使用的若干规定；主表，将全部叙词款目按汉语拼音顺序排列，是标引文献、检索文献和组织目录索引的主要工具；附表，4 个，分别是世界各国政区名称、自然地理区划名称、组织机构、人物；辅助表（索引表），是将主表中的全部叙词按不同的需要和用途进行编制，词表的辅助表包括词族索引、范畴索引（分类索引）和英汉对照索引。

其中，主表也称字顺表，是《汉语主题词表》的主体部分。所有正式（规范）与非正式（非规范）主题词按汉语拼音顺序排列，该表是标引和检索汉语文献、组织目录的主要工具。主表中条目主题词的参照项是指示词之间的语义关系，主要有同义关系、属分关系和相关关系。其语义参照系统如表 3-6 所示。

表 3-6 叙词的语义参照系统

语义参照关系	参照项	中文符号	英文符号	作用
同义关系	用	Y	USE	指引相应的正式主题词
	代	D	UF	指引相应的非正式主题词
属分关系	属	S	BT	指引所从属的上位主题词
	分	F	NT	指引所含的下位主题词
	族	Z	TT	指引所从属的族首
相关关系	参	C	RT	指引有语义关系的相关词

词族索引，以族首词为条目词，按其汉语拼音排序，按级别展开成词族系统，用加"．"号方式表示级别。

范畴索引，即分类索引，它按学科范畴把全部主题词编列成分类体系，以便从分类

角度查找有关的主题词。自然科学部分划分为 43 个大类，展开成 333 个二级类及 770 个三级类，每类都有范畴号标记，采用数字与字母混合号码形式，如 39C。

英汉对照索引，按英文字顺排序，将英文主题词与汉语主题词对应，是通过英译名来选择主题词的辅助工具。

② 《INSPEC Thesaurus》（INSPEC 叙词表），是《科学文摘》（Science Abstracts，SA）检索工具配套使用的规范词表，由国际物理与工程情报服务部（International Information Services for the Physics and Engineering Communities，INSPEC）编辑出版。该词表自 1973 年出版以来，每隔数年修订一次，是用主题途径检索 SA 时，确定正式叙词的依据。该词表提供在线叙词表。

《INSPEC Thesaurus》由字顺表和等级表两部分组成。字顺表展开叙词的同义词，表达正式主题词的上下位和相关关系，以及该叙词所属的分类号和计算机检索分类号。等级表展开叙词的等级关系，可帮助读者确定正式叙词和扩大检索范围。

字顺表（Alphabetic Display of Thesaurus Terms）按其所收录的词汇的字母顺序编排，表中叙词为黑体字，每个叙词下有若干可参照的相关词汇，有专门的参照项标识来表示它们的关系。

词表中也列入一些非规范词，它们使用斜体字，其后用"USE"标识，意为"用"，来指向应该使用的叙词。

等级表（Hierarchical List of Thesaurus Terms）按族首词的字顺排列，每个族首词之下由上而下逐级列出其下位、下下位词，级别由点数来标识。

在线 INSPEC Thesaurus 示例如图 3-2 所示，是查找"Industrial robots"一词的结果。

图 3-2 显示，Industrial robots 是正式叙词，其 Prior Terms（优先用词）是 robots，Top Terms（族首词）是 automation，Broader Terms（上位词）是 robots，Narrower Terms（下位词）有 industrial manipulators 等 3 个，Related Terms（相关词）有 automatic guided vehicles 等 15 个。

单击 industrial robots 后面的提示按钮，可以查看该词的介绍信息，如图 3-3 所示。可了解到，该词于 1981 年开始采用，以及其在表中的相关分类代码。

《INSPEC Thesaurus》中使用到的语义关系主要有：Control Number（控制号）、Status（分辑号）、Record Type（记录类型）、Used for Terms（非正式用词）、Prior Terms（优先用词）、Introduced（叙词正式采用的时间）、Thesaurus Terms（正式叙词）、Narrower Terms（下位词）、Broader Terms（上位词）、Related Terms（相关词）和 Top Terms（族首词）。

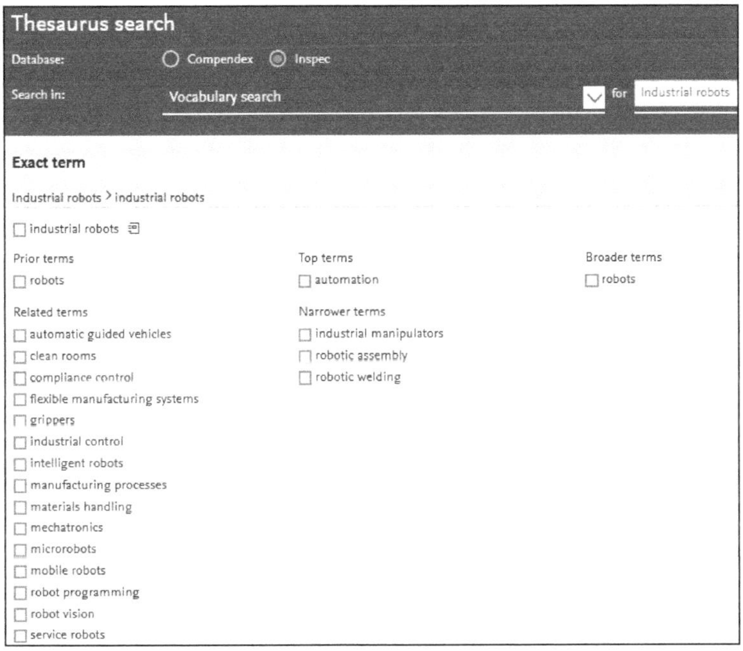

图 3-2　在线 INSPEC Thesaurus 示例

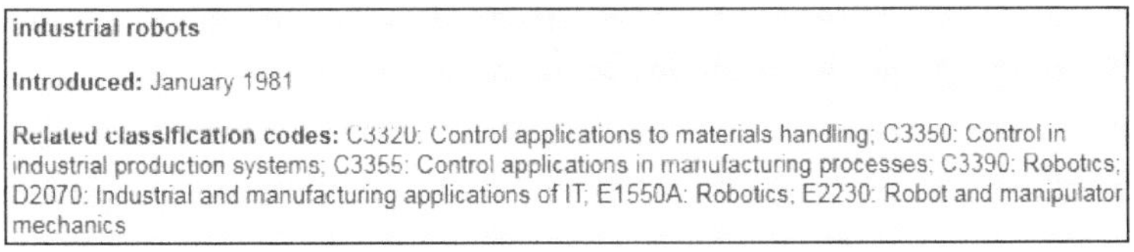

图 3-3　《INSPEC Thesaurus》中叙词的介绍

③《Compendex Thesaurus》(工程索引叙词表)。

标题词语言采用主副标题词进行固定组配，因此不能用一对主副标题词来反映因现代科技发展而出现的纵横交错的文献主题概念，使该词表在使用上受到了一定限制，以至检索者难以迅速查出确切的文献。因此，1993 年美国工程信息公司彻底放弃了原标题词检索语言，采用了新的叙词检索语言。全部主题词仍按字顺排列，检索词同一对待。检索时不再受主副标题词固定组配的羁绊，大大增加了寻找主题词的自由度。该词表中任何词都可以做导词，任何词都可以做说明词，检索概念由主题词自由组配，充分发挥了检索系统的功能，有利于进行文献主题概念复杂的检索。为进一步提高检索功能，在 EI 检索系统中仍继续使用了大量自由词作助词，以弥补标准词之不足。

在线 Compendex Thesaurus 的片断如图 3-4 所示。仍以 "Industrial robots" 一词为例，图 3-4 显示，Industrial robots 是正式叙词，Robots, Industrial* 是非正式用词（Used for），其上位词（Broader Terms）是 Robots，其相关词（Related Terms）有 Anthropomorphic robots 等 27 个，其下位词（Narrower Term）是 Industrial manipulators。

图 3-4 在线 Compendex Thesaurus 示例

单击 industrial robots 后面的提示按钮，可以查看该词的介绍信息，如图 3-5 所示。可了解到，该词于 1993 年开始采用，以及其在表中的相关分类代码。

```
Industrial robots
Introduced: January 1993
Related classification codes: 731.6: Robot Applications; 912.1: Industrial Engineering
```

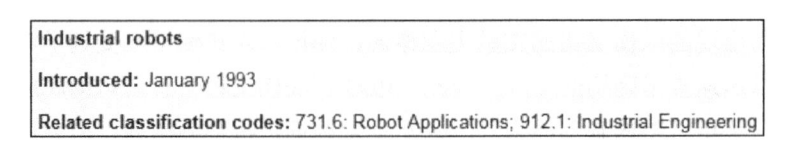

图 3-5 《Compendex Thesaurus》中叙词的介绍

（4）关键词语言。

关键词是选自文献题目、文摘乃至正文中具有实质意义的语词，是不受词表控制的非规范化语言。关键词语言则是以关键词作为文献内容标识和检索依据的一种主题词语言。

计算机检索系统可以对所有的词进行检索，并对每个词在每篇文献中出现的频率进行统计，可以根据某一词出现的频率判断某篇文献与某一主题的相关程度。一般主题词的检索局限在题名、文摘、全文等字段中，而关键词或自由词的检索则不局限于字段，可以对所有字段进行自由检索。

在使用关键词进行检索时，往往需要通过各种方法，使关键词能更好地表达课题需求。确定关键词的方法，涉及检索概念的切分、删除、补充、组合等，详见本章 3.3.3 小节中"拟定检索词的一般方法"的相关内容。

3.2.3 检索算符

计算机信息检索过程实际上是检索词与标引词比较的过程。单个检索词的计算机检索比较简单，两个或两个以上的检索词则需要根据检索课题的要求，运用检索算符对检索词进行组配。在计算机信息检索系统中，基本的检索算符有布尔逻辑算符、截词符、字段限定算符、位置算符等。

1．布尔逻辑算符

规定检索词之间的逻辑关系的算符，称为布尔逻辑算符。主要的布尔逻辑算符有：逻辑与（AND）、逻辑或（OR）、逻辑非（NOT）。

① 逻辑与。逻辑与用来组配不同的检索概念，其含义是检出的记录必须同时含有所有的检索词，如图 3-6 所示。设两圈分别表示 A、B 词，可用 AND、and 或*表示，组配方式："A and B"或者"A*B"，表示数据库中同时含有 A、B 两词的文献为命中文献。其作用是增加限制条件，即增加检索的专指性，以缩小提问范围，减少文献输出量，可提高查准率。

② 逻辑或。逻辑或用来组配具有同义或同族概念的词，如同义词、相关词等，其含义是检出的记录中至少含有两个检索词中的一个，如图 3-7 所示。设三圈分别表示 A、B、C 词，可用 OR、or 或 + 表示，组配方式："A OR B OR C"或者"A+B+C"，表示数据库中凡含有检索词 A 或者 B 或者同时含有检索词 A 和 B 的文献均为命中文献。使用逻辑或相当于增加检索主题的同义词、近义词和相关词，其作用是放宽提问范围，增加检索结果，起扩检作用，可提高查全率。

③ 逻辑非。逻辑非用来排除含有某些词的记录，即检出的记录中只能含有 NOT 算符前的检索词，但不能同时含有其后的词，如图 3-8 所示。设两圈分别表示 A、B 词，可用 NOT、not 或-表示，组配方式："A not B"或者"A-B"，表示数据库中含有 A 词而不含有 B 词的文献为命中文献。其作用是排除不希望出现的检索词，能够缩小命中文献范围，增强检索的准确性。

三种布尔逻辑算符的优先级从高到低为逻辑非（NOT）、逻辑与（AND）、逻辑或（OR），当同一组检索提问中既含有 OR，又含有 AND 时，可以用优先算符"()"来改变运算顺序，将 OR 前后的词放入括号中，计算机将优先运算括号内的算符，如 (financial or monetary) and bonds not (chemical or atomic)。

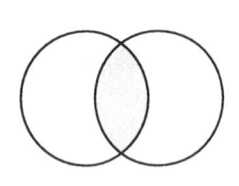

图 3-6　逻辑与 　　　　　　图 3-7　逻辑或 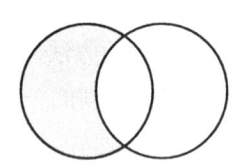　　　　　　图 3-8　逻辑非

2．截词符

不同的数据库和搜索引擎有不同的截词符号，如 DIALOG 系统中用"?"，Elsevier SDOL 系统中用"*"。

截词检索是指在检索式中用截词符号来表示检索词的某一部分的词形变化，因此检索词的不变部分加上由截词符号所代表的任何变化形式所构成的词汇都是符合要求的检索词，结果中只要包含其中任意一个就满足检索要求。截词检索的主要目的是提高查全率。截词检索的类型有：

（1）右截词，又称后截词、前方一致。允许检索词的词尾有若干变化，右截词主要用在：① 词的单复数；② 年代；③ 作者；④ 同根词。例如，comput*将检索出 computer、computing、computerised、computerized、computerization 等结果。

（2）中间截词。允许检索词中间有若干变化，中间截词可用于解决有些单词的英美国家拼写方式不同，或者有些词在某个元音位置上出现的单、复数的不同拼写。例如，wom*n 将检索出 woman、women 的结果。

（3）左截词，又称前截词、后方一致，允许检索词的词前有若干变化。例如，*physics 可检索到 physics、astrophysics、biophysics、chemophysics、geophysics 等结果。

3．字段限定算符

字段限定算符，即字段代码。在检索系统中，为了提高查准率，缩小检索范围，通常有一些限制的手段和方法。使用这些方法进行检索通常称为限制检索（Limit Search）。常用的限制检索方法是字段限定。

数据库中每条记录都有许多字段，将检索词限定在特定的字段中进行检索就叫作字段限定检索，通常在检索式中加入字段代码来限定检索字段。字段代码与检索词之间可用后缀符（如"/"）或前缀符（如"="）连接起来。

例如，education/TI、high school/DE、teaching/AB,ID，分别是指将"education（教育）"限定在 TI（题目）字段中检索，"high school"限定在 DE（叙词）字段中检索，"teaching"限定在 AB（文摘）字段和 ID（自由标引词）字段中检索。

又如，AU=wang haiyan、JN=psychology abstracts、LA=English，分别是指将"wang haiyan"限定在 AU（作者）字段中，"psychology abstracts"限定在 JN（刊名）字段中，"English"则限定在 LA（语种）字段中，以缩小检索范围。

第 3 章 培养检索思维，探索式查找与获取信息

各个检索系统的字段限定算符和前缀、后缀符号可能各有不同。在菜单式检索界面中，通常用户只要在下拉菜单中选择某个字段名称，在提问框中输入检索词，就可完成字段限定检索。

4．位置算符

位置算符用于表达检索词间的位置关系。位置检索适用于两个检索词以指定间隔或者指定顺序出现的场合，比如，以词组形式表达的概念；彼此相邻的两个或两个以上的词；被禁用词或特殊符分隔的词以及化学分子式等。如果说布尔逻辑算符表示的是两个概念之间的逻辑关系，那么位置算符表示的是两个概念在信息中的实际物理位置关系。下面介绍部分常用的位置算符。

（1）词位置检索算符。词位置检索算符，即邻近检索算符，表示两个检索词或短语之间的距离和位置关系。

① 位置算符(W)。表达式：A(w)B，表示 A、B 两词靠近，次序为 A 先 B 后，顺序不可颠倒，而且检索词之间不允许有其他的词或字母，但允许有空格或连字符号。例如，communication(W)satellite 或者 communication()satellite，可检索出 communication satellite、communication-satellite。

② 位置算符(nW)。表达式：A(nW)B，W 的含义为 Word，表示 A、B 两词靠近，次序为 A 先 B 后，中间最多可加 n 个词，但两个检索词的次序还是不能颠倒。例如，communication(2W)satellite，可检索出 communication satellite、communication though satellite、communication on the satellite 词组的记录。

③ 位置算符(N)。表达式：A(N)B，N 的含义为 near，表示 A、B 两词靠近，次序可变。例如，money(N)supply 可检索出 money supply 和 supply money 两个词组。

④ 位置算符(nN)。表达式：A(nN)B，表示 A、B 两词靠近，次序可变，中间最多可加 n 个词。例如，cotton(2N)processing，凡含有 cotton processing、processing of cotton 和 processing of Egyptian cotton 的文献记录都算命中。

⑤ ADJ。类似于词组检索，表示两词前后顺序固定。

⑥ 拼写词 TYPO[ ]。可进行同义词不同拼写的检索。例如，TYPO[fibre]，可找出 fibre、fiber。

⑦ " "。用 " " 标注的检索式表示完全匹配的短语/词组检索。一般来说，在查询框内输入一个或多个关键词，且两个检索词之间没有任何其他符号，则检索系统会将这两个检索词之间的关系设为默认值（AND 或 OR）。若将这两个检索词看成一个短语或词组进行检索，就必须使用一定的标识号来表明该词组或短语。最常用的是将该词组用双引号或括号标识出来。

（2）同字段检索算符。

① (F)算符。表达式：A(F)B，F 的含义为 Field，表示 A、B 两词在同一字段中，次

序可变，中间可插任意检索词。例如，pollution(F)control 表示检索词在同一字段中，可查出 control and management of industrial pollution。字段类型可用后缀限定。例如，environmental(F)impact/DE,TI，表示这两个词必须同时出现在叙词和篇名字段中。

② (L)算符。L 是"Link（连接）"的缩写，(L)两侧的检索词之间有一定的从属关系。在某些数据库中，存在着主标题词与副标题词，副标题词一般是修饰主标题词或限定主标题词的，二者之间有一定的从属关系。

（3）子字段检索算符。

子字段检索算符(S)，算符表达式：A(S)B，S 的含义为 Sentence，表示算符两侧的检索词出现在同一个子字段中，在文摘中可以用来限定在同一句子中检索，并且检索词之间的词数可以是不定的，且前后关系不限。例如，literature (S) foundation，只要 literature 和 foundation 两个词出现在同一句子中，就满足检索条件。(S)算符比词位置检索算符(W)、(N)的词间位置关系更宽松。在某些检索中，用户对检索词之间的位置关系的要求不像(W)、(N)那么严格，但还是要求有一定的上下文关系，那么使用(S)算符检索比较合适。

3.2.4 检索效果

所谓检索效果（Retrieval Effectiveness），是指检索结果的有效程度。检索效果包括技术效果和经济效果两方面，技术效果主要指系统的性能和服务质量，它是由检索系统实现其功能的能力所确定的；经济效果主要指检索系统服务所花费的成本和时间，它是由检索系统完成其检索服务的代价所确定的。检索效果评价是根据一定评价指标对实施信息检索活动所取得的成果进行客观、科学评价，以进一步完善检索工作的过程。常用的评价指标有：收录范围、查准率、查全率、响应时间、用户负担和输出形式等，其中主要指标是查准率与查全率。

1. 查准率与查全率

在检索过程中，检索系统中参加检索的全部文献可分成"有关"、"无关"和"查出"、"未查出"四个量。如果以 a 表示查出的"有关"文献，b 表示查出的"无关"文献，c 表示未查出的"有关"文献，d 表示未查出的"无关"文献，则它们之间的关系如表 3-7 所示。

表 3-7 检索系统检索效果评估相关数据表

系统相关性 \ 课题相关性	相关文献	无关文献	总计
检出文献	a（命中的）	b（误检的）	a+b
未检出文献	c（漏检的）	d（应拒的）	c+d
总计	a+c	b+d	a+b+c+d

分析表 3-7，检出文献（$a+b$，即从系统中检索出来的文献）以及未检出文献（$c+d$，即未从系统中检索出来的文献）是从系统相关性观察检索的效率，而相关文献（$a+c$，即与用户需求相符的文献）以及无关文献（$b+d$，即与用户需求不相符的文献）是从用户相关性观察检索的效率。任何一次检索结果都必然有这四个量，根据上述表 3-7 中的这四种关系，我们可以对查准率与查全率进行定义和计算推导。

查准率（Precision Ratio），又称检准率，是指检出的相关文献数与检出的文献总数之比。可用下式表示：

$$查准率 = \frac{检出的相关文献数}{检出的文献总数} \times 100\% = \frac{a}{a+b} \times 100\%$$

查全率（Recall Ratio），又称检全率，是指检出的相关文献数与库内相关文献总数之比。可用下式表示：

$$查全率 = \frac{检出的相关文献数}{文献库内相关文献总数} \times 100\% = \frac{a}{a+c} \times 100\%$$

2．合理调整查准率与查全率

一系列的试验结果表明，查准率与查全率之间存在互逆关系。从不同检索语言出发得到的试验结果都表明了这种关系，即查全率高时，查准率较低。要想做到查全，势必要对检索范围和限制逐步放宽，则结果是会把很多不相关的文献也带进来，影响了查准率；反之亦然。

例如，心理学是包括教育心理学的大概念，把"心理学"作为检索词具有泛指性，能提高查全率，但是正因为检索范围的扩大，使得查准率降低。同样，把"教育心理学"作为检索词具有针对性，能提高检索词的专指性，排除非相关信息，但是也降低了查全率。前者查全率高，虽查出的文献量大，但误检的多；后者漏检率高，丢失了大量的有关文献。

一般来说，如果检索时所用检索语言的泛指性强，检出的文献多，那么查全率将会提高，但误检率也同时增大，因而查准率降低。如果检索语言专指性强，查准的文献多，则查准率提高，但漏检率也同时增大，因而查全率降低。所以，欲达到较好的检索效果必须兼顾两者，不能单纯追求其中某一个，而应当根据具体课题的要求，合理调整查全率和查准率，保证检索效果。比如，需了解某项研究的全面情况则要求查全率高，需了解某项技术的具体问题则要求查准率高。从理论上说，一般查全率在 60%～70%，是检索的最佳效果。

3.3 检索策略：探索式查找与获取信息

3.3.1 什么是检索策略

广义地理解，检索策略，是实现检索目标的途径与方法，是为实现检索目标而制订的全盘计划或方案。检索策略具体包括以下流程：分析信息需求，选择检索工具，拟定检索词，明确各检索词之间的逻辑关系与检索步骤，制定、调整和优化检索式，以及获取和管理检索结果。这也是进行一次检索的完整步骤和合理流程安排，要在分析检索需求的基础上，确定用于检索的数据库，确定检索用词，并明确检索词之间的关系，以及查找步骤。

检索策略体现了对检索的总体计划和全部过程，也可以将其理解为检索步骤、检索流程、检索过程、检索条件设置等。检索策略的优劣，直接影响着检索效果。

检索策略指导着整个检索过程，因此，包括了绝大部分检索相关基础知识的应用。本章后文将对检索相关的常用名词术语、基本概念、检索技术和检索技巧作简明和概要性的介绍，方便学习者掌握这些检索必备的基础知识。

3.3.2 什么是检索式

具体到检索过程中，检索者要构造一个既能表达信息需求，又能为计算机或各类搜索工具所识别的检索表达式。这个检索表达式，人们也常将其称为检索式。检索式，是狭义理解上的检索策略，是检索策略的具体体现。

检索式，是表达检索提问的逻辑表达式，是将检索词、检索字段、检索算符等检索要素组织在一个计算机可识别并可执行的检索语句中，用以表达复杂的检索需求，完成检索任务。

最简单的检索式，可以只是一个检索词（关键词或号码等），就像人们经常在搜索引擎中做的，输入一个关键词，就属于这种情况。如果希望检索结果满足更多更精细的要求，就需要更复杂一些的检索式，比如，可以给检索词添加检索字段，以限定检索词在文献信息中出现的位置和重要程度等；再复杂一些，则可以包含多个检索词和检索字段，以及检索算符，甚至多重嵌套条件。关于如何选择检索词、常用的检索字段和有哪些检索算符，我们在后面会进一步讲到。

一个课题的检索式表达未必是唯一的，而是可以有各种选择、描述、限定和组配方式，这些都可以通过各种检索算符来体现。

检索式在检索中可一次设置完成，也可分为多步完成，检索者可以根据信息需求和信息源的特点，以及自身需要，灵活编制、运用检索式，达成检索目标。

3.3.3 检索策略详解

1. 分析课题

分析课题，即分析信息需求，是实施检索中最重要的一步，是检索效率高低或成败的关键。面对一个课题，需要明确它的研究范围、研究现状以及将要达到的检索目的。

（1）明确检索目的。

明确检索目的指明确所需信息的用途，是为编写教材、撰写学科总结或进行专题综述系统收集信息，还是为申请专利或鉴定科技成果需利用信息为依据说明其新颖性和创新性？还是为解决某一技术问题，需利用相关的技术信息提供借鉴或参考？还是为技术预测或决策提供背景材料？等等。

（2）明确检索要求。

明确检索要求是指明确所需信息的类型、语种、数量、文献范围和年代等，以控制对查新、查准、查全的指标要求及其侧重。

① 信息的类型。如要了解科技的最新动态、学科的进展、了解前沿、探索未知，则强调一个"新"字；如要解决研究中的具体问题，则要强调一个"准"字；如要了解一个全过程、写综述、作鉴定、报成果，就要回溯大量文献，要求检索全面、详尽、系统，则要强调一个"全"字。检索目的不同，主题分析选取主题范围的广度与深度则不同。若要系统、全面收集有关信息，则选取主题范围的面要宽一些，所得信息的泛指性要强一些；若需有关信息为某一技术问题提供解决的方案作参考或借鉴，则选取主题范围的面要窄一些，所得信息的专指度要高一些。

课题的类型主要包括下面几种情况：

- 查全型。开题、编写教材、基础研究或应用理论研究的课题。
- 查准型。用户需要查询在科研、生产进行当中遇到的非常专指或是细微的问题。
- 动态型。研究开发和应用新技术、新理论的课题。
- 查新型。某项技术或新产品在研制开发完成后，要对同类研究项目或相关研究项目等有关的专利及非专利文献资料对比分析所进行的检索。

② 确定检索的时间范围。每一项研究理论和技术都有其发生、形成和发展的过程，为提高检索效率，检索时应根据研究课题的背景，即有关知识发展的形成期、高峰期和稳定期，来确定检索的时间范围，对发展较快的学科领域首先查找最近几年的文献。

③ 确定检索需要的语种。

④ 了解课题对查新、查准、查全等方面的具体要求。

（3）分析课题的主题内容。

了解课题的背景知识是进行课题检索的基础，课题的背景知识包括课题研究的对象及其所属的学科，主要涉及的内容包括研究方法、使用器材、主要研究单位和人员等。

获取背景知识，可以询问专业人员，也可以阅读一些入门的相关文献。

找出课题所涉及的主要内容和相关内容，形成主要概念和次要概念，选取主题词。要注意课题分析获得的是反映课题主要内容的概念，而不是文献篇名中字面的罗列和堆砌。

2. 选择检索工具

根据课题分析的结果，确定了自己的检索目的和主题内容之后，下一步就是选择适用的检索系统。要根据课题要求，选择与所查课题和信息需求相适应、学科专业对口、覆盖信息面广、报道及时、揭示信息内容准确、有一定深度的、检索功能比较完善的检索工具。

（1）了解检索工具的收录和质量等情况。

不同的检索工具，其收录的学科类别、文献类型、文献收录的时间跨度、覆盖的地理范围、文献记录的详略程度、是否提供全文、语种情况等方面都会存在差异，要根据所查课题的需要，加以选取。

一般来讲，学科属性是考察检索系统是否适用的首选因素。首先要保证所选择的资源与检索课题的学科一致；其次应考虑所选资源在该学科领域的权威性如何，尽量使用权威性的专业数据库作为检索工具。

课题的检索范围包括时间、地理、文献形式和资料类型的范围。另外，与课题的学科特点也有很大关系。比如，社会人文科学方面的课题受地域因素的制约，在资料的检索范围上应当有所侧重，有关中国社会问题的研究应着重参考有关的国内文献；对于科学技术，特别是高科技领域方面的课题，仅仅查阅国内的文献是不够的，还必须查阅先进国家的研究情况。

对检索系统的正确选择必须建立在对可利用资源全面了解的基础上，同时充分认识各种检索系统的类型、内容、意义和功能，如需要系统掌握某学科知识，可以选择图书；如需要写研究项目开题报告、学术研究和技术攻关，可以选择研究报告、科技论文、学位论文、会议文献等；如需要进行发明创造、工艺改革、新产品设计、引进设备和签订合同，可以选择专利说明书、标准文献、产品资料等。

（2）了解检索工具的功能和特色。

不同的检索工具，会有不同的检索功能和特色，有些功能单一，有些功能多样；有些功能较简单，只提供搜索功能，有些功能较强大，在搜索之外还提供分析功能。要学会了解并有效利用检索系统的助检手段和辅助工具，如检索帮助、培训课程等。

（3）了解检索工具的检索界面、方式。

在检索中，我们会经常面临检索方式的选择。检索式和检索方式表达的意思不一样，在此作一下区分。检索式是检索词、检索字段和检索算符等检索要素构成的一个表达式，而检索方式则是数据库和搜索引擎等检索工具提供的不同功能的检索界面。不同的检索界面可以为检索者提供不同的检索精度、灵活度和全面度。

第 3 章 培养检索思维，探索式查找与获取信息

一般来说，在使用数据库等检索工具时，可以根据其提供的功能设置和界面，选择不同的检索方式。最常见的就是浏览和检索两类。

① 浏览，也称导航，是检索工具提供导航和索引列表，如作者导航、机构导航、期刊导航等，方便使用者在导航显示列表中任意浏览查看、选择点击，而无须输入检索词。导航的顺序，常用字顺法、地域法等。图 3-9、图 3-10 所示分别是维普中文科技期刊数据库和 SDOL 的期刊导航界面，图 3-11 所示是 CNKI 的学位授予单位导航界面。

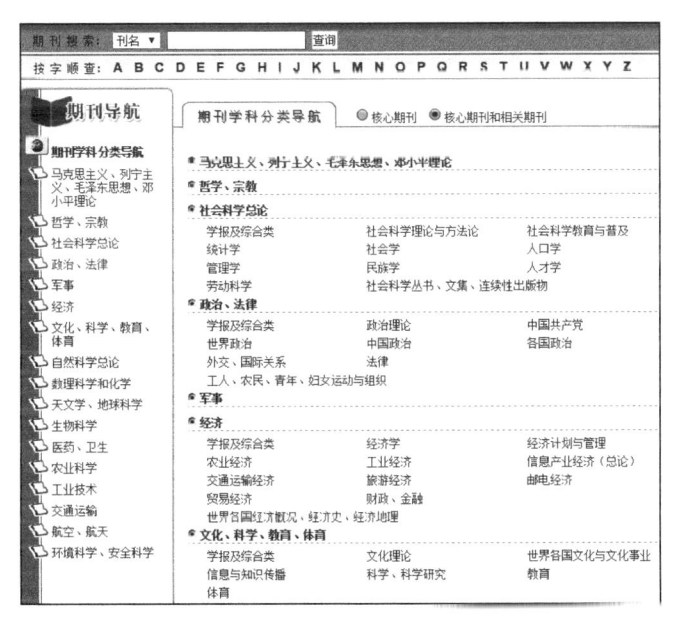

图 3-9　维普中文科技期刊数据库的期刊导航界面

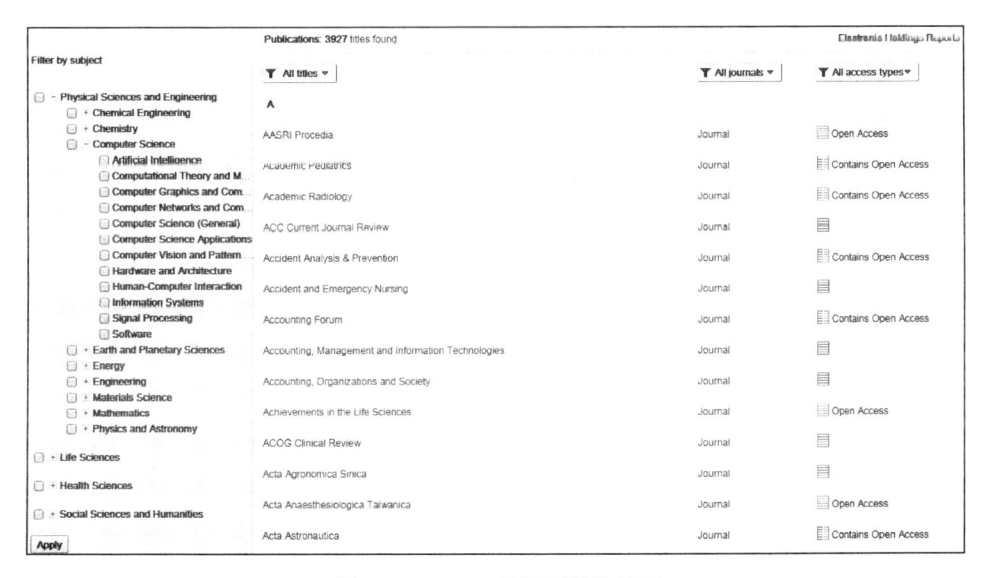

图 3-10　SDOL 的期刊导航界面

图 3-11　CNKI 的学位授予单位导航界面

② 检索，也称查询、搜索，提供输入框，由使用者自行输入检索词和检索式，并设置检索限制条件，以完成检索过程，得到检索结果。

采用检索的方式时，一般有三种实现不同检索精度和灵活度的方式，分别是快速检索、高级检索和专家检索。

- 快速检索，也称作一般检索、普通检索、简单检索、简易检索，通常用于实现单条件的简单检索。通常只可输入一个或少量几个检索词，不同检索词之间的逻辑关系往往也比较单一。快速检索简单易行，可以比较全面地查找出与检索词相关的信息，让检索者快速了解相关总体情况，但缺点是检索精度不高，不够灵活。
- 高级检索，往往提供多个输入框，并提供检索字段选项，以及各种检索限制条件，使检索者可以方便地输入多个检索词，并设置多种逻辑关系，以完成复杂的检索条件设置，达到更高的检索精度和灵活度。
- 专家检索，也称作专业检索，其灵活性比高级检索更强，可以使用的检索词往往更多，检索词间的关系也更复杂多变，能将多种检索要素集合在一个检索表达式中，更加快速、准确、灵活、高效地完成检索。

图 3-12～图 3-14 所示分别是 SDOL 的快速检索、高级检索和专家检索三种检索方式的界面。

图 3-12　SDOL 的快速检索

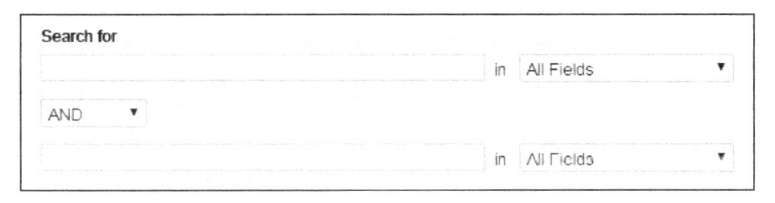

图 3-13　SDOL 的高级检索

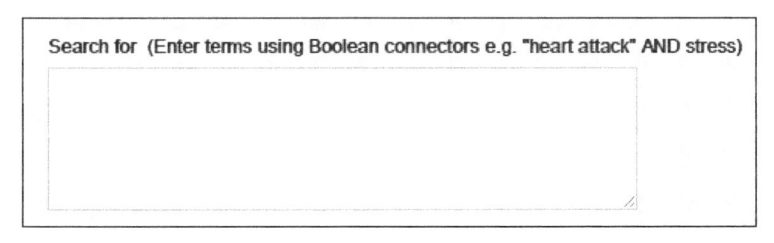

图 3-14　SDOL 的专家检索

3．拟定检索词

（1）分析提取课题概念。分析出课题所涉及的主要概念和辅助概念，并找出能表达这些概念的若干个词或词组。

- 主要概念，也称核心概念，是指课题研究的主要对象。课题研究的主要对象包括课题归属的专业学科名称，还包括课题涉及的具体原理、研究方法、材料工艺、应用领域等。例如，课题"3D 打印技术在建筑领域中的应用"的主要概念是"3D 打印"和"建筑"。
- 辅助概念，又称普通概念，其含义是指一些没有专业意义的概念。例如，课题"新一代可降解塑料薄膜研究"，其主要概念是"降解塑料"、"薄膜"，辅助概念是"新一代"。
- 禁用词。所谓禁用词，是指没有实质检索意义，在检索过程中一般不使用的词，包括介词、冠词和连词等虚词，也包括没有事物含义的普通名词、代词、动词和形容词，如"研究"、"技术"、"过程"、"问题"、"关于"、"基于"等。

（2）拟定检索词的一般方法。

① 切分。切分是对课题的语句以自由词为单位进行拆分，转换为检索的最小单元分割。自由词切分仅适用于自然语言检索。例如，检索"负载催化剂的性能与制备"相关文献，直接切分为：负载催化剂｜的｜性能｜与｜制备。当词切分后将失去原来的意思时，不应再切分，即必须注意保持意思的完整，如"中国科学院"不可切分为"中国"

和"科学院"。这类词一般都是一些专用名词，如地名、机构名等。

② 删除。删除是对自然语言中不具有实质性检索意义的介词、连词、虚词等，或使用频率较低的词，或专指性太高、过分宽泛的词，或过分具体的限定词、禁用词，一律予以删除。例如，"与"、"的"、"关系"、"研究"、"技术"、"方法"、"分析"、"应用"、"运用"、"利用"、"发展"等都应予以删除。

在分析提取课题概念的过程中，有些检索词中已经含有的某些概念，在概念分析中应予以排除。例如，课题"玻璃纤维增强石膏制品"，从字面上看，这个课题可划为三个概念，即"玻璃纤维"、"增强"、"石膏制品"，但石膏制品中加入玻璃纤维，其目的就是为了增强石膏制品，因此可将"增强"这一概念排除在外。又如，课题"内弹道高温高压高密度的气体状态方程"，如果把"内弹道"、"高温"、"高压"、"高密度"、"气体"、"状态方程"六个概念全部组配起来，会造成大量漏检。实际上，内弹道状态方程必然是高温、高压、高密度的，而且，弹道状态方程也必然是针对气体而言的。

③ 替换。对表达不清晰或易造成检索误差的词，用更明确、具体的词予以替换。例如，"绿色包装"中的"绿色"，应替换为"环保"、"可降解"、"无污染"等。

④ 补充。补充是进行同义词、近义词、相关词、缩写词、翻译名等方面的查缺补漏。例如，"二氧化钛"应考虑补充"TiO_2"。

⑤ 组合。组合是对概念进行语义上的组配、合并，使概念的集合转换为主题词的集合。

自由词的概念组合方式有4种：

- 概念相交组合，即内涵不同、外延部分重合的两个相同性质的概念之间的组配。组配的结果产生一个新概念，这个概念分别属于这两个概念的下位概念。例如，青年*科学家=青年科学家。
- 概念限定组合，即两个不同性质的概念之间的组配，其中一个概念反映了另一概念的某一方面、某一特征或时空中的某一部分。限定的结果也产生一个新概念，它表示该事物的某一方面或某一特征。例如，数学*基础理论=数学基础理论。

以上两种组配方式所得到的新概念都是原组合概念的下位概念，缩小了检索范围，提高概念的专指度，提高查准率。

- 概念概括组合，即两个或两个以上的同级概念相加或并列，组配结果形成一个新概念，作为原来概念的属概念。例如，文学理论+艺术理论=文艺理论。
- 概念联结组合，这种组配表示几个概念之间的联系，并不形成新的概念。例如，档案学+图书馆学=档案学和图书馆学。

组合的条件如下：

- 当组配表达会产生意义失真时，不用组合表达。例如，用"蘑菇"和"战术"两个词来组合表达"蘑菇战术"这个概念，"蘑菇"一词在检索时独立使用会产生误检，所以应直接采用专指性词组，即用"蘑菇战术"这一词。
- 某些专业词汇和专有名词不必用组配，可直接采用专指性词组，如"收录两用机"。
- 当组配表达不可能得到组配长处时，就采用专指性词组。例如，"文化水平"一词就不必分拆成"文化"+"水平"。因为"水平"一词并没有检索意义，不能成为一个检索词。

⑥ 增加。对于提取的检索词，除具有我们所期望的意义外，是否还有其他含义，如果有，就应该给它增加"限义词"，分析隐含概念。

增加"限义词"的方法主要有：直接增加限义词、挖掘隐含词、提取潜在的检索词，还可以把限义词以逻辑的方式加入，采用逻辑"与"或逻辑"非"的方法来增加。

分析隐含概念就是挖掘潜在的主题词，还可通过对上位词、下位词、同类词关系分析得到其他相关主题词。例如，检索"F117A潜隐战斗机"的相关文献，主题词是"隐身飞机"和"F117A飞机"，隐含主题是"武器"。又如，"智力测试"，隐含着"能力测试"、"态度测试"、"创造力测试"等概念。

4．制定、调整和优化检索式

（1）制定检索式。

前面3.3.2介绍到，检索式是既能表达检索课题需求，又能为计算机识别的检索表达式，其构成包括检索词、检索字段和检索算符。检索词、检索字段、检索算符在前面都分别介绍过，此处强调一下检索字段的具体选择。

检索字段是指文献信息的特征项目，对应于数据库中的字段标目，是检索的出发点，以前常用"检索途径"这一术语，现在常用的名称还有检索项、检索入口、检索点等。常用的检索字段主要有：分类、主题、作者、团体作者、篇名、摘要、关键词、号码等。每种文献均有内容特征及其相关的外表特征，分类、主题等字段反映文献信息的内容特征，作者、名称和号码等字段反映文献信息的外表特征。检索时从文献的特征出发，将其特征值与检索系统中的标目数据进行比较，通过匹配达到检索目的。

① 分类字段。分类字段检索是从文献内容所属的学科类别出发来检索文献，它依据的是一个可参照的分类体系，具体表现为分类表、分类目录、分类索引、分类导航、分类专辑等，检索时可使用分类号或分类类目。分类字段检索能满足族性检索的需求，查全率较高。

② 主题字段。主题字段检索是以课题的主题内容为出发点，按主题词（包含关键词、叙词、标题词等）来查找文献。主题字段对应文献主题概念，主要包括题名、关键词、摘要。以主题作为检索途径能满足特性检索的需求，查准率较高，适合查找比较具体的课题。

③ 作者字段。作者字段检索是从文献的作者姓名出发来检索其文献。作者包括个人作者和团体作者，个人作者广义上还应包括汇编者、编者、主办者、译者等；团体作者包括作者所在单位。

④ 名称字段。名称字段检索是从各种事物的名称出发来检索文献信息。名称包括书名、刊名、资料名、出版物名、出版社名、会议名、物质名称等，也包括人名和机构名。书名索引、会议名称索引、书目索引、刊名索引等都提供了从名称进行检索的途径。

⑤ 号码字段。号码字段检索是以号码特征来检索文献信息。号码包括文献的编号、代码等，它们是文献信息的一些特有的外表标识。号码多种多样，通常用数字、字母或用它们结合的形式或以分段的方式来表示其各部分的含义。比如，图书有国际标准书号 ISBN；期刊有国际标准刊号 ISSN；科技报告有报告号、合同号、拨款号等；专利文献有专利号、入藏号、公司代码等；馆藏单位编有馆藏号、索取号、排架号等。它们各自按号码顺序，或以数序、字序或混合序列检索，比较机械、单纯，不易错检或漏检。若已知书名、刊名、作者姓名或序号数码的文献，则可直接判断该文献的有无。

（2）调整和优化检索式。

检索是一个动态的随机过程。在实施检索之后，要对检索结果进行评估，判断检索结果是否理想，再根据结果情况，进行调整和优化检索式的操作。

一般来说，初次检索得到结果后，大致浏览检索结果，分析其全面性、准确性、新颖性等方面的检索效果，再据此调整和优化检索式。如果检索出来的文献量太多，就需要考虑适当缩小检索范围，减少检出量；反之，则要采取相反的措施。这个过程可以进行多次，直到逼近相对更优的检索效果。

若发现以下三种情况：显示太多与研究课题不相关的记录；显示太少与研究课题相关的记录；没有与研究课题相关的记录，都必须重新思考并建立检索命题，对检索策略进行优化，进行缩检或扩检。

调整检索式，可以从构成检索式的三个部分入手，检索词、检索字段、检索算符都可以修改。

从检索的整体流程看，除了检索式可以调整，其他各步骤涉及的事项也可以根据需要灵活进行调整，包括检索工具、各种限制条件等。

（3）检索式编制的注意事项。

不同的课题，不同的检索目的，有不同的检索方法和策略。一般来说，使用逻辑与算符越多，专指性则越强，查准率就越高；使用逻辑或算符越多，检索范围就越大，查全率就越高；使用逻辑非算符去掉不相关的概念，也可提高查准率，但用时要慎重，以免漏检。另外，在制定检索策略时，不要连续使用多个位置和逻辑算符，以免限制过严而导致漏检文献。

5．获取和管理检索结果

（1）浏览和分析检索结果。

浏览检索结果，若内容相关，则可及时完整地记录保存，以备后续查看或进一步索取原始文献。可以充分利用检索工具或数据库的多种浏览和排序功能，高效浏览检索结果。

由于数据库等检索工具常常收录了海量文献，所以检索到的文献信息量往往也数量巨大，导致人们无法有效地全部阅读使用，所以通常需要对获得的检索结果进行分析，以便对信息进行有效利用。有很多数据库提供了对结果的分析功能，可以对结果进行多角度的聚类、排序、过滤等操作，要学会充分利用数据库自带的分析功能，总体上把握检索结果反映出的信息。

（2）选择和记录文献线索。

可以按照自己的需求和检索工具提供的不同格式，对选中的文献进行标记、记录、导出、关注、分享、收藏、打印、保存、下载、邮件订阅等各种操作。

（3）获取文献原文。

当文献类型和出版物的全称明确以后，即可利用各种馆藏目录或联合目录查找所需文献的收藏机构，进行借阅或复制；或通过网络全文数据库检索，直接下载得到原文；通过搜索引擎搜索获得部分原文；通过作者个人主页或博客获得原文；与作者联系获得原文；通过馆际互借、文献传递等方式获得原文等。

练习、讨论与思考

1．请利用《中图法》网站（http://www.ztflh.com/），查出图像处理软件和汉语应用文写作的中图分类号。

2．在《Compendex Thesaurus》中查找"虚拟现实技术"这一概念，记录词表采用的正式词，以及其上位词、下位词、相关词分别有哪些。

3．有哪些方式可以提高查准率？请介绍若干种，并以实例说明。

4．有哪些方式可以提高查全率？请介绍若干种，并以实例说明。

5．检索式通常由哪几种要素构成？

6．查找有关家居机器人方面的文献，你认为可以使用哪些词来表达，以获得更高的查全率？

7．查找"石墨烯碳量子点的制备与表征"的相关文献，你如何构造检索式？

8．查找"电动汽车的电池技术研究现况"的相关文献，你如何构造检索式？

9．查找"我国打车软件应用的法律监管"的相关文献，你如何构造检索式？

10．常用的检索方式包括快速检索、高级检索和专家检索，理解这三种方式的性能和效果异同。

第 4 章

知悉信息源，学术科研必备

在学习、工作和科研过程中，我们往往需要能高效获取可靠的学术信息，这就需要能检索和利用高质量的、收录全面的、权威的、学术专业性强的学术信息资源。图书、期刊论文、会议论文、学位论文、报纸、专利、标准、科技报告、图片、视频、音频、参考工具；目次信息源、文摘信息源、全文信息源；综合性信息源、专业性信息源；中文的，英文的……数字资源形式多样，类型不一，数量繁多，内容各异，可以满足人们的多种信息需求。不同的信息源，在具体功能上会有强弱之分，不过在检索方法上大同小异。本章介绍多种信息源，并选择部分详解操作和利用方法，希望读者可以触类旁通，灵活学习。

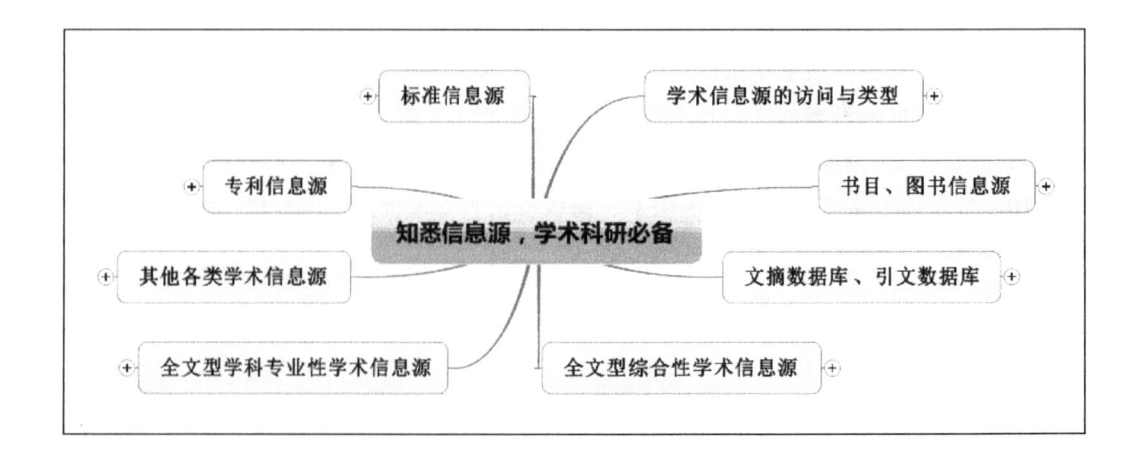

4.1 学术信息源的访问与类型

4.1.1 学术信息源的常用访问入口

通过网络可以搜索并直接连接到各种信息源进行访问和使用，访问图书馆主页，则是快速访问学术信息源的好入口。图书馆是重要的文献信息中心，是信息源的集约地，除了收藏大量的纸质文献，还会购买各种数字化学术信息资源，供授权用户免费使用，读者可以方便地查阅、下载、使用。

特别是高校图书馆，根据各高校的学科发展、专业特点和经费等情况，会购置众多符合学校发展特色和目标的中英文数据库，供师生科研、教学和学习使用，师生可以更为方便地访问和使用各种学术信息源。

公共图书馆，主要是保障一般公众的阅读和信息资源，覆盖的读者面广泛，通常以提供中文资源为主。读者注册后，可以网络访问馆藏数字资源，如果到馆，还可以查阅纸质资源。

科技图书馆，比公共图书馆更为注重科技类读者的信息源保障，因而通常会提供相对较多的英文学术信息源。

这里向读者推荐中国国家数字图书馆。中国国家数字图书馆为读者提供了种类丰富、数量巨大的中文、外文商业购买资源库服务以及国家图书馆馆藏的特色资源库服务，注册后，便可通过国家图书馆门户网站获得丰富的数字资源服务，包括图书、期刊、报纸、论文、古籍、工具书、音视频、数值事实、征集资源等多种类型的数字资源在线服务。截至 2016 年 12 月，网上实名认证读者可使用自建特色资源库 47 个，商业购买资源库 28 个，可获得免费全文。

4.1.2 学术信息源的揭示方式

高校订购的各种中英文数据库，是我们获取科研、教学和学习信息的主要学术信息源。通常高校图书馆会提供多种方式对这些学术信息源进行揭示，方便读者从不同的角度进行访问。常采用以下几种方式来揭示数据库：

- 根据数据库对收录文献的揭示程度，分为目次（书目）数据库、文摘数据库、全文数据库。
- 根据数据库收录文献的学科属性，分为综合性数据库、学科专业性数据库。
- 根据数据库收录的文献类型，可分为电子图书数据库、期刊论文数据库（通常同时含有会议论文）、学位论文数据库、科技报告数据库、报纸数据库、专利数据库、标准数据库、数值事实型数据库等。
- 根据数据库收录文献的媒体形式，可分为图片数据库、视频数据库、试题数据库等。

- 根据数据库的功能和作用，可分为引文数据库、统计分析数据库等，以及一站式搜索平台、发现系统等。

当然，上述划分方式并不绝对，也并不唯一，很多时候信息源具有多种属性，内容和媒体形式多种多样，功能也很多，我们可以以其最主要的特征为主来认识和使用。

本章对学术信息源加以介绍，主要按以下的属性组合顺序：首先是文献揭示程度，其次是学科属性，接着是文献类型，最后是其他特征。为叙述方便，也会作一些调整。

4.2 书目、图书信息源

4.2.1 馆藏目录检索系统

馆藏目录是按照特定的方法组织起来的用于揭示、报道和检索一所或多所图书馆的馆藏文献的工具。随着计算机、网络的普及，以及图书馆工作的自动化程度提高，联机公共检索目录（Online Public Access Catalogue，OPAC）得到广泛应用。目前，绝大多数图书馆的馆藏目录都可以在网上检索。通过馆藏目录，读者可以了解图书馆是否有所需图书、藏书地址、能否借阅等信息。如果需要了解多所图书馆的馆藏图书信息，则还可以查找能反映多所图书馆馆藏的联合目录，如 CALIS 联合目录、OCLC 联机联合目录等。

1. 图书馆馆藏目录

以广东工业大学图书馆馆藏书目检索系统为例，采用 SULCMIC OPAC 系统，提供快速检索和高级检索两种方式，分别如图 4-1、图 4-2 所示。快速检索提供 11 个检索字段，高级检索的各条件之间默认为逻辑与关系。

图 4-1 馆藏目录的快速检索

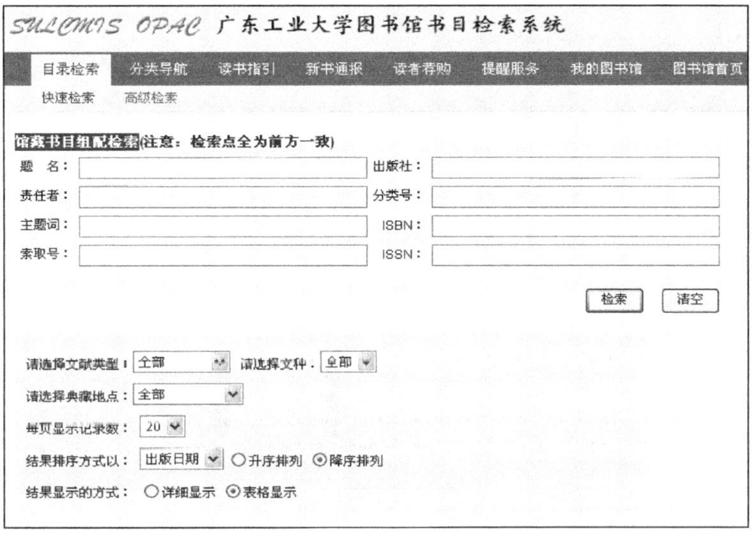

图 4-2　馆藏目录的高级检索

现在不少图书馆积极应用新的信息技术和手段为读者揭示馆藏，比如广东工业大学图书馆可通过关注微信公众号"广东工业大学图书馆"或者下载"找本书"APP 的方式，更快捷地进行馆藏检索并获取相关信息。

2. CALIS 联合目录（http://opac.calis.edu.cn）

中国高等教育文献保障系统（China Academic Library & Information System，CALIS），是以中国高等教育数字图书馆为核心的教育文献联合保障体系，旨在实现信息资源共建、共知、共享，服务中国的高等教育。

CALIS 联合目录涵盖印刷型图书、连续出版物、电子期刊、古籍等多种文献类型，覆盖中文、西文和日文等语种，提供简单检索、高级检索、古籍四部类目浏览三种检索方式。书目列表包含题名、责任者、出版信息、馆藏、资源链接等内容。

3. WorldCat（http://www.worldcat.org）

WorldCat（OCLC 联机联合目录）是目前世界上最大的书目与馆藏信息数据库，包含 OCLC 联机联合目录 1 万多所成员图书馆的馆藏信息。WorldCat 数据库拥有 15 亿条馆藏记录、约 1.3 亿条独一无二的书目记录，是 OCLC 为世界各国图书馆馆藏图书与其他资料编撰的目录。它的主题范围广泛，覆盖了自公元前 1000 年至今的资料，基本上反映了世界范围内图书馆的馆藏情况。记录的资料类型有图书、期刊、报纸、地图、乐谱、手稿本、网络资源等，资料涉及 470 多种语言，来源于 120 多个国家和地区。在 WorldCat 中，用户可以迅速了解馆藏的位置，从而可以很便利地借阅到所需资料，如图 4-3 所示。

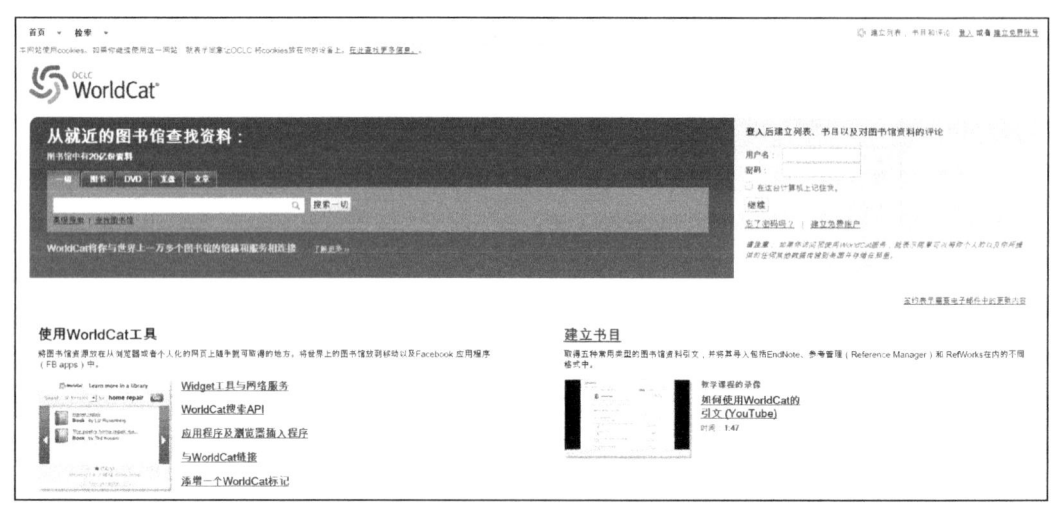

图 4-3　WorldCat 首页

4.2.2　电子图书数据库

电子图书（Electronic Book，E-book）又称数字图书，是指以数字化的电子文件的形式存储在各种磁性或电子介质中的图书。一般包括网上免费电子图书和基于商业目的制作的电子图书系统。商业系统中电子图书的品种更齐全丰富，学科也更全面，可满足多学科的图书阅读需求。

1. 超星数字图书馆（http://www.ssreader.com.cn）

超星数字图书馆由北京世纪超星信息技术发展有限责任公司于 1992 年创建，与国家图书馆、中国社科院、广东省立中山图书馆、深圳图书馆、美国加州大学等 20 多家机构合作，1998 年 7 月开始提供网上免费的电子图书阅览，2000 年 1 月正式开通。

超星中文电子图书内容丰富，覆盖范围广泛，包括文学、经济、计算机等 50 余大类，数十万册电子图书，300 万篇论文，全文总量 4 亿余页，数据总量 30 000GB，有大量免费电子图书，并且每天仍在不断增加与更新。下载的图书需使用超星阅读器阅读。

超星数字图书馆提供电脑端与移动端服务，提供镜像站、读书卡、免费浏览等服务方式。镜像站方式主要面对高校、科研机构、企业等单位用户，只能使用已购买的数字资源；读书卡方式主要是针对个人用户，通过购买超星公司的读书卡，注册、登录、下载、离线阅读和打印图书；免费用户无须下载阅览器也可以免费阅读 5000 种电子图书。超星数字图书馆提供了快速检索、高级检索、分类导航等检索方式。

2. 读秀学术搜索（http://www.duxiu.com）

（1）简介。读秀学术搜索由北京世纪超星有限责任公司研发，以 330 万种中文图书信息、10 亿页全文资料为基础，提供图书章节和全文检索、原文试读以及 E-mail 资源获取等信息服务。事实上，读秀是由全文数据及元数据组成的大型数据库，它在最初图书资源的基础上，还提供了知识、期刊、报纸、学位论文、会议论文、专利、标准、视频、图片等多个检索频道，是一个一站式搜索平台。同时，读秀与各图书馆资源挂接，将图书馆现有的纸质图书和电子图书以及各种异构资源整合于读秀平台。读秀的图书检索页面如图4-4所示。

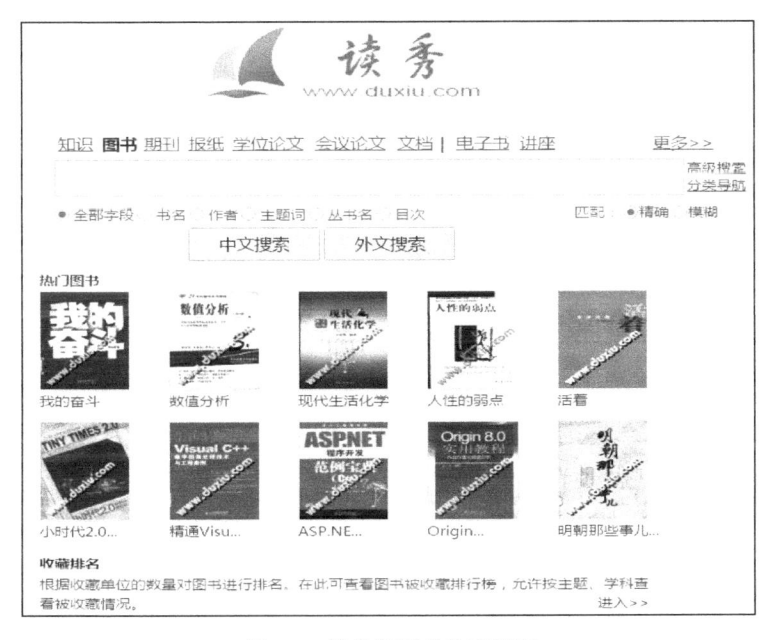

图4-4 读秀的图书检索页面

（2）检索。读秀提供普通检索、高级检索、专业检索、分类导航四种检索方式。默认界面是普通检索，用户可输入单个或多个检索词，可检出图书、期刊、报纸、学位论文、会议论文等多种资源的相关信息。用户也可以单击相应的文献类型标签，检索某一特定类型文献。

（3）检索结果。检索结果以列表形式显示，一般分三栏，中间栏是读秀知识库中检索到的题录信息；左栏一般是聚类，如类型、年代、学科、作者，单击特定聚类，可精准定位，缩小检索范围；右栏将检出结果按文献类型分类显示，用户可方便切换。读秀检索任何词时，同时得到相关的人物、工具书、图书、期刊、报纸、会议论文、学位论文、网页、图片、视频、专利、标准等各种文献类型的资源。

（4）获得图书的几种方式。

① 从本图书馆借阅纸书：如在检索结果标题后有"馆藏纸本"按钮，或图书的信息页面中有"本馆馆藏纸书"链接的，可单击该链接直接进入本单位图书馆系统。

② 直接阅读本馆的电子全文：如在检索结果标题后有"电子全文"按钮，或者信息页面中有"电子全文"标记的，可单击该链接直接在线阅读或下载全文。

③ 使用文献传递：在图书详细信息页面，用户可以单击"图书馆文献传递中心"，进入"图书馆参考咨询服务"页面，填写相关信息并提交，即可通过邮箱接收所需文献。每本图书单次咨询不超过 50 页，同一图书每周咨询量不超过全书的 20%；咨询内容有效期为 20 天。

④ 文献互助平台及相似文档下载：这两种方式都是读秀提供的供用户交流的平台，前者通过上传用户自己的文献与其他用户交换达到获取文献的目的，后者可以获取其他用户已经上传的文献（大部分都是全文文献），是读秀文献的有益补充。

（5）重要特色：读秀全文搜索。选择"知识"频道进行搜索，系统将围绕关键词深入到图书的每一页资料中进行信息深度查找。读秀将所有图书的内容打碎为知识点，以章节为基础重新整合在一起，实现了 330 万种图书、10 亿页资料的文本化，任何一句话、一句诗词、一幅图、一份图表都可以在读秀中找到出处，相当于把所有图书变成了一部最大的百科全书。

（6）此外，珠江三角洲数字图书馆联盟（http://dlib.gdlink.net.cn/）的收录与功能几乎等同于读秀。

4.3 文摘数据库、引文数据库

4.3.1 Web of Science（SCI）

1. 概况

Web of Science 是 Thomson Reuters（汤森路透）公司（2016 年将知识产权与科技事业部出售给 Clarivate Analytics，2017 年 1 月 10 日启用中文名称"科睿唯安"）开发的信息平台，通过这个平台用户可以检索关于自然科学、社会科学、艺术与人文学科的文献信息，包括国际期刊、免费开放资源、图书、专利、会议录、网络资源等。通过 Web of Science 平台可以访问最为可靠并且涉及多个学科的整合科研成果，这些科研成果通过来自多个来源、互相链接的内容引文指标加以关联。

其中 Web of Science™ 核心合集是世界上最有影响的多学科的学术文献文摘索引数据库，内容涵盖自然科学、工程技术、生物医学、社会科学、艺术与人文等领域。还收录了论文中所引用的参考文献，并按照被引作者、出处和出版年代编制成索引。通过独特的引文检索，可以用一篇文章、一个专利号、一篇会议文献或者一本书的名字作为检索词，检索这些文献的被引用情况，了解引用这些文献的论文所做的研究工作，轻松地回溯某一研究文献的起源与历史，或者追踪其最新的进展，既可以越查越旧，也可以越查越新，越查越深入。

2. Web of Science™核心合集包括的数据

（1）3个期刊引文数据库。

① 科学引文索引（Science Citation Index Expanded，SCI），收录年限为1900年至今。SCI历来被公认为世界范围内最权威的科学技术文献的索引工具，能够提供科学技术领域最重要的研究成果。SCI为自然科学类的8700余种核心期刊编制了全面索引，并包括从索引文章中收录的所有引用的引文（参考文献）。其引文记录所涉及的范围十分广泛，包括书、期刊论文、会议论文、专利和其他各种类型的文献。

② 社会科学引文索引（Social Sciences Citation Index，SSCI），收录年限为1900年至今，是针对社会科学期刊文献的多学科索引，为社会科学类的3100余种期刊编制了全面索引。

③ 艺术和人文引文索引（Arts & Humanities Citation Index，A&HCI），收录年限为1975年至今，是针对艺术和人文科学期刊文献的多学科索引，它完整收录了1700余种世界一流的艺术和人文期刊。

（2）2个会议论文引文数据库。

2个会议论文引文数据库分别是Conference Proceedings Citation Index - Science（CPCI-S，1990年至今）、Conference Proceedings Citation Index - Social Science & Humanities（CPCI-SSH，1990年至今），包括多种学科的重要会议、讨论会、研讨会、学术会、专题学术讨论会和大型会议的出版文献。前者涵盖了所有科技领域的会议录文献，后者涵盖了社会科学、艺术及人文科学的所有领域的会议录文献。使用这两个数据库，可以在期刊文献尚未记载相关内容之前，跟踪特定学科领域内涌现出来的新概念和新研究。

（3）2个化学数据库。

Current Chemical Reactions（CCR）收录了来自期刊和专利文献的一步或多步新合成方法，而Index Chemicus（IC）则收录世界上有影响的期刊报道的新颖有机化合物，两个化学数据库可以用结构式、化合物和反应的详情和书目信息进行检索。

3. 核心合集外的重要数据

（1）德温特创新索引（Derwent Innovations IndexSM，DII）。该数据库将原来的德温特世界专利索引（Derwent World Patents Indes，WPI）与专利引文索引（Patents Citation Indes，PCI）加以整合，是世界上国际专利信息收录全面的数据库之一。该数据库收录起始于1963年，到目前为止，数据库中共收录1千万个基本发明，2千万项专利，使读者可以总揽全球化学、工程及电子方面的专利概况。每周有40多个国家、地区和专利组织发布的25 000条专利文献和来自于6个重要专利版权组织的45 000条专利引用信息收录到数据库中。

（2）MEDLINE。其为美国国立医学图书馆（U.S. National Library of Medicine®，NLM）建立的医学文献数据库，内容涉及生物医学、生命科学、生物工程、公共卫生、临床护理和动植物科学领域,利用 MeSH 主题词和 CAS Registry Number 进行精确检索,链接到 NCBI 数据库和 PubMed 的相关文章。该数据库收录了 1966 年以来世界上 70 多个国家 40 多种语言出版的 4800 多种生物医学期刊上的文献,其中我国有 40 多种,年报道量达 40 多万条,75%为英文文献。自 1975 年后开始收录文献摘要。文献回溯至 1950 年。

(3) Journal Citation Reports(期刊引证报告,简称 JCR),是一种全面和独特的资源,是依据期刊相互引用情形编制的书目计量分析统计报告,是期刊评价、排名、分类及比较的量化工具。它使用户能够使用引文数据来评价和比较期刊,这些引文数据摘自全球近万种学术性技术期刊,内容涵盖科学技术和社会科学所有专业领域。它包括两个部分:JCR Science Edition(国际性科学技术期刊)和 JCR Social Science Edition(国际性社会人文科学期刊)。

JCR 可提供的信息包括:期刊刊载论文数量,依递减顺序排列比较其出版量多寡;各期刊当年被引用次数;某一期刊当年刊载的论文在同一年即被引用的比率;期刊论文的平均被引用率;对于每一特定年度期刊计算出它的影响因子(Impact Factor);计算每种期刊的引用文献和被引用文献的半衰期。作为一种研究工具,Journal Citation Reports 可以显示:某一领域最常引用的期刊、最具影响力的期刊、最热门的期刊、一流期刊、相关期刊。引文和文献数是表明当前研究人员使用单个期刊频繁程度的重要指标。

4. 检索

(1)检索算符与检索规则。ISI Web of Science 的检索算符如表 4-1 所示。

表 4-1 ISI Web of Science的检索算符

检索算符	表　达	含　义	举　例
逻辑算符	AND	两个检索词必须同时出现(与)	education AND college
	OR	两个检索词任一出现即可(或)	education OR college
	NOT	只可出现第一个检索词(非)	education NOT college
截词符	*	无限截词符*,代表字符串,检索与输入词起始部分一致的词	enzym* = enzyme, enzymatic, enzymology
	?	中间屏蔽符?,以检索名词单复数不同表达或英美不同的表达	wom?n = woman, women
	$	表示零或一个字符	vapo$r=vapor, vapour
词组		以自然词序输入即可	输入"energy conservation"返回相应的词组结果
位置算符	SAME	两个检索词前后位置可换	energy SAME conserv*

检索规则说明如下:

① 逻辑算符字母大小写均可。

② 系统对大小写字母不加以区别。

③ 使用双引号进行精确短语检索。

④ SAME 指检索词在同一句中。句子指文献题名或者摘要的句子或者单个地址。

⑤ 检索优先顺序：SAME、NOT、AND、OR。使用括号可以改变运算符优先级。

⑥ 检索作者时，先输入姓，然后输入空格，之后再输入不超过 5 位的名的首字母。例如，查找 G.A.T. Mcvean，应输入：mcvean gat or (mcvean g*)。

⑦ 不支持前方截词符。例如，"*computer"会提示出错。

（2）检索方式。Web of Science 数据库提供多种检索方式，如基本检索、高级检索、作者检索、被引参考文献检索和化学结构检索等。

① 基本检索。基本检索提供较全面的检索功能，界面如图 4-5 所示，能够通过主题、标题、作者、团体作者、出版物名称、DOI 信息等进行检索。通过单击"添加另一字段"来添加检索字段。还可以对检索结果的语种和文献类型加以限制，在检索字段框中选择"语种"和"文献类型"即可实现。常用检索字段及代码如图 4-6 所示。

图 4-5　Web of Science 数据库基本检索界面

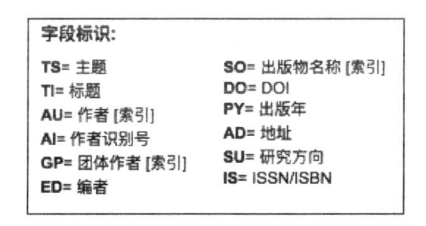

图 4-6　Web of Science 常用检索字段及代码

选择主题字段，检索将自动检索标题、摘要和关键词字段。出版物名称（Source Title）字段采用词组索引的方式，为了方便检索，请先查询刊名全称列表（Full Source Titles List），或者输入刊名单词的前几位字母并利用通配符来检索。地址（Address）字段中，每个作者的地址都会在 Proceedings 记录中列出来，可利用地址缩写词列表检索作者地址。还可利用 SAME 算符来检索作者地址为某个大学某个具体的系或学院的记录。会议检索字段包括会议标题、召开地、主办者以及召开日期。另外，数据库中还提供了作者甄别工具，能够在查找特定作者发表的文章的同时，帮助区分具有相同姓氏和名字首字母的作者，还能够通过主题类别和机构缩小查找范围。

② 高级检索（Advanced Search）。在高级检索中，可使用字段标识符（用两个字符表示）、其他检索算符和检索词组配成复杂的检索式。例如，如果想查找 2003 年在 Washington, D.C.召开的 82nd Annual Meeting of the Transportation ResearchBoard 会议中有关 intelligent transportation systems 的会议记录，则可以输入以下检索式：ts=intelligent transport* AND cf=(transport* AND washington and 2003)。

③ 作者检索（Author Search）。步骤是输入作者姓名、选择研究领域、选择组织机构。姓必填，如输入 Smith；名填首字母，最多允许 4 个字母，如输入 CE。可添加作者姓名的不同拼写形式。可选择是否精确匹配。

④ 被引参考文献检索（Cited Reference Search），即引文检索。传统的检索系统是从作者、分类、标题等角度来提供检索途径的，而引文检索却是从另一角度，即从文献之间相互引证的关系角度来提供检索途径，显示出检索的高效性、检索结果的高度相关性、文献之间的内在联系。在这个页面中，检索字段主要有"被引作者（Cited Author）"、"被引著作（Cited Work）"、"被引年份（Cited Years）"，以及被引的卷、期、页、标题。

⑤ 化学结构检索（Structure Search）。使用前需要下载化学结构绘图插件 Structure Drawing（免费）。通过化学结构检索方式，可以检索与创建的化学结构检索式匹配的化合物和化学反应、检索与化合物和化学反应相关联的数据、检索化合物或化学反应数据而不进行化学结构检索。另外，在检索前还要在选择数据库（Citation Database）中勾选 Current Chemical Reactions 和 Index Chemicus 两个数据库。

化学结构检索页面分为三部分：化学结构绘图、化合物数据、化学反应数据。一种化学结构检索可以创建两种检索式：化学反应记录检索式和化合物记录检索式。在这种情况下，相同的化学结构检索式将在检索历史表中显示两次。化合物的子结构检索可查找 25 种化合物和 10 种化学反应，这 25 种化合物属于一种检索式，而 10 种化学反应则属于另一种检索式。

当单击 Draw Query 时，系统会弹出一个窗口，可以利用它提供的数据来构造化学反应，检索结果包括反应概要图示、论文全记录的链接以及反应细节的链接。

化合物的相关数据（Compound Data）检索，可以通过输入化合物的名称、化合物的生物活性以及输入反应中物质分子量的大小，并选择物质在反应中所处的角色来进行。

在反应数据（Reaction Data）中，可以给出反应的条件，如保护气体是什么，反应时间多长、温度多高等。另外，还可以对反应进行描述并对反应做出评价。

（3）检索结果。

① 调整检索结果。

二次检索。可以通过主题（标题、摘要、关键词和词组）在检索结果中进行二次检索，从而生成一个新的集合，这样无须进行集合的组合便可提高查准率，并生成另一个结果页面。

精炼检索结果（Refine Results）。单击任意一个字段链接可对检索结果进行进一步完善。出现频率最高的条目会在列表最上方。

② 分析检索结果。分析功能可用于任何结果概要页面，因此可以在选择查看记录后对感兴趣的结果进行再次分析。分析检索结果有助于从宏观上把握检索课题的情况，并且轻易地将需要的文献显示出来。Web of Science 数据库可对检索结果进行 16 个角度的分析，包括：作者、丛书名称、会议名称、国家或地区、文献类型、编者、基金资助机构、授权号、团体作者、语种、组织、组织扩展、出版年、研究方向、来源出版物、Web of Science 类别。

③ 检索历史。单击"检索历史"，按倒序数字顺序显示已用检索式，即最近创建的检索式显示在列表顶部。在检索历史中可以根据以前的检索式组配成新的检索式。选中以前的检索式，单击"AND"或"OR"选项，然后单击"组配"按钮开始新检索式的检索。

（4）个性化服务。用户可以在 Web of Science 主页上注册。注册后可以使用文献管理软件 EndNote Online，用于建立和保存邮件提醒服务（如定题提醒和引文提醒等）并查看和管理，了解一个定题服务是否有效及过期时间。进入检索式的管理页面可管理自己曾经保存的检索式，更新某一篇文章的服务状态，对其进行重新设置或删除，还可以打开检索式并加以运行。

（5）检索实例。

例如，检索近五年关于研究 FRP（玻璃纤维增强塑料）应用于建筑工程中时的力学性能的文献时，可以先进入 Web of Science 界面，选择在 Web of Science 核心合集数据库中检索。首先检索 FRP 的力学性能。在检索输入框中分别输入检索词"FRP"、"fiber reinforce plastic、mechanic*"，选择检索字段为主题字段，选定检索词间为逻辑或、逻辑与的关系，如图 4-5 所示。其检索式为：主题=(FRP)OR 主题=(fiber reinforce plastic)AND 主题=(mechanic*)。

检索结果为 12 911 篇文献，如图 4-7 所示。为了得到更加精确的检索结果，可以在精炼检索结果中进行二次检索。在结果中检索"construc*"，如图 4-7 页面左侧所示。

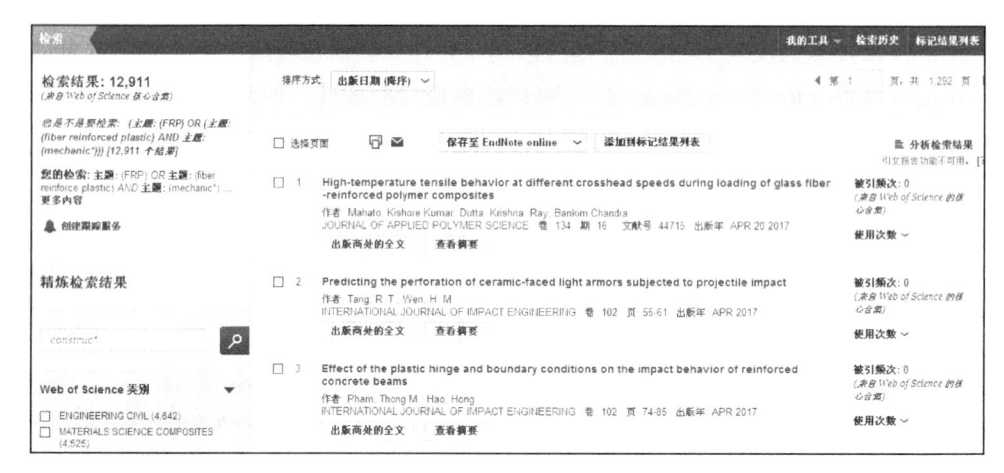

图 4-7　Web of Science 检索实例的初步检索结果及精炼检索结果操作实例

精炼检索结果后，缩小范围至 1419 篇文献，如图 4-8 所示。

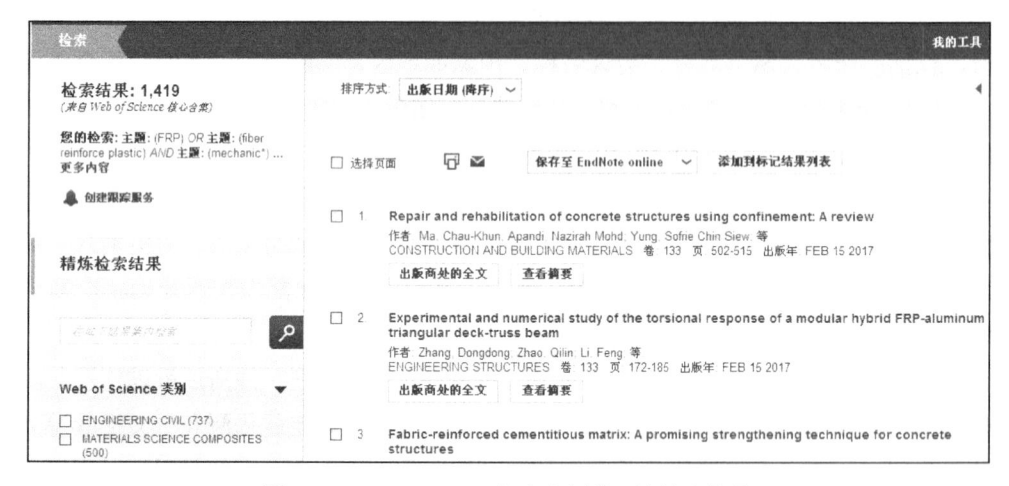

图 4-8　Web of Science 检索实例的二次检索结果

在结果界面右侧单击"分析检索结果"，会出现分析检索结果的界面，可选择按不同的方式分析检索结果，如图 4-9 所示。

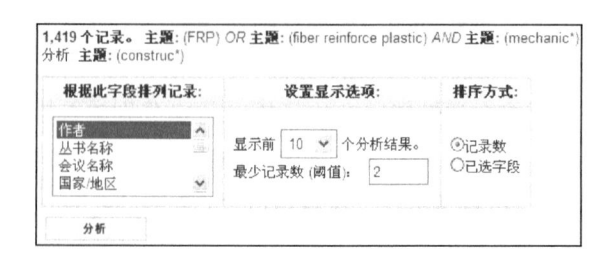

图 4-9　Web of Science 分析检索结果实例

分析字段共有 16 个。选择"作者"进行作者分析。因为检索结果为 390 篇，所以在记录的选项中采用默认的"500 条记录"。单击"分析"按钮后产生的结果如图 4-10 所示。

图 4-10　Web of Science 作者分析结果实例

勾选"BENMOKRANE B"复选框，单击"查看记录"按钮，检索出 BENMOKRANE B 的 41 篇文章，作者 BENMOKRANE B 的文章的题录如图 4-11 所示。

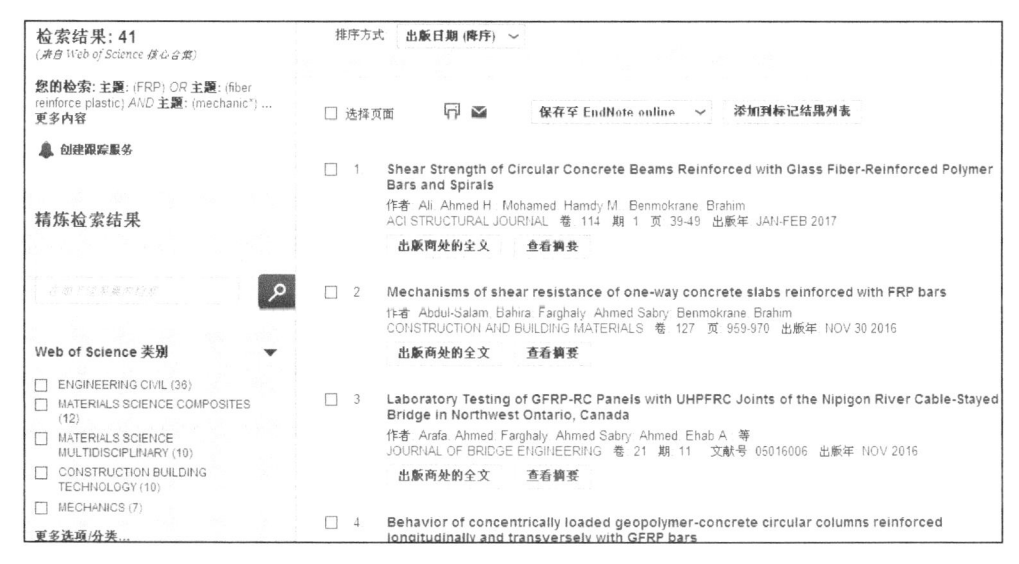

图 4-11　Web of Science 中作者 BENMOKRANE B 的文章的题录

如果想阅读其中的某篇文章，单击该文的标题即可跳转到这篇文章的文摘信息，如图 4-12 所示。

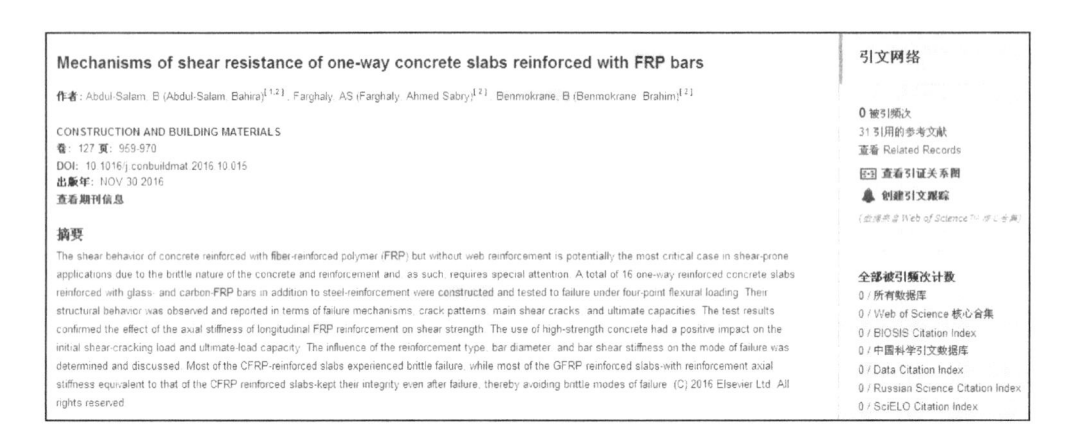

图 4-12　Web of Science 中作者 BENMOKRANE B 的文章的文摘

在此界面中，可通过打印或发送电子邮件的方式对这篇文章进行下载、输出等操作。因为 Web of Science 本身为文摘型数据库，并不提供文章的全文信息，如果这篇文章被用户所在机构购买的其他全文数据库收录，则在文摘页面可跳转访问全文数据库中这篇文章的全文信息。通过页面右侧的"引用的参考文献"项可看到，该文章的参考文献是 31 篇；通过"Related Records"栏可查找与该文章相关的其他文章，单击即可查看记录列表。

4.3.2　Engineering Village

1．简介

1995 年美国工程信息公司（Engineering Information Inc）推出 Web 版集成信息服务系统，称为美国工程信息村（Engineering Village）。这是一个综合的检索平台，包含多种信息资源，主要是 Ei Compendex 和 INSPEC 这两种文摘数据库。Engineering Village 为了方便广大用户，通过和 Elsevier、EBSCO、Springer 等电子出版商建立联系，提供文献全文的链接。

Ei Compendex（1884 年至今）：对应的印刷版检索刊为《工程索引》，是常用的文摘数据库之一，侧重于工程技术领域的文献的报道，涉及核技术、生物工程、交通运输、化学和工艺工程、照明和光学技术、农业工程和食品技术、计算机和数据处理、应用物理、电子和通信、控制工程、土木工程、机械工程、材料工程、石油、宇航、汽车工程以及这些领域的子学科。数据来源于 5000 种工程类期刊及 20 000 多种会议录，每周更新。

INSPEC（1898 年至今）：对应的印刷版检索刊为《科学文摘》，由英国机电工程师学会（IEE，1871 年成立）出版。专业面覆盖物理、电子与电气工程、计算机与控制工程、信息技术、生产和制造工程等领域，还收录材料科学、海洋学、核工程、天文地理、生物医学工程、生物物理学等领域的内容。

2. 检索

（1）检索算符与检索规则。

① 布尔逻辑算符。Engineering Village 使用三个布尔逻辑算符，分别是 AND、OR 和 NOT，运算优先顺序依次为 NOT、AND 和 OR。

可使用括号指定检索的顺序，括号内的术语和操作优先于括号外的术语和操作。也可使用多重括号。例如，(International Space Station OR Mir) AND gravitational effects AND (French wn LA or German wn LA or English wn LA)，检索结果为含有"International Space Station"或"Mir"，且一定均含有"gravitational effects"的文献，文献语种为法语（French）、德语（German）或英语（English）。

② 截词符与通配符。

截词符（Truncation）。星号（*）为右截词符，可检索到与截词符前面的字母相同的所有词。例如，输入"comput*"，得到"computer"、"computerized"、"computation"、"computational"、"computability"等。

通配符（?）。通配符取代单个字符。例如，输入"wom?n"，检索出"woman"或"women"。

自动取词根（Autostemming）。此功能将检索以所输入词的词根为基础的所有派生词。快速检索方式将自动取所输入词的词根（作者栏的检索词除外）。例如，输入"management"，结果为"managing"、"managed"、"manager"、"manage"、"managers"等。

③ 位置算符。

NEAR：如 Bridge NEAR Piling *，检出的文献要同时含有这两个词，这两个词要彼此接近，前后顺序不限。如按相关度排序，两个词越接近，文献就越排在前面。

W/n：n 为自然数，如 Pig * W/2 pine *，检出的文献要同时含有这两个词，并且这两个词的距离不能超过 2 个单词。

ADJ：如 channel ADJ tunnel，检出的文献要含有这两个词，并且两个词相邻，位置一定。

④ 其他算符与规则。

采用 wn 算符连接检索词和字段代码。例如，"light weight steel autobody" wn AB 和 (seatbelts OR seat belts) wn TI。

精确短语检索（Exact Phrase Searching）。如果输入的短语不带括号或引号，由于系统默认将检索结果按相关性排序，所以可以得到比较理想的检索结果。但是，如果需要做精确匹配检索，就应使用括号或引号。例如，"International Space Station"、(solar energy)。

连接词。如果检索的短语中包含连接词（and，or，not，near），则需将此短语放入括号或引号中。例如,{block and tackle}、"water craft parts and equipment"、{near earth objects}。

特殊字符（Special Characters）。特殊字符是除 a～z、A～Z、0～9、?、*、#、( )或{ }之外的所有字符，检索时系统将忽略特殊字符。如果检索的短语中含有特殊字符，则需将此短语放入括号或引号中，如{M/G/I}。

大小写（Case Sensitivity）。不区分大小写，所输入的单词可以是大写的，也可以是小写的。

排序方式（Sorting）。检索结果可以按相关性（Relevance）或出版时间（Publication Year）进行排序。默认的排序为相关性排序。

著者（Author）拼写顺序。在文摘中，著者姓名拼写顺序为姓前名后，中间用逗号隔开，如 Smith, A、Smith, A.J、Smith, Alan J.。例如，输入 Gilbert, Barrie wn AU AND Analog Devices wn AF，则检索出由 Analog Devices（AF，作者单位）的 Barrie Gilbert（AU，作者）编写的文献。

（2）检索方式。

Engineering Village 提供快速检索（Quick Search）、专家检索（Expert Search）、叙词检索（Thesaurus Search）。

快速检索（Quick Search）。进入数据库显示快速检索的界面，能够进行直接快速的检索，用户可以通过检索框下方的"+Add search field"增加检索条件框，通过条件选项进行检索限制，如图 4-13 所示。

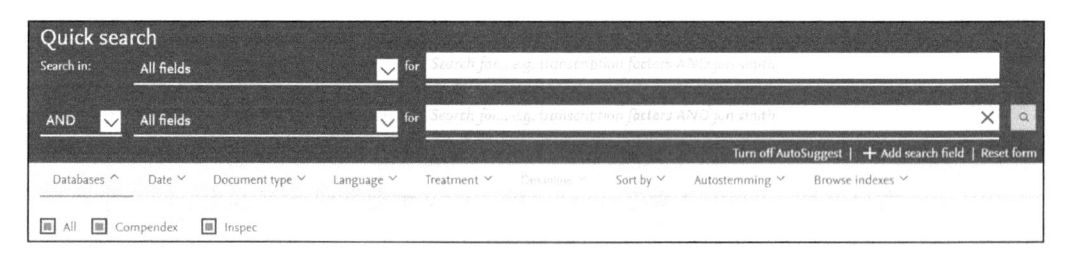

图 4-13　Engineering Village 的快速检索界面

具体检索过程说明如下。

① 选择数据库。可使用的数据库为用户所在单位购买或被批准可以访问的数据库。

② 输入检索词。可输入词、词组、人名、符号等。默认词根检索。

③ 选择检索字段。可选择 13 个检索字段，如表 4-2 所示。"All fields"是默认检索字段。

表 4-2　Compendex的检索字段名称一览表

字段英文名称	字段中文名称	字段英文名称	字段中文名称
All fields	所有字段	Conference information	会议信息
Subject/Title/Abstract	主题词/篇名/摘要	ISSN	国际标准刊号
Abstract	摘要	Publisher	出版者
Author	著者	Source title	来源名称（刊名）
Author affiliation	著者单位	Un-controlled term	非受控词
Title	篇名	Country of origin	来源国家
CODEN	文献的分类代码		

④ 选择逻辑关系。用户可以选择 AND、OR 和 NOT 逻辑算符，对多个检索栏中的检索内容进行组配。在快速检索中，如果多个框中均有输入，则依次对检索框中的检索词进行逻辑检索。以三个检索框为例，检索顺序为：

- a AND b OR c 检索的顺序为(a AND b)OR c。
- a OR b AND c 检索的顺序为(a OR b)AND c。
- a OR b NOT c 检索的顺序为(a OR b)NOT c。

⑤ 限制检索选项，包括 Databases（数据库）、Date（文献年代）、Document Type（文献类型）、Language（语种）、Treatment（处理类型）、Discipline、Sort by（排序）、Autostemming（自动截词根）、Browse indexes（浏览索引）。Document Type 和 Treatment 选项如表 4-3 所示。

表 4-3　Compendex的文献类型和处理类型名称一览表

Document Type	对应中文	Treatment	对应中文
All document types	所有文献类型	All treatments	所有处理类型
Book	期刊论文	Applications	应用
Book chapter	会议论文	Economic	经济
Conference article	会议论文集	Experimental	实验
Conference Proceeding	专题论文	General review	综述
Dissertation	专题综述	Theoretical	理论
Journal article	专题报告		
Report chapter	综述报告		
Report review	学位论文		

Language（语种）提供 All Languages、Chinese、English、French、German、Italian、Japanese、Russian、Spanish 选项。

⑥ 检索结果可以按相关性（Relevance）或出版时间（Date）进行排序。默认按相关性排序。

专家检索（Expert Search）。专家检索方式提供一个独立的检索框，用户可以采用

wn 算符和字段代码，在限定的字段内进行检索。页面下方提供检索字段及代码表。专家检索界面如图 4-14 所示。

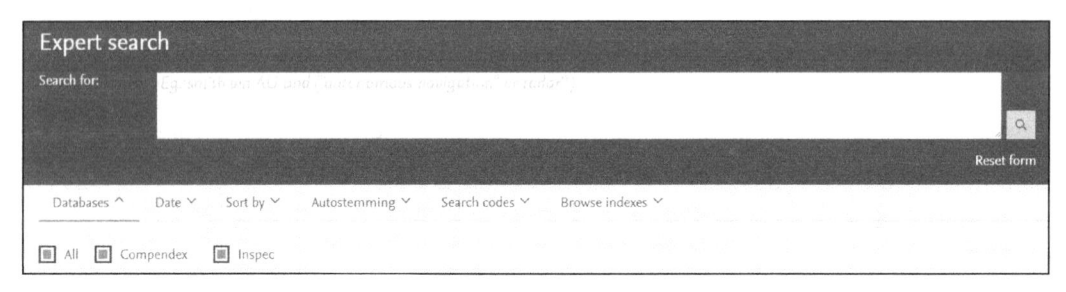

图 4-14　Compendex 专家检索界面

与快速检索相比，专家检索方式提供更强大而灵活的功能，用户可使用更复杂的布尔逻辑算符、位置算符、截词符和词根符等，也可以在多个字段中进行检索。系统将严格按输入的检索式进行检索，不能进行自动截词根运算。同一个检索式在专家检索方式和快速检索方式下得到的检索结果有可能不同，因为在快速检索方式下，系统默认词根运算。

（3）检索结果。

① 检索结果格式。快速检索和专家检索的检索结果显示界面相同，检索结果默认以题录的格式列出。这种格式可提供足够的信息以确定文献的来源。如果用户想浏览文摘格式或详细格式的记录，则可单击题录下方的链接"Detailed"或"Show preview"。

② 结果管理。可以选择所需要的记录范围、浏览的格式，进行发送电子邮件、保存、下载、排序等操作。

③ 精炼检索结果。在检索结果页面的左侧设置了"Refine Results"按钮，按检索结果的著者、著者单位、受控词、分类码、国家、文献类型、语种、出版年、来源名称、出版商进行分析，标明了文献记录数量，用户可查看图表和下载数据。用户通过勾选分析项目，单击"包含（Limit to）"或"不包含（Exclude）"按钮来精炼检索结果。

④ 检索历史。界面上方有"Search History"选项，单击后可以显示检索历史的信息，可以对检索条件进行定制、保存、编辑、删除和合并等操作。合并功能（Combine searches）可对已有检索历史进行 AND、OR、NOT 操作。

（4）个性化服务。

用户可以创建一个电子邮件提醒服务（Create Alert）。用户设定好一个检索条件后，所选择的数据库在每次更新时将自动检索出用户设定好的内容，并通过电子邮件发送给用户。这项服务需要用户先注册，注册是免费的。输入电子邮箱地址注册后，可以定期获得电子邮件跟踪结果、保存记录、保存检索式、创建个人文件夹。详细操作可参见本书"6.1.1　邮件提醒"中的内容。

4.3.3 中文社会科学引文索引（CSSCI）

中文社会科学引文索引（Chinese Social Sciences Citation Index，CSSCI），是由南京大学中国社会科学研究评价中心开发研制的文摘数据库，用来检索中文社会科学领域的论文收录和文献被引用情况。CSSCI 遵循文献计量学规律，采取定量与定性相结合的方法，从全国 2700 余种中文人文社会科学学术性期刊中精选出学术性强、编辑规范的期刊作为来源期刊。目前收录包括法学、管理学、经济学、历史学、政治学等在内的 25 大类的 500 多种学术期刊，来源文献 100 余万篇，引文文献 600 余万篇。利用 CSSCI，可以检索到所有 CSSCI 来源刊及 2015 年以来 CSSCI 扩展版来源刊文献的收录和被引用情况。

CSSCI 分为"来源文献检索"和"被引文献检索"，利用"来源文献检索"读者可以检索到包括普通论文、综述、评论、传记资料、报告等类型的文章；利用"被引文献检索"读者可以检索到论文（含学位论文）、专著、报纸等文献被他人引用的情况。CSSCI 提供如篇名、作者、机构、刊名、关键词等多种检索途径进行检索。

4.4 全文型综合性学术信息源

4.4.1 中国知网

国家知识基础设施（National Knowledge Infrastructure，NKI）的概念源于世界银行《1998 年度世界发展报告》。该报告指出，发展中国家应着重建设国家知识基础设施，以尽快缩小与发达国家的差距，提高国家知识和技术的创新能力，增强国际竞争力。CNKI 工程由清华大学、清华同方发起，始建于 1999 年 6 月，是以实现中国知识资源传播共享与增值利用为目标的信息化建设项目，也常称作中国知网、知网、CNKI。

1. 资源与服务

知网提供的资源与服务主要包括：资源总库、国际文献总库、行业知识服务平台、个人/机构数字图书馆。用户可以免费使用题录和文摘。非团体订购的用户，付费阅读、下载全文。

个人数字图书馆可自动跟踪读者所研究主题的最新发文，为读者提供管理评价本人成果的平台，连通个人所在机构馆后可免费下载文献，以及打造属于用户个人的个性化阅览室。机构数字图书馆可提供文献资源一站式整合发现平台，构建层级化的机构管理体系，提供详尽准确的资源使用情况统计，以及为机构定制个性化信息门户。

2. 检索

（1）检索算符。

① 布尔逻辑算符。布尔逻辑算符包括与（AND）、或（OR）、非（NOT），也可用"*"、"+"、"-"来代替。三种布尔逻辑算符的优先级相同，如要改变组合的顺序，则使用英文半角圆括号"()"将条件括起。使用时，符号前后须空一个字节。

② 字符。所有符号和英文字母都必须使用英文半角字符。

③ 位置算符。使用"同句"、"同段"、"词频"时，需用一组西文单引号将多个检索词及其运算符括起，如'流体 # 力学'。

④ 检索字段。专业检索支持对以下检索字段的检索，可用相应的代码来表示，如表 4-4 所示。各子数据库的检索字段根据文献类型特点不同而有所不同，具体参见数据库网站。

表 4-4 CNKI检索字段代码与检索字段对照表

代码	字段	代码	字段	代码	字段	代码	字段	代码	字段
SU	主题	TI	题名	KY	关键词	AB	摘要	FT	全文
AU	作者	FI	第一责任人	AF	机构	JN	中/英文刊名	RF	引文
YE	年	CLC	中图分类号	FU	基金	SN	ISSN	CN	统一刊号
IB	ISBN	CF	被引频次						

⑤ 可使用运算符。列表说明如下，如表 4-5 所示。

表 4-5 CNKI运算符的使用

运 算 符	功 能	检索含义	举 例	适用检索项
='str1'*'str2'	并且包含	包含 str1 和 str2	TI='转基因'*'水稻'	所有检索项
='str1'+'str2'	或者包含	包含 str1 或者 str2	TI='转基因'+'水稻'	
='str1'-'str2'	不包含	包含 str1 不包含 str2	TI='转基因'-'水稻'	
='str'	精确	精确匹配词串 str	AU='袁隆平'	作者、第一责任人、机构、中文刊名&英文刊名
='str /SUB N'	序位包含	第 N 位包含检索词 str	AU='刘强/SUB 1 '	
%'str'	包含	包含词 str 或 str 切分的词	TI%'转基因水稻'	全文、主题、题名、关键词、摘要、中图分类号
='str'	包含	包含检索词 str	TI='转基因水稻'	
=' str1 /SEN N str2 '	同段，按次序出现，间隔小于 N 句		FT='转基因 /SEN 0 水稻'	
=' str1 /NEAR N str2 '	同句，间隔小于 N 个词		AB='转基因 /NEAR 5 水稻'	主题、题名、关键词、摘要、中图分类号
=' str1 /PREV N str2 '	同句，按词序出现，间隔小于 N 个词		AB='转基因 /PREV 5 水稻'	
=' str1 /AFT N str2 '	同句，按词序出现，间隔大于 N 个词		AB='转基因 /AFT 5 水稻'	
=' str1 /PEG N str2 '	全文，词间隔小于 N 段		AB='转基因 /PEG 5 水稻'	
=' str $ N '	检索词出现 N 次		TI='转基因 $ 2'	

第 4 章 知悉信息源，学术科研必备

(2) 检索方式。

① 浏览。各种文献类型均可使用导航方式，可按学科、字母顺序浏览。学位论文还提供地域导航、211 工程院校导航、985 工程院校导航、教育部直属院校导航。报纸还提供地域导航、中央级和地方级报纸导航。

② 检索。检索有初级检索、高级检索、专业检索 3 种常见检索方式。此外，依文献类型的不同，还有作者发文检索、句子检索等方式。

主页默认为初级检索，简单方便。高级检索及其他检索方式在页面左侧均提供文献分类目录，用户可选择学科领域。高级检索、专业检索、作者发文检索、句子检索、框式检索，分别如图 4-15～图 4-19 所示，左栏可选择学科，右栏可输入内容检索条件（选择检索字段、输入检索词、选择逻辑算符）和检索控制条件（发表时间、文献来源、作者等），可通过"+"、"-"按钮增减检索条件框。专业检索则是输入检索表达式，需要用户自己输入检索式来检索，并且确保所输入的检索式语法正确，这样才能检索到想要的结果。每个库的专业检索都有说明，详细语法可以单击页面右侧的"检索表达式语法"进行查看。

图 4-15 CNKI 高级检索

图 4-16 CNKI 专业检索

103

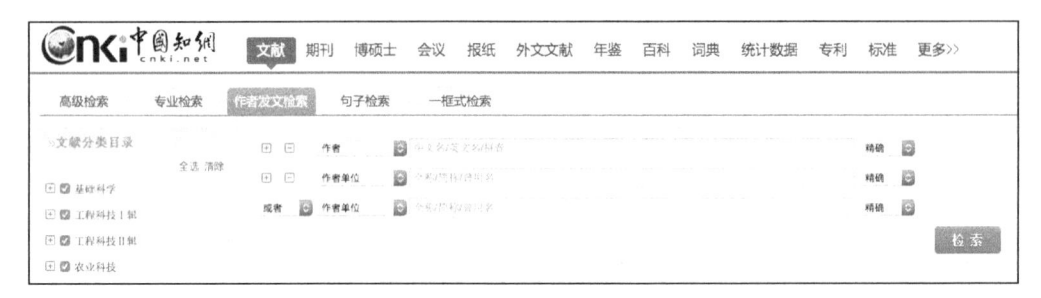

图 4-17　CNKI 作者发文检索

图 4-18　CNKI 句子检索

图 4-19　CNKI 一框式检索

（3）检索结果。检索结果提供题录、文摘、全文。用户可获得免费题录和文摘，全文收费使用。全文有 CAJ 和 PDF 两种格式，可通过网站免费下载浏览器。

检索结果可按相关度、发表时间、被引次数和下载次数排序，并可按来源数据库、学科、发表年度、研究层次、作者、机构、基金等进行分组浏览，如图 4-20 所示，便于用户从多种不同角度对检索结果进行浏览分析。还可以选择记录并对所选记录进行清除、导出、分析、阅读、定制、生成检索报告等操作，导出格式多达 10 种：CAJ-CD 格式引文、查新（引文格式）、查新（自定义引文格式）、CNKI E-Study、CNKI 桌面版个人数字图书馆、Refworks、EndNote、NoteExpress、NoteFirst、自定义格式，方便用户学习和研究使用。具体文摘页面如图 4-21 所示。

第 4 章　知悉信息源，学术科研必备

图 4-20　检索结果排序与分组浏览

图 4-21　文摘页面（知识节点）

3．CNKI 科研工具

（1）CNKI E-Study 平台。CNKI E-Study 数字化学习与研究平台通过科学高效地研读和管理文献，以文献为出发点，厘清知识脉络、探索未知领域、管理学习过程，最终实现探究式的终身学习。平台可为读者提供面向研究领域或课题的文献管理和知识管理功能，包括收集管理学术资料、深入研读文献、记录数字笔记等，实现在线写作、求证引用、格式排版、选刊投稿，并且还提供与 CNKI 数据库紧密结合的全新数字化学习体验。其功能在本书"6.2.2　常用的文献管理软件"中有说明。

（2）CNKI 翻译助手。CNKI 翻译助手以 CNKI 总库所有文献数据为依据，不仅可以为用户提供英汉词语、短语的翻译检索，还可提供句子的翻译检索，同时对翻译需求中的每个词给出准确翻译和解释，还给出大量与翻译要求在结构上相似、内容上相关的例句,方便用户参考后得到最恰当的翻译结果。该翻译助手汇集从 CNKI 系统数据库中挖掘整理出的 800 余万个常用词汇、专业术语、成语、俚语、固定用法、词组等,以及 1500 余万个双语例句、500 余万条双语文摘,形成海量中英文在线词典库。

(3) CNKI 学术趋势。CNKI 学术趋势是依托 CNKI 中国知识资源总库中的海量文献和千万用户的使用情况提供的学术趋势分析服务。通过关键词在过去一段时间内的"学术关注指数",用户可以知道其所在的研究领域随着时间的变化被学术界所关注的情况,又有哪些经典文章在影响着学术发展的潮流;通过关键词在过去一段时间内的"用户关注数",用户可以知道在相关领域不同时间段内哪些重要文献被同行所研读得最多。

(4) 学术定义搜索。CNKI 概念数据库是一部不断更新完善的 CNKI 知识元数据库词典,力求为用户提供最权威、最准确的 CNKI 知识元概念。CNKI 概念数据库的内容全部来源于 CNKI 全文数据库,涵盖了文、史、哲、经济、数理科学、航天、建筑、工业技术、计算机等所有学科和行业。

(5) 数字搜索。CNKI 数字搜索向用户提供数字知识和统计数据搜索服务,以数值知识元、统计图片、统计表格和统计文献作为基本的搜索单元。CNKI 数字搜索覆盖各学科领域,从科学知识到财经资讯,从大政方针到生活常识均包括。数据来源除来自 CNKI 五大全文数据库外,CNKI 数字搜索还实时采集中央与各地方统计网站和中央各部委网站的信息,且出处具有权威性。

(6) 表格搜索。CNKI 表格搜索旨在为用户提供各个行业的专业表格数据,它不同于一般意义的文字、网页或是图表搜索,所有的表格数据都出自 CNKI 全文数据库收录的优秀期刊、论文、报纸等,因此搜索结果更加专业、权威。CNKI 表格查询库内容涵盖了文、史、哲、经济、数理科学、航天、建筑、工业技术、计算机等学科和行业。用户只需简单地输入和进行单击操作,就可以得到想要查询的相关表格,并且可直接查询表格出处。

(7) 图片搜索。CNKI 图片搜索为用户提供各个行业的图片数据,CNKI 图片搜索库中所有的图片数据都出自 CNKI 全文数据库收录的优秀期刊、论文、报纸等。CNKI 图片搜索库内容涵盖了文、史、哲、经济、数理科学、航天、建筑、工业技术、计算机等学科和行业。

(8) CNKI Scholar。CNKI 学术搜索(scholar.cnki.net)基于海量资源,是跨学科、跨语种、跨文献类型的学术资源搜索平台,可以进行一站式搜索,如图 4-22 所示。

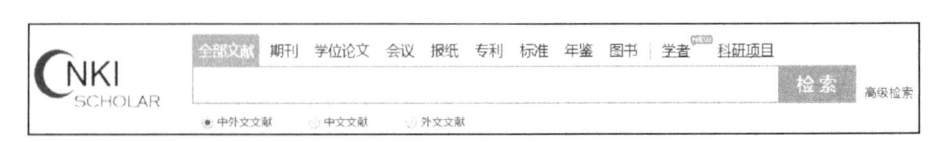

图 4-22 CNKI 学术搜索

4.4.2 万方数据知识服务平台

万方数据知识服务平台（以下简称万方）网址：http://www.wanfangdata.com.cn。

1. 收录的信息资源

万方是大型科技、商务信息平台，内容涉及自然科学和社会科学各个专业领域，包括学术期刊、学位论文、会议论文、外文文献、OA 论文、科技报告、专利技术、中外标准、科技成果、政策法规、新方志、机构、科技专家等。各类资源的实时数据可查看万方网站。

2. 检索

（1）检索算符。

① 布尔逻辑算符。万方支持多种符号表达，可以使用 AND、OR、NOT，也可以使用*、+、-，空格默认为逻辑与的关系。

② 精确检索。可使用引号（""）或书名号（《》）将检索词括起来，表示精确匹配。例如，作者："张晓"，表示作者字段中含有并且只含有"张晓"的结果。

③ 检索字段。检索字段的表达很灵活，可以使用中文，也可以使用英文，如"标题"、"title"均可使用。

④ 检索表达式构成。万方将其检索表达式称为 PQ 表达式，平台首页和检索结果等页面的检索输入框均默认接受 PQ 表达式。表达式可由多个部分组成，每个部分由冒号分隔符":"分隔为左右两部分，":"左侧为限定的检索字段，右侧为要检索的词或短语，即"检索字段：检索词"，如标题：转基因；Title：转基因；作者：芮玉奎；Author：芮玉奎。

PQ 表达式中的符号（空格、冒号、引号、横线）可任意使用全角、半角符号及任意的组合形式，非常方便。

（2）检索方式。

① 一框式检索。万方主页、检索结果页面均提供一框式检索，如图 4-23 所示。该检索界面既是简单检索，也是专家检索，简单、自然，可直接输入单个检索词，又可输入多个检索词，也可输入检索表达式，检索功能强大，推荐使用。

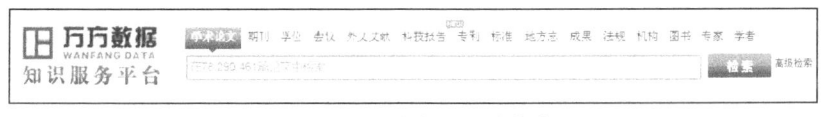

图 4-23 万方的一框式检索

此外，万方可自动推荐关键词，帮助用户进行检索词的选用，如图 4-24 所示。

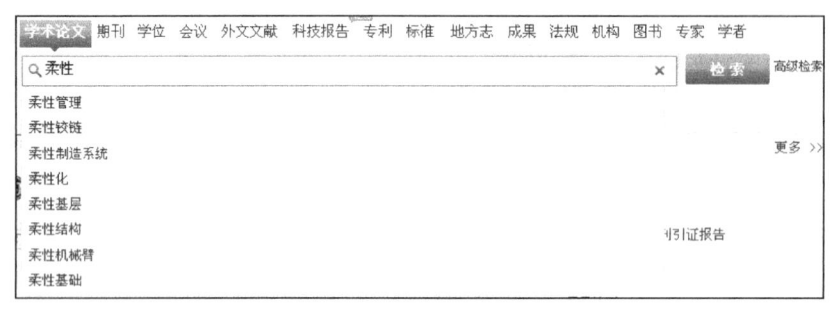

图 4-24　自动推荐关键词

② 高级检索、专业检索，分别如图 4-25、图 4-26 所示。高级检索是在指定的范围内，通过增加检索条件，满足用户更加复杂的要求，检索到满意的信息。专业检索由用户填写检索表达式，可完成复杂条件的组合检索。

图 4-25　万方的高级检索

图 4-26　万方的专业检索

③ 也可用万方智搜检索入口（http://new.wanfangdata.com.cn/index.html），如图 4-27 所示。

图 4-27　万方智搜

（3）检索结果。检索结果页面提供记录列表，如图 4-28 所示。每条记录包括题名、出处、作者、简短摘要、文献类型、被引用次数、关键词。提供期刊、作者等项的热链。页面左栏按学科、论文类型、年份、期刊对检索结果进行分类，右栏提供相关学者，可快速了解结果全貌和相关信息。

第 4 章　知悉信息源，学术科研必备

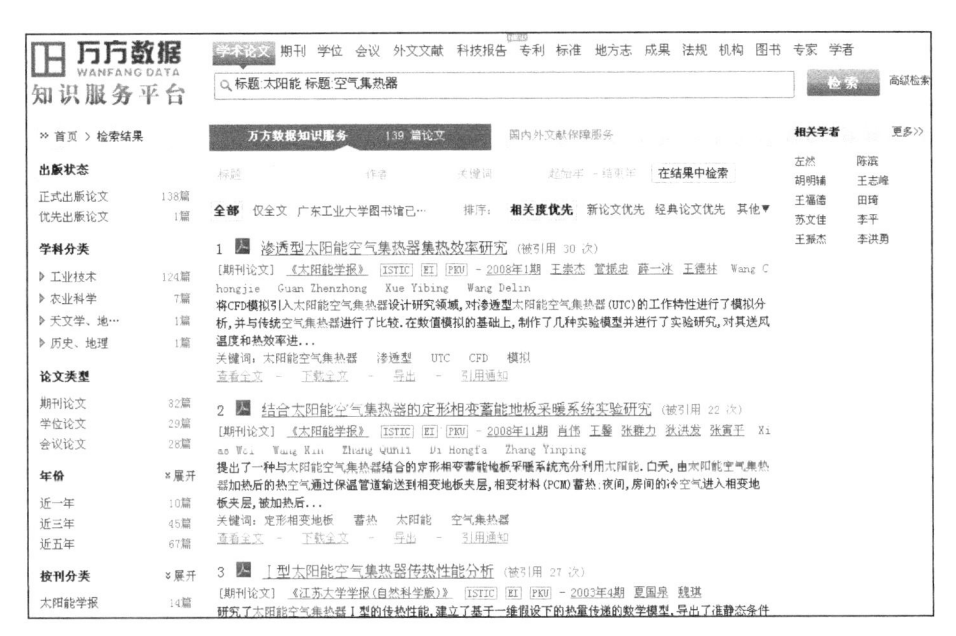

图 4-28　万方的检索结果

可查看详细文摘、查看和下载全文（PDF 格式）、导出记录、定制引用通知。万方的文摘显示形式可参见本书第 3 章的图 3-1，此处略。导出文献提供导出文献列表、参考文献格式、NoteExpress、RefWorks、NoteFirst、EndNote、自定义格式，其中参考文献格式如图 4-29 所示，可进行复制和导出操作。

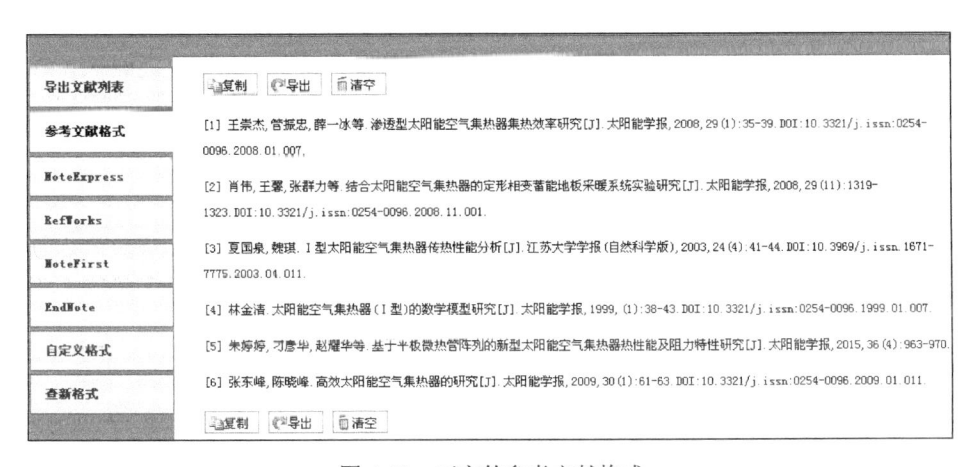

图 4-29　万方的参考文献格式

4.4.3　维普知识资源系统

1. 简介

维普知识资源系统，也称维普网、维普资讯网，简称维普，由重庆维普资讯公司制

109

作并提供服务。该公司隶属于中国科技信息所西南信息中心，是我国最早进行数据库加工出版的单位之一。目前主要产品有：中文科技期刊数据库、中文科技期刊数据库（引文版）、中国科学指标数据库 CSI、中文科技期刊评价报告、外文科技期刊数据库、中国基础教育信息服务平台、维普论文检测系统、维普-Google 学术搜索、维普考试资源系统 VERS、图书馆学科服务平台 LDSP、文献共享服务平台 LSSP、中国科技经济新闻数据库。维普网址为 http://www.cqvip.com，主页如图 4-30 所示。

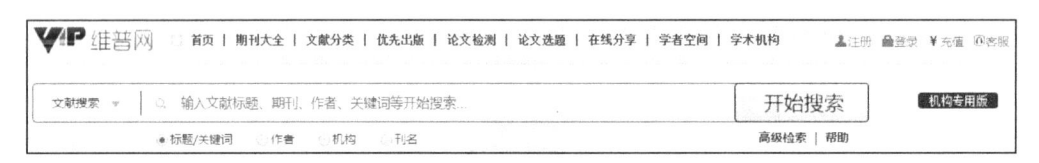

图 4-30　维普网主页

2．维普中文科技期刊数据库

维普中文科技期刊数据库包含 1989 年至今的 12 000 余种期刊刊载的 4000 余万篇文献，部分期刊回溯至 1955 年，数据涵盖社会科学、自然科学、工程技术、农业、医药卫生、经济、教育和图书情报 8 个专辑和 28 个专题。主要功能介绍如下。

（1）检索方式。检索方式有基本检索、传统检索、高级检索、专家检索、期刊导航等方式。高级检索方式、专家检索方式分别如图 4-31、图 4-32 所示。

（2）检索功能。可实现二次检索、逻辑组配检索、中英文混合检索、繁简体混合检索、精确检索、模糊检索，可限制检索年限、期刊范围等。

（3）同义词检索。以《汉语主题词表》为基础，参考各个学科的主题词表，编制了规范的关键词用代词表（同义词库），实现高质量的同义词检索，提高查全率。

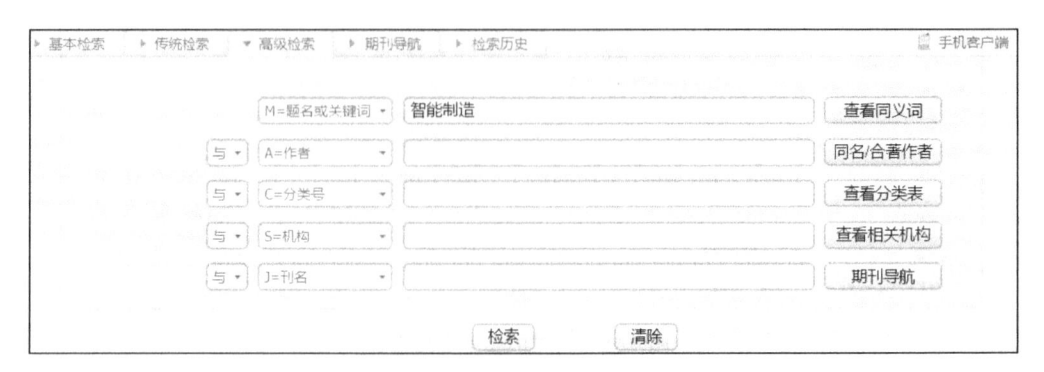

图 4-31　维普的高级检索

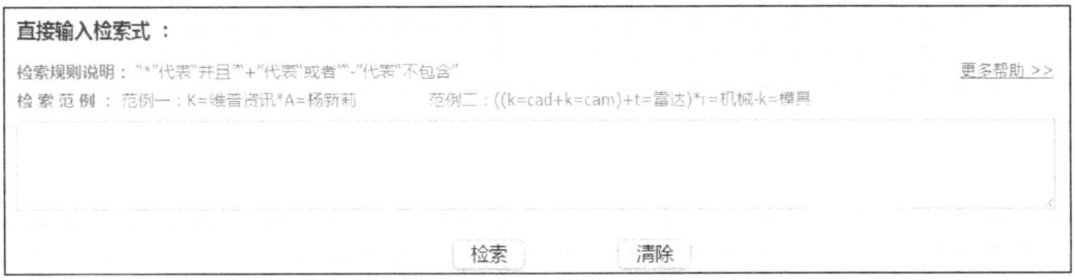

图 4-32 维普的专家检索

（4）检索字段。可实现对题名、关键词、题名或关键词、文摘、刊名、作者、第一作者、参考文献、分类号、机构和任意字段11个字段进行检索，并可实现各个字段之间的组配检索。提供细致到作者简介、基金赞助等20余个题录文摘的输出内容。

（5）复合检索表达方式。例如，要检索作者"张三"关于"互联网"主题的文献，只需利用"a=张三*k=互联网"这样一个简单的检索式即可实现。

（6）参考文献检索入口。可实现与引文数据库的无缝链接操作，在全文库中实现对参考文献的检索。可通过检索参考文献获得源文献，并可查看相应的被引用情况、耦合文献等。提供查看参考文献的参考文献（越查越老）、查看引用文献的引用文献（越查越新）的文献关联漫游使用，提高用户获取知识的效率，并提供有共同引用的耦合文献功能，方便用户对知识求根溯源。

（7）"我的数据库"功能。使用者可以通过注册个性化的标识名，实现期刊定制、关键词定制、分类定制、保存检索历史及查询电子书架等功能。

4.4.4 SDOL 电子期刊全文数据库

1. 简介

Elsevier（爱思唯尔）是一家世界知名的荷兰学术出版商，至今已有180多年的历史。其出版的期刊是世界上公认的高质量学术期刊，且大多数为核心期刊，被世界上许多著名的二次文献数据库收录。SDOL（ScienceDirect OnLine）数据库是Elsevier公司出版的电子期刊全文数据库，非订购用户可以查看文献题录、摘要，订购用户可以查看、打印及下载论文全文。其网址为 http://www.sciencedirect.com。

目前，SDOL数据库共收录了2500多种同行评议期刊和30 000多种系列丛书、手册及参考书等，涵盖了食品、数学、物理、化学、生命科学、商业及经济管理、计算机科学、工程技术、能源科学、环境科学、材料科学和社会科学等众多学科，收录全文文章总数已超过1300万篇。

爱思唯尔 Scholarly e-Reading（双语智读）平台由爱思唯尔与中国图书进出口（集团）总公司合作打造，致力于为国内学术机构读者提供优质的中英双语电子书阅读服务。平台首批收录400本爱思唯尔优质学术图书和其相对应的中文译本，以章节对照的形式实现中英语言之间的简便切换，方便国内大专院校师生与科研人员快速浏览、查找所需参考资料，也对学习掌握科技英语、提高论文写作能力提供帮助。学科涉及工程、计算机、自然科学、生命科学及经济管理。

2. 检索

检索算符、检索语法、检索技巧、检索方式等详细信息可参考 SDOL 网站，本书第 3 章 "3.3.3 检索策略详解" 中提供了 SDOL 快速检索、高级检索和专家检索三种检索方式的界面，分别如图 3-12、图 3-13、图 3-14 所示。数据库的具体检索使用此处略。

4.4.5 EBSCOhost 检索平台

EBSCO 出版公司是世界上最大的全文期刊数据集成出版商，也是全球最早推出全文在线数据库检索系统的公司之一，可以提供 100 多种全文数据库和二次文献数据库。数据库涵盖范围包罗万象，包括针对公共、学术、医学和商业性图书馆而设计的各种数据库，涉及自然科学、社会科学、人文和艺术等多种学术领域，所用检索系统为 EBSCOhost。

我国高校集团采购的 EBSCOhost 数据库主要是学术期刊全文数据库（Academic Search Complete）、商业资源数据库（Business Source Premier）。另外，还有 EBSCOhost 电子书，9000 多种跨学科电子书，与期刊同步检索。

1. 学术期刊全文数据库

学术期刊全文数据库收录期刊 16 680 多种，包括 8800 多种全文期刊（其中 7696 种为专家评审期刊 peer-reviewed），800 多种非期刊类全文出版物（如图书、报告及会议论文等）。收录文献的主题范畴为：社会科学、教育、法律、医学、语言学、人文、工程技术、工商经济、信息科技、通信传播、生物科学、公共管理、历史学、计算机、科学、传播学、军事、文化、健康卫生医疗、宗教与神学、艺术、视觉传达、表演艺术、心理学、哲学、妇女研究、各国文学等。收录年限为 1887 年至今。

2. 商业资源数据库

商业资源数据库收录 6148 种期刊索引及摘要，其中近 2200 种为全文期刊（包括 1100 多种同行评审全文期刊），以及 24 000 多种非刊全文出版物（如案例分析、专著、国家及产业报告等）。收录文献的主题范畴为：金融、银行、国际贸易、商业管理、市场营销、投资报告、房地产、产业报告、经济评论、经济学、企业经营、财务金融、能源管理、信息管理、知识管理、工业工程管理、保险、法律、税收、电信通信等。收录年限为 1886 年至今。

3. EBSCOhost 提供的免费资源

（1）美国博士论文。最初，这个免费研究数据库提供了访问美国大学在 1933—1955 年间接受的印刷博士论文的唯一综合记录，现在更广泛地覆盖到 20 世纪的研究和全文阅读。最新增加的美国博士论文是领先论文的重要指标，共包括 172 000 多篇论文，其中包括从 1902 年到现在的论文，以及论文的 8 万次新引用。新引用通过研究论文或论文所在的机构存储库（如俄亥俄州立大学、罗切斯特理工学院和北卡罗来纳州立大学）获取全文的链接。

（2）图书馆和信息科学和技术文摘（LISTA）资源。这个免费的研究数据库为重要的图书馆和信息科学期刊、书籍、研究报告等提供索引和文摘，覆盖 600 多个核心期刊和 120 多个选择性和优先期刊，数据可以追溯到 1960 年。还包括作者简介和强大的词典。用户可以查看 LISTA 最常被索引的作者的信息，包括哪些主题条款最常用于他们的文章，以及作者发表的出版物。

（3）绿色文档。绿色文档（GreenFILE）关注人类对环境的影响，涵盖环境与农业、教育、法律、卫生和技术等各种学科的联系，主要期刊包括农业、生态系统与环境、森林生态与管理、国际绿色能源学报等。这个免费的研究数据库为超过 85 万条记录提供索引和摘要，并提供近 13 000 条记录的开放获取全文。

（4）欧洲有关美洲记录的综合指南（1493—1750 年）。这本权威参考书目为全世界的学者所熟知和尊重，是对与美洲有关的欧洲作品感兴趣的图书馆、研究人员和个人有价值的指标。现在免费试用。其包含广泛的话题，从英国、法国、荷兰、美国，到自然灾害、宗教秩序、奴隶制等。

（5）EBSCO 教师教育数据库。研究人员和教师可以访问 www.teacherreference.com 上的免费数据库，EBSCO 客户可以通过访问 EBSCO 帮助将数据库添加到他们的个人资料。教师参考中心（TRC）为教师提供了一个补充研究数据库，为 220 多个同行评议的期刊提供索引和摘要。涵盖了教师感兴趣的各种主题，包括：评定、最佳做法、继续教育、现行教学研究、课程发展、小学教育、高等教育、教学媒体、语言艺术、扫盲标准、学校管理、科学与数学、教师教育等。

4.4.6　PQDT 学位论文全文库

PQDT（ProQuest Dissertations & Theses）是世界著名的学位论文数据库，是目前国内唯一提供国外高质量学位论文全文的数据库。其主要收录了来自欧美国家 2000 余所知名大学的优秀博、硕士学位论文，涉及文、理、工、农、医等多个领域，是学术研究中十分重要的信息资源。总上线论文 630 924 篇（数据截至 2017 年 2 月 16 日）。

全部学科包括：Applied Sciences；Language, Literature, and Linguistics；Biological Sciences；Philosophy, Religion, and Theology；Communications and the Arts；Psychology；Earth and Environmental Sciences；Pure Sciences；Education；Social Sciences；Health Sciences。

国内若干图书馆、文献收藏单位每年联合购买一定数量的 ProQuest 学位论文全文，提供网络共享，即凡参加联合订购的成员馆均可共享整个集团订购的全部学位论文资源。

4.4.7 Wiley Online Library

John Wiley & Sons 出版公司于1807年在美国创建，是有200年历史的专业出版机构，在化学、生命科学、医学、材料学及工程技术等领域学术文献的出版方面具有权威性。Blackwell出版公司是全球最大的学协会出版商，与世界上550多个学术和专业学会合作，出版国际性的学术期刊，其中包含很多非英美地区出版的英文期刊。2007年2月，John Wiley & Sons 与Blackwell出版社合并，两个出版社的出版物整合到同一平台上提供服务。

Wiley Online Library 是一个综合性的网络出版及服务平台，在该平台上提供全文电子期刊、在线图书、在线参考工具书及实验室指南的服务。学科涉及化学、物理、工程、农业、兽医学、食品科学、医学、护理、口腔、生命科学、心理、商业、经济、社会科学、艺术、人类学等学科大概1500多种期刊，以及很多其他重要的跨学科领域出版的期刊。

4.4.8 SpringerLink 电子期刊及电子图书数据库

施普林格·自然集团（Springer Nature）是目前全球最大的学术书籍出版公司，同时出版全球具有广泛影响力的期刊，也是开放研究领域的先行者，2015年由自然出版集团、帕尔格雷夫·麦克米伦、麦克米伦教育、施普林格科学与商业媒体合并而成。SpringerLink平台整合了原Springer的出版资源、原Palgrave的电子书，收录文献超过1000万篇，包括图书、期刊、参考工具书、实验指南和数据库，其中收录电子图书超过22万种，最早可回溯至1840年代。涵盖学科包括：行为科学、工程学、生物医学和生命科学、人文、社科和法律、商业和经济、数学和统计学、化学和材料科学、医学、计算机科学、物理和天文学、地球和环境科学、计算机职业技术与专业计算机应用、能源。Springer出版的期刊50%以上被SCI和SSCI收录，一些期刊在相关学科拥有较高的排名。

4.4.9 Taylor&Francis Online 期刊数据库

Taylor & Francis 集团拥有200多年丰富的出版经验，已成为世界领先国际学术出版集团。每年出版超过2350余种期刊，享有高质量美誉。Taylor & Francis Online 作为 Taylor &Francis 的电子期刊平台，为研究人员提供超过2400种覆盖人文社科、科学技术和医学的高质量同行评审期刊。

1. Taylor & Francis 科技期刊数据库

Taylor & Francis 科技期刊数据库提供超过460种经专家评审的高质量科学与技术类期刊，其中超过80%的期刊被汤森路透SCI收录；内容最早至1997年。该科技期刊数据库包含 5 个学科：环境与农业科学，化学，工程、计算及技术，物理学，数学与统计学。

2. Taylor & Francis 商业管理学与经济学期刊库

Taylor & Francis 商业管理学与经济学期刊库提供 120 种期刊，其中 59 种期刊列入 SCI，并与众多学协会合作出版。其涵盖的特色学科包括：会计与金融，包含的期刊详尽并多样；商务与管理，覆盖人力资源、市场、公共管理与商务历史等范畴；经济学，反映了经济学范畴内方法的多样性及多种学派思想。

3. Taylor & Francis 地理、规划、城市与环境期刊库

Taylor & Francis 地理、规划、城市与环境期刊库包含 76 种期刊，其中 47 种期刊列入 SCI，代表众多权威学会与协会出版众多知名期刊。涵盖 6 个主题领域：人口统计学、环境研究、地理学、水文学、规划研究与城市研究。

4.4.10 WorldSciNet 电子期刊

WorldSciNet 是世界科技出版公司（World Scientific）专门为科研人员提供的期刊在线服务。科学家和研究人员可以通过登录网站浏览 120 余种高质量科技期刊的电子全文，涵盖数学、物理、化学、生物、医学、材料、环境、计算机、工程、经济、社会科学等领域。

4.4.11 Nature

Nature 周刊是英国著名杂志，由 Nature 出版集团（Nature Publishing Group，NPG）出版发行。Nature 是 NPG 的品牌期刊，是世界上最早的国际性科技期刊，自从 1869 年创刊以来，始终如一地报道和评论全球科技领域中最重要的突破，其办刊宗旨是"将科学发现的重要结果介绍给公众……让公众尽早知道全世界自然知识的每一分支中取得的所有进展。"Nature 兼顾学术期刊和科学杂志，科学论文具有较高的新闻性和广泛的读者群，2010 年的影响因子为 36.101。

Nature 所刊载的内容涵盖了自然科学各个研究领域，包括生物工程、数学、物理学、化学化工、建筑工程、环境科学与工程、能源科学与技术，尤其在生物学、医学、物理学等领域卓有成就。许多新的发现、创新性的文献大多首发于 Nature。我国每年公布的世界十大科技新闻也大多来源于 Nature。

另外，Nature 有 8 种姐妹期刊和 7 种综述性期刊，也是科学研究成果报道的前沿阵地。8 种期刊为：Nature Genetics（1992 年创刊）、Nature Materials（2002 年创刊）、Nature Structural & Molecular Biology（1994 年创刊）、Nature Medicine（1995 年创刊）、Nature Biotechnology（1983 年创刊）、Nature Neuroscience（1998 年创刊）、Nature Cell Biology

(1999年创刊)、Nature Immunology（2000年创刊）。它们的影响因子在各自领域中都高于其他杂志。

4.4.12 Science Online

美国Science周刊由爱迪生于1880年创建，1900年开始由美国科学促进会（American Association for the Advancement of Science，AAAS）负责出版，是在国际学术界享有盛誉的综合性科学期刊。Science Online是Science杂志的网络数据库，涉及生命科学及医学、各基础自然科学、工程学，以及部分人文社会科学。其提供Science周刊、Science Signaling等在线电子期刊，以及相关科学新闻，如《今日科学》（Science Now）等内容。

4.5 全文型学科专业性学术信息源

4.5.1 RESSET 金融研究数据库

1. 简介

RESSET金融研究数据库（锐思数据）是为实证研究、模型检验等提供支持的数据平台，内容涵盖股票、固定收益、基金、宏观、行业、经济与法律信息、港股、外汇、期货、黄金等系列。检索平台上有9个专业数据库，其下又分为近百个子库，全部数据中英文对照。数据库囊括了经济、金融、会计实证与投资研究所需的绝大部分数据，设置了近2万个字段的内容；支持10余种格式下载（含SPSS、SAS、MATLAB、R等格式）。数据月度更新。

目前锐思数据拥有数据库系统、投资研究系统、辅助教学系统三大系列产品，并提供高校金融实验室解决方案，是为中国高校和机构提供数据平台、教学软件的综合服务提供商，如图4-33所示。

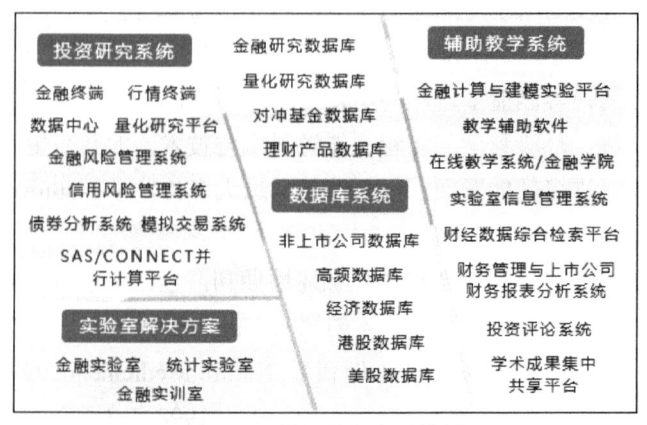

图4-33 锐思数据产品体系

2. 检索

可选择子数据库按栏目查询数据。例如,选择 RESSET 股票子数据库,查询最新股票信息数据,如图 4-34 所示,依如下顺序进行检索。

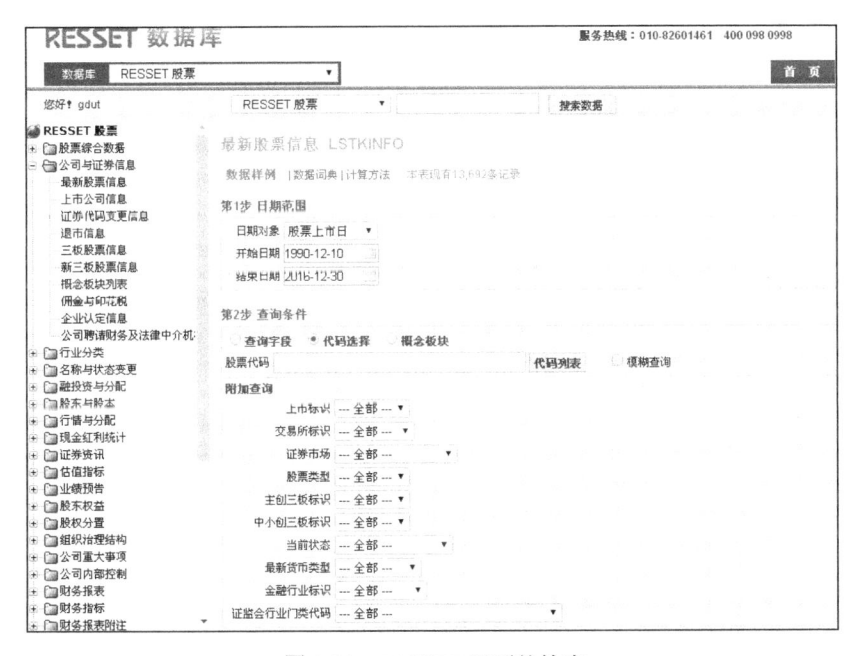

图 4-34 RESSET 股票的检索

(1) 设定日期范围。

(2) 选择查询条件。代码查询是模糊查询,可手工输入多个查询字段值,用单一空格分开,如输入代码值:000001 00002 600036 600050。也可以上传一个包括要查询字段值的文本文件,每行只能写一个查询字段值。

附加查询条件可选择下拉菜单或者输入方式。条件语句可使用:选择单个字段进行单字段值范围查询;选择两个字段进行组合查询;查询缺失值时,请输入 null。

(3) 选择输出字段。可全选和清除,字段列表如图 4-35 所示。详细定义参见数据词典。

(4) 输出设置。输出格式有近 20 种:TXT 创建 Sas 数据集(*.sas7bdat)、Excel 表格创建 Sas 数据集(*.sas7bdat)、Excel 2007 表格创建 Sas 数据集(*.sas7bdat)、逗号分隔文本(*.csv)、空格分隔文本(*.txt)、Tab 键分隔文本(*.txt)、Excel 电子表格(*.xls)、字符型 Excel 电子表格(*.xls)、Excel 2007 电子表格(*.xlsx)、HTML 表格(*.html)、XML 文件(*.xml)、SPSS 文件(*.sav)、dBASE 文件(*.dbf)、TXT 创建 Stata 数据集(*.dta)、CSV 创建 Stata 数据集(*.dta)、TXT 创建 MATLAB 数据集(*.mat)、TXT 创建 R 数据集(*.R)、Excel 创建 R 数据集(*.R)。

图 4-35 RESSET 股票子数据库的字段

压缩格式选择包括无压缩、zip（*.zip 压缩）、G zip（*.gz 压缩）。对于大数据量的结果文件，建议选择一种压缩格式进行下载。可设置下载最大条数（根据授权情况）。

4.5.2 北大法宝

1. 简介

北大法宝（http://www.pkulaw.cn）是由北京大学法制信息中心与北大英华科技有限公司联合推出的智能型法律信息一站式检索平台，致力于对法律信息数据的挖掘和知识发现，数据收录及时，收录渠道可靠，内容经过编辑和校对，录入后经过整理和修改。

目前北大法宝包括法律法规、司法案例、法学期刊、律所实务、专题参考、英文译本及法宝视频七大数据库，涵盖法律信息的各种类型。

2. 检索

使用 *、+、- 作为逻辑运算符。在使用标题和全文关键词查询时，可以合理运用逻辑运算符，精确检索结果。同时，这三种符号还可以用英文输入状态下的"( )"进行组合。例如，(A+B)*C 表示包含 A 或 B，并且又包含 C 的文件。

可进行浏览和检索。以法律法规数据库为例，可按效力级别、发布部门、时效性、法规类别等进行浏览，也可以输入关键词进行检索。

简单检索的检索字段包括标题和全文，关键词间的关系可以选择同篇、同句、同段，匹配方式可以选择精确、模糊，如图 4-36 所示。

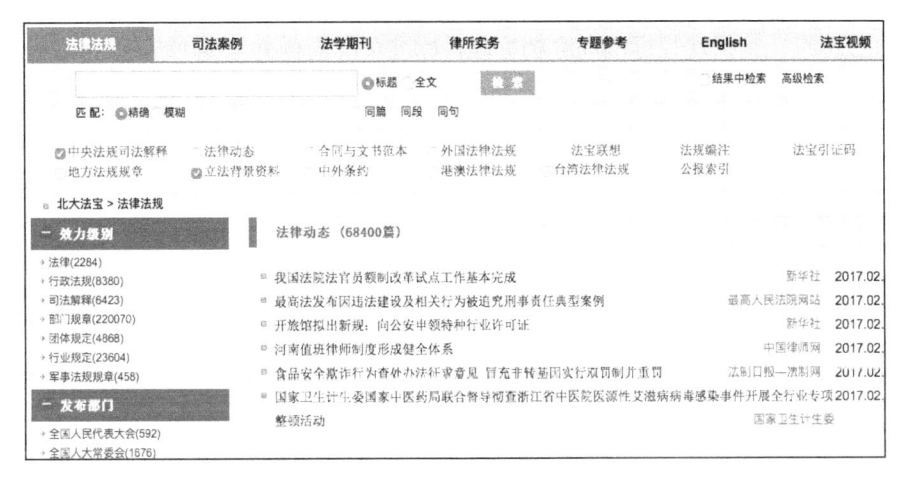

图 4-36 法律法规数据库的简单检索

高级检索如图 4-37 右上部分所示。高级检索是为了缩小检索范围，提高查准率，适用于对所查找内容了解更多线索的情况。页面分类详尽，可快速定位检索系统。高级检索的具体项目字段根据每个子数据库的性质不同而略有不同，将所掌握的线索关键词输入到对应文本框中（项目不必完全填满），单击"检索"按钮即可得到结果列表。

图 4-37 法律法规数据库的高级检索

在检索过程中，系统可以主动引导，通过不断选择案由、法院、审级、情节等条件，进行案例筛选，方便命中有价值的案例；可以边检索、边展现，根据资源分布逐层选择检索条件，从而避免一次性限定多项检索条件的复杂操作。

4.5.3 IEEE/IET Electronic Library

IEEE/IET Electronic Library（简称 IEL），是美国电气电子工程师学会（IEEE）和英国工程技术学会（IET）出版物的电子版全文数据库。该数据库提供：170 余种 IEEE 和 20 余种 IET 期刊与杂志；每年 1400 多种 IEEE 和 IET 会议录，20 多种 VDE 会议录；2800

多种 IEEE 标准（包括现行标准和存档标准，标准草案需额外订购）。该数据库提供 1988 年以后的全文文献，部分历史文献回溯到 1872 年，内容覆盖电气电子、航空航天、计算机、通信工程、生物医学工程、机器人自动化、半导体、纳米技术、电力等各种技术领域。

4.5.4　SciFinder

SciFinder 是美国化学学会（ACS）旗下的化学文摘服务社 CAS（Chemical Abstract Service）所出版的化学资料电子数据库。它是全世界最大、最全面的化学和科学信息数据库。CAS 的网络版数据库 SciFinder 包括了化学文摘 1907 年创刊以来的所有内容，更整合了 MEDLINE 医学数据库、欧洲和美国等近 63 家专利机构的全文专利资料等。它涵盖的学科包括应用化学、化学工程、普通化学、物理、生物学、生命科学、医学、聚合体学、材料学、地质学、食品科学和农学等诸多领域。

4.5.5　ACS Publications

美国化学学会（American Chemical Society，ACS）成立于 1876 年，现已成为世界上较大的科技协会之一，会员数超过 16.3 万人。ACS 致力于为全球化学研究机构、企业及个人提供高品质的文献资讯及服务，成为享誉全球的科技出版机构。

ACS 的期刊被 ISI 的 Journal Citation Report（JCR）评为化学领域中被引用次数最多的化学期刊。ACS 出版 35 种期刊，内容涵盖以下领域：生化研究方法、药物化学、有机化学、普通化学、环境科学、材料学、植物学、毒物学、食品科学、物理化学、环境工程学、工程化学、应用化学、分子生物化学、分析化学、无机与原子能化学、资料系统计算机科学、学科应用、科学训练、燃料与能源、药理与制药学、微生物应用生物科技、聚合物、农业学。

4.5.6　RSC 期刊

英国皇家化学学会（Royal Society of Chemistry，RSC）成立于 1841 年，是以促进全球化学领域研究发展与传播为宗旨的国际权威学术机构，是化学信息的一个重要宣传机关和出版商。RSC 出版的期刊是化学领域的核心期刊，大部分被 SCI 和 MEDLINE 收录，如 Analyst、Chemical Society Reviews、Chemical Communications、Green Chemistry 等，都是相关领域中非常著名的期刊。

4.5.7　ACM 数据库

美国计算机学会（Association for Computing Machinery，ACM）创立于 1947 年，是计算机教育和科研机构。它致力于发展信息技术教育、科研和应用，出版专业期刊、会议录和新闻报道等，并于 1999 年开始提供电子数据库服务——ACM Digital Library 全文数据库；全面集成在线计算机文献指南（the Guide to Computing Literature），这是一个书目资料和文摘数据库，集合了 ACM 和其他 3000 多家出版社的出版物，旨在为专业和非专业人士提供了解计算机和信息技术领域资源的窗口。ACM 目前提供的服务遍及全球 100 多个国家，会员数超过 9 万人，涵盖工商业、学术界及政府单位。

4.5.8 AMS 数字资源

美国数学学会（American Mathematics Society，AMS）成立于 1888 年，宗旨是通过专业出版、会议等不同方式的交流，促进数学及其相关科学领域内的专业研究及学术水平的国际间的相互提升。

AMS 的数字资源主要由 MathSciNet 数据库和 AMS 电子刊两部分组成。MathSciNet 数据库是 AMS 出版的《数学评论》Mathematical Reviews 和 Current Mathematical Publications 的网络版，包含《数学评论》自 1940 年出版以来的所有评论文章，包括期刊、图书、会议录、文集和预印本。AMS 电子刊包含学会精选出的 8 种质量最高、订阅用户数最多的电子刊的全文。

4.5.9 AIP 数据库

美国物理联合会（American Institute of Physics，AIP）创立于 1931 年，是一家出版研究性期刊、杂志、光盘、会议论文集及名录（包括印刷品和电子版）的专业出版社。AIP 数据库主要收录物理学和相关学科的文献内容，包括一般物理学、应用物理学、化学物理学、地球物理学、医疗物理学、核物理学、天文学、电子学、工程学、设备科学、材料科学、数学、光学、真空科学、声学等。

4.5.10 APS 全文电子期刊数据库

美国物理学会（the American Physical Society，APS）成立于 1899 年，其宗旨为增进物理学知识的发展与传播。APS 出版的物理评论系列期刊 Physical Review、Physical Review Letters、Reviews of Modern Physics，分别是各专业领域最受尊重、被引用次数最多的科技期刊。APS 数据库收录了 9 种物理领域的核心期刊，还有 4 种免费出版物，全部包括回溯到 1893 年创刊内容，全文文献量超过 55 万篇。

4.5.11 IOP 平台

英国物理学会（Institute of Physics，IOP）平台提供电子期刊和电子图书的访问。出版学科包括：应用物理、计算机科学、凝聚态和材料科学、物理总论、高能和核能物理、数学和应用数学、数学物理、测量科学和传感器、医学和生物学、光学、原子与分子物理、物理教育学、等离子体物理学等。

4.5.12 ASM 期刊数据库

美国微生物学会（American Society for Microbiology，ASM）是生命科学领域中全球最大且历史最悠久的会员组织。美国微生物学会的期刊是微生物学领域最杰出的出版物，全面促进基础和临床微生物学领域的各项研究。所出版文章数量超过微生物学领域全部论文量的 1/4，文章引用量几乎占所有微生物学论文引用数量的 42%，目前收录 12 种期刊。

4.5.13 OSA 数据库

美国光学学会（the Optical Society of America，OSA）成立于 1916 年，是为了增强和传播光学知识，包括纯理论和应用知识，维护光学研究人员、制图师以及各种光学仪器的使用者的共同利益，并且促进他们之间的合作而成立的。发展至今，OSA 已经拥有超过 106 000 名会员，遍及 134 个国家，包括光学和光子学领域的科学家、工程师、教育家、技术人员及企业领导者。OSA 除了光学和光子学领域，还为物理学、生物学、医学、电气工程、通信、天文学、气象学、材料科学、机械工程和计算等诸多领域的专家学者提供信息服务。OSA 数据库包括 15 种期刊、8 种合作出版期刊、OSA 会议录及 2012 年新推出的 Optics Image Bank（光学影像图库）。

4.5.14 ASME 数据库

美国机械工程师学会（American Society of Mechanical Engineers，ASME）成立于 1880 年，是全球较大的技术出版机构之一。目前，ASME 数据库收录了该学会的绝大多数出版物，包括来自全球机械工程领域学者和从业者的研究论文、评述、会议报告、专著及行业标准，收录文献超过 20 万篇，涵盖机械设计、交通运输、热传导、仪器仪表、安全管理、核能技术等领域。

4.5.15 ASCE 数据库

美国土木工程师学会（the American Society of Civil Engineers，ASCE）成立于 1852 年，是历史最久的国家专业工程师学会。同时，ASCE 也是全球最大的土木工程信息知识的出版机构，目前已出版 5 万多页的期刊、会议录及各种图书和标准，并以每年 8000 篇的幅度增长。这些文献都被收录在 ASCE 数据库中。2017 年，ASCE 数据库的 36 种专业期刊、近 450 卷会议录和 1 种新闻杂志都由 iGroup 代理，文献总数超过 11 万篇。

4.5.16 Emerald 数据库

Emerald 于 1967 年由来自世界著名百强商学院之一的布拉德福商学院（Bradford University Management Center）的学者建立，至今成为世界管理学期刊较大的出版社之一。Emerald 一直致力于管理学、图书馆学、工程学专家评审期刊，以及人文社会科学图书的出版。Emerald 出版社同英国大不列颠图书馆合作，将 Emerald 出版的所有期刊进行了电子化。

1. Emerald 管理学全文期刊库（2000 年至今）

Emerald 管理学全文期刊库包含 276 种专家评审的管理学术期刊，提供最新的管理学研究和学术思想。涉及学科：会计金融与经济学、商业管理与战略、公共政策与环境管理、市场营销、信息与知识管理、教育管理、人力资源与组织研究、图书馆研究、旅游管理、运营物流与质量管理、房地产管理与建筑环境、健康与社会关怀。

2. Emerald 全文期刊回溯库（第一期第一卷至 2000 年）

Emerald 全文期刊回溯库包含 178 种全文期刊，超过 11 万篇的全文内容，涉及会计、金融与法律、人力资源、管理科学与政策、图书馆情报学、工程学等领域。

3. 平台辅助资源

学习案例集（Case Study Collection），2000 多个精选案例研究，来自 Coca-Cola、IBM、Toyota、Glaxo Smith Klinc、Hilton Group 等知名企业；学术评论集（Literature Review Collection），来自领域内权威学术出版物，700 多篇学术评论文章；访谈集（Interview Collection），500 多个全球商业和管理大师的思想库，提供商界风云人物的访谈记录；管理学书评（Book Review Collection），2600 多篇特别为学生、教师和研究学者撰写的深度书评。

4.5.17 CAMIO 艺术博物馆在线

CAMIO 艺术博物馆在线（Catalog of Art Museum Images Online，CAMIO）收录了世界各地丰富多样的艺术资料，其内容及描述由 20 多家世界级知名博物馆提供。CAMIO 馆藏丰富，涵盖公元前 3000 年至今约 95 000 件艺术作品，包括照片、绘画、雕塑、装饰和实用物品、印刷品、素描和水彩画、珠宝和服饰、纺织物和建筑，以及音频、视频和混合媒体资料等。CAMIO 展示了各种美术和装饰艺术作品资料，为教育、研究和欣赏提供高质量的艺术图像。

4.6 其他各类学术信息源

4.6.1 EPS 数据平台

1. 简介

EPS 全球统计数据/分析平台(简称 EPS 数据平台)是集数值型数据资源和分析预测系统为一体的覆盖多学科、面向多领域的综合性信息服务平台与数据分析平台。通过对各类统计数据的整理和归纳,形成一系列以国际类、区域类、财经类及行业类数据为主的专业数据库集群。目前有 46 个数据库,涉及经济、贸易、教育、卫生、能源、工业、农业、第三产业、金融、科技、房地产、区域经济、财政、税收等众多领域,数据量超过 40 亿条。EPS 数据平台可以为教育系统、科研机构、政府部门、金融系统的教学科研、实证投资提供强有力的数据支持。

2. 检索

EPS 数据平台将统计数据与数据分析预测软件整合到了一个开放的系统平台中,形成了面向用户不同需求的一系列专业数据库,并且将这些数据库进行整理、归纳,配合 EPS 数据平台高效、直观的使用功能,运用实用、强大的预测分析模块为各类读者、研究者,以及各类研究机构、行业机构及投资机构提供完整、及时、准确的数据及各种数据分析与预测结果。为了用户能够更好地掌握 EPS 数据平台的功能和使用方法,EPS 制定了《基础使用篇》、《特色功能篇》和《分析预测篇》一系列的使用指南,单击页面右上方的"使用帮助"即可看到。

4.6.2 全球产品样本数据库

全球产品样本数据库(Global Product Database,GPD)由科技部西南信息中心·重庆尚唯信息技术有限公司研制开发,是我国第一个上规模的、深度建设的产品样本数据库。GPD 收录了丰富的产品样本数据,包括:企业信息、企业产品目录、产品一般性说明书、产品标准图片、产品技术资料、产品 CAD 设计图、产品视频/音频资料等。GPD 将收录全球 10 万余家企业的产品样本数据,已收录 1 万余家企业 50 余万件产品样本,其中欧美企业产品样本收录 35 万余件,世界工业 500 强企业产品样本收全率达到 80%以上。

GPD 覆盖的产品范围包括:通用设备,专用设备,交通运输设备,电气机械和器材,通信设备、计算机及其他电子设备,仪器仪表及文化、办公用机械,材料与物资七大类。

GPD 提供快速检索、高级检索、分类导航、学科导航、企业导航等检索方式,提供产品比较、中英文双语对照参考功能,同时提供信息聚类检索,实现同类产品、同一企业、同一地区的样本聚类,深刻揭示样本之间的关系。

4.6.3 Encyclopedia Britannica Online

《不列颠百科全书》（Encyclopedia Britannica，EB），又称《大英百科全书》，现由美国不列颠百科全书公司（Encyclopedia Britannica Inc.）出版。《不列颠百科全书》在西方百科全书中享有盛誉，它与《美国百科全书》（Encyclopedia Americana，EA）、《科利尔百科全书》（Colliers Encyclopedia，EC）并称为三大著名的英语百科全书（百科全书 ABC）。其中，又以 EB 最具权威性，是世界上公认的权威参考工具书。

《不列颠百科全书》网络版（Encyclopedia Britannica Online，EB Online）作为第一部 Internet 网上的百科全书，1994 年正式发布。除包括印本内容外，EB Online 还包括 Britannica 的最新文章及大量印本百科全书中没有的文章，可检索词条达到 200 000 个。

4.6.4 考试学习类数据库

1．VIPExam 考试学习资源库

VIPExam 是一个收录海量学习资源（以试卷为主要载体）的数据库。VIPExam 数据库目前涵盖了英语类、计算机类、考研（含在职考研）类、公务员类、财经类、司法类、医学类、建筑与机械工程类、自考类、职业资格类、实用职业技能类等 12 大专辑 1523 小类热门考试科目，总题量已超过 12.4 万套，是目前国内试卷量最大的考试学习型数据库。另外，有手机版 VIPExam 考试库。

2．新东方多媒体学习库

新东方多媒体学习库是由新东方教育集团主办、新东方迅程网络科技有限公司制作的适合高校师生的系列在线教育产品，包含国内考试类、出国考试类、应用外语类、实用技能类、职业资格类 5 大系列 600 多门新东方精品课程，满足在校大学生考试升学、外语学习、出国、求职等多种实际需求。

3．环球英语多媒体资源库

环球英语多媒体资源库由出国留学类、学历考试类、英语应用类、职业英语类、小语种类 5 大系列几百门环球雅思精品网络课程组成，不仅涵盖 CET4、CET6、IELTS、TOEFL、GRE、GMAT 和研究生入学考试，以及德语、法语、日语、韩语、西班牙语的相关课程，还提供 BEC 商务英语、国际会计 LCCI、托业 TOEIC、博思等课程，满足在校大学生考试、外语学习、出国、求职等多种实际需求，是一个实用、高效、个性化的学习平台。

4.7 专利信息源

引子

屠呦呦青蒿素的专利故事

东晋时期《肘后备急方》最早记载着青蒿素治疗疟疾的方法。我国学者屠呦呦团队于 1972 年从中药青蒿中分离出抗疟有效单体，命名为青蒿素，这是世界上的重大发明。青蒿素原本可以成为我国自主品牌的世界名药，但是由于屠呦呦团队缺乏专利保护意识，在研发接近成果期的时候在国内外发表了一系列文章，却未将青蒿素物质本身申请专利权保护。而外国公司在此基础上将与青蒿素相关的衍生物、化学合成方法及化合物复方的发明创造申请了一系列专利，这使我国每年蒙受的经济损失达 2~3 亿美元。可以说，屠呦呦的青蒿素，赢了荣誉却输了利益，特别令人惋惜。

同学们，看了这个故事，你脑子里或许产生了很多疑问，比如到底什么是专利？专利真的能创造那么大的经济效益吗？发表论文和申请专利保护之间有什么关系呢？企业重视专利吗？在这一节，就让我们走近专利，了解与专利相关的基础知识，学习专利文献检索的各种方法。

4.7.1 专利基础知识

专利是十分重要的文献类型，用途广泛，直接影响到生产、生活和经济发展。当前，专利得到政府以及学术机构的重视，特别是对企业、商业组织来说更加重要。专利作为技术创新的重要标志，代表着一个国家或企业的技术水平和潜在的技术竞争力。专利竞争将成为全球企业竞争的一个制高点。参与专利竞争必须充分地利用好专利文献。专利检索使企业了解世界专利的动态，避免出现重复开发和资金浪费现象，对企业成长和竞争、国家资源节约意义重大。

1. 专利制度

专利制度是随着人类科技进步及商品经济的发展而逐步形成和发展起来的，专利制度的建立，经历了一个漫长的历史过程，迄今已有几百年的历史。

英国在 1624 年颁布了一部《垄断法》(Stature of Monopoly)，这部《垄断法》是公认的世界上第一部正式而完善的专利法，被视为专利法的始祖。它所建立的一些原则，包括不少条文，至今仍为大多数国家的专利法所采用。中华人民共和国第一部专利法于 1984 年 3 月 12 日诞生，1985 年 4 月 1 日正式实施生效。

专利制度最重要、最本质的特征是法律保护和公开通报。专利制度用法律的形式肯定了技术发明成果的财产属性和商品属性，用专利法来保护创造者对其发明创造成果的所有权，鼓励创造者以商品交换为目的，向社会公开其成果的实质内容。以科技进步来促进生产、发展经济，其社会功能体现在：鼓励人们从事发明创造，促进更多的新技术涌现；有利于国际间的技术贸易和技术交流活动；有利于发明创造的推广和应用，促进技术无偿转移。

2．专利和专利权

（1）专利的概念。专利是指国家以法律形式授予发明人在法定期限内对其发明创造享有的专有权。专利具有三种含义：专利权、专利技术（取得专利权的发明创造）、专利文献（主要指专利说明书）。这三种含义的核心是受专利法保护的发明创造，即专利技术，而专利权、专利文献是专利的具体体现。

（2）我国专利类型。中国《专利法》规定，可以获得专利保护的发明创造有发明专利、实用新型专利和外观设计专利三种，其中发明专利是最主要的一种。

① 发明专利，是指对产品、方法或者其改进所提出的新的技术方案。发明专利可分为产品发明，如机器、仪器、设计；方法发明，如制造方法、测量方法及特定用途的方法发明等。发明专利是三种专利中最重要、最高级的一种。

② 实用新型专利，是指对产品的形状、构造或者其结合所提出的适于实用的新技术方案。与发明专利相比，实用新型专利属于"小发明"或"小专利"。

③ 外观设计专利，是指对产品的形状、图案、色彩或者其结合所做出的富有美感并适于工业应用的新设计。这种设计可以是平面图案，也可以是立体造型，或者是两者的结合。

（3）专利权及其特征。

专利权从属于工业产权，工业产权又从属于知识产权。专利权是指专利权人对其发明创造依法享有的权利。专利权有三个基本特征，具体内容如下。

① 专有性。各国专利法都明文规定，专利权在保护国内对任何第三者都有普遍约束力。任何单位或者个人未经专利权人许可，不得以生产经营为目的制造、销售其专利产品。专利权人有权阻止他人对其专利权的侵犯行为。我国专利法同时也规定，国家有权对于重要的发明创造专利，或对国家利益或者公共利益具有重大意义而需要推广应用的专利，允许指定的单位实施。实施单位按照国家规定向持有专利权的单位或个人支付使用费。

② 地域性。专利法是国内法，不是国际法。专利局批准的专利只能在本国领土范围内有效，对他国无任何法律效力。因此，在某国已经取得专利权的发明，若在其他国没有取得专利权，其他国任何人都可以自由使用，不需要取得专利权人的许可，也无须支付使用费。

③ 时效性。专利权是一种有时间限制的权利。各国规定的专利权期限不一。我国专利法第45条规定：发明专利权的期限为20年，实用新型专利权和外观设计专利权的期限为10年，均自申请日起计算。

（4）授予专利权的条件。

一项发明被授予专利权的条件是具备新颖性、创造性和实用性。中国专利法规定，授予专利权的发明和实用新型，应当具备新颖性、创造性和实用性。授予专利权的外观设计，应当同申请日以前在国内外出版物上公开发表过或者国内公开使用过的外观设计不相同和不相近似，并不得与他人在先取得的合法权利相冲突。

① 新颖性。新颖性是指在申请日以前没有同样的发明或者实用新型在国内外出版物上公开发表过、在国内公开使用过或者以其他方式为公众所知，也没有同样的发明或者实用新型由他人向专利行政部门提出过申请并且记载在申请日以后公布的专利申请文件中。

判断新颖性的条件一般有三种：一是国际新颖性，即在国际范围内未公知公用的发明；二是国家新颖性，即在本国范围内未公知公用；三是相对国际新颖性，即在国际范围内未公知，本国范围内未公用。目前世界上大多数国家都采用第三种，即相对国际新颖性。

② 创造性。创造性也叫先进性，是指同申请日以前已有的技术相比，该发明有突出的实质性特点和显著的进步，该实用新型有实质性特点和进步。

③ 实用性。实用性是指该发明或者实用新型能够制造或者使用，并且能够产生积极效果。

（5）不授予专利权的主题。

因为发明的习惯概念大于专利法所定义的发明概念，所以绝大多数国家都在专利法中明确指出不授予专利权的范围。我国专利法第 5 条及第 25 条就明确规定了不授予专利权的主题。

第 5 条：对违反国家法律、社会公德或者妨害公共利益的发明创造，不授予专利权。

第 25 条：对下列各项，不授予专利权：科学发现、智力活动的规则和方法、疾病的诊断和治疗方法、动物和植物品种、用原子核变换方法获得的物质。

对动物和植物品种所列产品的生产方法，可以依照本法规定授予专利权。

4.7.2 专利文献

1. 专利文献的含义

广义的专利文献是各国专利局及国际专利组织在审批专利过程中产生的官方文件及其出版物的总称。作为公开出版物的专利文献主要有：专利说明书、专利公报、专利索引等。狭义的专利文献仅指专利说明书。

专利说明书是专利文献的主体，其主要作用一方面是公开技术信息，另一方面是限定专利权的范围。用户在检索专利文献时，最终要得到的就是这种专利文献全文。

2. 专利文献的特点

专利说明书作为专利授予的重要文献组成部分，具有以下特点。

（1）技术新颖，报道迅速。专利制度的优先权原则，使得发明人往往在发明完成的第一时间里提出专利申请。因此，90%以上的发明会很快地首先出现在专利文献中。所以，专利文献是跟踪技术创新领域最新进展的一个重要媒介。根据对多个专利权威机构的调查，一般80%以上的专利不会再以其他形式（如论文、会议等）发表。

（2）数量巨大，内容广博。据世界知识产权组织（WIPO）统计，目前世界上约有90个国家、地区、国际性专利组织用大约30种官方文字出版专利文献，每年全世界公布的专利文献约为150万件，累计至今达6300多万件，排除同族专利，记载的发明创造约1600万项，其内容几乎涵盖人类生产活动的全部技术领域。

（3）集技术、法律和经济信息于一体。专利文献不仅记载着发明的技术内容，而且记载着权利归属等法律状况。同时，从专利保护的国家、地区的地理分布，可以分析产品和技术的销售规模及潜在市场等情况。所以专利文献是将技术、法律、经济信息融为一体的重要信息源。

（4）格式统一，形式规范。各国出版的专利说明书文件结构一致，均包括扉页、权利要求、说明书、附图等几部分内容，并大多采用国际专利分类表划分发明所属技术领域，从而使各国的专利信息资源便于检索和共享。

3. 专利文献的结构组成

各国对专利说明书的格式、内容和要求，都有统一的规定，基本大同小异。中国的专利说明书采用国际上通用的专利文献编排方式（INID代码），说明书单行本依次由说明书扉页（标头）、权利要求书、说明书和附图所组成。

扉页上著录着文献号、申请号、申请日期、国际专利分类号、国别或机构、申请人、发明人、发明项目、文摘等。扉页上采用国际上统一的识别代码INID，如表4-6所示。

表4-6 INID代码及其含义对照表

INID	含 义	INID	含 义
11	专利号	54	发明名称
12	文件所属类别	55	关键词
19	公布专利的国家	57	摘要或权利要求
21	专利申请号	71	申请人
22	专利申请日期	72	发明人
30	国际优先权项	73	专利权人
31	优先申请号	74	专利代理人或代表人姓名
32	优先申请日期	75	发明人兼申请人

续表

INID	含　义	INID	含　义
33	优先申请国家或组织代码	80	国际组织项
43	未经审查或尚未授权的专利文献的公开日	81	PCT 申请制定国
44	审定公告日期	82	专利选择国
45	授权公告日	84	地区专利公约制定国
51	国际专利分类号（IPC）	85	PCT 申请进入国家阶段日期
52	本国专利分类号	86	PCT 国际申请的申请数据
53	国际十进制分类号	87	PCT 国际申请公布数据

权利要求书是限定专利受保护的技术范围及判定侵权依据的法律性文件。提供专利申请及请求保护的技术特征范围，一般是将发明创造的关键内容概括成条，一般至少有一项独立权利要求，还可以有从属权利要求，如图 4-38 所示。

CN 104896002 A　　　　权　利　要　求　书　　　　1/1 页

1. 频率可调复合减振器，包括设置在基础承载平台上的运动主机支脚和减振装置，其特征在于：所述减振装置分为上部减振装置和下部减振装置，所述减振装置设于具有内部腔体的基座，用于抑制低频振动的所述上部减振装置与用于吸收额外高频振动的所述下部减振装置串接；

所述上部减振装置包括柔性铰链组和预应力调节装置，所述柔性铰链组设置在所述基座的内部腔体，用于调节所述柔性铰链组固有频率的所述预应力调节装置与所述柔性铰链组连接，所述运动主机支脚固定在所述柔性铰链组的承重部。

2. 根据权利要求 1 所述的频率可调复合减振器，其特征在于：所述柔性铰链组包括纵向设置的连接侧板和横向设置在所述基座内的弹性钢片，所述连接侧板分别固定在所述弹性钢片的两端，所述预应力调节装置通过调节所述连接侧板与所述基座的内侧壁之间的距离，在弹性钢片上产生应力而改变所述柔性铰链组的刚度和固有频率。

3. 根据权利要求 2 所述的频率可调复合减振器，其特征在于：所述预应力调节装置包括调节螺栓，所述调节螺栓依次穿过所述基座的侧壁和所述连接侧板。

图 4-38　权利要求书

说明书正文是清楚完整地描述发明创造的技术内容的文件部分。发明专利的说明书正文包括发明背景、发明所属技术领域和技术特征等的详细描述；实用新型专利说明书的正文内容主要是权利要求部分；外观设计专利提供该设计不同角度的视图或照片，如图 4-39 所示。说明书附图则用于对说明书文字部分的补充，如图 4-40 所示。

图 4-39 专利说明书

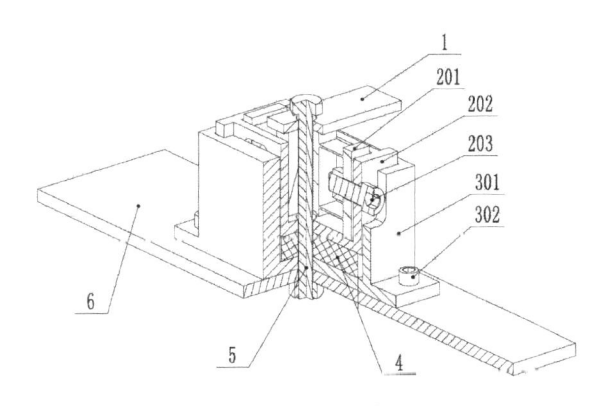

图 4-40 专利说明书附图

4．专利文献号码

（1）专利分类系统和分类号。

专利文献为公开的技术文献，适当的专利分类有助于大众的检索与利用，辅助科技创新。目前世界范围内所采用的专利分类体系主要包括世界知识产权组织（WIPO）使用的国际专利分类体系（IPC）、美国专利商标局（USPTO）使用的美国专利分类体系（USPC）、欧洲专利局（EPO）使用的基于 IPC 的欧洲专利分类体系（ECLA/ICO）、日本专利局（JPO）使用的基于 IPC 的日本专利分类体系（FI/FT）、韩国知识产权局（KIPO）和中国国家知识产权局（SIPO）使用的均为国际专利分类体系（IPC）。在上述各专利分类体系中，IPC 被广泛使用。

由于现有的这些分类系统各自都存在一定的局限性，没有一个全球性的专利分类系统以满足世界范围内各种对专利检索的需求。因此，2013 年 1 月 1 日，欧洲专利局和美国专利商标局启用合作专利分类系统（CPC）这一用于专利文件的全球分类系统。中国国家知识产权局于2013年6月同欧洲专利局签署首份有效期为3年的分类合作谅解备忘录，确定逐步引入CPC对中国专利文献进行分类，使其与国际专利分类体系（IPC）一起成为中国国家知识产权局的内部分类体系。下面将介绍IPC和CPC分类系统。

① IPC分类法。

国际专利分类法（International Patent Classification，IPC）是根据1971年签订的《国际专利分类拉斯特拉堡协定》编制的，是目前国际通用的专利文献分类和检索工具，已被100多个国家采用。在世界范围内公开的发明专利和实用新型专利文献基本都采用IPC分类法进行分类。同时，IPC是其他专利分类体系细分的基础，原来的欧洲专利局的ECLA分类、现有的合作CPC分类、日本专利局的FI分类都是在IPC的基础上发展起来的。

国际专利分类采取功能分类和应用分类结合、以功能分类优先的原则，国际专利分类表的内容设置包括了与发明创造有关的全部知识领域。共分为8个分册，每个分册称为一个部，用英文大写字母A~H表示。为了让使用者对部的内容有一个概括性的了解，帮助使用者了解技术主题的归类情况，部内设置了分部（Subsection）。分部只列出标题，而没有类号，如表4-7所示。IPC分类系统是由高至低依次排列的等级式结构，设置的顺序是：部、分部、大类、小类、大组、小组。

表4-7 国际专利分类表的部与分部

部号	部的类名	分 部
A	人类生活必需（农、轻、医） Human Necesstities	农业、食品与烟草、个人与家用物品、保健娱乐
B	作业、运输 Performing Operatons; Transporting	分离与混合、成型、印刷、交通运输
C	化学、冶金 Chemistry and Metallurgy	化学、冶金
D	纺织、造纸 Textiles and Paper	纺织和未列入其他类的柔性原料、造纸
E	固定建筑物 Fixed Constructions	建筑、钻井与采矿
F	机械工程、照明、加热、武器、爆破 Mechanical;Engineering;Lighting;Heating;Weapons;Blasting	发动机与泵、一般工程、照明与加热、武器与爆破
G	物理 Physics	仪器、核子
H	电学 Electricity	不设分部

IPC 分类号采用字母数字混合编排方式。IPC 形式为：部（1 个字母）大类（2 个数字）小类（1 个字母）大组（1～3 个数字）/小组（2～4 个数字）。一个完整的分类号由代表部、大类、小类、大组或小组的符号结合构成，如 H04L9/14。

<u>H</u>　　　　　　H 部（电学）
H<u>04</u>　　　　　大类（电通信技术）
H04<u>L</u>　　　　小类（数字信息的传输，如电报通信）
H04L<u>9/00</u>　　 组［保密或安全通信装置（扩频技术一般入 H04B1/69）］
H04L<u>9/14</u>　　 小组（使用特殊的密钥或算法[5]）（说明：[5]表示该类号是国际专利分类表第 5 版修订）

2010 年以后，国际专利分类表每年修订一次，并且每年 1 月 1 日执行新的分类表。目前使用的是 2016 年版国际专利分类表，约有 70 000 个分类号。大多数专利文献也随着新分类表的诞生而重新标引。

中国的发明专利和实用新型专利采用国际专利分类法，外观设计专利采用国际外观设计分类法。

② CPC 分类法。

目前，全球使用的专利分类体系主要有国际专利分类体系（IPC）、美国专利分类体系（USPC）、欧洲专利分类体系（ECLAICO）以及日本专利分类体系（FIF-term）。由于单独使用其中任何一种分类体系都存在局限性，为此，欧洲专利局（EPO）和美国专利商标局（USPTO）于 2010 年开始共同着手创建联合专利分类（Cooperative Patent Classification，CPC）。目前，世界上已有 45 个专利局开始使用该分类体系，2.5 万名审查员使用其进行检索。

CPC 分类条目多达 25 万条，CPC 分类表的编排参照 IPC 标准，形式上更接近 IPC 分类表。CPC 分类表分为 9 个部（A～H、Y），其中 A～H 部分别对应于目前 IPC 的 A～H 部，其 CPC 类号由主干类号（Main trunk）和引得码（Indexing codes）组成。主干类号既可标引发明信息，也可标引附加信息，由 ECLA 类号和镜像 ICO（Mirrored ICO）转换而成，共计 160 496 个，其中镜像 ICO 为有完全对应 ECLA 类号的 ICO 码，区别仅在于 ICO 首字母和 ECLA 首字母不同。引得码只能用于标引附加信息，由细分 ICO（Breakdown ICO）、垂直 ICO（Orthogonal ICO）和 IPC 引得码转换而成，共计 82 223 个，其中细分 ICO 为 ICO 码中的进一步细分小组，一般是对镜像 ICO 的细分；垂直 ICO 为单独存在的特定 ICO 码，此类 ICO 引得码""前的数字在 200 以上。Y 部是 CPC 分类表中比较特殊的部分，由 ICO 的 Y 部直接移植过来，共计 7330 个类号，主要用于标识新技术的发展，如上述各部的交叉技术。此外，还包括 UC 分类号中交叉文献的参考类号（XRACs）、别类类号（Digests）。Y 部类号的使用规则与引得码相同，也只能用于标引附加信息。

与现有 IPC 一样，CPC 同样包含"分类定义"。CPC 发行版共有 626 条 CPC 定义，以超过 5 万页的篇幅来提供有关如何使用 CPC 进行分类和检索的信息，使该体系完全清晰明了。该定义包含由 EPO 分类专家为每个技术领域所准备的附加信息，其中包含相关技术领域编辑有关分类实践的解释，这些定义会用于 CPC 的培训。

http://www.cooperativepatentclassification.orgcpcSchemeAndDefinitionstable.html，是 CPC 分类表和 CPC 定义正式版本发布的唯一网页，仅以英文发布。该网页时常更新，同时也提供有关培训课程（http://www.cooperativepatentclassification.orgTraining.html）。

（2）专利国别代码。

专利国别代码是指专利号之前的两个英文字母，如 CN（中国）、US（美国）、JP（日本）、DE（德国）、GB（英国）、WO（世界知识产权组织）等。

（3）专利申请号。

专利申请号是专利局受理某件专利时给的编号，用 12 位阿拉伯数字表示，即"申请年+专利类型+流水号"。按照由左向右的次序，专利申请号中的第 1~4 位数字表示受理专利申请的年号；第 5 位数字表示专利申请的种类，其中，1 表示发明专利，2 表示使用新型专利，3 表示外观设计，8 表示进入中国国家阶段的发明专利的国际申请，9 表示进入中国国家阶段的实用新型专利的国际申请；第 6~12 位数字（共 7 位）为申请流水号，表示受理专利申请的相对顺序；后面加小数点及一位计算机校验码，如 CN201510332816.9。

（4）专利号。

专利号是正式获得授权的专利的编号。我国的专利编号与申请号相同，仅在前面加上"ZL"，如 ZL200310100002。

4.7.3 专利文献的检索

1. 检索途径

专利文献检索系统一般会根据专利信息的特征提供多种检索途径和多个检索字段供选择，如表 4-8 所示。用户可根据已知条件选择进行单字段检索或多字段组合限定检索。

表 4-8 专利检索字段

途径	字段	用途
主题检索	名称、摘要、关键词等	最常用的检索途径。主题与名称检索可进行组合
分类检索	分类号、主分类号	利用国际专利分类法 IPC，检索相同技术主题的专利文献，提高查全率，适合专利查新检索
名称检索	发明人、申请人等相关自然人或者法人、代理机构	定期检索某发明人，跟踪其技术开发动态，根据检索结果，寻找企业需求的专家或可能的技术转让者
号码检索	申请号、公开公告号等	可参考各国法律和各专利组织规范

续表

途径	字段	用途
日期途径	申请日、公开日、公告日	可作技术发展时间的推算
地址途径	国籍、地址	申请人和（或）发明人国籍、地址、可显示地理及经营策略

2．专利文献检索工具

进行专利检索离不开检索数据库和检索工具，在具备了上述的专利文献基础知识之后，下面为大家整理了一些世界主要国家、地区、组织的知识产权和专利检索系统。

（1）商业性专利数据库。

① CNKI 的专利数据库（http://www.cnki.net）。

- 《CNKI 中国专利全文数据库》收录了 1985 年至今的所有中国专利，包含发明专利、实用新型专利、外观设计专利三个子库，准确地反映中国最新的专利发明。专利相关的文献、成果等信息来源于 CNKI 各大数据库。授权用户可以下载专利说明书全文。
- 《CNKI 海外专利摘要数据库》主要收录了 1970 年至今的国外专利的摘要信息，少量回溯。具体包含美国、日本、英国、德国、法国、瑞士、世界知识产权组织、欧洲专利局、俄罗斯、韩国、加拿大、澳大利亚、中国香港及中国台湾地区十国两组织两地区的专利，专利说明书全文链接到欧洲专利局网站查看。

② 万方数据知识服务平台中外专利数据（http://c.wanfangdata.com.cn/PatentIndex.aspx）。

中外专利数据库（Wanfang Patent Database，WFPD），收录 1985 年以来中国、美国、澳大利亚、加拿大、瑞士、德国、法国、英国、日本、韩国、俄罗斯这 11 个国家和世界专利组织、欧洲专利局这两个国际组织的 4500 余万项专利，年增 25 万条。授权用户可以下载专利说明书全文。

③ 德温特世界专利创新索引（http://info.thomsoninnovation.com）。

德温特世界专利创新索引（Derwent Innovations Index，DII）是世界上最全面的国际专利信息数据库，包含 1400 多万项基础发明和 2000 多万项专利，并提供部分专利全文的链接。DII 每周增加 1.5 万条专利文献记录，包括 Chemical、Electrical & Electronic、Engineering 三个子数据库。

（2）免费专利全文数据库。

① 各国专利局及专利审批机构官方网站。

a．中国国家知识产权局（http://www.sipo.gov.cn）。

中国国家知识产权局专利数据库主要包括以下免费查询系统：

- 专利检索与分析系统。该数据库收录了 1985 年 9 月 10 日以来公布的全部中国专利信息，包括发明、实用新型和外观设计三种专利的著录项目及摘要，并可浏览到各种说明书全文及外观设计图形。该数据库收录了 103 个国家、地区和组织的专利数据，以及引文、同族、法律状态等数据信息，其中涵盖中国、美国、日本、韩国、英国、法国、德国、瑞士、俄罗斯、欧洲专利局和世界知识产权组织等。

- 中国及多国专利审查信息查询系统。中国专利审查信息查询系统是为满足申请人、专利权人、代理机构、社会公众对专利申请的查询需求而建设的网络查询系统。用户分为注册用户和普通用户。注册用户可以查询该注册用户名下的所有专利申请的相关信息（基本信息、费用信息、审查信息、公布公告信息、专利授权证书信息）；普通用户指社会公众，可以通过输入申请号、发明创造名称、申请人/专利权人名称等内容，查询已经公布的发明专利申请，或已经公告的发明、实用新型及外观设计专利申请的相关内容（基本信息、审查信息、公布公告信息）。

多国发明专利审查信息查询服务可以查询中国国家知识产权局、欧洲专利局、日本特许厅、韩国特许厅、美国专利商标局受理的发明专利审查信息。用户登录本系统并进入多国发明专利审查信息查询界面，可以通过输入申请号、公开号、优先权号查询该申请的同族（由欧洲专利局提供）相关信息，并可以查询中国、欧洲、日本、韩国、美国的申请及审查信息。

- 中国专利公布公告查询。可查寻自 1985 年 9 月 10 日以来公布公告的全部中国专利信息，以及实质审查生效、专利权终止、专利权转移、著录事项变更等事务数据信息。可以按照发明公布、发明授权、实用新型和外观设计 4 种公布公告数据进行查询。

b. 美国专利与商标局（http://www.uspto.gov）。

该数据库由美国专利与商标局提供，分为授权专利数据库和申请专利数据库两部分。授权专利数据库提供了 1790 年至今各类授权的美国专利，其中有 1790 年至今的图像说明书、1976 年至今的全文文本说明书（附图像链接）；申请专利数据库只提供了 2001 年 3 月 15 日起申请说明书的文本和图像。

除了专利检索服务，美国专利与商标局还提供丰富的其他相关信息，如专利概述、专利申请、文献公布程序、US 专利分类体系等。

c. 加拿大知识产权局（http://www.cipo.ic.gc.ca）。

加拿大知识产权局（CIPO）负责加拿大多项知识产权的管理和实施事务，其负责范围包括专利、商标、版权、工业设计和集成电路布图设计。

数据库收录了自 1869 年以来的专利文件，其中公众可以检索到 1869 年以来的发明名称、申请人和分类号等著录项目信息。此外，数据库可以提供 1920 年 1 月 1 日以来的专利图形文件，并且 1975 年以后的图形文件还包括专利文件首页和摘要。

d. 日本专利局（http://www.jpo.go.jp）。

日本专利局已将自 1885 年以来公布的所有日本专利、实用新型和外观设计电子文献及检索系统通过其网站上的工业产权数字图书馆在因特网上免费提供给全世界的读者。该工业产权数字图书馆被设计成英文版和日文版两种。英文版收录自 1993 年至今公开的日本专利题录和摘要，日版收录自 1971 年至今的公开特许公报、自 1885 年至今的特许发明说明书、自 1979 年至今的公表特许公报等专利文献。

作为工业产权数字图书馆的工业产权信息数据，英文版网页上只有日本专利、实用新型和商标数据，日本版网页上还包括外观设计数据。

e．韩国知识产权局（http://eng.kipris.or.kr）。

韩国知识产权局（KIPO）于 1996 年成立于韩国工业产权信息服务中心（KIPRIS），并于 1998 年开始对外提供互联网专利信息检索服务，1999 年开始提供韩国专利、实用新型的英文专利文摘（KPA）对外检索服务。目前 KIPRIS 可以对外提供专利（包括专利和实用新型）检索、外观设计检索、商标检索、KPA 检索以及韩英机器翻译等服务（该功能收费）。

KIPRIS 检索系统收录了韩国自 1948 年以来公告的专利和实用新型数据，以及自 1983 年以来公开的专利和实用新型数据。

f．英国知识产权局（http://www.ipo.gov.uk）。

英国是世界公认的最早实行现代专利制度的国家。1852 年，英国政府设了英国专利局（UKPO）。2007 年，UKPO 正式更名为英国知识产权局（UK-IPO）。英国知识产权局有多种检索途径，每种途径收录的数据不同，不同的检索途径有不同的收录范围。

g．澳大利亚知识产权局（http://www.ipaustralia.gov.au）。

澳大利亚知识产权局网站（IP Australia）是由澳大利亚知识产权局（AIPO）建立的官方网站，网站向公众提供发明专利、外观设计专利和商标信息的检索服务。网站检索主要有澳大利亚专利数据检索系统（AusPat）和澳大利亚外观设计数据检索系统（ADDS）。

h．俄罗斯联邦知识产权专利商标局（http://www.rupto.ru）。

俄罗斯联邦知识产权专利商标局提供在线知识产权服务，公众可以通过网络对俄罗斯专利进行付费和免费两种形式的专利检索。

付费方式可以访问的数据库有：1924 年开始的俄罗斯发明专利全文数据库、俄罗斯实用新型全文专利数据库、俄罗斯工业设计数据库和俄罗斯商标数据库。免费方式可以访问俄罗斯发明专利文摘数据库、俄罗斯实用新型文摘数据库、俄罗斯集成电路数据库。

i．欧洲专利局数据库（http://worldwide.espacenet.com）。

欧洲专利局（EPO）是根据欧洲专利公约，于 1977 年正式成立的一个政府间组织，其主要职能是负责欧洲地区的专利受理和审批工作。EPO 是世界上实力最强、最现代化的专利局之一。从 1988 年开始，EPO 在因特网上建立了免费专利检索系统，用户可以便捷、有效地获取免费专利信息。

EPO 检索系统提供了 3 个数据库，分别是欧洲（EP）专利数据库，可检索在过去 24 个月内欧洲专利局公布的专利申请；WIPO 数据库，能检索由 WIPO 在过去 24 个月内公布的专利申请；全球（Worldwide）数据库，该数据库收录了 1826 年以来全球范围内 92 个国家的超过 8000 万件专利文献，包括题录数据、文摘、文本式的说明书及权利要求，扫描图像贮存的专利说明书的首页、附图、权利要求书及全文。

j. 世界知识产权组织网站数据库（http://www.wipo.int）。

世界知识产权组织（WIPO）成立于 1967 年，是联合国下属自筹资金的组织。网站的 PATENTSCOPE 数据库可以检索千万篇专利文献，其中包括几百万件已公开的国际专利申请（PCT）。

k. 欧亚专利组织（http://www.eapo.org）。

欧亚专利组织（EAPO）成立于 1996 年 1 月 1 日，总部设在莫斯科，包括行政理事会和欧亚专利局。该网站为欧亚专利系统服务。欧亚专利组织提供的资源包括该组织的发展历史、新闻、年度报告、专利检索等内容。

② 国内其他专利网站。

- 中国专利信息中心专利之星（http://search.patentstar.cn）。该网站可以检索全球 98 个重要国家和地区的专利文献和相关信息。注册后，部分功能才能使用，分析功能需要付费。可以下载全文。
- 专利云数据库（http://www.patentcloud.com）。专利云数据库包含中国、美国、韩国、日本、WIPO、欧洲等专利信息，免费注册后，可对检索结果进行分析。
- 国家重点产业专利信息服务平台（http://www.chinaip.com.cn）。国家重点产业专利信息服务平台主要提供对中国（大陆、香港、台湾）专利和国外（美国、日本、英国、德国、法国、欧洲专利局、WIPO、瑞士、俄罗斯等）专利的检索。可对十大产业专利进行分类导航，包括石油化工产业的中外专利。
- 上海知识产权信息平台（http://www.shanghaiip.cn）。上海知识产权信息平台包含 70 多个国家、国际组织和地区的专利文摘数据，总计 4000 多万条专利文献数据，是现有国内开放最为齐全的专利数据库系统；系统提供知识产权案例数据库、集成电路布图设计数据库、专利交易数据库以及深加工和初加工的专利数据库等知识产权信息资源。

（3）利用通用搜索引擎检索。例如，百度、Google 等的专利搜索。

（4）利用专利搜索引擎检索。

SooPAT（http://www.soopat.com）。SooPAT 曾经免费，目前部分免费。网站起初是完全免费的，前期主要依靠自有资金和 SooPAT 用户的捐献。普通用户仍然可以免费检索国内专利，但当检索新世界专利时，很多功能即被限制，另外每天浏览专利的数量有上限（50 个）。

SooPAT 提供中国专利和世界专利的搜索，其中世界专利包含 99 个国家和地区、超过 9500 万件专利文献，时间跨度超过 350 年。

3．专利检索实例

本部分通过一个具体的案例带领大家学习准确而全面地查找专利文献的巧妙方法。

【实例】检索"榨汁机"相关专利技术

第一步：在国家知识产权局专利检索与分析系统提供的常规检索方式中，利用"榨汁机"一词进行初步检索，如图 4-41 所示（说明：选择检索要素字段，系统将自动在标题、摘要、权利要求和分类号中进行检索）。

图 4-41　常规检索

第二步：阅读部分检索结果后发现，"榨汁"还可以表达为"压汁"、"挤汁"、"压榨"、"制浆"、"提汁"、"取汁"等，因此考虑将检索策略调整为"发明名称=(榨汁 OR 压汁 OR 挤汁 OR 压榨 OR 提汁 OR 取汁)AND 发明名称=(机 OR 器 OR 装置 OR 设备)"，在高级检索表单之下的编辑检索框中输入，如图 4-42 所示。

同时，在检索结果中还发现如图 4-43 所示的名称的专利。为了提高查全率，先找出榨汁机相对应的分类号再来检索。

第三步：在第一步的结果页中，单击左侧的"技术领域统计"，会看到如图 4-44 所示的按发明数量降序排练的分类号。把排名领先的 IPC 分类号取大组号表示，主要有 A47J19/00、B30B9/00、A23N1/00，对应的含义分别是：A47J19/00——过滤食品的家用机械、捣碎或过滤食品的家用机械（大量食品用的入 A23N）；A23N1/00——汁液提取机械或装置（非酒精饮料的制备，如向水果或蔬菜汁中加入配料，入 A23L2/00），制取饮料的设备入 A47J；B30B9/00——专门适用于特殊用途的压力机。据此，可考虑将分类号 A47J19/00 和 A23N1/00 纳入提高查全率的检索。

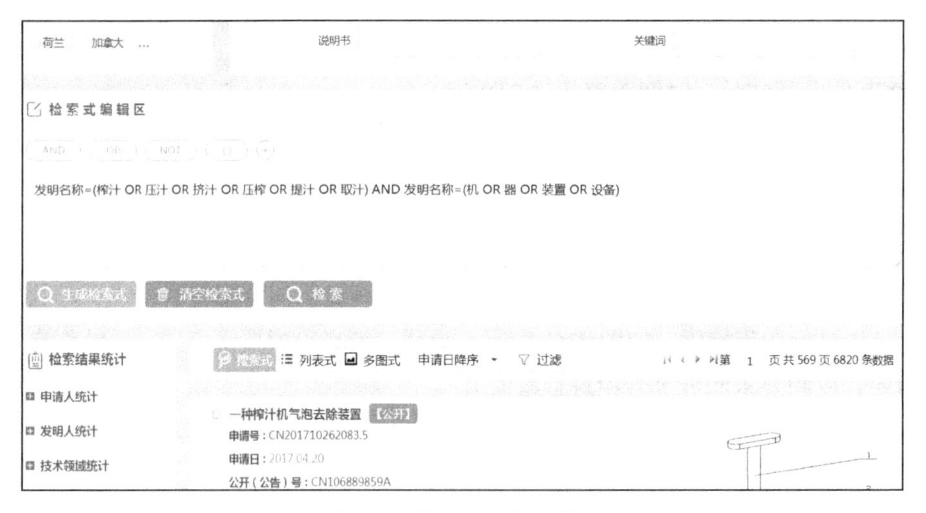

图 4-42　检索式及检索结果

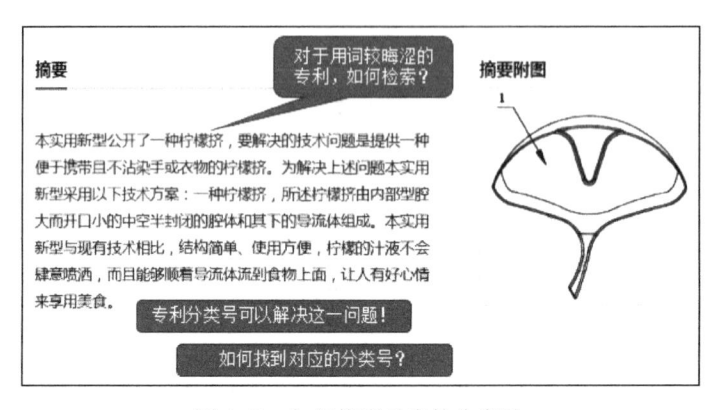

图 4-43　如何找到对应的分类号

图 4-44　查看 IPC 分类号

第四步：为了进一步提高查全率，可把第二步的检索式继续调整为(发明名称=(榨汁 OR 压汁 OR 挤汁 OR 压榨 OR 提汁 OR 取汁) AND 发明名称=(机 OR 器 OR 装置 OR 设备)) OR IPC 分类号=("A47J19/00" OR "A23N1/00")，如图 4-45 所示。

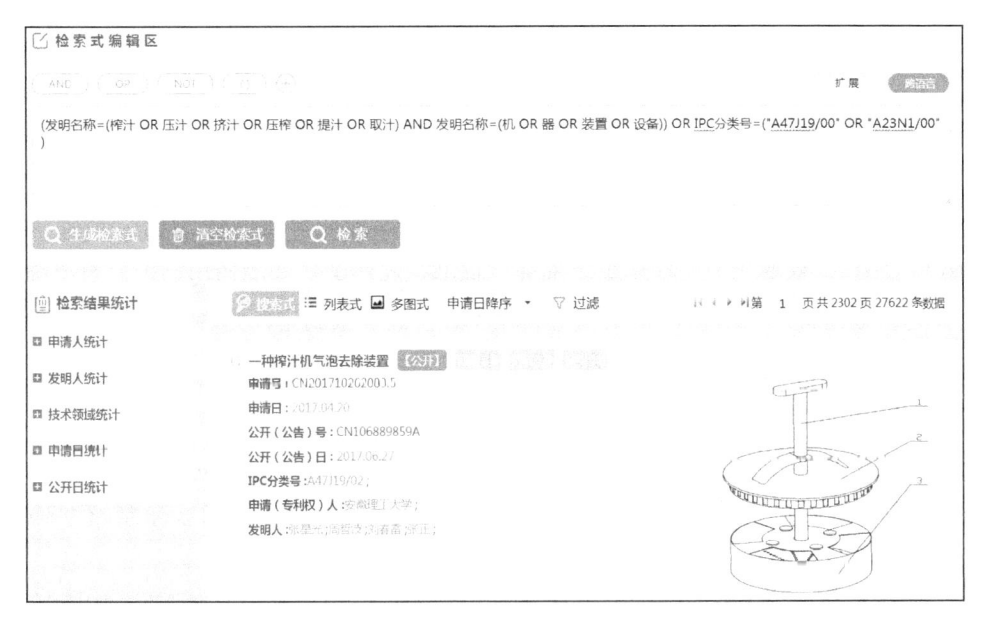

图 4-45 关键词与分类号结合，构建更全面的检索式

检索策略小结：进行专利检索之前，需首先针对欲检索的主题进行分析，制定初步的检索策略；其次通过阅读初步的检索结果，找出初始检索词的同义词、近义词，必要时可找出其对应的专利分类号，专利分类号是检索各国专利的一把通用钥匙；最后结合所有的关键词和专利分类号再次构建检索式，就叮以找到又全又准的相关专利。

4.8 标准信息源

引子

1864 年 4 月 21 日，美国一位叫作 William Sellers 的人提议了一个螺丝钉的标准，当时并没有在世界上引起多少反响，即使美国铁路局在 1883 年采纳了该标准，世界依然我行我素。二战时，美国发现带去的螺丝钉根本不能修理英国坦克，因为标准不一样。二战后，从头把交椅退下来的英国采纳了美国老大的螺丝钉标准，这让 William Sellers 的螺丝钉标准迅速在整个欧洲扩展开来，也为国际标准酝酿了土壤。

我们身边大约有 800 000 个标准。全世界总共有 200 多个组织负责制定国际间的标准。其中，超过 96% 的已经发布的标准都来自 3 个设在日内瓦的机构，它们分别是国际标准化组织、国际电气标准会议和国际电信联盟。今天，我们生活在一个标准的世界里，虽然你可能不在意什么标准，认为世界本该如此。

4.8.1 标准和标准文献

1. 标准的概念

标准化是为在一定的范围内获得最佳秩序,对实际的或潜在的问题制定共同的和重复使用的规则的活动,它包括制定、发布及实施标准的过程。我国国家标准 GB/T 20000.1—2014《标准化工作指南第 1 部分:标准化和相关活动的通用词汇》对"标准"的定义为:通过标准化活动,按照规定的程序经协商一致制定,为各种活动或其结果提供规则、指南或特性,供共同使用和重复使用的文件。

2. 标准的类型

(1)按使用范围划分,分为国际标准、区域标准、国家标准、行业标准、地方标准、企业标准和基础标准。《中华人民共和国标准化法》将我国标准分为国家标准、行业标准、地方标准、企业标准四级。

① 国际标准,是指由国际标准化或标准组织制定,并公开发布的标准,如国际标准化组织(1SO)标准、国际电工委员会(IEC)标准。

② 区域标准,是指由某一区域标准或标准组织制定,并公开发布的标准,如欧洲标准(EN)。

③ 国家标准,是指由国家标准化机构批准颁布、适用于全国范围的标准,如 GB/T 20163—2006。

④ 行业标准,又称团体标准,是指没有国家标准而又需要在全国某个行业范围内统一的技术要求,这种由行业标准化团体或机构制定、发布在某行业的范围内统一实施的标准是行业标准,如美国石油学会标准(API)。

⑤ 地方标准,是由一个国家地方部门制定并公开发布的标准,如北京市建设委员会制定并公开发布的标准。

⑥ 企业标准,又称公司标准,是指由企事业单位和部门或上级批准发布的适用于企事业单位和部门内的标准。一般来说,企业标准是企事业单位自行制定、发布的标准,也是对企业范围内需要协调、统一的技术要求、管理要求和工作要求所制定的标准,如美国波音飞机公司标准(BAC)。

⑦ 基础标准,是指在一定范围内普遍使用或具有指导意义的标准。

(2)按约束力和成熟程度划分,可以分为强制性标准(法定标准)、推荐标准、试行标准和标准草案等。

① 强制性标准,也称正式标准,是指完成标准全部审批过程,公开颁布执行的标准。这种标准具有法律约束性,即法规性,有关部门必须遵照执行。

② 推荐标准,也是正式审定、公开发布执行的标准,但它一般不具备强制性,只建议参照执行。企业有权制定和执行自己的标准。

③ 试行标准，是指内容不够成熟，有待在使用实践中进一步修订、完善的标准，修订后可成为推荐标准或强制性标准。

④ 标准草案，或称草案标准，它是指审批前由草案提出机构或草拟者拟订的供讨论并征求有关方面修改意见的标准。

（3）按标准化对象划分，通常分为技术标准、管理标准和工作标准三大类。

① 技术标准，指对标准化领域中需要协调统一的技术事项所制定的标准，包括基础技术标准、产品标准、工艺标准、检测试验方法标准、安全标准、卫生标准、环保标准等。

② 管理标准，指对标准化领域中需要协调统一的管理事项所制定的标准。管理标准包括管理基础标准、技术管理标准、经济管理标准、行政管理标准、生产经营管理标准等。

③ 工作标准，指对工作的责任、权利、范围、质量要求、程序、效果、检查方法、考核办法所制定的标准。工作标准一般包括部门工作标准和岗位（个人）工作标准。

3．标准文献的概念

标准文献指按规定程序制定，经公认机构批准，在一定范围内必须执行的规范性文件，具体包括标准、规范和技术要求。广义的标准文献指与标准化工作有关的一切文献，包括标准形成过程中的各种档案，宣传推广标准的手册及其他出版物，揭示报道标准文献信息的目录、索引等。标准文献的制定要通过起草、提出、批准、发布等，并规定出实施时间与范围。标准文献是准确了解一国社会经济领域各方面技术信息的重要信息源。

4．标准文献的特征

（1）权威性。标准文献以科学技术和实践经验为基础，一般由国际组织、国家机关、行业组织等制定和发布，因而具有权威性。

（2）编号统一、格式一致。每个国家对于标准的制定和审批程序都有专门的规定，并有固定的代号，标准格式整齐划一。

（3）约束性。标准文献是从事科学研究、科学试验、工程设计、生产建设、商品流通、技术转让和组织管埋的共同依据，在一定条件下具有某种法律效力。

（4）时效性。标准文献只以某时间阶段的科学、技术和经验的综合成果为基础，需要适应科技发展不断地修订、补充、替代或废止。各国的标准化机构都对标准使用周期及标准复审周期作了严格规定，通常标准平均时效为 5 年，标准复审周期为 3～5 年。

5．标准文献的作用

标准文献有利于企业或生产实现经营管理统一化、制度化、科学化。标准文献反映的是当前的技术水平，国外先进的标准可以为我们提高工艺技术水平、开发新产品提供参照。另外，标准文献还可以为进口设备的检验、装配、维修和配置零部件提供参考。

因此，标准文献可以说是世界重要的情报资源，为整个社会提供了协调、统一的标准规范，起到了解决混乱和矛盾的整序作用。具体来说，作用如下：

（1）通过产品标准，统一了产品的形式、尺寸、化学成分、物理性能、功能等，使产品品种得到合理的发展。

（2）通过生产技术、试验方法、检验规则、操作程序、工作方法、工艺规程等各类标准，统一了生产和工作的程序和要求，保证了各项工作的质量，使有关生产、经营管理正规化。

（3）通过安全、卫生、环境保护等标准，减少各类疾病的发生和传播，有效地保证人们的身心健康和财产安全。

（4）通过数学符号、代号、制图文件格式等标准，消除技术、语言障碍，加速科学技术的合作与交流。

（5）通过标准传播技术信息，介绍新的科研成果，加速新技术、新成果的应用和推广。

（6）促使企业实施标准，依据标准建立全面的质量管理制度，健全企业管理制度，提高企业科学管理水平。

6. 我国标准文献的编号方法

无论是国际标准还是各国标准，在编号方式上均遵循一种固定格式，通常为"标准代号+流水号+年代号"。例如，GB/T 18666—2002 表示 2002 年颁布的第 18666 号国家推荐标准。

（1）国家标准编号。我国国家标准及行业标准的代号一律用两个大写汉语拼音字母表示，编号由标准代号、顺序号和批准年代组合而成，如 GB 50157—2003 是"地铁设计规范"的国家标准号。

国家标准代号有强制性国家标准 GB、推荐性国家标准 GB/T、降为行业标准而尚未转化的国家标准 GB/*、国家指导性技术文件 GB/Z。4 种国家标准的编号形式结构分别为 GB XXXX—XXXX、GB/T XXXX—XXXX、GB/* XXXX—XXXX、GB/Z XXXX—XXXX。

（2）行业标准编号。根据我国"行业标准管理办法"规定，行业标准的代号用该行业主管部门名称的汉语拼音字母表示，如机械行业标准代号为 JB、化工行业标准代号为 HG、轻工行业标准代号为 QB、教育行业标准代号为 JY、农业行业标准代号为 NY 等。

强制性行业标准由"行业主管部门名称的汉语拼音首字母+顺序号+批准年代"组成，如轻工行业标准用 QB XXXX—XX 表示。推荐性行业标准由"行业主管部门名称的汉语拼音首字母+T+顺序号+批准年代"表示，如 QB/T XXXX—XX。

例如，我国的轻工业标准 QB/T 2741—2005：学生公寓多功能家具，本标准规定了学生公寓多功能家具的术语、定义和符号、分类、要求、试验方法、检验规则和使用说明、包装、贮存、运输。

（3）地方标准编号。地方标准在本行政区域内适用，不得与国家标准和行业标准相抵触。强制性地方标准的编号由"DB（地方标准代号）+省市代码+顺序号+标准颁布年代"组成，如 DB 42XXXX—XX 为湖北地方标准。推荐性地方标准由"DB（地方标准代号）+省市代码+T+顺序号+标准颁布年代"表示，如 DB42/T XXXX—XX。

（4）企业标准编号。企业标准编号由"代号Q+企业名称代码+顺序号+年份"组成。例如，企业代号为 LAB 的某厂，于 2008 年发布的《土壤调理剂》标准为该厂历年来发布的第三个标准，则该企业产品标准编号为：Q/LAB 003—2008。

7．标准文献的分类

标准文献的分类主要采用《中国标准文献分类法》和《国际标准分类法》。

《中国标准文献分类法》（Chinese Classification for Standards，CCS）由国家标准局于 1984 年编制，是目前国内用于标准文献管理的主要工具。该分类法由 24 个一级大类目组成，用英文字母表示，每个一级类目下分 100 个二级类目，二级类目用两位数字表示。一级类目如表 4-9 所示。

表 4-9 《中国标准文献分类法》一级类目

代码	名　称	代码	名　称
A	综合	N	仪器、仪表
B	农业、林业	P	工程建设
C	医药、卫生、劳动保护	Q	建材
D	矿业	R	公路、水路运输
E	石油	S	铁路
F	能源、核技术	T	车辆
G	化工	U	船舶
H	冶金	V	航空、航天
J	机械	W	纺织
K	电工	X	食品
L	电子元器件与信息技术	Y	轻工、文化与生活用品
M	通信、广播	Z	环境保护

《国际标准分类法》（International Classification for Standards，ICS）主要用作国际、区域性和国家以及其他标准文献的分类，是由国际标准化组织 ISO 编制的标准文献分类法。ISO 发布的标准 1994 年以前使用《国际十进分类法》（UDC），1994 年以后改用 ICS 分类。我国自 1997 年 1 月 1 日起在国家标准、行业标准、地方标准上标注新的 ICS 分类号。

ICS 是一部等级分类法，由三级类目构成。一级类包含 40 个标准化专业领域，各个专业又细分为 407 个组（二级类），407 个二级类中的 134 个又被进一步细分为 896 个分组（三级类）。《国际标准分类法》采用数字编号，第一级和第三级采用双位数，第二级采用三位数表示，各级分类号之间以实圆点相隔。ICS 一些二级和三级类类名下设有范畴注释和 / 或指引注释。一级类目如表 4-10 所示。

表 4-10 《国际标准分类法一级类目

代码	名称	代码	名称
01	综合、术语学、标准化、文献	49	航空器和航天器工程
03	社会学、服务、公司（企业）的组织和管理、行政、运输	53	材料储运设备
07	数学、自然科学	55	货物的包装和调运
11	医药卫生技术	59	纺织和皮革技术
13	环保、保健和安全	61	服装工业
17	计量学和测量、物理现象	65	农业
19	试验	67	食品技术
21	机械系统和通用件	71	化工技术
23	流体系统和通用件	73	采矿和矿产品
25	机械制造	75	石油及相关技术
27	能源和热传导工程	77	冶金
29	电气工程	79	木材技术
31	电子学	81	玻璃和陶瓷工业
33	电信、音频和视频工程	83	橡胶和塑料工业
35	信息技术、办公机械	85	造纸技术
37	成像技术	87	涂料和颜料工业
39	精密机械、珠宝	91	建筑材料和建筑物
43	道路车辆工程	93	土木工程
45	铁路工程	95	军事工程
47	造船和海上构筑物	97	家用和商用设备、文娱、体育

4.8.2 标准文献的检索

1. 标准文献检索途径

一般来说，标准文献主要使用标准编号、标准名称（关键词）和标准分类号三种检索方法，其中使用标准编号检索是最常用的方法，但需要预先知道标准号。而我们在检索标准文献时一般并不知道明确的标准号，只知道一个名称，这样就需要使用其他方法，如使用标准名称（关键词）进行检索。标准名称（关键词）检索有一个明显的优势，即只要输入标准名称中的任意有关词，就可以找到所需的标准，但前提是检索词要规范，否则就要使用标准分类号进行检索。

2．标准文献检索工具

（1）国内网站。

① CNKI 标准数据总库。CNKI 标准数据总库包括《中国标准数据库》、《国外标准数据库》、《国家标准全文数据库》和《中国行业标准全文数据库》。

② 万方数据知识服务平台的标准（http://c.g.wanfangdata.com.cn/Standard.aspx）。其包括中国标准、国际标准以及各国标准等 26 万多条记录。数据库每月更新，保证了资源的实用性和实效性。

③ 国家标准化管理委员会（http://www.sac.gov.cn）。中国国家标准化管理委员会（中华人民共和国国家标准化管理局）是国务院授权的履行行政管理职能、统一管理全国标准化工作的主管机构，提供国家标准全文（PDF 格式）的免费阅读检索。

④ 中国标准化研究院（http://www.cnis.gov.cn）。中国标准化研究院标准馆是中国标准文献中心，其标准文献收藏量为全国之最，藏有 60 多个国家、70 多个国际和区域性标准化组织、450 多个专业学（协）会的成套标准以及全部中国国家标准和行业标准共计约 60 多万件，还收集了 160 多种国内外标准化期刊和 7000 多册标准化专著，与 30 多个国家及国际标准化机构建立了长期、稳固的标准资料交换关系。检索结果显示简要记录，可查看详细记录，单击订购车可付费索取标准文献。

⑤ 标准网（http://www.standardcn.com）。标准网是由国家发展和改革委员会工业司主管，机械科学研究院中机联咨询中心维护的我国工业行业的标准化门户网站。该网站提供国家发展和改革委员会负责管理的轻工、纺织、黑色冶金、有色金属、石油、石化、化工、建材、机械、汽车、锅炉压力容器、电力、煤炭、包装、制药装备、黄金、商业、物流和稀土 19 个行业的行业标准管理与服务信息。收录行业标准约 2.2 万项，占全国行业标准总数的 65%；收录国家标准数量约 1.2 万项，占国家标准总数的 60%。该网站可免费检索。

⑥ 中国国家标准咨询服务网（http://www.chinagb.org）。该网站报道国际、国内技术标准方面的重大事态和标准制定、修订动态。其主要栏目包括标准查询、标准动态、标准法规、标准书目、立标动态、标准研究、标准论坛等。该网站可注册免费会员，提供标准全文订购服务。

⑦ 中国标准在线服务网（http://www.spc.org.cn）。该网站免费检索标准目录，向国内外用户提供及时、准确、权威的各类标准信息查询和全文服务。

⑧ 中华人民共和国环境保护部环境保护标准（http://kjs.mep.gov.cn/hjbhbz）。免费查询下载国家环境保护标准的全文，包括水环境保护标准、大气环境保护标准、环境噪声

与振动标准、土壤环境保护标准、固体废物与化学品环境污染控制标准、核辐射与电磁辐射环境保护标准、生态环境保护标准、环境影响评价标准。

⑨ 国家军用标准化信息网（http://www.gjb.com.cn/）。免费查询中国军用标准、美国军用标准、法国宇航标准、北约标准目录及北约出版物等的标准题录信息。

⑩ 中国测绘标准网（http://www.csms.org.cn）。国家测绘局网站，包含和测绘与地理有关的国际标准、国家标准、行业标准、技术规定、标准术语等信息。

除上述专门的标准检索网站外，还可以登录与标准、质量相关的网站，利用标准化期刊等，了解标准的修订、补充、勘误等信息。常用网站有：国家质量监督检验检疫总局（AQSIQ）、中国质量信息服务网（CQI）、石油工业标准化信息网（PSC）、中国环境标准网（ES）、中国电子工业标准化技术协会（CESA）、通信标准与质量信息网（PTSN）、中国通信标准化协会（CCSA）、食品法典委员会（CAC）、吉林省质量信息网（JLQI）、湖南省质量技术监督信息网（HN315）等。

（2）国外网站。

① 国际标准化组织。ISO 标准，即由国际标准化组织（International Organization for Standardization，ISO）制定的标准。该组织是世界上最大的国际标准化机构，负责制定和批准除电工与电子技术领域以外的各种国际技术标准。ISO 下设 146 个技术委员会（简称 TC），分别负责研究制定某一类标准。ISO 目录现采用国际标准分类表编排，包括 5 个部分：主题分类目录、字顺索引、标准号索引、技术委员会序号（TC 号）索引和废弃目录。中文版《国际标准目录》按 TC 号编排。

ISO 通过其网站提供 ISO 的所有已颁布标准。选择"ISO Store"，在检索 ISO 目录（Search the ISO Catalogue）输入框输入标准号或关键词检索所需标准；也可单击浏览 ICS（Browse by ICS）链接，在 ICS 分类列表中选择所需标准分类，浏览标准顺序号查找所需标准。标准内容包括标准号、英文题名、版本、页码、TC 编号、文摘、价格等信息。可在线订购全文。

② 国际电工标准化组织（IEC）。IEC 标准，即国际电工委员会（International Electromechanical Commission，IEC）制定的标准。该组织是世界上成立最早的国际电工标准化机构，主要负责制定、批准电工和电子技术方面的标准。目前 IEC 成员国包括了绝大多数的工业发达国家及一部分发展中国家。目前已经有 4600 多个国际标准。在 IEC 网站主页检索框直接输入关键词或短语，即可查询 IEC 制定或颁布的国际电工标准。

③ 国际电信联盟（International Telecommunication Union，ITU）。国际电信联盟是世界各国政府的电信主管部门之间协调电信事务的一个国际组织，也是联合国机构中历史最长的一个国际组织，于 1865 年成立。ITU 的实质性工作由国际电信联盟标准化部门（ITU-T）、国际电信联盟无线电通信部门（ITU-R）和国际电信联盟电信发展部门（ITU-D）

三大部门承担。其中，国际电信联盟标准化部门的主要职责是开发制定电信技术的全球标准。目前已经制定国际标准2800多个。提供简单检索和高级检索。

④ 世界标准服务网（World Standards Services Network，WSSN）。世界标准服务网是全世界标准化组织的公共服务门户网，在其网站列有IEC、IEC、ITU国际标准化机构，ISO和IEC的成员国标准机构，区域标准化组织的网站链接。

⑤ 美国国家标准学会（American National Standards Institute，ANSI）。ANSI成立于1918年，是非营利性的民间标准化团体。ANSI协调并指导美国全国的标准化活动，同时又起着美国标准化行政管理机关的作用。在网站主页选择"eStandards Store"，可通过关键词和标准号进行检索。可在线订购全文。该网站还提供ISO和IEC标准数据库浏览。

⑥ IEEE/IET Electronic Library（IEL）。该网站提供美国电气电子工程师学会（IEEE）和英国电气工程师学会（IEE）出版的标准信息检索。其主页设置了标准浏览查询，选择"+"符号可以查看标准的版本，单击标准数字即为标准详细信息。该网站提供作者检索、高级检索和引用检索。

查询其他国家和标准组织的标准文献，也可以直接登录相关网站，主要有：英国标准化组织（BSI）、德国标准化组织（DIN）、法国标准化组织（AFNOR）、日本工业标准委员会（JISC）、加拿大标准委员会（SCC）、加拿大标准协会、俄罗斯标准化协会（TOCTP）、瑞士标准化协会（SNV）、意大利标准化协会（UNI）等。

练习、讨论与思考

1．分别使用CNKI、万方、维普找出某个学科领域（如机械工业）的核心期刊，记录刊名、ISBN号及其他相关信息（如影响因子等）。

2．分别使用CNKI、万方、维普的高级检索方式，查找特定主题的文献。

3．学习使用CNKI、万方、维普的专家检索方式，练习检索式的编写，查找具体课题（如我国生物医药产业竞争力特征研究）。

4．数据库检索时，你学会了采用哪些方法来调整查准率和查全率？

5．使用CNKI或万方，查询我国装备制造业的发展现状的相关文献，了解近年来该研究领域的发展趋势。

6．利用读秀检索自己感兴趣的图书并阅读。

7．查找经济、金融相关数据信息，可以使用哪些资源？你更偏好怎样获取资源？

8．查找法律法规信息，可以使用哪些资源进行查找？

9．现有课题"移动机器人算法研究"，需要通过Compendex数据库查找近5年发表的相关文献。你如何制定检索策略？

10．熟悉使用 Web of Science，思考如何利用数据库发现并跟踪本学科热点研究。

11．使用 Elsevier SDOL 数据库，检索金属 3D 打印技术的相关文献，选择一篇你感兴趣的文献，翻译摘要、下载全文并阅读。

12．使用 ProQuest 学位论文全文数据库，查找制造业相关的国外学位论文，你如何检索？获得什么检索结果？

13．使用 EBSCO 查找新能源行业方面的研究报告。

14．想了解美国国会图书馆的艺术收藏资料，你如何获取？

15．我国专利有哪三种类型？专利申请要具备哪三个条件？

16．利用 IPC 分类检索查找核桃去壳（取仁）方面的专利，记录检索策略和结果数。

17．请查找出关于电梯或自动扶梯的国家标准，并记录检索策略和检索结果。

拓展与延伸（请扫描二维码浏览）

第 5 章

开放与免费资源，公平获取信息

信息公平是人们面对信息资源的获取和分配过程所产生的期望价值。人类社会发展至信息社会，信息公平自然成为人们所关注的核心目标之一。可以把信息公平区分为信息（资源）获取的公平和信息（资源）分配的公平。前者强调获取机会的公平，所有的人在法律允许的范围内都有获取相关信息的自由和权利；后者强调信息资源配置的公平，将人为因素的干扰降低到最低限度，使不同的信息主体可以对所需的信息资源各取所需。也就是说，要求信息主体通过自身的努力提高信息获取水平的能力，也要求社会为信息主体提高信息获取能力提供相关保障和救济。本章让读者了解多种开放与免费获取信息的方式和途径。

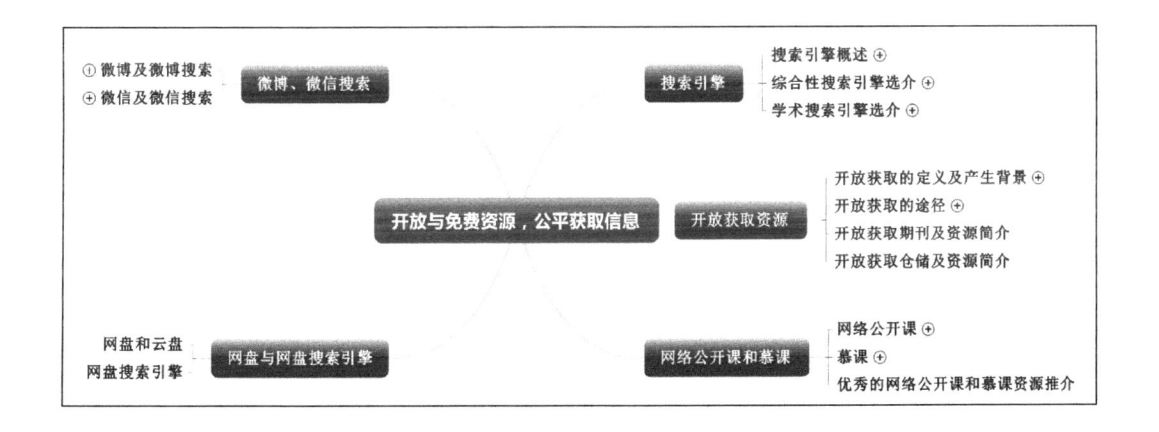

```
开放与免费资源，公平获取信息
├── 微博、微信搜索
│   ├── ⊕ 微博及微博搜索
│   └── ⊕ 微信及微信搜索
├── 搜索引擎
│   ├── 搜索引擎概述 ⊕
│   ├── 综合性搜索引擎选介 ⊕
│   └── 学术搜索引擎选介 ⊕
├── 开放获取资源
│   ├── 开放获取的定义及产生背景 ⊕
│   ├── 开放获取的途径 ⊕
│   ├── 开放获取期刊及资源简介
│   └── 开放获取仓储及资源简介
├── 网盘与网盘搜索引擎
│   ├── 网盘和云盘
│   └── 网盘搜索引擎
└── 网络公开课和慕课
    ├── 网络公开课 ⊕
    ├── 慕课
    └── 优秀的网络公开课和慕课资源推介
```

5.1 搜索引擎

互联网是一个广阔的信息海洋，包含大量零散的、无序的信息资源，就相当于一个大型的信息宝库、一个超大规模的图书馆。搜索引擎是一种互联网信息检索工具，在浩瀚的网络资源中，它能帮助用户漫游其间而不迷失方向，迅速而全面地找到所需要的信息。正确使用搜索引擎，可以让我们"大海捞针"不再难。

5.1.1 搜索引擎概述

1. 搜索引擎的概念

搜索引擎（Search Engine）是指根据一定的策略、运用特定的计算机程序搜索互联网上的信息，在对信息进行组织和处理后，为用户提供检索服务的系统。从使用者的角度看，搜索引擎提供一个包含搜索框的页面，在搜索框中输入词语，通过浏览器提交给搜索引擎后，搜索引擎就会返回与用户输入的内容相关的信息列表。这个列表中的每一条目代表一个网页，每个网页包含的元素有：标题、网址（URL）、关键词、摘要。有的搜索引擎提供的信息更为丰富，如时间、文件类型、文件大小、网页快照等。

2. 搜索引擎的工作原理

现代大规模、高质量搜索引擎一般采用三段式的工作流程，分别是网页搜集阶段、预处理阶段和查询服务阶段，在实践中这三部分是相对独立的。

（1）网页搜集。网站拥有者主动向搜索引擎提交网址。系统在一定时间内定向向那些网站派出"蜘蛛"（Spider）程序，扫描网站的所有网页并将相关信息存入数据库。大型商业搜索引擎一般都提供该功能。

（2）预处理。预处理主要包括四个方面：关键词的提取；重复网页（或称镜像网页，即内容相同、未进行任何修改的网页）或转载网页（Near-replicas，又称为近似复本网页，即主题内容基本相同但有一些额外的编辑信息的网页）的消除；链接分析和网页重要程度的计算；通过预处理建立索引数据库，保存搜集到的信息，将它们按照一定的规则进行编排。

（3）查询服务。搜索引擎接受用户提交的查询请求后，按照用户的要求检索索引数据库，找到用户所需要的资源，并返回给用户，列表显示摘要结果。目前，搜索引擎返回主要是以网页链接的形式提供的，通过这些链接指向用户所需网页。

3. 搜索引擎的类型

（1）按收录资源的范围划分，可划分为综合性搜索引擎和专业性搜索引擎。

① 综合性搜索引擎，资源涵盖各个学科、各种类型、各种语言和生产生活的各个领域，适用对象广泛，如 Google、百度、Bing、搜狗等。

② 专业性搜索引擎，是针对某一特定领域、特定人群或特定需求提供的有一定价值的信息和相关服务，也可称为专题搜索引擎、垂直搜索引擎或行业搜索引擎。其特点是"专、精、深"，且具有行业色彩，包括：收录某一地域范围资源的搜索引擎；收录某一个或几个特定学科领域资源的搜索引擎，如法律专业搜索引擎 Lawcrawler、临床医学英文资源的搜索引擎 Medical matrix、化学搜索引擎 ChemGuide 等；具有特定搜索功能的搜索引擎，如专门检索专利信息的中国 SooPAT 搜索、专门的视频搜索引擎 Blinkx；面向特定用户的搜索引擎，如 Google 推出的儿童专用的搜索引擎 Kiddle。

（2）按检索功能划分，可划分为独立搜索引擎和元搜索引擎。

① 独立搜索引擎，又称为单一搜索引擎或常规搜索引擎，它有自己的数据库，搜索时通常只检索自己的数据库，并返回查询结果。百度、Google、Bing、搜狗等均属此类。

② 元搜索引擎，又称多元搜索引擎或集成式搜索引擎（Meta Search Engine, Multiple Search Engine），是多个独立搜索引擎的集合，通过一个统一的用户界面，可同时对多个搜索引擎进行检索操作，即用户只需一次输入检索式，便可检索一个或多个独立搜索引擎。部分元搜索引擎支持检索结果去重功能。元搜索引擎具有扩大检索范围、避免多次访问不同搜索引擎、提高检索效率等优点。

独立搜索引擎与元搜索引擎的主要区别在于：前者拥有独立的网络资源采集标引机制和相应的数据库；后者一般没有独立数据库，多提供统一链接界面（或进一步提供统一检索方式和结果整理功能），形成一个由多个具备独立功能的分布式搜索引擎构成的虚拟平台。用户通过元搜索引擎实现对多个独立搜索引擎的数据查询、结果显示等操作。

此外，还可以按信息采集的方式，划分为机器人搜索引擎和人工采集搜索引擎；按内容的组织方式，划分为关键词搜索引擎和目录式搜索引擎。

5.1.2 综合性搜索引擎选介

据中国互联网络信息中心（CNNIC）在京发布的第 39 次《中国互联网络发展状况统计报告》调查显示，截至 2016 年 12 月，中国网民规模达 7.31 亿，相当于欧洲人口总量。其中，约有 6.02 亿（82.4%）网民使用过搜索引擎，年增长率达 6.4%。据 CNNIC 发布的《2015 年中国网民搜索行为调查报告》显示，中国 PC 端网民首选的搜索引擎依次是：百度（92.4%）、360 搜索（37.1%）、搜狗搜索（含腾讯搜搜）（32.5%）、Google（18.4%）。在全球范围内，根据市场研究公司 Net Applications 调查显示，2016 年 4 月 Google-Global（市场份额 71.44%）、Bing（市场份额 12.36%）、百度（市场份额 7.29%）、Yahoo-Global（市场份额 7.18%）成为搜索次数最多的搜索引擎。下面重点介绍百度、Google 和 Bing 等综合性搜索引擎。

1. 百度（http://www.baidu.com）

（1）简介。百度是目前全球最优秀、最大的中文信息检索与传递技术供应商。百度的起名，源于辛弃疾《青玉案·元夕》中的"众里寻她千百度"，象征着百度对中文信息检索技术的执著追求。百度公司（Baidu.com，Inc）由资深信息检索技术专家、超链分析专利的唯一持有人李彦宏及其好友徐勇博士于 2000 年 1 月在北京中关村正式创立。百度收藏超过百亿中文网页资源，成为世界上最大的中文信息库，提供网页、图片、视频、音乐、地图、新闻、词典等 18 种搜索服务，现为我国网民最常用的搜索引擎。

（2）检索方式和常用语法。百度提供基本检索和高级检索两种检索方式。基本检索简单方便，只需要在检索框中输入检索词，单击"百度一下"或按回车键，符合要求的结果就会被查询出来。同时，用户可根据需要在不同的功能模块（新闻、网页、贴吧、知道、音乐、图片、视频、地图等）进行切换。高级检索是一个多条件的组合搜索，通过各种条件限制（包括搜索结果、时间、文档格式、关键词位置、站内搜索等）可以满足用户的一些特殊需要，从而提高检索的查准率。百度同时支持布尔逻辑检索、字段限制检索、短语检索、相关搜索等，详细检索算符和规则如表 5-1 所示。

表 5-1 百度常用语法一览表

名 称	符 号	说 明
逻辑运算符	空格	逻辑与，各词之间用空格分开
	分隔符"|"	逻辑或
	英文状态下的"-"	逻辑非
词组检索	双引号""	双引号不出现在检索结果中，双引号中的内容在结果中完整出现，不被拆分
	书名号《》	书名号会出现在检索结果中，同时书名号中的内容在结果中不拆分
限制检索范围	site:	限定在特定的站点内检索
	inurl:	限定在网页的 URL（统一资源定位器）中检索
	intitle:	限定在网页标题中检索
	filetype:	限定检索文件类型，包括：DOC、XLS、PPT、PDF、RTF、ALL
备注		系统不区分大小写，所有字母和符号为英文半角字符

（3）检索结果。检索结果依据相关度进行排序，通过超链接分析技术、词频统计和竞价排名相结合的方式对网页进行相关度评价。每一条检索结果显示标题、摘要、网址、百度快照、评价等。标题或摘要中会显示检索词出现的上下文，并以红色字体着重显示检索词。评价汇聚了来自真实网友、行业专家、法律顾问、媒体的商家口碑内容，也有来自商家的反馈。在结果页的底端还提供相关搜索词的提示。

2. Google（http://www.google.com.hk）

（1）简介。Google 于 1998 年 9 月由斯坦福大学博士生拉里·佩奇（Larry Page）和谢尔盖·布林（Sergey Brin）创立，目前被公认为全球规模最大的搜索引擎，能提供数百亿网页的搜索服务。其中文名为"谷歌"，2010年年初退出中国内地。Google一词来自于"Googol"，是一个数学名词，表示一个"1"后面跟着100个"0"。Google公司对这个词作了微小改变，借以反映公司的使命，意在组织网上无边无际的信息资源。Google拥有100多种语言界面和35种语言搜索结果，提供网页、图片、学术文献、图书、专利等27种搜索服务。

（2）检索方式和常用语法。Google提供关键词检索方式。除了支持简单检索，还提供性能优良的高级检索。在高级搜索菜单中，用户通过检索文本框和下拉列表来确定检索条件，可从搜索结果、语言、文件格式、日期、字词位置、网域等几个方面限定检索范围。这些高级检索的功能也可以利用命令来实现，常用的检索命令组配和功能介绍如表5-2所示。

表5-2 Google常用语法一览表

名称	符号	说明	示例
逻辑运算符	空格	逻辑与，各词之间用空格分开	"计算机 网络"（搜索所有关于"计算机"和"网络"的网页）
	OR	逻辑或	"广东 OR 中山"（搜索有关"广东"或者"中山"的信息）
	-	逻辑非	"恒大-足球"（搜索所有包含"恒大"但不包含"足球"的网页）
词组检索	双引号""	严格按照引号中内容检索	"申请书范文"
限定检索范围	site:	限定在特定的站点内检索 关键词[空格]site:网址	"专升本 site:gdut.edu.cn"（表示在广东工业大学网站内搜索包含"专升本"一词的网页信息）
	inanchor:	限定在网页的anchor（锚，即超链接标记）中检索	"inanchor:人工智能"（返回的结果是导入链接锚文字中包含"人工智能"的网页）
	inurl:	限定在网页的URL（统一资源定位器）中检索	"inurl:midi 沧海一声笑"（返回结果的网页链接中含有midi，"沧海一声笑"出现在链接中或网页文档中）
	intitle:	限定在网页标题中检索	intitle:智慧城市
	filetype:	限定检索文件类型，支持的文件格式有XLS、PPT、DOC、RTF、WPS、WKS、WDB、WRI、PDF、PS、SWF等 句法：关键词[空格]filetype:文件扩展名	"网页制作 filetype:ppt"（搜索关于网页制作方面的幻灯片文件）
	link:	检索指向某网页的网页（在Google的网页库中检索）	"link:www.gdut.edu.cn"（搜索所有含指向广东工业大学 www.gdut.edu.cn 链接的网页）
备注		系统不区分大小写，所有字母和符号为英文半角字符	

（3）检索结果。Google 的检索结果按相关性排序，相关性的评判以网页评级为基础，在全面考察检索词的频率、位置、网页内容（以及该网页所链接的内容）的基础上，评定该网页与用户需求的匹配程度，并确定排序优先级，将其独创的网页评级系统（PageRank）作为网络搜索的基础。每条检索结果显示标题、网址、内容片段，有的还提供"cached"（网页快照）及网页翻译等链接。同时，系统自动对关键词的相关词进行分析并给出相关链接，便于用户查看相关词语的搜索结果。此外，搜索工具还提供将检索结果按语言、时间、检索词匹配程度进行筛选的功能。

3．Bing（http://cn.bing.com）

必应（Bing）是一款微软公司推出的用以取代 Live Search 的搜索引擎，于2009年6月3日正式在世界范围内发布，为符合中国用户使用习惯，Bing 中文品牌名为"必应"。必应的一大特色是每日提供首页美图，将来自世界各地的高质量图片设置为首页背景，并加上与图片紧密相关的热点搜索提示，使用户在访问必应搜索的同时获得愉悦体验和丰富资讯。必应目前提供网页、图片、资讯、视频、地图、词典、在线翻译、网典等10种搜索服务。

5.1.3　学术搜索引擎选介

学术搜索是搜索引擎运营商针对学术资源检索而推出的特色搜索引擎，其目的是将互联网上的各种免费资源与可获得的学术资源结合起来，更好地为学术研究者提供服务。为什么要单独推出学术搜索引擎？可引用前 Google 全球副总裁兼中国区总裁李开复的话来解释，这是因为"过去，在互联网上搜索学术资料是比较困难的一件事情，即使找到了，排序也不尽如人意"，以及"我们认为学术搜索是搜索中很特别的一部分，应当分开来单独处理"。目前推出学术搜索引擎的运营商较多，影响较大的有谷歌学术搜索、百度学术搜索、微软学术等。

1．谷歌学术搜索（http://scholar.google.com/）

2004年，谷歌推出学术搜索引擎，旨在"站在巨人的肩膀上"，为全球用户提供可广泛获取学术文献的简便方法。谷歌学术搜索（Google Scholar）收录期刊论文、学位论文、专业图书、预印本、文摘和技术报告等学术文献，搜索范围涉及医药、物理、经济以及计算机科学等诸多学科领域，覆盖面广、权威性强，已成为科技人员和教师、学生查找专业文献资料的重要工具。谷歌学术搜索的信息主要来源于机构网站（特别是大学网站）、开放存取的期刊网站、电子资源提供商（如 Google、ACM、Nature、IEEE、OCLC、万方、维普等）。此外，还可与图书馆进行资源的链接和查询。

谷歌学术搜索的特色有：可显示被引用信息（揭示文献之间的引用与被引用关系）；显示图书馆链接（用户可以搜索参加这一计划的图书馆馆藏资源目录，查看可供访问的资源链接，国家图书馆等多家图书馆参与了该项计划）；使用偏好设置（用户可以对界面语言、搜索语言、图书馆链接、结果显示数量和方式以及文献管理软件等项目进行个性化定制）。谷歌学术搜索的高级检索支持按主题、作者、出版物、日期等进行搜索。检索规则同 Google。

检索结果按照相关度排序，最有价值的信息优先显示。相关度排序综合考虑每篇文章的内容、作者、出版物以及被引用情况等因素。检索结果页面提供"最新文章"和热点作者的链接等。每条期刊论文记录显示标题、作者、期刊名、出版社、出版年份、来源数据库商、简要文摘信息，以及"被引次数"、"相关文章"、"网页搜索"、图书馆链接等。

2．百度学术搜索（http://xueshu.baidu.com/）

2014 年 6 月 13 日，百度学术搜索上线，旨在"保持学习的态度"，为用户提供海量中英文检索的学术搜索平台。百度学术搜索涵盖多个学科的学术期刊、会议论文、学位论文、图书、专利等，产品现集学术检索、学者主页、文献互助、论文助手、查重等特色服务为一体，旨在为海内外学者提供最全面的学术资源检索和最好的科研服务体验。百度学术搜索收录国内外学术站点超过 70 万家，包含大量商业学术数据库，如中国知网、万方、维普、Science Direct、Wiley、ACM、IEEE、EBSCO、Springer 等，以及百度文库、道客巴巴、豆丁网、开放获取资源、杂志社和高校的机构仓储等大量提供全文链接的网站，目前共计收录中外文学术资源总量逾 7 亿份，并处于持续增长中。

百度学术搜索提供基本检索和高级检索两种检索方式，与百度搜索的检索方式基本一致，高级检索可查找指定作者、出版物、时间、语种的文献。

百度学术搜索对检索结果进行了结构化提取处理，用户在结果页中间可以查看到题名、作者、文献来源、发表时间、文献摘要、关键词等信息，并提供文献下载、引用、收藏功能；结果页左侧对检索结果进行筛选/组织，可以按论文发表时间、领域、核心期刊、文献类型、关键词、作者、机构等聚类显示；结果页右侧给出检索词的百科词条解释和研究点分析。百度学术搜索目前对结果可按相关度、被引量、时间降序进行排序。单击"研究点分析"，可看到关键词的核心研究点分析，从研究走势、关联研究、学科渗透、相关学者、相关机构等方面，来满足论文写作过程中对学术文献的需求。

3．微软学术（https://academic.microsoft.com）

电脑巨商微软在 2016 年 5 月份公开发布了自己的人工智能学术搜索工具——微软学术（Microsoft Academic），取代了它的"前辈"微软学术搜索（Microsoft Academic Search），后者的服务在 2012 年被公司停止。微软学术可帮助用户全面、准确地查找学术论文、国际会议、权威期刊、研究专家及领域的专业学术资源，在查找英文文献特别是会议文献方面优势明显。微软学术与包括 Elsevier、Springer Nature、Wiley 在内的主流出版商合作，以确保检索结果覆盖自然科学、科技及医学（STM）各领域的 19 个大类超过 200 个子类的最优内容。为了方便用户使用，微软学术已嵌入必应搜索引擎，在必应首页就能找到。

微软学术检索页面提供 19 个学科领域的分类列表，学术机构、作者、学术会议和学术期刊的排行榜，近期的学术会议时间等栏目。当在搜索框输入检索词后，在结果页右侧可看到该词的学术解释，结果页左侧提供按时间筛选检索结果的功能，同时给出了作者、机构、学科、出版物、会议论文等的聚类浏览。检索出的文章列表给出了每篇文章的基本信息、来源信息（Souce）、引用情况、研究领域（Field of Study）。单击某篇文章进入后，又可以查看到这篇文章的参考文献及引证文献的链接，单击 Field of Study 后的条目，可看到关于该条目的相关知识介绍及该领域有影响力的文章。

4．比菲尔德学术搜索（http://www.base-search.net/）

比菲尔德学术搜索（BASE）是世界级海量内容的搜索引擎之一，专注于学术开放获取网络资源。比菲尔德大学图书馆负责 BASE 营运。BASE 提供超过 4000 个信息源的 8000 万份文献，读者能获取 70%经过索引后的文件全文。

BASE 的不同之处在于，它可以智能化地选取资源，而且只有符合学术质量和相关性等特殊要求的文件服务才被收录，也就意味着它收录的论文质量都很高。BASE 还能够以 DDC（杜威十进分类法）和文件类型进行浏览。

5．Scirus（http://xueshu.baidu.com/）

Scirus 由荷兰爱思唯尔公司（Elsevier Science）于 2001 年 4 月推出，专为搜索科学信息而设计。其信息源广泛，除包括大学网站、科学工作者的个人站点、学术会议等学术性网页外，还包括最新研究报告、同行评审期刊论文、专利文献、预印本等，覆盖农业、天文、生物、化学、计算机、经济、工程、数学、医学、社会学等各学科领域。

Scirus 支持布尔逻辑检索、精确检索和字段限制检索，检索途径有篇名、作者、期刊名称，其高级检索部分可设置信息发布时间、信息类型、文件格式、信息来源、学科领域等多个选项。Scirus 与图书馆、科研院所等机构合作，推出图书馆链接服务。

检索结果依据相关度（Relevance）排序，相关度主要与关键词和链接两个基本因素相关，前者主要考虑检索词的位置和出现频率；而一个网页被其他网页参考或链接得越频繁，其排序就越靠前。Scirus 在综合考虑这两个因素的基础上对结果的相关度进行评价。每条检索结果显示题名、文件大小、发布时间、文摘、网址、相关结果以及图书馆链接等。

6．360 学术搜索（http://xueshu.so.com/）

2014 年 8 月 16 日，360 学术搜索上线，旨在"博观而约取，厚积而薄发"，为用户提供海量中英文期刊论文搜索。目前 360 学术搜索已经收录国内外学术站点超过 2 万家，如中文学术站点知网、万方、维普，外文学术站点 AIM、IEEE、Springer 等。

360 学术检索页面简单，仅提供基本检索，支持关键词、人名、刊名检索，支持布尔逻辑（空格、+、-）检索。检索可限定时间筛选，检索结果可按相关度、时间、被引频次排序。

360 学术检索结果以列表形式将文献按默认相关度排序。每条记录含文献标题、作者、出处、来源数据库、摘要、被引频次等提示，支持标题、作者、引证文献、相关文章、搜索全网、更多版本链接某一条检索结果。单击"搜索全网"，即可得到收录与该检索结果标题相似的网页信息，实现学术信息与非学术信息联合搜索。

5.2 开放获取资源

现代信息技术的发展为我们提供了一种先进的信息传播手段和信息交流平台，并广泛涉及人类社会的方方面面。互联网使人们可以方便快捷地接收和传送信息，对 20 世纪的历史发展产生了重大影响，促使人类社会生活方式、交流方式、工作方式和发展状态的改变。

任何一项科学技术的研究与发明，都是社会成员的个体劳动或局部承担的科研活动的结晶。对于全人类来说，很有必要将少数人的成果变成全人类的共同财富，这就需要相互交流。学术交流正是传播科研信息的重要方式，这种传播方式可以不受时空的限制，在这个迅猛发展的信息技术时代，传统的基于学术出版模式的学术交流体系已经不能完全适应科研活动的要求，在一定的程度上阻碍了知识的交流与共享，因此，一种基于资源免费共享的开放理念的学术交流途径——开放获取应运而生。开放获取究竟为何物？又有什么魅力让《自然》、《科学》这样的世界学术期刊出版领域的大腕你追我赶、趋之若鹜？

5.2.1 开放获取的定义及产生背景

开放获取（Open Access，OA），其英文原意为"图书馆的开架阅览"，国内学者多翻译为开放获取、开放存取、公开获取、开放使用、开放式出版，也有中国台湾学者译为"公开取用"。Open Access 的实质强调的是信息资源的获取，而不是拥有，从这一角度来说，本书采用"开放获取"的译法。

1. 开放获取的定义

布达佩斯开放获取先导计划（Budapest Open Access Initiative，BOAI）给出的定义是：文献的"开放获取"，意味着它可以在公共网络上被免费获取，允许任何用户对该文献的全文信息进行阅读、下载、复制、分发、打印、检索、超链接，支持爬行器收割并建立本地索引、用作软件的输入数据、用于其他任何法律允许的用途。而在使用这些文献时用户不存在财力、法律或技术上的障碍，只需在获取文献时保持其完整性，而对文献复制和发布的唯一限制，或者说版权在该领域的唯一作用，就是给予作者控制其作品完整性及作品被正确理解和引用的权利。简言之，就是在线链接、免费使用、版权豁免。

从以上定义可以看出开放获取的特点：一是只提供学术交流的技术平台，对文献内容和形式都没有严格的限制，可以是图书、期刊、会议论文，也可以是文本、多媒体资料；二是向整个互联网范围内开放，可通过多种途径免费（或少收费）对同一文献进行检索、阅览；三是扩大了用户对文献的使用权限，只要注明相应的著作权信息，可以为教学、研究、学习等目的而公开复制、打印、利用、扩散、传递和演示；四是交流的直接性、交互性和时效性更强。作者、编辑、用户之间直接沟通，加快了文献处理速度，缩短了出版周期。

2．开放获取的产生背景

开放获取在 20 世纪 90 年代末发起，与开放获取活动（Open Access Movements，原为 Free Online Scholarship Movements）的兴起有直接关系。1998 年的自由扩散科学成果运动（也称"自由科学运动"）是较早提出的具有开放获取意向的倡议，它要求对于科学文献要减少版权条约中的限制条款，反对将作品复制权从作者转移给出版商。2001 年 12 月 1 日、2 日，开放社会研究所（Open Society Institute, OSI）在匈牙利的布达佩斯召集了一次有关开放获取的国际研讨会，并起草和发表了"布达佩斯开放获取先导计划"（Budapest Open Access Initiative，BOAI）。2002 年 2 月 14 日的"布达佩斯开放使用创始行动"会议上发起成立了开放社会组织（the Open Society Institute）。2003 年 10 月 22 日，德国、法国、意大利等国的科研机构在德国柏林联合签署了由德国马普学会发起的《柏林宣言》。在这些关于开放获取意向的运动背后，隐藏着三个根本原因。

（1）学术信息的获取危机。自从 1665 年世界上第一本科学期刊——《科学家杂志》在法国问世以来，学术期刊就是学术传播领域中最为重要的学术交流途径。研究人员一方面通过学术期刊了解相关的历史、现状和尚待解决的问题，在此基础上确定自己的研究方向；另一方面通过学术期刊发布自己的研究成果以供同行参考、讨论，同时确立自己的学术地位，提升职业影响力。学术期刊已经成为学术研究系统中不可缺少的要素。但是在过去 20 年里，学术期刊的平均价格比通货膨胀的增长速度快 4 倍，造成了科学信息的获取危机，即便是顶级学术研究机构也不能买得起所有的期刊，发展中国家由于经费紧张，情况更加艰难。为了应对这种获取危机，图书馆等信息服务机构不得不削减某些期刊、图书的订购，这种情况已严重影响了学术信息的交流与传播。同时，传统的学术交流体制越来越难以满足人们进行学术交流与传播的需求，明显存在能力不足问题，如学术内容单一，不能满足人们的多样需求；容量有限，难以保存越来越多的数字化成果；出版时间滞后，人们很难获得最新的学术信息。

（2）网络的运用使学术期刊出版和传播的成本大大降低。20世纪90年代，网络环境日益发达，通过互联网快捷的信息交流更能满足人们进行学术传播与交流的需要。开放获取作为一种新型的出版机制和学术信息共享的自由理念应运而生，从某种意义上来说，这也是一种新的学术交流运动。电子预印本和网络期刊开始成为学术交流的重要媒介。相对于传统的印本期刊需要编辑、印刷和发行等复杂程序，这种利用计算机和网络进行运作的模式使学术期刊出版和传播的成本大大降低。

（3）学术界的需求。作者方面，科研成果数量急剧增加，科研成果的数字化程度越来越高、形式越来越多样；资助者及所属机构方面，想借以扩大影响力及显示度；用户方面，想要获取最新的科研进展、成果与思想，并且要求信息的全面、准确、及时和价格在可承受的范围内。

开放获取的目的是推进利用互联网进行科学交流与出版，促进科学及人文信息的广泛交流，保障科学信息的长期保存和高效利用。开放获取主要针对学术期刊文章，但也在提供越来越多的论文、书籍章节和学术专著。

5.2.2 开放获取的途径

一般来说，实现开放获取主要有两种途径：一种是通过开放获取期刊（OA Journals），被称为"金色道路"（Gold Road）；另一种是通过作者自存档（Author Self-archiving），被称为"绿色道路"（Green Road）。

1. 开放获取期刊

开放获取期刊采用作者付费、读者免费的方式，作者向杂志投稿的同时要缴纳800~1500美元的费用，出版社可建立供读者免费获取的在线版本。著名的开放获取出版商有BMC（BioMed Central）和公共图书馆（PLoS）等。作者付费并不意味着在开放获取期刊上发表的学术论文水平会下降，根据ISI的研究，开放获取期刊与非开放获取期刊上发表的论文在影响力方面并无本质区别。而PLoS Biology的影响因子更是高达13.9，成为生物学领域很有影响力的期刊之一。

版权方面，开放获取期刊一般采取知识共享组织的Attribution协议，如PLoS和BMC期刊都使用CC Attribution协议。这意味着我们只要保留作者署名，即可对这些论文复制、传播、演绎，甚至作商业利用等。

2. 作者自存档

作者自存档是实现开放获取的另一种途径，作者仍然向传统期刊投稿，但与此同时（之前或之后）也将自己的论文以电子格式存放在专门的开放获取知识库（Open Access

Repositories）中供同行及公众阅读。最著名的开放获取知识库是 arXiv.org，这是一个存放物理学、数学、计算机科学和定量生物学领域内学术论文的电子文库。

有调查表明，目前采纳作者自存档方式公开自己的论文主要集中于物理学、数学和计算机科学领域。作者之所以对作者自存档存在疑虑，其主要原因可归纳为：① 担心自己的论文放到网络上后，会被不适当地利用，如被其他人剽窃、被人用于商业目的等。② 作者论文是在传统期刊发表（或即将发表）的，因此作者必然还受制于作者与出版商签订的版权转移协议。通常的限制措施有：只允许预印本的作者自存档，而不允许以论文发表后的格式存档；只允许在作者个人主页或学院主页上存档，而不允许在开放获取知识库中存档；只允许在论文发表半年到一年后存档，等等。

以下将针对两种途径分别介绍相应的资源。

5.2.3 开放获取期刊及资源简介

开放获取期刊（OA 期刊）是一种经同行评审、免费获取的网络型电子期刊。它与传统期刊的区别不在于期刊的载体是纸张还是数字媒体，而在于对期刊的访问方式和访问权限。开放获取期刊提倡的是用户利用互联网就可以不受限制地访问期刊论文全文。从读者访问权限的角度来看，OA 期刊可以分为完全 OA 期刊、部分 OA 期刊和延时 OA 期刊。如果期刊论文一发表，就为读者提供免费访问全文服务，那么这种类型的期刊就是完全 OA 期刊。最为严格意义上的 OA 期刊就是指这种完全 OA 期刊，而将部分 OA 期刊和延时 OA 期刊看成 OA 期刊与传统期刊的折中形式或过渡形式。

其出版模式较其他类型期刊有很大不同，编辑评审出版以及资源维护的费用不是由读者而是由作者本人或主办机构承担。开放获取期刊有两种形式：一种是传统期刊的开放存取法；另一种是新创办的电子版期刊。

据 ISI 发布的相关报告显示，开放获取期刊的种数按学科领域最多的为医学、生命科学，其次是物理、工程技术与数学、化学，而社会科学和人文科学较少，增长也比较缓慢。下面介绍一些主要的开放获取期刊。

1. DOAJ（http://www.doaj.org）

DOAJ 是由瑞典隆德大学图书馆（Lund University Libraries）主办、OSI 和 SPARC 协办的一个开放获取期刊目录检索系统。DOAJ 目前一共有 128 个国家和地区的 9456 种期刊被收录到了该目录中，其中 6653 种可以进行全文检索，是 OA 资源中很有影响的热点网站之一。DOAJ 资源覆盖 17 个一级学科，包括农业与食品科学、生物与生命科学、商业与经济学、化学、健康科学、语言与文学、数学与统计学、物理与天文学、技术与工程学、一般工程、艺术与建筑学、地球与环境科学、历史与考古学、法律与政治学、综合类目、哲学与宗教学、社会科学等，语种不限。提供刊名浏览（Browse by Title）和主题浏览（Browse by Subject）两种浏览方式，以及期刊名检索（Search Journals）、论文检索（Search Articles）两种检索方式。

2. HighWire Press（http://home.highwire.org）

HighWire Press 是全球较大的学术文献出版商之一，于 1995 年由美国斯坦福大学图书馆创立，自称拥有全球最大的免费全文学术文献库。数据库目前已收录电子期刊超过 2089 种，以收录生物医学专业的重要核心期刊为主，学科范围覆盖生命科学、医学、物理学、社会科学等，免费注册后即可使用。

3. BioMed Central（BMC，http://www.biomedcentral.com）

BMC 是英国伦敦生物医学中心很重要的开放获取杂志出版商之一，目前出版 279 种生物学和医学方面的开放获取期刊，范围涵盖生物学和医学的所有主要领域的 57 个分支学科。BMC 大多数期刊发表的研究文章都即时在 PubMed Central 存档并进入 PubMed 的书目数据库，方便读者检索与浏览全文。BMC 系统提供简单检索和高级检索两种检索方式，简单检索提供主题词、作者、期刊名称等检索字段。

4. Open J-Gate（http://openj-gate.org）

Open J-Gate 是 2006 年印度 Informatics 公司资助的 OA 领域的电子门户网站，已经搜集了 6000 余种学术、研究和工业期刊，其中 3800 余种是同行评审期刊。Open J-Gate 提供基于开放获取期刊的免费检索和全文链接。Open J-Gate 系统地搜集了全球约 3000 多种学术期刊，包含学校、研究机构和行业期刊，这些期刊是综合类的，也包含生物医学类期刊。其中超过 1500 种学术期刊经过同行评议。

5. PLoS（http://www.plos.org）

美国科学公共图书馆（Public Library of Science，PLoS）创立于 2000 年 10 月，是一个由众多诺贝尔奖得主和慈善机构支持的非营利性学术组织，旨在为世界各地的科学和医学领域的研究人员提供可免费获取的公共资源。PLoS 目前出版了 8 种生命科学与医学领域的开放获取期刊，均被 SCI 收录，可以免费获取全文，具有较高的影响力。

6. J-STAGE（https://www.jstage.jst.go.jp/browse）

日本电子科技信息服务（Japan Science and Technology Information Aggregator，Electronic，简称 J-STAGE），由日本科学技术振兴机构（Japan Science and Technology Agency，JST）开发，于 1999 年 10 月开始运作。系统收录了日本各科技学会出版的文献，包括电子期刊、会议录及研究报告等。收录文献以学术研究为主，涉及科学技术的各个领域。大部分期刊、会议录及研究报告可以免费浏览全文。学科范围包括数学、通信与信息科学、物理、自动化、化学与化工、地质、农业、地理、环境科学、电子、生物等。

7. SciELO（http://www.scielo.br）

SciELO 提供了 230 多种巴西网络版科技期刊，可通过刊名字顺、学科主题和期刊名称查找期刊，可按作者或主题浏览论文，也支持高级检索功能。论文全文为葡萄牙语或者英语。

8. COAJ（http://www.oaj.cas.cn）

中国科技期刊开放获取平台（China Open Access Journals，COAJ）由中国科学院主管，中国科技出版传媒股份有限公司主办，北京中科期刊出版有限公司承办。作为一站式的中国科技期刊 OA 集成平台和门户，它集中展示、导航中国开放获取科技期刊，强化科技期刊的学术交流功能，提升中国科技期刊的学术影响力，引领中国科技信息的开放获取。目前 COAJ 收录 654 种期刊，可检索 339 种期刊。

9. OALib（http://www.oalib.com）

开放获取图书馆（Open Access Library，OALib）致力于为学术研究者提供全面、及时、优质的免费阅读科技论文。论文领域涵盖数学、物理、化学、人文、工程、生物、材料、医学和人文科学等领域。目前已经存有 200 多万篇免注册、免费使用下载的英文期刊论文，这些论文大部分来自国际知名的出版机构，其中包括 Hindawi、PLoS One、MDPI、Scientific Research Publishing 和部分来自 Biomed 的高质量文章。

10. 开放阅读期刊联盟（http://www.cujs.com/oajs）

开放阅读期刊联盟由中国高校自然科学学报研究会发起，加入该联盟的中国高校自然科学学报会员承诺，期刊出版后，在网站上提供全文免费供读者阅读，或者应读者要求，在 3 个工作日之内免费提供各自期刊发表过的论文全文（一般为 PDF 格式）。读者可以登录各会员期刊的网站，免费阅读或索取论文全文。

11. SPARC（http://www.arl.org/sparc）

学术出版和学术资源联盟（the Scholarly Publishing and Academic Resources Coalition，SPARC）创建于 1998 年 6 月，它是由大学图书馆和相关教学、研究机构组成的联合体，本身不是出版机构。目前成员已经超过 300 多家，旨在致力于推动和创建一种基于网络环境的真正为科学研究服务的学术交流体系。

12. cnpLINKer（http://cnplinker.cnpeak.com）

cnpLINKer（中图链接服务）是由中国图书进出口（集团）总公司开发并提供的国外期刊网络检索系统。目前共收录了国外 50 多家出版社的 12 000 余种商业期刊、14 000 多种 Open Access 期刊、900 万篇目次文摘数据和全文链接服务、400 家国内馆藏 OPAC 信息，并保持时时更新。

5.2.4 开放获取仓储及资源简介

开放获取仓储（Open Access Repositories，简称 OA 仓储）是一种基于网络的免费在线资源库，库中的内容是作者通过"自存档"形式存入的。它一般由一个机构（特别是大学）或者一个学科组织建立，用户可以免费在库中检索和下载文章，也可以对文章发表自己的看法。OA 仓储可以存放学术论文（包括预印本、后印本及 E 印本等），也可以存放实验数据和技术报告等各种学术研究资源，也包括课件材料、学习资料、数据文件、音频和视频文件、机构记录或者其他任何类型的数字文件。OA 仓储主要有两种类型：一种是由机构创建的机构知识库（Institutional Repositories，IR）；另一种是按学科创建的学科知识库（Disciplinary Repositories，DR）。下面介绍一些主要的 OA 仓储资源。

1．DSpace 联盟工程

DSpace（数字空间）系统由美国麻省理工学院图书馆（MIT Libraries）和美国惠普公司实验室（Hewlett-PackardLabs）合作，经过两年多的努力，于 2002 年 10 月开始投入使用。该系统是以内容管理发布为设计目标，遵循 BSD 协议的开放源代码数字存储系统，可以搜集、存储、索引、保存和重新发布任何数字格式、层次结构的永久标识符研究数据。

DSpace 可以接受的数字化材料包括：论文与预印稿、技术报告、雇用证书、会议论文、电子论题、数据集（包括统计数据、地理信息数据、数学等）、图像（包括可视化图像、科学图表等）、声频文件、视频文件、学习对象、重定格式后的数字图书馆馆藏。DSpace 可以存储、管理和发布任何已经和未经出版的本地馆藏，保证印刷和数字文献的统一索引和定位。例如：

（1）剑桥大学机构知识库（http://www.dspace.cam.ac.uk），提供剑桥大学相关的期刊、学术论文、学位论文等电子资源。

（2）MIT Dspace（http://dspace.mit.edu），收录麻省理工学院教学科研人员和研究生提交的论文（包括已发表和待发表）、会议论文、预印本、学位论文、研究与技术报告、工作论文和演示稿全文等。

（3）香港科技大学图书馆 Dspace（http://repository.ust.hk/dspace），包括香港科技大学的学术论文、学位论文、研究报告等内容，均可免费获取全文。

（4）厦门大学学术典藏库（http://dspace.xmu.edu.cn/dspace），主要用来存储厦门大学教学和科研人员的具有较高学术价值的学术著作、期刊论文、工作文稿、会议论文、科研数据资料，以及重要学术活动的演示文稿等。

2．电子印本系统（e-Print Archive）

电子印本（e-Print）指以电子方式复制学术文献，一般包括预印本（Preprints）和后印本（Postprints）。预印本指科研人员在其研究成果未在正式出版物上发表之前，出于和同行交流的目的，自愿先在学术会议上或通过互联网发布的科研论文、科技报告等文献。后印本指内容已经经过出版部门审核，达到出版要求的文献。下面介绍几个影响力较大的预印本平台。

（1）arXiv（http://arxiv.org），是美国国家科学基金会和美国能源部资助，于1991年8月由美国洛斯阿拉莫斯国家实验室建立的一个电子预印本文献库。其建设目的在于促进科研成果的交流与共享，帮助科研人员追踪本学科最新研究进展，避免研究工作重复。2001年后arXiv转由美国康奈尔大学进行维护和管理。arXiv是世界上最大的电子预印本库，数据库内容涵盖物理、数学、非线性科学、计算机科学、数量生物学、数量金融学、统计学7个学科，我国在中科院理论物理研究所设有镜像站点，网址为http://cn.arxiv.org。

（2）中国预印本服务系统（http://prep.istic.ac.cn），是中国科学技术信息研究所与国家科技图书文献中心联合建设的以提供预印本文献资源服务为主要目的的实时学术交流系统，于2004年3月18日正式开通服务，学科范围涵盖自然科学、农业科学、医药科学、工程与技术科学、图书馆、情报与文献学等。该系统由国内预印本服务子系统和国外预印本门户（SINDAP）子系统构成。国内预印本服务子系统主要收藏国内科技工作者自由提交的预印本文章，可以实现二次检索、浏览全文、发表评论等功能。国外预印本门户子系统由中国科学技术信息研究所与丹麦技术知识中心合作开发完成，实现全球预印本文献资源的一站式检索，用户只需输入检索式，即可一次对全球知名的16个预印本系统进行检索，并可获得相应系统提供的预印本全文。

（3）中国科技论文在线（http://www.paper.edu.cn），是教育部科技发展中心建立的一个电子印本系统，旨在为科研人员提供一个方便、快捷的交流平台，提供及时发表成果和新观点的有效渠道，从而使新成果得到及时推广，科研创新思想得到及时交流。论文的专业领域涉及数学、物理学、天体物理与空间科学、化学与化学工程、地球科学、农业与生物学、生命科学、健康与医学、药物与毒理学、工程、能源与技术、环境科学与工程、力学、材料科学、计算机科学与信息技术、经济学与商务管理、其他学科及交叉学科等。除提供在线论文发表及本站论文检索功能外，还提供诸如名家精品、获奖论著、科技期刊、期刊预印论文及国内外著名信息资源库的介绍和链接。

（4）其他预印本平台。

- 电子和计算机科学预印本数据库：http://eprints.ecs.soton.ac.uk/。
- 有机农业预印本数据库：http://www.orgprints.org/。
- 化学预印本服务器（CPS）：http://www.chemweb.com/CPS/。
- E-print Network（电子印本网络）：http://www.osti.gov/eprints/。

3. D-Scholarship（http://diginole.lib.fsu.edu）

佛罗里达州立大学机构收藏库（the Florida State University D-Scholarship Repository）为佛罗里达州立大学的各个院系及其研究人员提供对自己的研究成果和教学资料实施自

我存档和自我管理的全面服务。从存储对象来看，D-Scholarship 仓储不仅存储论文的预印本，而且也涉及其他绝大部分基于电子格式的学术内容，包括工作文档、技术报告、会议录、实验数据、电子演示文稿、多媒体文件和简单的网络文献。

4. eScholarship（http://escholarship.org）

加利福尼亚大学机构收藏库（eScholarship Repositoryof California University）是由加利福尼亚数字图书馆创立的，包括已发表的论文专著、本校学术期刊、连续出版物、研究生研讨课资料等。eScholarship 提供免费全文浏览和下载，目前已有近 7000 种、140 万篇文献可提供下载。

5. OpenDOAR（http://www.opendoar.org）

OpenDOAR（Directory of Open Access Repositories）是由英国的诺丁汉大学和瑞典的伦德大学图书馆在 OSI、JISC、CURL、SPARC 欧洲部等机构的资助下于 2005 年 2 月共同创建的开放获取机构资源库、学科资源库目录检索系统，用户可以通过机构名称、国别、学科主题、资料类型等途径检索和使用这些知识库，它和开放获取期刊目录（DOAJ）一道构成当前网络免费全文学术资源（期刊论文、会议论文、学位论文、技术报告、专利、学习对象、多媒体、数据集、工作论文、预印本等）检索的主要平台。截至 2016 年 3 月，网站已经注册各类机构库 3048 个。

6. 中国科学院机构知识库（http://www.irgrid.ac.cn）

以发展机构知识能力和知识管理能力为目标，快速实现对本机构知识资产的搜集、长期保存、合理传播利用，积极建设对知识内容进行捕获、转化、传播、利用和审计的能力，逐步建设包括知识内容分析、关系分析和能力审计在内的知识服务能力，开展综合知识管理。

7. 香港大学学术库（http://hub.hku.hk）

香港大学学术库共有 16 万多篇的资源，其中有学位论文 2 400 多篇，都可免费下载全文。另外，还包括图书、图书章节、期刊文章、专利等。

8. TAIR（http://tair.org.tw）

台湾学术机构典藏库（Taiwan Academic Institutional Repository，TAIR）是中国台湾国立台湾大学图书馆接受"台湾教育部"委托而建立的台湾学术成果入口网站，综合了中国台湾绝大部分大学的典藏库资源。典藏库中现在有 99 所各类学术机构，可以进行综合查询，也可以进入到每所大学的典藏机构进行单独查询。

9. 香港八校机构仓储（http://hkir.ust.hk/hkir）

该库整合了香港中文大学、香港城市大学、香港浸会大学、香港科技大学、香港教育学院、香港理工大学、岭南大学、香港大学 8 所政府资助大学的机构知识库，由香港科技大学利用开源软件 Dspace 开发并维护。截至目前，该库收录学术资源近 30 万条，资源类型包括期刊论文、会议论文、学位论文、图书、专利、工作论文、PPT、视频等，具有按学科浏览、按作者浏览、一般检索、快速检索等功能。

10．中国高校机构知识库（http://ir.calis.edu.cn）

CALIS 机构知识库中心系统是"CALIS 三期机构知识库建设及推广"项目成果之一。该项目由北京大学图书馆、北京理工大学图书馆、重庆大学图书馆、清华大学图书馆和厦门大学五个示范馆联合建设。项目组与各高校协同工作，根据各高校的通用及特定需求，开发完成三套机构知识库系统：CALIS 机构知识库中心系统（CHAIR CENTRAL 版本）、CALIS 机构知识库本地系统开源版（CHAIR LOCAL 版本）、CALIS 机构知识库本地系统自主开发版（CHAIR RISE 版本）。CALIS 机构知识库中心系统提供机构知识库注册、元数据收割与检索浏览服务。CALIS 机构知识库本地系统提供机构知识库建设平台，具有登录注册、提交审核、权限管理、用户管理、数据管理和检索浏览等功能。CHAIR 本地系统作为项目成果，免费提供给 CALIS 成员馆使用，并提供技术支持与服务。

11．Socolar（http://www.socolar.com）

Socolar 是 OA 资源的一站式检索服务平台，中文网页，整合了世界上重要的 OA 资源，并提供 OA 资源的全文链接。平台收录了 6000 多种来自互联网的 Open Access 期刊、仓储等学术资源信息，收录目录可以用中图法分类和其他分类方式查找，提供一站式检索和链接服务。

12．GoOA（http://gooa.las.ac.cn/external/index.jsp）

GoOA 开放获取论文一站式发现平台由中国科学院立项启动，由中国科学院文献情报中心负责实施建设。GoOA 收录了经严格遴选的来自 120 多家知名出版社的 1900 多种 OA 期刊，均为即时 OA 期刊（包括原生 OA 期刊、由商业期刊转型的 OA 期刊）。GoOA 收录 OA 论文 27 万多篇，学科领域涉及自然科学领域及部分社会科学领域。资源特色包括：提供 OA 期刊和论文集成发现、免费下载，关联检索、知识图谱分析，OA 期刊投稿推荐，用户参与分享，提供 OAI 数据批量下载接口等。

这些年来开放获取作为一种新型的学术交流理念和机制，得到了长足的发展。开放获取的信息资源类型已经不仅仅限于最开始的学术期刊，还包括电子印本、电子图书、学位论文、会议论文、研究报告、专利、标准、多媒体、数据集、工作论文、课程与学习资料等。此外，还包括一些带 Web 2.0 特征的微内容，如论坛、博客（Blog）、维基（Wiki）、RSS 种子（RSS Feed）以及 P2P 的文档共享网络（File Sharing Networks）等内容，在此不一一展开介绍。开放的信息获取途径为科研成果的交流打开了一条快速的通道，从而使得学术的交流跨越了出版周期长的壁垒，同时也使得部分学术资源不再因高昂的图书资料购置经费而可望而不可即。

5.3 网络公开课和慕课

近年来随着信息技术的迅猛发展,特别是从互联网到移动互联网,创造了跨时空的生活、工作和学习方式,使知识获取的方式也发生了根本变化。"教"与"学"可以不受时间、空间和地点条件的限制,通过灵活和多样化的渠道获取。网络公开课和慕课就是其中最典型的两个代表。

5.3.1 网络公开课

1. 概念和起源

网络公开课是以网络为主要媒介进行传播和共享的公开课,它来源于常态课,是在公共环境下展示的公开课堂,目的是使更多的人能够通过网络平台共享全球优质的公开教育课程。最初的网络公开课是指美国麻省理工学院公布到网上的课堂实录录像。

网络公开课的含义涉及两方面的内容:第一,它是高校课堂教学实录,也即在自然课堂状态下的课堂实际录像;第二,它是直接公布到网上的课堂实录,仅供学习和传播。因此,网络公开课通过计算机网络操作来实现管理,这也是其与传统授课模式的本质区别。

2. 兴起和发展

网络公开课的理念起源于美国麻省理工学院,2001年该校校长提出网络课件开放工程,并率先将其学院的全部课程资源通过网络公布于众,让全球的任何网络使用者都可以免费下载。随后,剑桥、耶鲁、牛津、哈佛等世界各大名校纷纷效仿,在网上公布本校的课程资源,供学习者下载学习,有力地推动了开放教育资源运动的发展。2006年,美国巨头苹果公司利用其自身的技术优势创建了 iTunes U 学习频道,集中了美国多所知名高校的公开课资源,受到了大批学习者的追捧和喜爱。

我国网络公开课起步较晚,发展也相对落后。2003年,教育部推出"新世纪网络课程建设工程",但由于教学视频质量参差不齐,产生的反响并不是很大。直到2011年4月,复旦大学与网易联手建立网络公开课,以共享优质课程资源。随后,国内其他知名高校也纷纷加入网络公开课的行列,由此我国进入了网络公开课的快速发展期。近几年,人们对知识的渴求以及教育资源全球共享理念的提升,极大促进了国外优质课程资源翻译工作的发展,使得人们能够更顺利地观看国外高校的优质教学视频,学习国外的先进知识理念和教学模式。

5.3.2 慕课

1. 概念

慕课(MOOC),是2011年年末从美国硅谷发端而来的在线学习浪潮。"M"代表

Massive（大规模），与传统课程只有几十个或几百个学生不同，一门慕课课程动辄上万人，最多达 16 万人；第二个字母"O"代表 Open（开放），以兴趣为导向，凡是想学习的，都可以进来学习，不分国籍，只需一个邮箱，就可注册参与；第三个字母"O"代表 Online（在线），学习在网上完成，无须舟车劳顿，不受时空限制；第四个字母"C"代表 Course，即课程之意。

2．教学方式

慕课课程是定期开课，与学校的学期相似，错过开课时间就需要等下次再开课。课程视频通常很短，几分钟到十几分钟不等，更符合网络时代碎片化学习的特点。慕课的课堂进行当中，教师还会提若干小问题，必须答对问题才能继续跟随上课。慕课有作业、上交作业截止期限、有期末考试，通过考试会获得一张结课证书。如果在学习中有问题，则可以在课程论坛发帖求解，可能会得到来自世界各地的"学霸"的解答！

3．慕课与网络公开课的区别

从整体功能来看，慕课和公开课都是以网络学习为目的设计的，课程的参与者遍布全球，参与课程的人数众多，课程的内容可以自由传播，并允许师生、生生共同思考，合作解决问题，让学生在与他人的互动中，自然地建立起概念。它们既能适用于完全的在线课程，也可作为传统课程的补充。两者都具有支持网络学习的共性特点，但同时也有许多差异，如表 5-3 所示。

表 5-3　慕课与网络公开课的异同

	慕　　课	网络公开课
共同点	提供免费的网络在线学习资源	
不同点	不仅提供免费的优质资源，还提供完整的学习体验。在该平台上学习者可以进行学习、分享观点、做作业、参加考试、得到分数、拿到证书，其平台囊括学习的全过程	知名大学在网上提供的课堂实录，课程提供者不组织教学，也不会给学习者以评价

从表 5-3 可以看出，慕课与公开课的主要不同在于慕课提供了一个完整的学习空间社区，而公开课只是课堂实录，没有体现远程学习的强烈互动性。此外，它们的上课模式也有不同之处。

5.3.3　优秀的网络公开课和慕课资源推介

突破自身资源的局限，利用互联网资源进行学习，是一种方便、快捷、低成本的方式，值得大力提倡和推荐。

1．Coursera（https://www.coursera.org）

Coursera 是由斯坦福大学两位计算机教授创办的在线教育平台，其中一位是美籍华人。该平台与全球 29 个国家和地区的 147 所高等院校和科研机构合作,提供免费公开的在线课程。平台截至目前共有 1905 门课程,有 2200 万名学习者,课程涵盖计算机科学、经济和金融、生命科学、人文、社会科学、医学、工程和教育等多个学科,其中有 29 门课程以中文授课,约 200 门课程有中文字幕。目前,Coursera 已经成为提供开放课程数量最多、规模最大、覆盖面最广的免费课程在线学习平台,在国内的多个平台可以观看 Coursera 的课程。

2. Udacity（https://cn.udacity.com）

Udacity 是由斯坦福大学的三位教授最早创建的一个 MOOC 平台,它是一个自学编程网站,2016 年 4 月正式进军中国,中文名字叫优达学城。我们可以在该网站上面学习 HTML、CSS、JavaScript、Python、Java 和其他编程语言,其课程大都是由硅谷著名公司（Google、Facebook 等）的技术专家来教学,而且很多课程都有翻译字幕。目前在优达学城平台上的课程分为两类:纳米学位及免费课程。一个纳米学位一般需要每月支付 980 元人民币。

3. edX（https://www.edx.org）

edX 是麻省理工和哈佛大学联手创建的大规模开放在线课堂平台,旨在为全球提供来自哈佛大学、麻省理工学院、加州大学伯克利分校、清华大学、北京大学、香港大学、香港科技大学等全球顶尖高校及组织的慕课（大规模在线公开课）。课程主题涵盖生物、数学、统计、物理、化学、电子、工程、计算机、经济、金融、文学、历史、音乐、哲学、法学、人类学、商业、医学、营养学等多个学科。国内顶尖高校北京大学、清华大学等有联合上线课程。目前平台开设了 1276 门课程,其中中文课程 43 门。希望获得课程的认证资格证书的用户需要交纳费用,其他用户均免费。edX 的课程教学视频依托于 YouTube。

4. 学堂在线（https://www.xuetangx.com）

清华大学自主研发的 MOOC 平台,相对于国内其他慕课平台起步都要早一些。目前,学堂在线运行了包括清华大学、北京大学、复旦大学、斯坦福大学、麻省理工学院、加州大学伯克利分校等国内外几十所顶尖高校的优质课程,涵盖计算机、经管创业、理学、工程、文学、历史、艺术等多个领域。截至 2016 年 10 月,学堂在线注册用户数达到 500 万,选课数 690 万人次,运行的课程数量已经超过 1000 门。

5. 中国大学 MOOC（http://www.icourse163.org）

中国大学 MOOC 是中文慕课界的 Coursera,是网易和高教社合办的网站,主要引进 985、211 高校课程。国家精品课程"爱课程网"是其课程提供方之一,也有中国台湾新竹清华大学这类名校。目前运行课程达 2269 门,有 1970 多万名学员在该平台学习。该网站免费、访问速度快。

6. 好大学在线（http://www.cnmooc.org/home/index.mooc）

好大学在线是上海交通大学出品的慕课课程，课程包括北大、交大、香港科技大学、中国台湾新竹大学等 71 所合作高校的 377 门课程，内容涵盖工学、理学、文学、法学、经济学、管理学、教育学等多个学科，课程学习全免费。

7. MOOC 学院（http://mooc.guokr.com）

MOOC 学院是北京果壳互动科技传媒有限公司创立的 MOOC 学习社区，号称中文互联网内最大的 MOOC 学习社区。MOOC 学院是 Coursera 的全球翻译合作伙伴，与 edX、Udacity、Futurelearn、iversity、清华大学"学堂在线"、台湾大学 MOOC 项目组、复旦大学等教育组织建有长期合作关系，探索华语 MOOC 的发展。在 MOOC 学院，可以获得多个 MOOC 平台的最新课程资料和课程推荐，还可以进行课程、讨论&笔记、演讲等几种不同类型的学习资料的搜索。可以说，MOOC 学院是一个慕课平台聚合网站。

8. 爱课程网（http://www.icourses.cn）

爱课程网是教育部、财政部"十二五"期间启动实施的"高等学校本科教学质量与教学改革工程"支持建设的高等教育课程资源共享平台，集中展示"中国大学视频公开课"和"中国大学视频共享课"，并对课程资源进行运行、更新、维护和管理。爱课程网的课程学习都可以通过中国大学 MOOC 网进行学习，即在爱课程网单击课程学习，可以使用中国大学 MOOC 网的账号进行。可以说，爱课程网是一个精品公开课程共享系统。

9. 慕课网（http://www.imooc.com）

慕课网（IMOOC）的标签是"国内最大的 IT 技能学习平台"，由北京慕课科技中心创立。以独家视频教程、在线编程工具、学习计划、问答社区为核心特色，课程涵盖前端开发、PHP、HTML5、Android、iOSt 等 IT 前沿技术语言，从基础到进阶、到高级，从实用案例到高级分享，为 IT 学习者提供了一个迅速提升技能、共同分享进步的互联网在线学习平台。

10. MOOC 中国（http://www.mooc.cn）

MOOC 中国致力于向国内学习者分享最好的慕课，从网络海量的教育资源中挑出和推荐最有价值的 MOOC 课程，报道最新的在线教育资讯。

11. 华文慕课（http://www.chinesemooc.org）

华文慕课是由北京大学和阿里巴巴主办，服务于全球华人的慕课平台，主要以华语课程为主。目前北京大学老师录制的课程有 58 门，中国台湾大学 1 门，未来更多课程将会涉及中国香港、新加坡等地。

12. Khan Academy（https://www.khanacademy.org）

Khan Academy，即可汗学院，是由孟加拉裔美国人萨尔曼·可汗创立的一家非营利性教育组织。可汗学院的课程由10多分钟的小视频组成,大部分内容相对基础,其涉及数学、历史、金融、物理、化学、生物、天文学等科目。可汗学院的教学模式更接近于公开课的模式,讲课人从不出现在屏幕前,只有电子黑板系统出镜。

可汗学院仅提供了英语教学课程,一部分课程提供中文字幕服务,官方也在继续招募志愿翻译。另外,可汗学院在中国同网易展开合作。在网易公开课的网站上,可以看到一部分经由网易提供字幕的课程。

13. TED（http://www.ted.com）

TED（Technology、Entertainment、Design 在英语中的缩写,即技术、娱乐、设计）是美国的一家私有非营利性机构,该机构以它组织的 TED 大会著称,这个会议的宗旨是"值得传播的创意"。TED 演讲涉及各个领域的各种见解,从 2006 年起,TED 演讲的视频被上传到网上。中文版在网易公开课平台。

14. Alison（https://alison.com）

Alison 网站的课程种类十分丰富,从商业到语言应有尽有,每门课程的介绍都十分详细,可以很快筛选出这门课程是否适合自己,还可以通过下方评论对课程有更准确的了解。

15. 网易云课堂

网易云课堂是网易公司倾力打造的在线实用技能学习平台,相当于国内版 Udacity。课程涵盖实用软件、IT 与互联网、外语学习、生活家居、兴趣爱好、职场技能、金融管理、考试认证、中小学、亲子教育等十余大门类。通过实践性强的 IT 类收费课程学习,帮助用户掌握岗位技能,也提供企业的就业推荐。

16. 网易公开课（http://open.163.com）

网易公开课是网易推出的全球名校视频公开课项目,使用户可以在线免费观看来自于哈佛大学等世界级名校的公开课课程,可汗学院、TED 等教育性组织的精彩视频,致力于为爱学习的网友创造一个公开的免费课程平台。

17. 百度传课（http://www.chuanke.com）

百度传课是百度旗下的在校教育平台,致力于用互联网的方式来打破中国教育资源地域分布的不平衡,精心打造在线课程发布网站、直播互动教室,提供在线直播互动的一站式全方位的专业教育服务。百度传课采取网络互动直播和点播的授课模式,突破地域和时间的限制,为广大的学生群体提供高效便捷的网络学习渠道,推出高质量的线上精品课程。

18. 腾讯课堂（https://ke.qq.com）

腾讯课堂是腾讯推出的专业在线教育平台,聚合优质教育机构和教师的海量课程资源。

19．腾讯精品课（http://class.qq.com）

腾讯精品课是腾讯推出的集点播和直播于一体的在线课程学习平台，包括考试、培训、社会公开课和高校公开课四大类。

20．YY教育（http://edu.yy.com）

YY教育是2011年6月基于全球最大的团队语音工具"YY"而推出的互动网络教学平台。

21．多贝（http://www.duobei.com）

多贝是目前中国总量最大、时长最多、生产速度最快的网络公开课平台，是一个教育C2C网站。

22．好知网（http://www.howzhi.com）

好知网致力于打造一个终身学习平台，是基于兴趣爱好的一个在线学习平台，可以分享或学习摄影、乐器、健身、手工、情感等各种有趣的课程。

23．我要自学网（http://www.51zxw.net）

我要自学网是由来自电脑培训学校和职业高校的老师联手创立的一个视频教学网站，是一个技能学习平台。

24．doyoudo（http://doyoudo.com）

doyoudo主要是一个创意设计软件学习平台。

5.4 网盘与网盘搜索引擎

网盘，是目前非常流行的在线文件共享方式。很多人会把自己搜集的软件、游戏、资料、视频、动漫、电影、音乐、PDF电子书等放在网盘上，这些由千千万万网民上传的内容组成了一个非常巨大的资源宝库，并且其中的优秀资源越来越多，特别是一些论坛、博客推荐的资源，大多保存在网盘中。但是网盘服务网站通常不提供检索功能，通用网络搜索引擎Google、百度也没有对网盘资源进行专门的索引，检索效果不理想，往往出现信息纷杂、良莠不齐、陈旧过时等问题。为此，专门针对网盘进行搜索的工具——网盘搜索引擎应运而生。本节将对网盘和网盘搜索引擎加以介绍，让大家学会在网盘中挖掘"宝藏"。

5.4.1 网盘和云盘

网盘，又称网络磁盘、网络空间、网络U盘、网络硬盘等，是一些网络公司推出的在线存储服务，向用户提供文件的存储、访问、备份、共享等文件管理功能。拥有网盘的用户，只要连接到互联网，就可以把重要的资料上传到网盘永久保存，也可以管理、编辑网盘中的文件，不用担心因电脑硬盘、U盘等储存器问题而致资料丢失，还可以随时随地、方便地提取使用。免费网盘的可用空间较少，一般对文件大小、下载速度、存放时间等进行限制；收费网盘具有速度快、安全性能好、容量高、允许大文件存储等优点，适合有较高要求的用户。网盘的盈利模式主要是广告以及收取高要求用户的存储费。同时，网盘通常以每千次下载给上传文件用户一定报酬的方式吸纳优秀资源。

云盘，是伴随互联网云技术的产物，是一种基于云端的存储服务，它通过互联网为企业和个人提供信息的储存、读取、下载等服务，具有快速、稳定、海量存储的特点。它除了具备网盘的功能，还附加了上层应用功能，更注重资源的同步和分享，以及跨平台的运用，比如电脑和手机的同步等，功能更加强大、便捷。

近年来，国内云存储网盘遍地开花，人们也开始慢慢适应使用网络硬盘来代替过去的存储介质。但是，网盘存储给用户带来巨大便利的同时，也会遭遇盗版侵权、管理复杂、盈利困难、监管成本过高等困境。2016年以来，115网盘、UC、新浪、迅雷、华为、乐视、360云盘等相继宣布关停（部分）个人云盘服务，国内目前仍提供免费空间的只有百度网盘、微信微云、中国电信天翼云盘、中国移动彩云等运营商品牌。

5.4.2 网盘搜索引擎

搜索达人们都知道网盘中存放着大量的优秀资源，但由于网盘相对封闭，想搜索这类资源并不容易。用户要从网盘找到某一个文件一般有4种途径：① 有该文件的提取码（每一个上传成功的文件有唯一一个提取码）或具体链接地址，缺点是在文件上传者没有公布该提取码或链接地址的情况下，他人不可能通过此途径找到该文件。② 直接通过搜索引擎搜索，缺点是需采用关键词匹配、"site."限制检索等较专业的搜索方法，用起来有点麻烦，检索效果不理想，并且不是每个人都知道这些方法。③ 通过资源分享论坛查找资源（如百度云网盘论坛、360云盘论坛等），缺点是一次只能在一个论坛中查找资源，往往不能保证找到有效资源。④ 通过专用网盘搜索引擎查找，可解决上述3种途径的缺点，其特点是方便快捷，一次可以搜索多个网盘，有丰富的功能选项，大大节约了用户查找特定文件的时间。

网盘搜索引擎的类型非常多，国内目前比较活跃的网盘搜索引擎如表5-4所示。

表5-4 常用的网盘搜索引擎

网盘名称	网盘地址	网盘名称	网盘地址
网盘搜	http://www.wangpansou.cn	找文件	http://www.zhaofile.com
盘多多	http://www.panduoduo.net	Rapidshare	http://rapid-search-engine.com
胖次网盘	http://www.panc.cc	搜盘网	http://www.soupan.info
西林街	http://www.xilinjie.com	我乐盘	http://www.56pan.com

续表

网盘名称	网盘地址	网盘名称	网盘地址
盘找找	http://www.panzz.com	我的盘	http://www.wodepan.com
搜盘盘	http://www.sopanpan.com	5P44网盘	http://www.5p44.com
盘搜	http://www.pansou.com	360搜网盘	http://www.360swp.com
网盘007	http://wangpan007.com	网盘搜搜	http://wpsoso.com
网盘搜索王	http://www.shoujikz.com	盘易搜	http:// panyisou.com
云搜	http://www.daysou.com	99搜盘网	http:// www.suting123.com
麦库搜索	http://www.baidu10.net	MEN77	http:// www.men77.com
壹搜	http://www.yiso.me	西边云网盘	http://www.xibianyun.com
爱挖盘	http://www.iwapan.com	去转盘网	http://www.quzhuanpan.com

  网盘搜索引擎的实现原理大体有两种：爬虫程序爬取数据供搜索，或者调用Google、百度等三方接口供搜索。第一种自定义爬虫程序类网盘搜索引擎的优点是搜索速度快、资源较新，缺点是死链多、资源少；第二种Google自定义搜索类网盘搜索引擎，优点是死链少、资源多，缺点是用起来略卡、新资源少。认清楚技术差别，辨别出孰优孰劣，才能帮助你更高效地挖掘出信息"宝藏"。

  去转盘网属于第一种，支持百度网盘、360网盘、电驴、旋风等主流下载方式，界面方块化，简捷有力，提供用户分享功能。该引擎的数据是通过爬虫程序爬取网盘，然后将数据存储到数据库中，索引后供用户搜索。此类搜索引擎还有胖次网盘、盘找找、网盘007等。

  西林街属于第二种，界面清新，专注于网盘（百度网盘）、影视（新老电影、纪录片、动漫）、图书［文学、古籍、专业书籍、电子书（PDF、ePub、Mobi等格式）］、学术（各种期刊、论文、学报等）和MOOC（在线课程、学习、视频教程）等资源的检索。该引擎的技术比较简单，原理是展示网站先去Google申请搜索引擎接口，当用户将搜索内容提交给展示网站后，展示网站又将搜索内容提交给Google引擎，Google引擎搜索之后把数据返回给展示网站。因为要调用Google接口，受制于Google，所以通过Google自定义搜索出来的资源有效性差（随着百度云的升级，Google不能有效地去除失效链接），同时搜索速度下降，影响用户体验。网盘搜、盘搜、盘搜搜、百度云之家等绝大多数网盘搜索引擎都属于此类。

5.5 微博、微信搜索

  近几年，随着移动互联网的崛起和智能手机的普及，大家获取信息以及交流的方式发生了很大的变化。智能手机已经成为人们日常生活不可缺少的必需品，越来越多的人变成了"手机低头族"，在大街上、地铁上、公交车上，人们无时无刻不在玩手机，玩手机游戏、看韩剧、刷微博和微信已经成为一种习惯，微博和微信已经渗透到我们生活的方方面面，成为最火爆的手机 APP，尤其是微信，已经成为生活中不可或缺的一部分。

确实，微博和微信这两个产品占据了我们目前生活中大量的"碎片化时间"，而且微博和微信中也积累了越来越海量的资源和信息。那么如何在这两种火爆的移动互联产品中搜寻你想要的信息呢？

5.5.1 微博及微博搜索

1. 微博

微博，微型博客，它采用不到 140 个字符发布文本消息的方式，页面就是短小的博客，用户可以选择转载他人的微博，也可以对任何微博发表评论，这些对于所有用户都是开放的。用户可以通过 PC 端和手机客户端发布微博。

在我国，从 2007 年第一家微博网站"饭否"出现，到 2009 年 8 月新浪微博兴起，中国的微博网站如雨后春笋般出现，如腾讯微博、搜狐微博、网易微博、凤凰微博、嘀咕、新华微博、人民微博、百度说吧等相继出现，标志着中国微博热潮的到来。但到了 2014 年，腾讯放弃了微博，2014 年 3 月新浪微博更名为微博，同年 4 月新浪微博成功上市，至今成为保持着旺盛生命力的唯一微博网站。

2. 微博搜索

微博是大数据时代最有影响力的社交媒体开放平台之一，会聚了大量第一时间发布和传播的信息，同时也积累了数以千亿的海量历史数据，微博搜索是微博用户信息消费的一个重要途径。2015 年 12 月 14 日，新浪微博搜索事业部发布了《2015 年微博搜索白皮书》，文中指出，截至 2015 年 11 月底，微博每日用户主动搜索量突破 2 亿次。许多热点新闻事件的第一时间发布和舆论发酵都来自微博搜索，它的影响力日渐扩大，给百度、谷歌、搜狗、360 等传统的搜索引擎带来前所未有的挑战。

如何高效地获取微博最新资讯？如何让微博海量数据的价值最大化？以下将简要介绍微博搜索的一般方法。

PC 端用户可以直接进入微博主页（http://weibo.com），如图 5-1 所示，顶部左侧即为搜索框；安装了微博手机客户端的朋友可以通过顶部搜索框进入移动搜索。

如果没有明确的搜索目标，那么可以通过搜索首页的热门、榜单、头条等来浏览微博的搜索结果。这些结果通常反映了最新的社会热点、娱乐八卦、时事新闻、网络热点、明星动态等，紧贴社会热点。

用户在微博搜索页面的检索框中输入关键词，在微博数据库进行搜索，会得到一系列按时间先后顺序排列的信息，如图 5-2 所示。这些信息包括用户、精选微博、文章、印象、图片、视频、实时信息等。同时，受众可以根据需求进行自主分类检索，包括综合、找人、图片和兴趣主页四个方面，检索框简单明了，处于微博搜索页面的中央位置，分类检索的条目比较清晰易懂，易于定位检索。微博搜索还有高级搜索的项目类别，可以根据用户自身需求找到个性化的信息。微博用户的搜索数量促使热门微博和热门话题等产品出现，同时增设了微博印象，实现了受众的反馈。

图 5-1　微博主页

图 5-2　微博搜索结果页面

微博搜索白皮书显示，微博搜索的内容种类繁多，以新闻资讯、名人明星、普通找人、影视综艺、商品购物等为主。微博搜索结合新形式和新内容，既能搜索到实时资讯，又能搜索到观点言论，一方面可以获取纯粹的新闻信息，通过热门话题了解信息热度；另一方面可以察觉舆论态势和受众活跃指数，这正是微博搜索区别于其他传统搜索引擎的一大特色。因此，微博用户要第一时间了解"发生了什么"时，可首选微博搜索。

5.5.2 微信及微信搜索

1．微信

微信是腾讯公司于 2011 年 1 月 21 日推出的一个为智能终端提供即时通信服务的免费应用程序。微信支持跨通信运营商、跨操作系统平台发送免费（需消耗少量网络流量）语音、视频、图片和文字消息，同时，也可以使用共享流媒体内容的资料和基于位置的社交插件"摇一摇"、"漂流瓶"、"朋友圈"、"公众平台"等服务插件。

微信主要有哪些功能？现在的微信主要是基于即时通信&好友关系设计的。它的主要功能是微信聊天、微信朋友圈和微信公众号。微信聊天，可以形成一对一的聊天和多对多的聊天（群聊）。目前微信聊天时，可以发布图片、语音、语音识别、大众点评、地图等一系列相关辅助功能。微信最为火爆的朋友圈，则是基于好友相对封闭的空间，用户通过编辑文字配图片或者纯文字的形式发布自己喜欢的内容，好友可以使用"点赞"和"评论"两个基本功能。不同于微博，微信更多的是提供好友之间信息的分享，相当于微博的好友圈，相对比较封闭。

最后，不得不提及的就是微信公众号，现在主要分为微信订阅号和微信服务号，可以实现企业和个人做新闻传播、营销、信息传递等多个功能。微信订阅号每天都可以推送，微信服务号则是一个月可以推送 4 次。

2．微信搜索

2014 年起，微信的主界面就有了搜索功能，现在搜索功能逐渐强大。微信用户黏度很大，已经有不少用户在使用搜索服务时，直接在微信上操作，取代使用百度等搜索引擎。所以，非常有必要学习微信的搜索方法。

目前微信搜索的方式主要有手机微信客户端的搜索和搜狗开发的微信搜索两种。

（1）手机微信客户端的搜索。在聊天界面点击放大镜图标，即可进入微信搜索页面，会显示搜索指定内容，共分六项，此时可分类搜索指定内容，如图 5-3、图 5-4 所示。

图 5-3　微信聊天页面　　　　　　　　图 5-4　微信搜索页面

① 朋友圈搜索。点击"朋友圈"项后，搜索栏下方会出现"一周朋友圈精选"和"朋友分享的音乐"两个选项，这被称为搜索功能的彩蛋之处，直接点击进入即可查看这两个功能的相应内容。如果在搜索横线上输入关键词，则会返回含有指定关键词的所有朋友圈内容。

② 文章搜索。查找与关键词相符合的微信文章。

③ 公众号搜索。查找与关键词相匹配的微信公众号，包括订阅号与服务号。

④ 小说搜索。点击"小说"项，输入你想看的小说名称，然后进行搜索，就会显示搜索结果，接下来一步一步操作，即可阅读小说（第一次使用此功能，需授权微信读书相关信息）。

⑤ 音乐搜索。点击"音乐"项，输入你想听的歌曲名称，然后进行搜索，就可以看到一首歌的很多版本，以及最近一个月的朋友圈分享量，点击相应歌曲后即可收听（由QQ音乐提供歌曲）；也可以点击右上角的三个点将歌曲分享给好友或分享到朋友圈。注意：这时候直接按 Home 键返回主界面，音乐可以继续播放，但返回主界面后，如果点击微信图标进入微信，则音乐停止播放。

⑥ 表情搜索。点击"表情"项，输入你想要的表情关键词，进行搜索后就可以看到关于该关键词的各种表情，随机选择一个，可以看到有"添加到表情"和"发送"两个选项，选择你想进行的操作即可。

如果在搜索前不选择分类，直接在搜索栏中输入检索词，则进行随意关键词的搜索，返回的结果按类别有序显示。第一列表显示的是群聊，第二是关注的公众号，第三是聊天记录，第四是收藏，第五是搜一搜与关键词相关的文章、朋友圈、小说、音乐和表情等。

（2）搜狗开发的微信搜索（http://weixin.sogou.com）。2014 年 6 月 9 日，腾讯与搜狗搜索的合作正式展开，搜狗推出了针对微信公众平台的微信搜索功能，支持通过关键词搜索微信公众号推送的相关文章，或者是相关的微信公众号，如图 5-5 所示。

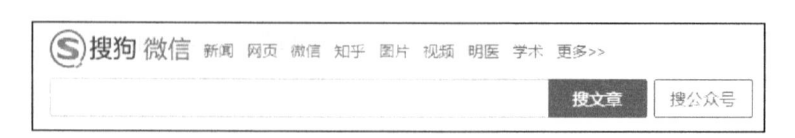

图 5-5　搜狗微信搜索

练习、讨论与思考

1．什么是垂直搜索引擎？列举并介绍几种垂直搜索引擎。

2．什么是元搜索引擎？列举并介绍几种元搜索引擎。

3．结合本章内容，尝试查找与所学专业相关的一种开放获取外文期刊，登录期刊页面并浏览（或检索），了解可下载论文全文的年限、全文格式（是 PDF 还是 HTML 或其他形式），然后对该期刊做一个简单的介绍和评价。

4．结合本章内容，尝试查找一种开放获取外文图书（必须可下载），或一种开放获取外文课程和一种中文精品课程，对资源做简单的了解后进行推荐，写出推荐的原因。

5．登录中国科技论文在线，了解相关信息资源状况。从中下载相关的一篇论文，查阅有关评论信息，了解提交论文过程。

6．用百度搜索"汽车"和"品牌"方面的资料，但不要包括"丰田"的内容，资料类型为 Word 文档、PDF 文档、PPT 文档，请写出检索式。

7．用百度学术搜索"information retrieval"方面的英文文献，挑选三条结果并导出引文格式。

8．研究 2~3 个你所知道的著名企业家的公开资料，得出你认为他或她成功的关键因素，不要超过 10 条。

9．分别使用搜狗开发的微信搜索、知乎搜索功能搜索你想了解的信息，各摘录一条有效的链接地址。

10．请列举三种你熟悉的有特定功能的专业搜索引擎，列举检索实例说明它们的功能。

11．找一张图片，用百度识图和谷歌识图分别搜索，对比结果有无差别，用文字加以描述。

12．请打开网易公开课 http://open.163.com 进行浏览，从中选择你感兴趣的课程试听一下。请记录你学习的是哪个学校开设的哪门课程，写写试听的感受。

第 6 章

管理文献与知识，提升学习科研效率与质量

如今，互联网改变了全世界人们的生活、工作和娱乐方式。打开手机、电脑等各种电子设备，人们可以随时接收到无数新资讯；获得感兴趣的信息和文献时，人们会进行下载、保存、收藏和记录；人们保存和收藏下来的文献、文档和各种信息会越来越多、越来越繁杂；当进行写作、记忆、团队合作、制作 PPT、作报告、作培训、作演示等事务时，需要有效地管理和利用文献、整理思路、记录思想火花、启发灵感。适当地使用辅助性信息工具，可以帮助我们定制信息、跟踪最新资讯、记录管理知识和文献、整理和启发思路等，更高效地进行信息活动和工作，提升学习和科研的效率与质量。

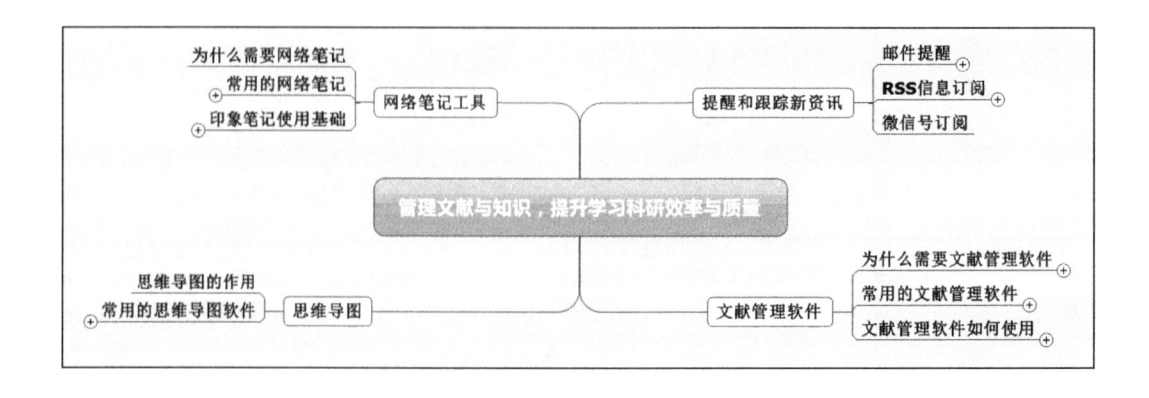

第 6 章 管理文献与知识,提升学习科研效率与质量

6.1 提醒和跟踪新资讯

6.1.1 邮件提醒

1. 电子邮件提醒功能

很多数据库提供了邮件跟踪提醒功能。当对特定期刊、特定关键词、特定课题内容感兴趣,希望定期收到数据库的提醒邮件时,可以使用数据库的邮件提醒(也称邮件跟踪、邮件定制)功能,而不需要每次重新去检索数据库。在数据库中设置好提醒跟踪的条件,就可以通过邮件收取和查看数据库自动、定期发来的新收录文献的信息了,非常方便,特别适用于跟踪和追踪课题研究动态、关注主题的新进展、新发期刊提醒等。

2. 邮件提醒的操作演示

下面以 Engineering Village 工程信息村平台为例,简要介绍其使用和操作。

Engineering Village 的邮件提醒每周五(在每周数据库更新后)发送消息。其中包含与保存的搜索匹配的任何新记录。

(1)邮件提醒功能必须具有个人帐户并已登录才能使用。登录后可以保存检索历史,进行邮件跟踪等操作。

(2)邮件提醒的功能入口。可以从搜索结果页面、Search history 进入设置。

(3)邮件提醒的操作。

方法一:从搜索结果页面创建电子邮件提醒的操作。

第 1 步,根据信息需求进行搜索。例如,在 Compendex & Inspec 数据库搜索:virtual reality WN TI AND simulations WN TI。

第 2 步,在结果页面找到"Create Alert"(创建提醒)功能,如图 6-1 所示。

图 6-1 检索结果页面的创建提醒

第 3 步,进行登录,如图 6-2 所示。提醒功能需要注册登录后使用,注册一般免费。如果已登录,则可直接进入到第 4 步中的完成页面。

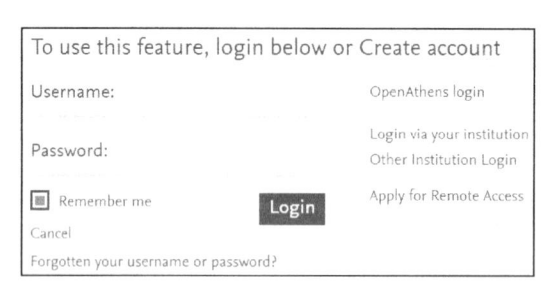

图 6-2　登录页面

第 4 步，可以看到已经完成邮件提醒，如图 6-3 所示。

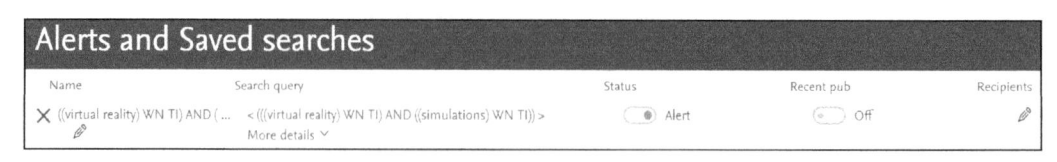

图 6-3　邮件提醒页面

方法二：如果是从 Search history 创建电子邮件提醒，则可看到如下页面。在搜索历史记录表中，单击要设置为电子邮件提醒的搜索结果的闹铃图标链接即可，如图 6-4 所示。如已登录，则可进行修改、设置等操作。

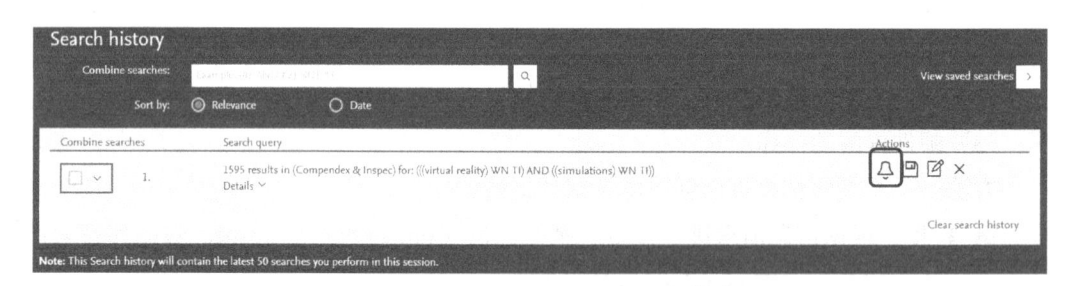

图 6-4　搜索历史页面的创建提醒

3．其他数据库和资源平台的邮件提醒

关于其他数据库的 Alert 操作，读者可在数据库的帮助和指引下，参照上述流程，加以练习和掌握。

6.1.2　RSS 信息订阅

有没有一种技术，让我们足不出户，就可以领略大千世界的无限精彩？有，互联网。有没有一种方式，让我们不用频繁地使用浏览器访问网络，就可以及时高效地获取感兴趣的网络信息？有，RSS！

1．什么是 RSS

RSS 复杂的历史渊源，造成了它存在以下 3 种不同的英文解释：① Rich Site Summary，丰富的站点摘要；② RDF（Resource Description Framework，一种用于描述 Web 资源的标记语言）Site Summary，RDF 站点摘要；③ Really Simple Syndication，真正简单的联合或聚合。无论是"丰富的站点摘要"，还是"RDF 站点摘要"，RSS 指的都是一种描述、同步和共享网站信息资源（早期主要是 Blog 资源，现在扩展为各种信息资源）的新方式。

支持 RSS 的网站作为网络信息提供者，向用户提供了一些以 XML（eXtensible Markup Language，可扩展标记语言）编写的 RSS feed 文件，以记录并发布该网站（栏目、频道或板块）最新更新的信息，内容主要包括：最新更新文章的标题、摘要以及网络链接地址等。RSS feed 文件内容随网站信息的更新而同步更新，但文件网址保持不变。

在网络环境下，用户常规获取信息的方式是逐个打开提供信息的网站，如图 6-5 所示，比较费时。而有了 RSS 的支持，用户只需订阅各网站提供的 RSS feed 文件，无须访问网站，即可通过 RSS 客户端工具（RSS 阅读器）获取并阅读各网站的更新信息，如图 6-6 所示，大大提高了获取信息的效率。

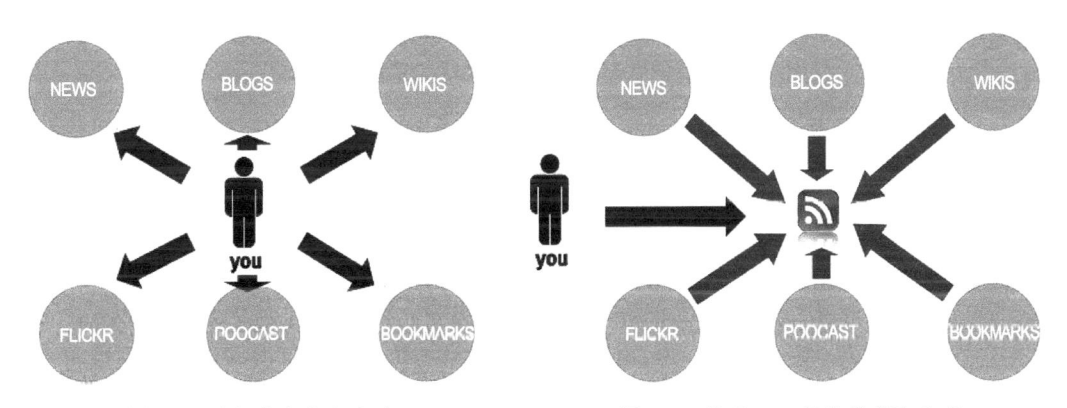

图 6-5　常规信息获取方式　　图 6-6　基于 RSS 的信息获取方式

RSS 的优点可以概括为：一站式服务，节约时间；获取信息及时；阅读效率高；便于管理；便于分享；免受垃圾信息、邮件、广告的骚扰；无须提供私人信息；学习简单等。

2. RSS feed 与 RSS 阅读器

实际应用 RSS，离不开 RSS feed 与 RSS 阅读器。RSS feed 文件反映网站最新的更新信息，RSS 阅读器则用于订阅、读取和分析 RSS feed 文件，进而获取及时的网站更新信息。

（1）RSS feed 文件。提供 RSS 服务的网站，通常采用以下两种方式向用户提供 RSS feed 文件的相关信息。

① 单独放置方式。在网站（栏目、频道或板块）首页的显要位置标注 RSS feed 文

件的网络链接，一般采用有"XML"、"RSS"、"FEED"或"SUB"等字样的橙色小图标进行标记。

② 集中放置方式。图 6-7 所示是人民网集中放置的 RSS feed 列表，这是目前支持 RSS 的网站普遍采用的一种 RSS feed 提供方式，即将网站所有的 RSS feed 链接图标按照类别集中放置在同一个页面，统一向用户提供。

图 6-7 人民网看天下新闻阅读器及其部分 RSS 频道

（2）RSS 阅读器。RSS 阅读器是一种软件，或者说是一个程序，这种软件可以自由读取 RSS 和 Atom 两种规范格式的文档。这种读取 RSS 和 Atom 文档的软件有多个版本，由不同的人或公司开发，有着不同的名字。RSS 软件能够实现大致相同的功能，其实质都是为了方便地读取 RSS 和 Atom 文档。但是不同的阅读器在功能强弱上会有区别，比如一次抓取的信息条数、阅读管理等操作的功能性等。同时，有不少阅读器既提供 PC 端，也提供移动端，信息可以同步，对用户来说非常方便。用户可根据自己的需求特点，加以选择。

RSS 阅读器可分为在线阅读器和离线阅读器。在线阅读器的优点有：不受机器限制，只要联网，通过浏览器就可以使用；速度比较快，阅读内容可以实时同步，不需要安装软件；可以分析用户阅读习惯；可以获取一定的统计；搜索比较方便。离线阅读器的优点有：可以将文章下载到本地离线阅读；不受浏览器限制，方便操作管理。

常见的 RSS 阅读器有新浪点点通、看天下、有道阅读、FeedDemon、GreatNews、Reeder、The Old Reader、Feedly、Inoreader 等。此外，IE 8+等浏览器也内置 RSS 阅读器。QQ 邮箱也提供订阅功能，但在订阅功能上不如专用的 RSS 阅读器。

3．RSS 阅读器的一般使用方法

（1）注册账号并登录阅读器。

（2）查找 RSS 源（信息发布地址），将 RSS feed 添加到阅读器中的添加频道区，如图 6-8 所示，然后进行订阅。

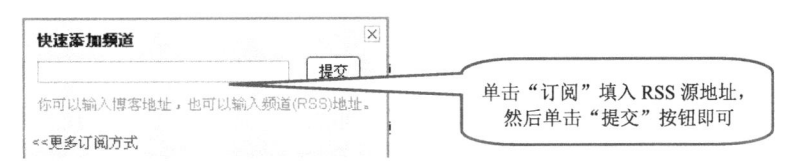

第 6 章　管理文献与知识，提升学习科研效率与质量

图 6-8　将 RSS feed 添加到阅读器

对于查找到的 RSS feed 地址，一般有 3 种操作方法：① 直接单击订阅；② 单击鼠标右键复制链接地址订阅；③ 全站订阅，直接复制网址。

（3）阅读订阅信息。订阅信息可设置不同的显示方式，如仅显示标题、显示标题和摘要、显示全文，以及显示每页记录条数等，便于高效快捷地浏览阅读最新信息。

（4）管理订阅信息，包括创建文件夹，编辑频道名称，删除、移动订阅频道，导入订阅，导出订阅，分享订阅等。

（5）注意事项。

① 不同的阅读器，订阅方法略有不同。

② 同一种阅读器，如果使用不同的浏览器、使用电脑端和 iOS/Android 平台，订阅方法也会有所不同。

4．RSS 订阅方法实例

RSS 订阅虽然简单，但针对不同的信息，准确查找到其 RSS feed 却不一定能无师自通。下面以 GreatNews 阅读器为例，说明论坛、博客、新闻、科学文献 4 种类型的信息的订阅方法。

（1）GreatNews 简介。GreatNews 是一款非常优秀的 RSS 阅读器，体积小巧，功能齐全，是绿色软件。创建账户，登录进入 GreatNews 阅读器主页。可选中文或英文界面。中文界面如图 6-9 所示。

图 6-9　GreatNews 阅读器中文界面

（2）论坛订阅。

例：经管之家考研论坛的订阅。

第 1 步，访问 http://bbs.pinggu.org/，选择经管之家考研论坛，找到 RSS 订阅图标，如图 6-10 所示，单击鼠标右键，从弹出的快捷菜单中选中"复制链接地址"待用。

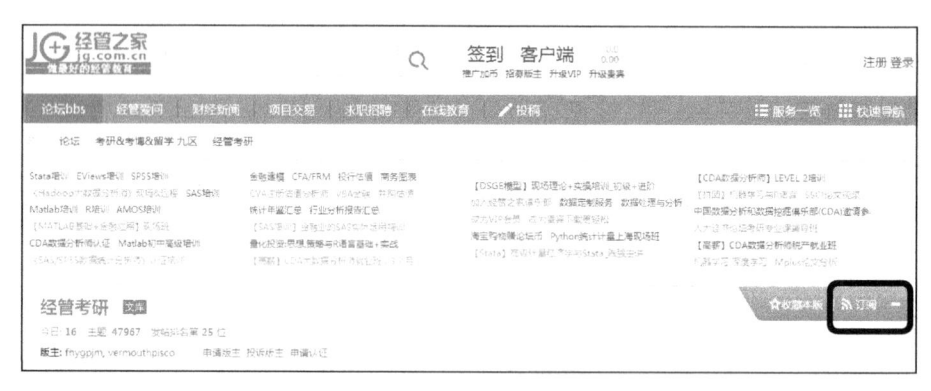

图 6-10　经管之家考研论坛

第 2 步，打开 GreatNews 阅读器，如图 6-11 所示。单击左上方的"频道"选项卡，或阅读窗口中的"Add a new feed"，在地址栏中粘贴第 1 步中的链接地址，单击"下一步"按钮即可完成订阅。

同理，可以进行其他论坛的订阅，如虎扑体育论坛等。

订阅流程和方法总结：一般首先查找 RSS 订阅图标，找到后单击鼠标右键，复制链接地址；如遇论坛页面中未见 RSS 图标，则可用百度等搜索 RSS 订阅地址。可订阅的地址中一般会含有 rss、feed、xml 等，如上述地址 http://bbs.pinggu.org/forum.php?mod=rss&fid=6&auth=0。

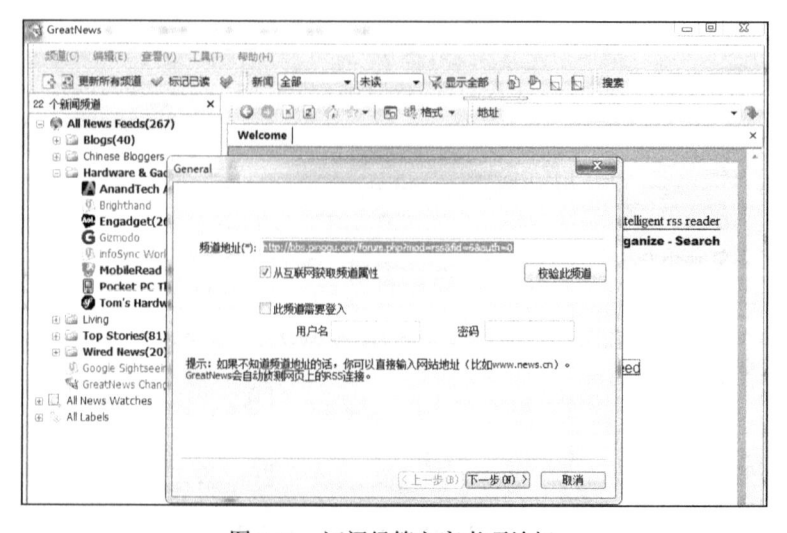

图 6-11　订阅经管之家考研论坛

第 3 步，阅读。图 6-12 所示是订阅成功后的页面显示，显示已订阅经管考研、虎扑体育论坛。

图 6-12　阅读订阅的内容

（3）博客订阅。

博客的订阅方法最简单，直接将待订阅博客的网址粘贴到阅读器的订阅地址栏中，即可完成订阅。

（4）新闻订阅。

对于新华网、新浪网等各大门户网站的各个新闻板块，有两种订阅方法。方法一：连接到门户网站查找 RSS 源进行订阅。方法二：用搜索引擎搜索 RSS 源（见图 6-13），得到类似图 6-7 的 RSS feed 列表文件，然后再进行订阅。

图 6-13　百度搜索搜狐 RSS 源

（5）科学文献订阅。

科学文献的订阅主要包括学术新闻的订阅、学术文献数据库中文献资源的订阅、学术期刊的订阅和学术博客的订阅几个方面。学术新闻和学术博客的订阅方法同前，在此说明另外两类资源的订阅。

① 学术文献数据库中文献资源的订阅。学术文献数据库虽然数量众多，但针对关键词订阅相关文献的方法大同小异。下面以 Engineering Village 工程信息村为例，说明文献的订阅步骤。注意，很多数据库需先注册登录才可使用其 RSS 订阅服务。

第1步，根据信息需求进行搜索。例如，"6.1.1 邮件提醒"中已进行过 Compendex & Inspec 数据库中的搜索：virtual reality WN TI AND simulations WN TI。

第2步，在结果页面找到"RSS feed"（RSS 订阅）功能，如图 6-14 所示。

图 6-14　结果页面的"RSS feed"功能

第3步，复制该 RSS feed 地址（见图 6-15），将其粘贴到 GreatNews 阅读器的频道栏中即可完成，可为此订阅重新命名。

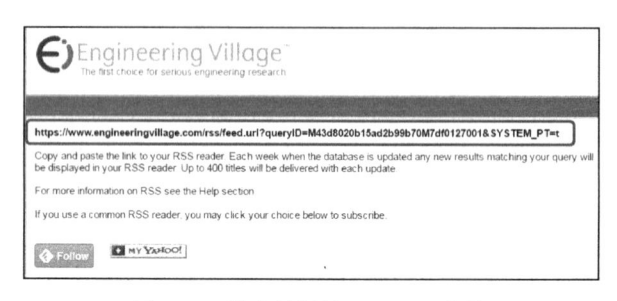

图 6-15　检索结果的 RSS feed 地址

第4步，阅读订阅结果，如图 6-16 所示。

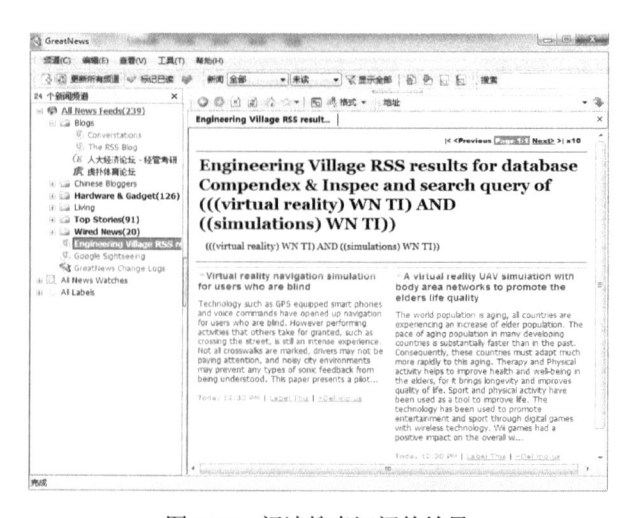

图 6-16　阅读搜索订阅的结果

② 学术期刊的订阅。有两种方法：方法一，直接订阅期刊，即可以直接链接到期刊杂志社网站去查找 RSS 源，查到后进行订阅；或通过搜索引擎查找该期刊的 RSS 源进行订阅。方法二，在方法一无法找到期刊的 RSS 源的情况下，可采用"学术文献数据库中文献资源的订阅"的方法进行订阅，将搜索关键词换成搜索指定的杂志名称即可。

通常，直接订阅期刊的时效性要比通过数据库搜索订阅更好。

6.1.3 微信号订阅

微信，超过 8 亿人（数据截至 2017 年 3 月，源自微信官网）使用的手机应用，已经成为我们使用最多的应用，甚至已成为现代人的一个生活方式，也成为机构与个人各种用户之间交流和服务的平台，给了了用户更多的选择和便利，进一步降低了沟通和交易成本，创造了更多的社会价值。微信公众平台的账号可分为服务号、订阅号、小程序、企业号等几种，仅仅几年的时间，微信公众号的注册数已达几千万，并还在快速增长中。其内容涉及方方面面，成为人们获取关注信息的一种重要方式和渠道。

微信公众号为媒体和个人提供了一种新的信息传播方式。这里仅为读者介绍若干个学术公众号。2016 年，一批独具特色的学术公众号崭露头角，它们为科研人员提供的研究动态、学术服务和交流平台，受到越来越多科研人员的关注，也逐渐成为中国科研生态的一部分。为促进学术传播、传递更多优质科研资源，《环球科学》旗下学术服务平台"科研圈"发起 2016 年度学术公众号评选，为研究者甄选垂直领域"十大最受关注学术公众号"，并于 2017 年 2 月发布了结果，如图 6-17 所示。它们在跟踪学术前沿、传播科研进展、促进交流方面有着良好表现。

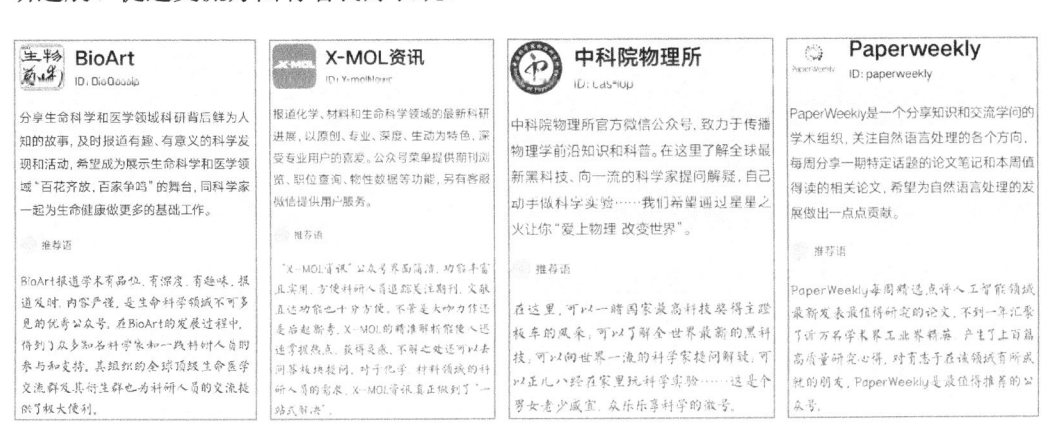

图 6-17 2016 年十大最受关注学术公众号

图 6-17　2016 年十大最受关注学术公众号（续）

6.2　文献管理软件

6.2.1　为什么需要文献管理软件

1. 学术和科研写作中常遇到的问题

文献调研在科研工作中必不可少，花在文献方面的时间会占到整个科研活动的很大一部分。在网络信息海量存储和增长、便捷获取和下载的当下，个人保存的文献越来越多，只靠记忆来管理文献越来越不现实。

各种来源搜集的文献杂乱无序，无统一有效管理的位置，想用的时候却经常挖掘不到合适的文献。

做课题或撰写论文时，需要对文献进行研读，或借鉴已有的文献进行分析、讨论。但因文献太多，形式繁杂，感觉无从下手。

在撰写论文的过程中，不同期刊要求的投稿格式各不相同，参考文献的插入、整理和格式处理一直令写作者头疼，一不留神就会错误百出，还浪费了大量的时间、精力。

2．文献管理软件的作用

文献管理软件是研究者用于记录、组织和调阅引用文献的计算机程序。通过文献管理软件，研究者可以快捷、方便、准确地检索、管理和利用各种信息和文献，提升科研、写作和学习流程的效率，并促进最终研究成果的产出。

6.2.2 常用的文献管理软件

文献管理软件有很多种，在主体功能方面，一般均提供检索、管理、分析、发现和写作几大类功能，但不同的软件也会有各自的一些特色功能。

目前比较常用的国产文献管理软件有 NoteExpress、CNKI E-Study、Notefirst 等，支持中文，适合中文用户使用。

国外文献管理软件有 Mendeley、RefWorks、Procite、Zotero 和 EndNote 等，主要针对英文用户。

1．NoteExpress

NoteExpress 是由北京爱琴海乐之技术有限公司自主研发，拥有完全知识产权的文献检索、管理与应用系统，全面支持简体中文、繁体中文和英文。NoteExpress 提供信息导入、过滤、全文下载及文献管理功能，帮助用户整理组织摘要和全文，在撰写论文、专著或报告时，在正文中的指定位置添加文中注释，按照不同的期刊和论文格式要求自动生成参考文献索引，提高研究者的文献管理和研究效率。用户可以从 http://www.inoteexpress.com 下载安装程序。其主要功能与特点如下。

（1）支持两大主流写作软件 MS Office、WPS。其写作插件支持 MS Office Word 2003/2007/2010/2013、OpenOffice.org Wirter 和 WPS 等多种文字处理软件。用户在使用微软 Office Word 或金山 WPS 文字撰写科研论文时，利用内置的写作插件可以实现边写作边引用参考文献。

（2）文件导入，全文下载。可以将各种类型的文件，如 PDF、DOCX、CAJ、KDH 等，导入 NoteExpress 中进行管理。可以进行常用数据库的全文下载。

（3）全文智能识别，题录自动补全。智能识别全文文件中的标题、DOI 等关键信息，并自动更新补全题录元数据。

（4）强大的期刊管理器。内置近 5 年的 JCR 期刊影响因子、最新的国内外主流期刊收录范围和中科院期刊分区数据，在添加文献的同时，自动匹配填充相关信息。

（5）研究笔记。在阅读文献的同时可以在 NoteExpress 中记录文字、图片、表格、公式等多种类型的笔记。

（6）标记系统。提供多种标记，如星标、彩旗，用户可以根据喜好对文献进行个性化标记。

（7）灵活多样的分类方法。传统的树形结构分类与灵活的标签标记分类，使用户管理文献时更加得心应手。多级文件夹功能，可以建立多层级的文件夹来分门别类地管理数据。可以给文献打上多个标签来进行分类，并可以通过标签组合对不同的文献进行快速定位。

（8）丰富的参考文献输出样式。内置近 4000 种国内外期刊、学位论文及国家、协会标准的参考文献格式，支持格式一键转换，支持生成校对报告，支持多国语言模板，支持双语输出。

（9）自动备份。可以在启动或关闭时自动备份打开的数据库，全面提升数据的安全性。

（10）支持 Windows、iOS、Android 系统，支持多屏幕、跨平台协同工作。NoteExpress 客户端、浏览器插件和青提文献 App，可让用户在不同屏幕、不同平台之间，利用碎片时间，高效地完成文献追踪和搜集工作。青提文献可订阅近千种主流刊物的文献信息，实现个性化订阅，并以跨屏幕协同流程，将手机端、网页端、PC 端的文献管理、阅读、引用等功能进行整合，实现一站式科研文献管理服务，并可将在 APP 中收藏的文献通过 NoteExpress 的"下载"功能同步到桌面端。青提、NoteExpress、浏览器插件账号通用，数据打通，方便管理，高效利用。

2．CNKI E-Study 数字化学习与研究平台

CNKI E-Study 由中国知网提供，具有 8 大功能。

（1）一站式阅读和管理平台。支持多类型文件的分类管理，支持目前全球主要学术成果文件格式，包括 CAJ、KDH、NH、PDF、TEB 等文件的管理和阅读。新增图片格式文件和 TXT 文件的预览功能。支持将 Word、PPT、TXT 转换为 PDF。

（2）深入研读。支持对学习过程中的划词检索和标注，包括检索工具书、检索文献、词组翻译、检索定义、Google Scholar 检索等；支持将两篇文献在同一个窗口内进行对比研读。

（3）记录数字笔记。支持将文献内的有用信息记录笔记，并可随手记录读者的想法、问题和评论等；支持笔记的多种管理方式，包括时间段、标签、笔记星标；支持将网页内容添加为笔记。

（4）文献检索和下载。支持 CNKI 学术总库检索、CNKI Scholar 检索等，将检索到的文献信息直接导入到学习单元中；根据用户设置的账号信息，自动下载全文，不需要登录相应的数据库系统。

（5）支持写作与排版。基于 Word 的通用写作功能，提供了面向学术等论文写作工具，包括插入引文、编辑引文、编辑著录格式及布局格式等；提供了数千种期刊模板和参考文献样式编辑。

（6）在线投稿。撰写排版后的论文，作者直接选刊投稿，即可进入期刊的作者投稿系统。

（7）云同步。支持学习单元数据（包括文献夹、题录、笔记等信息）和题录全文的云同步。使用 CNKI 个人账号登录即可实现 PC 间学习单元同步。注：老用户由单机版升级到云同步版本时，需要手动将已有的学习单元导入。

（8）浏览器插件。支持 Chrome 浏览器、Opera 浏览器；支持将题录从浏览器中导入、下载到 CNKI E-Study 的"浏览器导入"节点；支持的网站包括中国知网、维普、百度学术、Springer、Wiley、ScienceDirect 等。

3．Mendeley

Mendeley 这个名字来源于"现代遗传学之父"孟德尔（Gregor Mendel）和"化学元素周期表之父"门捷列夫（Dmitri Mendeleyev）。该软件一经问世，便得到科研人员的各种好评。该软件为免费软件，可以创建书库、管理文档、管理引用参考文献，能自动捕捉作者、期刊名、杂志期卷号等重要信息，自动生成参考文献，支持群组共享文献资料，支持多平台云端存储。

4．EndNote

EndNote 是 Clarivate Analytics 推出的科研文献工作流管理工具。在科研人员研究、管理、写作和发表等工作中，可协助其创建个人文献图书馆，并将检索、分析、管理、写作、投稿整合在一起，创建简单流程，高效率地进行工作。

目前 EndNote 提供单机和网络两种使用方式。如果用户所在机构已经拥有 Web of Science 平台资源（集成了 SCI/SSCI 等数据库），即可通过 Web of Science 享用 EndNote 网络版带来的便利。而机构开通 EndNote 单机版（Site License）后，即可通过管理员获取安装包，在工作或个人电脑上安装功能更为强大的 EndNote 单机版（Site License）。

EndNote 有着易用的界面和强大的文献搜索功能，对中文也支持良好，是科研工作者不可多得的好助手，无论是文献的检索、管理、文献全文的自动获取，还是论文写作过程中的文献引用插入、SCI 期刊模板等方面，均可为用户提供强大帮助。

（1）EndNote 是 SCI（Thomson Scientific 公司）的官方软件，支持国际期刊的参考文献格式有 3776 种，写作模板有几百种，涵盖各个领域的杂志。可以方便地使用这些格式和模板，如果准备写 SCI 稿件，那么更有必要采用此软件。

（2）EndNote 能直接连接上千个数据库，并提供通用的检索方式，提高了科技文献的检索效率。

（3）EndNote 能管理的数据库没有上限，至少能管理数十万条参考文献。

（4）EndNote 快捷工具嵌入到 Word 编辑器中，可以很方便地边书写论文边插入参考文献，书写过程中不用担心插入的参考文献会发生格式错误。

（5）EndNote 的系统资源占用少，很少发生因 EndNote 数据库过大而发生计算机死机现象，这是 EndNote 很重要的特色之一。

（6）国外数据库下载数据时，均支持 EndNote，即使检索的机器上没有安装 EndNote，也可以方便使用。

6.2.3 文献管理软件如何使用

限于篇幅，本教材仅以 EndNote 为例作概括性说明和技巧提示，方便用户理解和掌握软件的思想，详细操作可根据软件提供的使用教程加以学习和掌握。

1．EndNote 的主要功能

文献管理软件通常有检索、管理、分析、写作几大类功能。图 6-18 可以帮助我们理解这些功能。表 6-1～表 6-4 所示分别总结了 EndNote 这几大功能的实现。

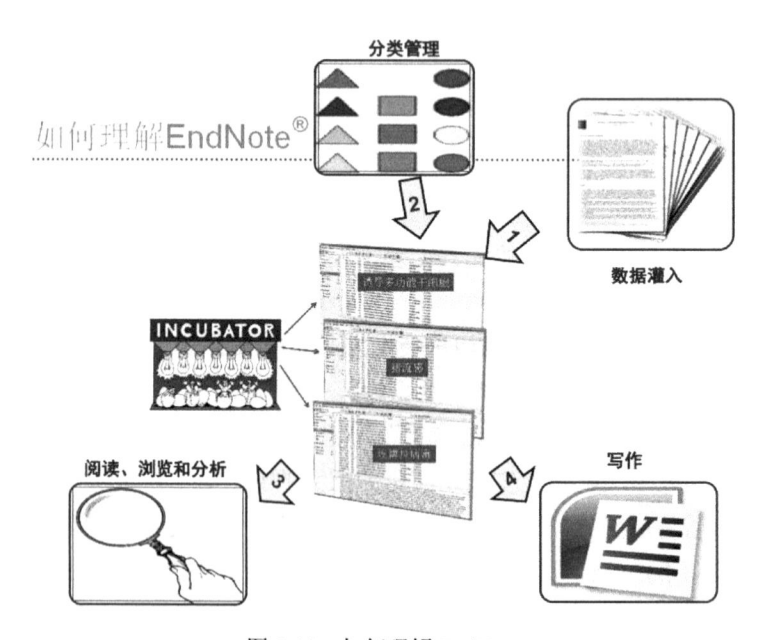

图 6-18　如何理解 EndNote

表 6-1　EndNote的数据导入（文献导入、数据灌入）

手工输入	方法：References->New reference
在 EndNote 中联网检索	方法：Tools->Online search
TXT 导入	方法：file->import->file/folder
PDF 导入	方法：同 TXT 导入
网站输出	
EndNote 网络版同步	方法：preference->sync

第6章 管理文献与知识，提升学习科研效率与质量

表 6-2 EndNote的分类管理

group	
smart group	可以检索的方式添加 library 中的目标文献。比如挑出所有来自 science 期刊中的文献。该组一旦建好，在 library 中新添加文献时，该 smart group 会自动将其中满足之前检索条件的文献添加进来

表 6-3 EndNote的阅读、浏览和分析

在 EndNote 中可批量下载全文	方法：在要下载的文献位置单击鼠标右键->find full text
给某篇文献添加附件	方法：reference->file attachment 或者单击鼠标右键
页面布局	方法：可利用右下角的 layout 设置
选择不同字段排序	
分析不同字段	方法：Tools->subject bibliography
给文献标注重要程序	方法：rating
文献列表页面显示哪些字段	方法：edite->preference->display fiele 中设置
给文献添加注释	方法：在浏览窗口中的 reference 中找 research notes 字段
灌入 EndNote 的 PDF 可编辑并且可对所做标注做检索	方法：打开 PDF 页面即可编辑，之后在检索中有 PDF notes 字段可实现对所标注内容的检索

表 6-4 EndNote的写作

在 Word 中插入参考文献	方法1：insert citation->insert citation
	方法2：insert citation->insert selected citation
增删参考文献	方法：Word 中 EndNote 工具栏中的 Edit & manage citations
统一格式化处理	方法1：在 style 中选择待投期刊名称
	方法2：如果 style 列表中没有待投期刊，也可使用过滤器定制格式

2. EndNote 文献工作流程及技巧简要说明

EndNote 怎么用？简单概括一下，只需三步就可以完成：文献导入、文献管理及文献编排。

（1）从哪里找文献？第一步，文献导入。

数据库导入。各种数据库，如 Web of Science、CNKI、PubMed 等，以及其他的内源、外源、英文、中文数据库中的文献信息，都可以导入到私人图书馆中，打造个性化的科研文献库。

EndNote 还支持外部各类数据库导入。EndNote 嵌入的在线检索功能可以在 438 个大学图书馆（牛津大学、剑桥大学、普林斯顿大学等）及在线数据库（Web of Science、PubMed、MEDLINE 等）中进行文献检索，从而帮助用户快速获取国内外的文献信息。

针对计算机中原有的各种 PDF 文档，也可进行导入，导入后还能智能生成对应于 PDF 全文的文献题录，实现与本地文件夹同步更新。

(2)如何进行文献管理？第二步，文献管理。

通过 EndNote，可以对私人科学图书馆中的文献按照作者、出版年份等 49 个字段进行排序，便于精准定位到所需文献。特有的"Rating"字段，可让用户根据文献的重要性、创新性、与课题的相关程度给予相应的星级评分。

可以使用 EndNote 提供的常规分组、智能分组、组合分组 3 种不同的分组方式，有序地管理文献。既可满足预先设定的分组条件来对所有文献进行自动分组，也可使用逻辑运算符 AND、OR、NOT 对已有分组进行不同组合。比如，可以利用组合分组将某学者在某本期刊上的相关文献统一归类。

分组管理是很有用的文献管理诀窍。这个功能不仅仅提供文献的导入，它的各种文献管理功能也很全面，如排序、检索、去重、分组、自动查找并下载全文、分析、同步、共享等。

(3)如何提升写作与投稿效率？第三步，文献编排。

写论文的时候，参考文献格式处理往往令人头疼不已，工作量很大、重复性高，一不留神还容易出错。EndNote 安装后的"边写作边引用"（Cite While You Write）插件与 Office 集成，如图 6-19 所示。通过设置期刊写作模板、文献插入及管理、一键文献格式调整 3 种功能，帮助科研工作者严格按照投稿期刊的要求，方便快捷地完成论文写作中的参考文献相关工作。

图 6-19 EndNote 的 Cite While You Write 插件

6.3 网络笔记工具

6.3.1 为什么需要网络笔记

数据库、网页、微信、微博、博客、学习、科研、培训、办公、生活、娱乐、项目策划、个人规划，等等，我们会接触、接收、收藏、保存各种各样的信息，这些信息中来源于数据库的相对规整的文献信息，我们可以用文献管理软件来高效管理和利用，而对于很多来源广泛、类型多样、用途各异、多媒体形式的其他各种信息，则可以用网络笔记来方便有效地管理和利用。

过去我们习惯于用传统的纸质笔记来记录，但是如今信息量极大，纸质笔记的查找、携带都非常不方便。而今天有大量的网络笔记软件，基于云端，不同终端可用，输入、输出、查找都可以非常方便地实现。

这些网络笔记工具，基本上实现了全平台覆盖、全媒体适用、多平台多终端云同步的功能，易于使用，随时更改，快速搜索，长期保存。合理地使用笔记软件，可以让我们的信息处理和利用更加有效，让我们的学习、工作和生活更加方便。

6.3.2 常用的网络笔记

网络上有很多笔记工具，如图 6-20 所示。印象笔记、OneNote、为知笔记、有道云笔记等用户较多，功能也较强；也有一些笔记工具相对较为小巧，如轻笔记、棉花笔记、记事宝等；手机上的记事本也能帮助我们保存信息，起到简便笔记本的作用。

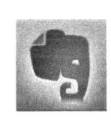

图 6-20 部分网络笔记的图标

1．印象笔记

印象笔记（Evernote）支持任意格式的文件作为附件插入到笔记中，实现跨平台同步，方便任意格式的资料在不同平台之间的管理。印象笔记有网页剪报功能，还有一个很有用的特色功能——支持图片搜索，即可以搜索图片内的印刷体中文和英文及手写英文，此搜索对文字版 PDF 文件也同样有效。

2．OneNote

OneNote 提供一种灵活的方式，将文本、图片、数字手写墨迹、录音和录像等信息全部收集并组织到计算机上的一个数字笔记本中，方便将所需的信息保留在手边，减少在电子邮件、书面笔记本、文件夹和打印结果中搜索信息的时间，从而有助于提高工作效率。OneNote 提供了强大的搜索功能和易用的共享笔记本：搜索功能使用户可以迅速找到所需内容，共享笔记本使用户可以更加有效地管理信息超载和协同工作。

3．为知笔记

为知笔记定位为高效率工作笔记，除了常用的笔记功能保存的网页、灵感笔记、重要文档、照片、便笺等外，在"工作笔记"和"团队协作"方面功能较强，能较好解决团队记录和团队协作沟通问题。

4．有道云笔记

有道云笔记采用了"三备份储存"技术以防资料丢失，解决了个人资料和信息跨平台、跨地点的管理问题。它提供 2G 初始免费存储空间，并且随着在线时间的增长，登录账号所对应的储存空间也可以同步增长。其所占内存比印象笔记小一些，是本土化的产品，更贴近国人习惯。

5. 轻笔记

轻笔记可以支持不同文本格式的编辑,可以通过网页一键剪切保存文档,支持多级文件夹,拥有大图标、小图标、详细信息 3 种笔记查看模式,可以快速检索所需内容。若加入群组,则可方便分享笔记或共同完成一项任务。

6. 棉花笔记

其同步功能可以方便地在移动设备与电脑间游走更新,而且还可以还原已修改的记事本。不仅如此,棉花笔记还具有密码锁定功能,能够安全地保管个人日记、重要想法和账号等个人信息。

7. 记事宝

记事宝可以方便地将短信内容导入软件中,可以添加提醒功能,在桌面上显示最新的记事并快速添加记事。其拥有书签分类功能,方便随时随地查阅与修改个人记事资料。

6.3.3 印象笔记使用基础

印象笔记是一款较优秀的笔记软件,这里稍作介绍。

1. 软件下载

官网地址:https://www.yinxiang.com/。

下载软件,注册账号。Windows 操作系统、苹果操作系统、iOS 系统、Android 系统,全平台支持。

2. 特点概述

随时记录一切:无论是点滴灵感、待办清单,还是会议记录、项目资料,印象笔记在手,方便随时记录,永久保存内容;支持所有设备:你可以用印象笔记保存一切,笔记会自动同步到所有设备,再也不用回想某个东西究竟存在哪台设备,因为它就在印象笔记里;快速查找所需:一个简单的搜索框,就能轻松找到你放进印象笔记的所有内容,无论是笔记、图片还是附件内的文字,都能迅速帮你搜索到;高效协作共享:无须跳出应用,即可基于笔记展开讨论,共享工作笔记本,合作完成团队目标。

事实上,上述特点也是笔记类工具共同的功能特性,只是不同款的笔记,在性能的强弱优劣上会有差异。

3. 印象笔记能完成的工作

(1) 搜集信息。无论是网页文章,还是在 APP、微信、微博里看到的内容,都可以非常方便地存储到印象笔记。

(2) 产生信息。可以直接在印象笔记中写作、创作,点滴记事、完整文章均可。

(3) 整理和搜索信息。印象笔记有非常强大的 OCR 识别功能和全文搜索功能,可以

第 6 章　管理文献与知识，提升学习科研效率与质量

非常方便地用关键词搜索到我们想要的信息。其提供笔记本和标签两个维度，方便对信息进行分类管理。同时，印象笔记支持合并笔记、移动笔记、复制笔记、分享笔记，后续整理非常方便。

4．使用印象笔记进行学习和学术研究的几种技巧

（1）将课程整理到笔记本中去，组织好所有的课业内容。使用印象笔记作为你的数字笔记本，将所有的课程笔记、学校信息、日程安排等搜集保存。建立自己的笔记本结构，将类似的文件整理到一起。例如，为每门课程创建一个笔记本，将所有笔记、讲座信息、实验数据记录进去。

同理，将研究内容整理到笔记本中去。比如，你想要对某个课题进行研究，那么可以在笔记中保存你搜索到的关于这个主题的所有信息，建立一个笔记本，对所有信息进行分类整理，需要的时候可以马上找到。

进阶技巧：如果需要进一步整理分类资料，则可以建立多个笔记本，将这些笔记本归入同一个笔记本组，使笔记本结构更加清晰。例如，你可以为每个学期创建一个笔记本组，将本学期的课程笔记本整理进去。设置笔记本组能帮助用户更快地查找到需要的资料。

（2）从网络中搜集文档资料。可以使用印象笔记·剪藏来一键收藏网页内容到印象笔记，当需要在短时间内从网络中搜集大量文稿信息时显得尤为便利。比如，将校园网上关于课程、活动等的截图、图片和重要信息保存到印象笔记中。

进阶技巧：在移动设备上为经常使用的笔记本打开离线笔记本功能，方便在没有网络访问的时候查看笔记内容。

（3）使用移动设备来保存图片、扫描文档。使用印象笔记的拍摄模式，可以随时随地记录瞬间的灵感。比如，参观时拍摄不允许外带的文档的照片、拍摄白板、扫描手稿，方便之后随时查看和标注。手稿被扫描并存储后，印象笔记会使用 OCR 技术帮助用户搜索图片中的文字。

进阶技巧：可以在任何安卓或 iOS 设备上创建手写笔记，使用手写笔或手指绘制草稿、表格等。

（4）标注图片或 PDF。课程大纲、PDF、文件预览图等，可以使用标注功能的各种工具，在图片或 PDF 上添加注释、箭头、方框和其他形状的提醒，突出文档重点，强调重点内容。

进阶技巧：使用移动设备上印象笔记的拍摄功能，扫描课程大纲讲义和其他纸质文档。在电脑上，将 PDF 和 Office 文档保存到印象笔记的相关笔记中。

（5）录制语音笔记。为了保证不错过任何重要信息、和研究课题有关的信息，使用印象笔记的录音功能，录制重要的对话和采访记录，保存为语音笔记。当然，前提是征得录音对象的允许。目前录音功能支持 Mac、Windows 桌面版、安卓版、iPhone、iPad 和 iPod Touch 版印象笔记。

进阶技巧：为了方便之后进行查询和参考，可以在录音笔记中加入相关的文字资料或者录音内容的文字版。可以通过设置提醒，在课后及时复习相关笔记。

（6）与其他研究伙伴分享笔记和笔记本。将你的笔记和笔记本分享给你的研究伙伴，给予对方可以编辑的权限，让大家一起共享资料、互相启发。可以轻松实现发送消息和分享笔记或笔记本的功能，而不必切换到其他程序。

进阶技巧：对于经常访问的笔记或网站，可以创建一条目录笔记，实现快速跳转。

（7）使用待办事项列表和提醒功能管理任务。可以将你的课堂作业等任务清单全部存储到印象笔记中，只要你的设备上安装有印象笔记客户端，就可以随时随地访问这些清单。还可以将校园网络上各种事件信息存储到印象笔记中。

进阶技巧：将清单分享给小组内的其他成员，并在分享时设置可以编辑的权限，让每个人完成任务之后在笔记中将复选框勾选上，告诉大家这个任务已经完成。

6.4 思维导图

6.4.1 思维导图的作用

读完一本书或一篇文献，常常抓不住重点、记不住内容；想向别人表达自己的观点，但总是绕来绕去说不明白；羡慕别人的知识体系清晰、有条理，感叹自己脑子里只有一团乱麻。

其实，与其他技能类似，思维能力也是可以通过训练得到提升的。诞生于 20 世纪 50 年代的思维辅助工具——思维导图，就可以很好地帮助我们训练思维，激发脑力。这种图文并茂、将发散性思维形象化的工具，最明显的特征就是可以让我们以更加发散的思维来思考问题，有效帮助我们完成知识整理、问题分析、思路梳理、头脑风暴等工作，发掘大脑潜力，提高工作、学习效率，称得上是全世界范围内很知名的、很受欢迎的效率工具之一。在新加坡等国家，思维导图被列为学生的必修课程。

6.4.2 常用的思维导图软件

思维导图，又叫心智图，它的创始人是"大脑先生"托尼·巴赞（Tony Buzan）。它是一种将发射性思考具体化的方法，能把各级主题的关系用相互隶属与相关的层级图表现出来。思维导图软件也有很多种，这里简单介绍几种。

1. XMind

XMind 是一个开源项目，可以免费下载并自由使用。XMind 也有 Plus/Pro 版本，提供更专业的功能。除了地图结构，XMind 也提供树、逻辑和鱼骨图，具有内置拼写检查、搜索、加密，甚至是音频笔记功能。

第 6 章　管理文献与知识，提升学习科研效率与质量

2. MindManager

MindManager 由美国 Mindjet 公司开发，界面可视化，有着直观、友好的用户界面和丰富的功能，可使使用者有序地组织思维、资源和项目进程。同时，它是高效的项目管理软件，能很好地提高项目组的工作效率和小组成员之间的协作性。作为一个组织资源和管理项目的方法，可从思维导图的核心分枝派生出各种关联的想法和信息。它很常用，功能强大，易于上手，能对节点轻松拖放和设置优先级，添加图像、视频、超链接和附件都非常简单易用，并支持各种格式的导出，无论是读文献还是写论文，都可以很好地帮助用户进行记忆并厘清思路。

3. MindMeister

MindMeister，即在线思维导图应用软件，有网上版本和 iPhone、iPad、Android 不同版本，用户可以在学校、家里、办公室，甚至是旅途中使用。

思维导图 IID（MindMeister for iPad）是 MindMeister 的官方 iPad 应用，能够在 iPad 上编辑树状思维导图。无缝兼容 MindMeister 在线账户，可以进行同步，可以从 MindManager 软件中导入导图和文本文件，或者导出到微软 Word 格式、PDF 格式或图片格式。软件操作简便，点击、拖曳、输入，即可完成导图的摆放和录入。

4. FreeMind

FreeMind 是用 Java 编写的免费心智图软件，有一键式"折叠/展开"和"跟随链接"，操作快捷。其产生的文件格式后缀为.mm。

5. SimpleMind+

SimpleMind+最大的特点是简明、容易操作，可以自由摆放每个节点。可以单独移动某个节点，或者按住后自动全选该节点及所有的从属节点使之一并移动。中心节点没有这个特点，不能够点选所有节点。移动所有节点很简单，点击任意一个连线即可。

6. Mindmaps

Mindmaps 是一款跨平台的、基于 GPL 协议的自由软件，是一个开源的应用程序，使任何人都可以轻松地创建好看的思维导图；可以创建分支（子想法）与无限层级，所有这些都互相连接；具有扩展性、一键展开多功能的定义格式和快捷键等特性。

7. Mindnode

Mindnode 是 Mac 专用的应用程序，为付费软件。借助 Mindnode，用户可以轻松记下想法，无限的画布可添加尽可能多的思维导图，甚至可以跨不同的地图连接节点。

8. Coggle

Coggle 是一个免费的在线协作思维导图工具，支持快捷键、撤销/重做、多人协作、拖曳**图片、嵌入第三方网页、操作历史记录（每个节点都能记录下创建者和创建时间），

可设置不同颜色的连接线。当设计完导图后，可以创建一个链接，公开分享。

9. 百度脑图

百度脑图为百度开源项目，是一款便捷的脑图编辑工具，简单易用。它可在线上直接创建、保存并分享你的思路。百度脑图免安装，云存储，易分享，功能丰富。

在浏览器地址栏中输入 http://naotu.baidu.com，即可进入百度脑图的主页，操作和思维导图软件大致相同。

编辑完成之后保存，既可以保存到网盘中，也可以保存到本地，可以是图片格式，也可以是 SVG（浏览器中打开）、TXT 等格式，还可以保存为 KM 文件，在 KityMinder 中打开。

如果保存在本地，则会发现 PNG 和 SVG 文件默认没有扩展名，分别加上.png 和.svg 扩展名即可。

10. 幕布

幕布是一款在线思维概要整理工具，类似于 WorkFlowy（一种极简的思维整理方式），通过无限的树形结构来组织内容，点击任何一个点，都可以以此点为中心展开新的思维导图。幕布可以帮助用户快速记录想法，支持思维导图演示。

➢ 练习、讨论与思考

1．请根据自身需要下载安装一款文献管理软件。

2．进行文献管理软件的操作练习，如检索、查重、添加笔记、导入题录等。

3．在自己的论文写作中应用 NoteExpress 的插件功能，帮助自己自动添加参考文献，并尝试按不同期刊的不同格式要求进行更换。

4．使用 RSS 阅读器在 SDOL 数据库中订阅有关你感兴趣的主题的文献。

5．使用 RSS 阅读器订阅有关你感兴趣的期刊、新闻、博客、论坛各一种。

6．尝试使用网络笔记工具。

7．尝试使用思维导图软件。

8．有你认为值得推荐的微信公众号向小伙伴分享吗？请说明推荐理由。

第 7 章

分析研读信息，进行科研过程训练

作为在校大学生，一些人在本科期间就开始参加学术、科技或创新等竞赛，或进入老师的实验室提前接触一些具体的科研项目，也有一些人发表了学术论文。又或者，一些本科生或低年级的研究生对科研工作比较陌生，甚至认为是遥不可及的事情。然而，科研既不是想象中那么神秘，也并不仅仅是利用软件、硬件或设备完成某个功能或某项试验、推导出某个理论、得出某个正确的结论那么简单，这只是科研的结果。对于科研新手而言，科研过程训练的重要性往往大于科研结果本身。

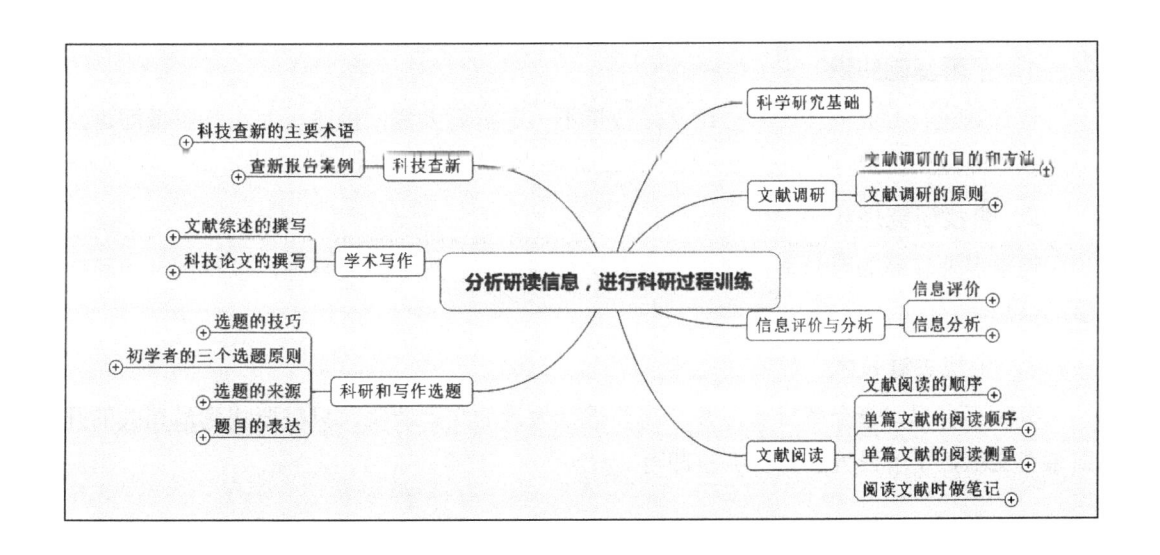

7.1 科学研究基础

科学研究，简称科研，是人类为寻求真理和为自身服务而探究自然、社会和思维现象及其规律的活动；是运用严密的科学方法，从事有目的、有计划、有系统的认识客观世界，探索客观真理的活动过程。其基本任务就是探索、认识未知，包括创造知识，如创新、发现、发明等；修正知识，如对知识的鉴别、修改、完善；开发知识，即对知识的应用和再创造。

科研能力的培养，主要在于培养独立从事科学研究的能力，即独立思考问题和主动探求答案的能力。顺利完成科研活动任务所需要的能力包括：科研创新能力、发现问题和解决问题能力、文献收集与处理能力、逻辑思维与口头表达能力、动手操作能力等。

在科研过程中，文献搜索是一个不可缺少的重要环节，而且是一个不断发现的过程。文献信息的搜索和调研，以及相关的信息分析、文献阅读、科研与论文选题、学术写作等，是科研过程的有机组成部分，也是科研的基本技能。

在前面的章节，我们介绍了文献信息搜索和利用的资源、工具、方法和技能等，本章主要介绍信息分析、文献阅读、学术写作、科技查新方面的内容。

7.2 文献调研

7.2.1 文献调研的目的和方法

进行文献调研是为了回答你想知道的问题，文献检索是第一步，查到文献后进行研读，获取有效信息，并经分析、整理、总结后解决了想回答的问题，即检索、分析、阅读、总结，这才是一个完整的文献调研过程。

1. 了解基础知识

查找综述、专业书籍或学位论文，数量不一定需要太多，论述全面、高质量即可，也可以请专业人士推荐。

2. 查找研究现状

通常需要较高的查全率，同时需要对所查到的信息进行分类整理，以得到全面和完整的信息。

3. 查找关键技术

有时查准率比查全率重要，并不需要进行大量的文献调研，只需要找到最相关的几篇重要文献，了解研究重点在哪里即可。

4．查找相似研究

这种情形下查准率最重要，要查找是否有非常接近的文章及技术，并且进行定题跟踪。

5．查找研究方向

利用综述。好的综述，常有对历史、现状和发展趋势的概括总结。此外，比较全面的文献、分析不同时期的研究重点的文献、部分文献的前言，也会有阐述发展方向的内容。另外，也可以向行业的资深人士请教。

7.2.2 文献调研的原则

1．明确调研目的

文献调研首先要明确调研的目的，调研目的不同，我们检索文献的侧重就不同，阅读文献的重点也会不同。当然，并不是所有文献调研都需要同时查全和查准，有时偏重查全，有时需要查准。

2．文献调研的原则

文献调研的原则包括新颖性、完整性、经济性、多样性、连续性等。几种原则，都是为了保障查全率和查准率，这是文献调研的关键。

3．重视信息来源

侧重选用文献来源级别高、品质高的数据库，以及有质量保障的信息来源，注意信息来源的广泛性和全面性。

7.3 信息评价与分析

期刊论文、会议论文或学位论文等学术论文是学术信息的重要部分，也是学术信息检索和交流的主要对象。学术信息海量化，检索过程容易化，获得大量信息后如何快速有效地进行接下来的整理、筛选工作，挑选出高质量的、有参考价值的信息，显得越来越重要。

7.3.1 信息评价

1．信息评价的基本原则

获得检索结果后，需要对信息的价值做出评价。信息价值评价可以从可靠性、先进性和适用性三个方面来判断和评价。

（1）可靠性。信息价值的可靠性主要是指信息的真实性，通常也包含完整性、科学性和典型性这三个方面的内容。在利用信息之前，对信息价值的可靠性进行鉴定、判断和评价的方法可以概括为：① 看作者的知名度；② 看出版机构的学术性；③ 看文献的品位档次；④ 看信息来源的渠道；⑤ 看被引用率的高低；⑥ 看引文的权威性和规范性；⑦ 看发表时间的先后；⑧ 看程度的深浅、密级的程度；⑨ 看内容的完整性和可信性；⑩ 看公众的评价和反映。

当然，上述方法必须综合考虑，不能单独用来作为判断信息可靠性的标准。

（2）先进性。信息价值的先进性通常是一个相对概念，至少与时间和地域要素有关，其判断和评价一般可选用操作性较强的指标：① 看文献的品位档次；② 看出版机构的学术性；③ 看发表时间的先后；④ 看文献计量学的特征；⑤ 看文献内容的新颖性；⑥ 看信息发生源的背景和优势；⑦ 看推广应用的情况；⑧ 看技术参数的优劣；⑨ 看经济指标的好坏。

（3）适用性。信息价值的适用性判断和评价通常是在可靠性和先进性的基础上进行的，并要将信息供需双方的情况加以比较，分析二者的异同。可靠而先进的信息可按照适用性的要求作进一步的筛选：① 看条件的相似性；② 看实践的效果；③ 看近期目标的需求；④ 看长远发展的需要；⑤ 看专家的评价和反映；⑥ 看综合利用的可能性。

这些信息价值评价的方法和内容可供选择参考，但切不可生搬硬套，一定要具体问题具体分析，灵活应用。

2．网站信息资源评价

学术网站资源对于今天学术研究的作用，其重要性是不可估量的。然而，网站资源无以计数而且参差不齐，究竟哪些网站学术水平较高？哪些网站内容比较丰富？哪些网站内容比较可靠？这些已经成为获取网上信息必须要做，却并不容易做的棘手问题。

目前人们已经对网站优选和评价提供了一些工具和方法。这些方法归纳起来，主要有客观和主观两类。所谓客观方法，是利用网上现成的工具或者评价结果；主观方法就是浏览者自己根据某种标准进行评价。实际应用时可根据需要选择其一或结合使用。

（1）网站信息资源的定量评价。定量评价是指按照数量分析方法，利用网上自动搜集和整理网站信息的评价工具，从客观量化角度对网站信息资源进行的优选与评价。目前在互联网上有许多信息评价工具。例如，在一些搜索引擎中，有的能把网页搜索软件发往每一个站点，记录每一页的所有文本内容并统计检索词的出现频率；有的可以测定站点的链接数量；有的可以自动统计网站的点击率。一般来说，站点被用户访问的次数越多，说明该网站上的信息越有价值。而一个网站被链接的数量越多，也可以断定该网站的内容比较重要。某特定主题的词汇在一个网站出现的频率越高，也可以反映该网站的专业化程度。这样，将有关网站的访问次数、下载情况、链接数量等进行整理排序，就可以对网站影响力、站点所提供信息的水平和可信度等做出评判，进而选出常用站点，给出热门网站。这种方法类似于传统文献信息工作中通过引文等方法来确定核心期刊。

（2）网站信息资源的内容评价。内容是评价与选择的核心，从中可以反映网站信息资源的本质。评价网站信息资源的内容可从以下几方面考察。

① 完备性。网站收录信息资源的范围要全面广泛，应该基本涵盖相关主题的所有概念，能使用户全面、准确、系统地了解和掌握特定主题基础知识、研究方向以及相关课题研究的具体成果。要包括世界上主要语种圈内有关研究的信息；既有文字信息，又有图像信息；既提供原始文献，又提供其他网址的资源链接；既提供一次文献，又提供二次文献；既有数字化的印刷型材料，又有原创的电子文献。电子文献要包含多种格式的资源。

② 可靠性。网站上应有明确的创建者，并能使用户检索到关于创建或拥有网站的机构或个人的说明。每项信息要标明作者及其身份，要提供作者、网站创始人或管理人的联系地址。引用其他信息来源时应当注明出处，以备用户进一步核查，并确保引用事实和数据的准确。所有信息都要经过核实并可以通过其他信息验证。网站要保证其内容没有政治问题与色情暴力倾向，不含商业性广告色彩。作者在文章中不使用过激的词语，不能带有某种偏见。语言表述要严谨、规范，有很高的精确度，无拼写和语法错误。

③ 权威性。网站的主办者要具有专业背景，在学术界拥有较大的影响力。作者或信息提供者应在本专业领域具有一定的声望。信息要能够经常被其他权威网站摘引、链接与推荐。通常情况下，可以通过主页上的"about me"、"contact me"等提供的内容，来考察网站的作者、发布者以及网站信息来源的权威性。一般来说，某个专业较著名的权威机构或专家所拥有的网站和发布的信息会具有较高的质量。尤其是大学和研究机构的网站，一般在发布前已对信息进行过审查、筛选，这样的信息权威性较强。

④ 原创性。在互联网上，相同的主题常常会有许多网站，但这些网站发布原始信息的数量和质量均具有较大的差别。有的网站以发布原始信息为主，有的网站主要是有关该主题链接的集合，还有一些则是其他网站信息的镜像。通常发布原始信息的网站，其研究结论是经过严肃思考而得出的，与那些简单地照搬别人信息的网站相比，具有较强的独创性。

（3）核心网站评价法。核心网站主要指这样一些网站/网页：它们中所含有的学术信息在其发布的所有信息量中占有极大的比例，而且与其他网站/网页中的同类信息相比，具有更高的学术价值，从中可以反映该学科专业主题领域的最高研究水平、最新研究成果和发展动态，而且具有较高的相对稳定性和专业人士访问率。专业核心网站的确定，将大大方便科研人员尽快获得高质量的专业信息，从而提高科研速度和效率；方便科研人员了解学术研究最新成果，跟踪最新科研进展和热点、焦点问题。核心网站评价法主要有以下几种：

① 用户评价法。网络信息用户是网站优劣的直接感受者，查找和选择网站以及利用网站信息的经历给用户以深刻的印象，从而使他们成为最有发言权的群体。对网站进行

评估时，可以列出若干项指标，采取问卷调查的方式，让用户将自己对某一网站或某一类网站的真实感受表达出来。在设计问题时，既可以用肯定或否定的回答方式，也可用打分或标等级的办法，最后将无数随机自愿回答问题的用户答卷汇总起来，进行综合评比，确定一阈值，大于阈值的就可称为核心网站。

② 专家评价法。邀请有关学科专家、政府领导、网络技术精英、网站主管等组成专家组，依照一定的指标体系（如核心网站评定准则）对网站进行投票评比，将评比得分相加后，依高分到低分的顺序排列，确定一阈值，排在阈值之前的即为核心网站。这种方法在操作中有些类似于用户评价法。

③ 指标体系评价法。这种方法就是将网站内容和形式细化成若干指标，并分别赋予一定权重，逐项加以评价，最后求得多个网站的综合得分，并依据从高分到低分排序来确定核心网站。评价指标体系包括内部特征指标和外部特征指标。内部特征指标主要是用来评价网站所提供的具体信息，因为要评定核心网站（特别是学术性核心网站）不能不考虑其所发布的信息质量；外部特征指标主要是用来评价网站外表状态（上网检索信息时可以首先直接感觉到的特征）。在具体的评定过程中，可以根据不同指标在不同类型的网站中重要程度的不同，赋予适当的权重。

7.3.2 信息分析

信息分析就是根据特定课题的需要，对搜集的大量文献信息资料和其他多种有关的信息进行研究，系统地提出可供用户使用的资料。广义的信息分析是在占有所需信息的基础上，对信息进行整理、综合、分析、推理，从而发现新的知识或发明新的技术的过程。除纯粹的抽象思维外，它实际上是一般科学研究中必不可少的环节，或者就是科学研究的后半过程。即使是实验性、实证性研究，最终也需要对获取的信息进行整理和分析。狭义的信息分析，是在进行信息调研的基础上，对大量已知信息的内容进行整序和以科学抽象为主要特征的信息深加工的活动，其目的是为了获取经过增值的信息产品，从而为决策提供支持和预测服务。简单介绍以下几种信息分析方法。

1. 引文分析法

引文分析法是 1958 年美国科学情报研究所所长尤金·加菲尔德博士的创新，他利用科学论文相互之间的引证关系，不仅构建了一种揭示各学科内部联系的新型组织与检索方法，同时产生了这种学术论文的定量评价方法。引文分析法的依据是在某一学术领域内，某一篇论文的被引用次数在某种程度上可以反映该论文在某一时期内的学术影响。经常被引用的论文称为高被引论文，以此为基础，再考虑其他衡量因素（如学科间的应用差异、论文发表时间的长短等），可以筛选出某一学科或领域中较有影响力的论文，即高影响力论文。

从不同的角度和标准来划分，引文分析法有着不同的类型。如果从获取引文数据的方式来看，有直接法和间接法之分。前者是直接从来源期刊中统计原始论文所附的被引文献，从而取得数据并进行引文分析的方法；后者则是通过"科学引文索引"（SCI）、"期刊引用报告"（JCR）等引文分析工具，查得引文数据再进行分析的一种方法。若从文献引证的相关程度来看，则有自引分析、双引分析、三引分析等类型。如果从分析的出发点和内容来看，引文分析大致有三种基本类型：引文数量分析、引文网状分析和引文链状分析。引文数量分析主要用于评价期刊和论文，研究文献情报流的规律等；引文网状分析主要用于揭示科学结构、学科相关程度和进行文献检索等；引文链状分析是基于科技论文间存在着一种"引文链"，如文献 A 被文献 B 引用，文献 B 被文献 C 引用，文献 C 又被文献 D 引用等，对引文的链状结构进行研究，可以揭示科学的发展过程并展望未来的前景。

2. 内容分析法

内容分析法是对文献内容进行客观、系统、量化分析的一种科学研究方法，其目的是弄清楚或检测文献中本质性的事实和趋势，揭示文献所含有的隐性情报内容，对事物发展作情报预测。它实际上是一种半定量研究方法，其基本做法是把媒介上的文字、非量化的有交流价值的信息转化为定量的数据，建立有意义的类目分解交流内容，并以此来分析信息的某些特征。内容分析法具有以下几个方面的优点。

（1）较为客观的研究方法。内容分析法是一种规范的方法，对类目定义和操作规则十分明确与全面，它要求研究者根据预先设定的计划按步骤进行，研究者主观态度不太容易影响研究的结果，不同的研究者或同一研究者在不同时间里重复这个过程都应得到相同的结论。如果出现不同，就要考虑研究过程有什么问题。

（2）结构化研究。内容分析法目标明确，对分析过程高度控制，所有的参与者按照事先安排的方法程序操作执行。结构化的最大优点是结果便于量化与统计分析，便于用计算机模拟与处理相关数据。

（3）非接触研究。内容分析法不以人为对象而以事物为对象，研究者与被研究事物之间没有任何互动，被研究的事物也不会对研究者做出反应，研究者主观态度不易干扰研究对象，这种非接触性研究比接触研究的效率高。

（4）定量与定性结合。这是内容分析法最根本的优点，它以定性研究为前提，找出能反映文献内容的一定本质的量的特征，并将它转化为定量的数据。定量数据只不过把定性分析已经确定的关系性质转化成数学语言，不管数据多么完美，仅是对事物现象方面的认识，不能取代定性研究。因此定量与定性结合能对文献内容所反映本质有更深刻、更精确、更全面的认识，得出科学、完整、符合事实的结论，获得一般从定性分析中难以找到的联系和规律。

（5）揭示文献的隐性内容。内容分析法可以揭示文献内容的本质，查明几年来某专题的客观事实和变化趋势，追溯学术发展的轨迹，描述学术发展的历程，依据标准鉴别文献内容的优劣。另外，揭示宣传的技巧、策略，衡量文献内容的可读性，发现作者的个人风格，分辨不同时期的文献类型特征，反映个人与团体的态度、兴趣，获取政治、军事和经济情报，揭示大众关注的焦点等。

内容分析法较调查法、实验法、观察法容易达到研究目的，研究者可以在调查法、实验法行不通时采用内容分析法。另外，内容分析法弥补过失比其他研究方法容易得多，研究者只需要对资料进行重新编录，而无须一切从头开始。假如调查结果不理想，重做一遍，则无疑要耗费双倍时间和经费；如果一项实验研究失败了，那么要重做也许根本不可能。内容分析法适合作纵向趋势分析。

3．信息分析工具

（1）利用数据库的分析功能。

不少数据库提供了较强大的结果分析功能，比如 CNKI、国家知识产权局专利检索平台、Web of Science、Incite 分析平台等，可以方便地对搜索获得的检索结果进行多维度的排序、过滤、分析等操作，参见第 4 章的相应内容。读者可加以练习，熟练掌握使用。

（2）CiteSpace。

信息分析工具有很多，有免费的，有收费的，有专用的（如 CiteSpace 等），也可以利用 Excel 等工具。这里仅简单说明一下 CiteSpace，有兴趣的读者可另行深入了解。

CiteSpace 是一款应用于科学文献中识别并显示科学发展新趋势和新动态的软件，软件作者为陈超美博士，美国德雷塞尔大学（Drexel University）教授（终身教职）。

CiteSpace 能解决的问题包括：在某个研究领域中，哪些文献是具有开创性和标志性的？在某个研究领域的发展历程中，哪些文献起着关键作用？哪些主题在整个研究领域中占据着主流地位？不同的研究领域之间是如何相互关联的？基于一定知识基础的研究前沿是如何发生演变的？等等。

CiteSpace 的数据来源包括：Web of Science、CSSCI（Chinese Social Science Citation Index）、CNKI、NSF、Derwent、Scupos、arXive-Print、Pubmed 和 SDSS（Sloan Digital Sky Survey）。

7.4 文献阅读

7.4.1 文献阅读的顺序

1．优先阅读的文献

（1）最相关的文献。人的精力是有限的，因此我们优先看的是最相关的文献。最相关的文献是研究的有效资源，对研究的帮助很大。

（2）新文献。近期文献新颖性好，新文献中通常也有对之前研究的总结，可以顺藤摸瓜，找出重要文献。

（3）综述文献。综述文献有对之前研究的总结，而且比一般文献更全面。

根据文献搜索和分析的结果，先看综述，以最短的时间把握研究脉络和概况。一般来说，通过看综述、阅读对某领域有较多介绍的专著，可以较全面地了解该领域的发展历史、研究近况、研究程度、最近进展等，以及一些国外相关期刊名称和作者，一些专门的术语和英文单词也会有所了解。

选取权威杂志上相关研究领域权威人士撰写的综述。这类文章信息量大，论述精辟，读后不但有助于掌握相关研究的重点和焦点内容，而且能帮助我们掌握研究领域的大方向和框架，哪些作者、哪所高校或研究所在哪个研究方向比较强等信息。

（4）好期刊的文献，代表性的文献。即在权威刊物上发表的论文和权威论著、SCI和EI文献、核心期刊文献等，文献的质量和价值一般较高，代表了学术发展的基本状况。

（5）引用率高的文献。高品质文献、经典文献要优先阅读。

（6）有代表性的作者的文献，也就是权威学者或者是活跃在学术界的作者的论文、论著。这些论文、论著代表了学术发展的基本态势。

2．泛读、跳读和精读

在文献阅读过程中，我们通常先读综述，其次泛读摘要，然后挑选最相关的进行精读。针对不同的需要对论文进行泛读和跳读。

要学会根据目的去精读和略读；要根据研究的视角来梳理文献，即结合你要研究的视角，特别是具体的问题，选择要阅读的文献，这样范围会大大缩小，也有利于把握文献。

3．先综述后论著

对于一个尚不熟悉领域的课题，先找相关的综述。综述是了解该领域最快的途径，优秀的综述甚至可以作为教科书来读，而教科书具有滞后性。论著通常偏重于某一点，所以阅读顺序在综述之后。

对于论著，先根据摘要，初步判断哪些是自己决定要的，然后再获取全文。对于自己要研究的不熟悉的内容，也可以先翻阅中文教科书。教科书中的知识体系比较成熟，有助于对这一领域进行大致的了解，这样在阅读文献时会很有帮助。

对于自己感兴趣的问题，不仅要看原文，还要看它的参考文献，一般深追上几篇论文，对于想了解的问题也就会有较好的了解。

4．先中文后外文

中文是母语，容易看懂，可以顺畅地阅读，有助于较准确地理解、掌握内容，也比较容易有成就感。

7.4.2 单篇文献的阅读顺序

1. 摘要、引文、引用的主要信息、研究背景

最节约时间的是看摘要,因为依靠背景知识通过摘要即可大致勾勒出文章内容。

2. 图表

图表用于了解主要数据和解释。

3. 讨论和结论

将图表和结论联系起来,根据图表判断结论是否恰当。

4. 结果

详细阅读结果,看数据是如何得到的,又是如何分析的。

5. 材料和方法

详细阅读材料和实验方法,看实验是如何进行的。

6. 讨论和结果

进一步掌握文献,注意讨论中的关于从已知的知识和研究如何解释论文获得的结果。当论文中有大量图表时,如果你能重新画出这些图,并且能用自己的语言来解说,那么就表明你读懂了。

7.4.3 单篇文献的阅读侧重

1. 不同部分的重要性

一篇论文中最重要的部分依次是:图表、讨论、文字结果、方法。现在工程技术领域期刊对图表的要求都较高,这符合现代人必须在最短的时间内把握最必要的信息的要求。因而先看摘要、图表即可,个别涉及新方法或突破性结果,再看讨论、文字结果和方法。

2. 摘要部分

最省事的是只看摘要,但有时这是不够的。相对省事的方法是细看摘要、略读前言,再看结果中的图表,最后读自己感兴趣的讨论部分。但如果文章对自己很有意义,则应该通读全文。

3. 讨论部分

文章的讨论部分非常重要,如果时间稍微充裕一些,建议研读和模仿高质量文献的讨论部分。理解讨论中的精髓非常重要,这是表达作者的创新性的关键部分。不同的人对同样的数据可能有不同看法和分析方式,图表的趋势解析、论据的组合,可以看出作者的功力。

如在寻找课题阶段，重点读讨论和结论及展望；在课题设计阶段，主要是材料和方法。若只需了解一下该研究的思路，则可选取摘要及引文与结论进行泛读。要尽量去把握作者的研究思路，然后学习他们的分析方法，最后学习写作技巧和写作语言方式等。这些学习，对自己的研究会有很大启发和帮助。

7.4.4 阅读文献时做笔记

1. 为什么要做笔记

阅读文献有没有收获，要看是否既有输入，又有输出。输出是学习的最佳方法，是检验我们是否掌握信息内容的一种方法。输出的优点是：将信息归纳总结，变成自己的知识；增强了记忆；便于日后需要时查找资料，不至于再花费时间重新去找重点内容、重要论据或论点；作为储备，以备不时之需。因而，在阅读文献的过程中，最好能做笔记，一边阅读，一边做必要的记录和整理。

2. 哪些文献需要做笔记

精读文章的同时做笔记和标记是非常关键的，好文章可能每读一遍就有不同的收获，每次的笔记加上心得，总结起来会对自己大有帮助。

对一些观点相近、相反的论文可以参照地读、比较地读，考察不同作者表达的观点和原因，做思考性的笔记。

3. 做笔记的方法

阅读文献要懂得抓重点、找思路。用图表的方式将作者的整个逻辑画出来，逐一推敲。阅读文献也需要批判性思维，其中也有一些不可信的文献，不要盲目崇拜，要多动脑、多思考。

阅读笔记可按不同的内容进行分类摘录，如进展、研究方法、实验方法、研究结果等，并可加上自己的批注。在方法上，可以利用前面介绍的文献管理软件来构建自己的知识体系；也可以用 Word、Excel 等工具做分类整理，根据关注的问题将文献的内容拆分；或者直接在 PDF 等文档上做标记，记录关键的段落、图和观点等。

4. 笔记能力的训练和提高

文献调研需要提高阅读能力，包括阅读速度、阅读技巧，并且通过输出、笔记的方式来将信息转为自己的内容并且进行积累。

最后一步是对所查、所读文献的总结，回答调研文献之前提出的问题。在调研之前明确调研目的，做好"查"和"读"两步，这一步就是水到渠成的事情了。

7.5 科研和写作选题

选题，就是选择研究的课题或者写作的论题，是在占有大量资料的基础上，确定研究的方向和目标。往往是在对某一方面进行了比较深入的研究以后，选择有针对性的题目展开论述。

7.5.1 选题的技巧

选题是否成功是研究成功的前提。没有好的选题，即便洋洋洒洒数万言，乃至数十万、数百万言，结果都是无用的废话。这就不能视为成功的研究。成功的研究一定是建立在成功的选题之上的。

1. 研究的目标取向

成功的选题应该揭示研究的目标取向，也就是要使研究达到什么样的目标。研究的目标取向所反映的是研究是否有价值、是否值得研究。因此，从选题来看就可以知道该问题研究的状况和可能发展的趋势。如果选题没有揭示研究的目标取向，而只是陈述了一个事实，那么就意味着该研究不值得研究，或者说前人已经做了比较详尽的研究，在目前的状况下已经没有深入的可能了。这种选题就不应该去选。

2. 研究的具体范围

成功的选题应该是范围具体，不是大而全的。也就是说，选题不能过大，过大的选题会使研究无法深入下去，只是如蜻蜓点水。题目选得过大，查阅文献花费的时间太多，而且归纳整理困难，容易导致大题小做或者文不对题。

另外，如果选题太小也不容易写好。题目太小，研究就会过于沉迷于琐碎的细节，从而使研究失去了价值和品位。特别是有的细节并不具有代表性，也不能真正反映事物发展的趋势，但由于研究者的视野太小，无法从细节中发现事物发展的基本规律。

3. 选题要敢于质疑

要对一个学术问题产生质疑，或者说要有争鸣性。学术研究是无止境的，真理更是无止境的。很多学术观点在当时是对的，或者说是真理，但时间和条件发生变化后，其真理性也会发生变化。因此，选题一定要敢于质疑，但质疑必须要有理有据，而不是随便怀疑。在有理有据的基础上敢于质疑，这样的选题一定是有价值的。

4. 选题要有可发展性

选题可发展性对高水平论文的持续产出具有极大作用。研究具有开创性，突破一点以后就可以向纵深发展，使研究工作自成系列、成面成片。新兴研究领域有许多尚待研究之处，反之，如果问题已处于某研究分支的末端，即使在该点上有所突破，也很难持续发展。

5. 选题要有可能性

结合所学知识，选自己的能力所能胜任的或有研究基础的课题，否则难以写出水平较高的论文。比如，有的同学对"云计算"、"大数据"感兴趣，想研究新技术提出的法律问题，但是对相应的内容只是看了一本畅销书，其他完全没有概念，那么就无法进行研究。所以，如果对某方面很不熟悉，就不要贸然去做。另外，也要根据所具备的研究条件和所能获得的文献资料的"质"和"量"情况来选题，应当尽可能选自己相对较熟的、有资源可供研究的题目。

6. 选题要有新颖性

重视有关领域学术动态，才能选得合适的课题。要能反映出新的学科矛盾的焦点、新成果、新动向。如果想在国际期刊发表文章，就必须了解国际研究动态，选择与国际学术研究合拍的课题。

总之，选题是很讲究技巧的。选题实际上是积累后的第一次思想井喷，没有积累就无法进行选题。好的选题可以使研究事半功倍，好的选题是论文成功的前提。

7.5.2 初学者的三个选题原则

这里向初学者推荐北京大学法学院凌斌教授《论文写作的提问和选题》一文中提出的"小清新"原则。

1. "小"

首先，选题要足够小。程子有云："君子教人有序，先传以小者、近者，而后教以大者、远者，非先传以近小，而后不教以远大也"。教学是这样，写作也是这样。以小见大，循序渐进，可谓学术通义。

学生论文写作的通病是选题太大，这反映的问题其实是学识不足。无知者无畏，多大的问题都敢写，写起来才知道驾驭不了，悔不当初。学习一段时间后，脑子里有了更细的概念，就能谈论些具体问题。知道得越多，不懂的越多，选题也就更为谨慎。

那么多小算小？打个比喻，合适的题目就像一个核桃，一只手可以牢牢握住。过大过小，当然都不好。太小了，像芝麻一样，抓不住；太大了，像西瓜一样，抱不动。不过学生选题，主要是防止题目过大。选题的大小，一方面要看研究者现在的驾驭能力，驾驭不了就是选题大了。只要觉得问题暂时还驾驭不了，就要马上缩小，增加限定。事实上，当一个问题限缩得足够小以后，你怎么谈、怎么引申都会很轻松。如果一开始就是大题目，没有能力驾驭，怎么写都难受。另一方面，也要看学界现有的研究状况。早些年，易于写大题目，因为学界还没有太多研究，相应的研究资料也少。现在再写那样的大题目就不好把握了。

其实选题是不怕小的，总能够"小题大做"。所谓"小"，是指切入点要小，尽量将问题缩小到你可以把握的范围；所谓"大"，是指视野要大，从小问题讲出大道理。你眼界有多宽，你的问题就有多大。同样是一粒芝麻，在你手里是芝麻，在他人手里就是西瓜，所谓"贤者识其大，不贤者识其小"。从再小的问题出发，都可以看到自己从事研究的这个学科领域的发展趋势，洞察到社会的发展方向，把握住国家、时代乃至整个人类的核心问题。

2."清"

其次，对于所写的题目，自己要确实想清楚了，或者至少知道，自己确实能够研究清楚，这就是叶圣陶先生讲的"某个题目值得写是一回事，那个题目我能不能写又是一回事"。

是的，想写和能写是两码事，研究和写作是两码事。要写作一个问题，总要对这个问题有相对清楚的了解，说白了，就是不要写自己完全不懂或者很难弄懂的东西，最好是写之前一直感兴趣或者深有体会的问题。如果你对这个问题长期抱有兴趣，一直有所追踪、有所积累和思考，来龙去脉都有所了解，那么做起研究来就可以驾轻就熟，得心应手。反过来说，如果刚接触，一时兴起，就要小心，想想自己到底对这个问题了解多少。很多同学，在选择研究题目时，根本没有基本的了解，甚至完全不清楚，一上手才知道问题做不下去，到时候悔之晚矣，进也不是，退也不是。如果同学们只是讲什么问题自己很感兴趣、很有意义，然而从来没有机会触及问题的实质，只是看了几本书，听别人说得热闹，真要自己上手就会知道，研究深入不下去，因为自己能知道的还是那么几本书的知识，这样的研究做出来也没有任何意义，因为根本没有增进我们对这个问题的理解。

要"想清楚再写"，就要在选题阶段多投入一点时间，选题阶段花费的时间越多，思考越充分，后面就越少走弯路，越快做出成果；反过来，如果对一个题目还没有概念，就先不要下笔。在选题的过程中，首先要能够静下心来，多查资料、多看些书，选题之前，要先做文献检索，尽量搜集和查阅已有的研究。学好文献检索，特别是电子资源检索，应该是选题之前的必备功课。一个学生，在对自己的研究和以往成果的关系有了初步把握之后，再去找指导老师，征求他们的选题意见，不要在自己什么都没有了解的时候，就指望老师给出一个题目。实际上，由于老师不可能在所有问题上都有过深入研究，所以没有学生自己在选题前的信息检索和研究准备，老师也很难给出有针对性的意见。

甚至，只看书也还不够。论文、书本都是前人已经积累的成就，可以作为学习的对象，但是不能作为写作的全部。何况，如果能够借助的都是前人的成果，没有自己的心得体会，也就不可能超越前人，做出自己的贡献。要写作一个题目，与其死读书，不如先下些功夫，对自己的研究对象做一些初步的调查研究。有了实践经验，再边思考边读书，对问题有了比较清楚的认识，题目也就可以定下来了。

3. "新"

最后,选题多少要有一点新意。对于一个新手来说,最好别碰前人已经研究过好几十年的题目。不耕熟地,应该是一个初学者论文选题的基本原则。

学习要学习旧的,研究要研究新的。现代社会,日新月异,有许多新问题可以研究,有许多问题现在研究得仍不够,还有许多问题有了新的变化,我们可以选择自己可以驾驭的问题来开展研究。比如,法学方面,针对某个诉由,借助"北大法宝"这类数据库,能够将多年来的案例都检索出来,如果给予细致的分析,就能够发现很多有意思的问题。

"新",既可以是新材料、新问题,也可以是新方法、新视角。其中,提出新问题最难,运用新方法和新视角次之,而新材料是我们绝大多数同学都能够也应该做到的。最好是有新问题。比如一个学生发现,将民事行为能力制度与学前教育的普及相联系的研究并不多见,以此为主题检索,中国知网也没有相关的论述。说来这位同学的问题意识也很简单,就是随着学龄前儿童的认知能力的提高和教育的普及,我国《民法通则》中关于未满10周岁的未成年人属于"无民事行为能力"的规定,已经不大符合实际。他希望通过研究表明调整划分民事行为能力等级的必要性。有了这个好问题,接下来的论证事实上就只是一个技术问题,可以检索法规、综述文献、查找国外立法例、通过运用社会统计数据库调取学龄前儿童数量及学前教育的相关数据、引入认知心理学的研究成果,等等。

退而求其次,是提出新观点,也就是给老问题以新的回答;或者是引入新方法,给老问题乃至旧结论以新的论证。有新材料,也很不错。比如,以往对美国联邦上诉法院既定性原则的研究,都是基于二手文献。一个学生直接从一手文献出发,通过纽约州政府统计数据库以及美国联邦统计局数据库,做出了很好的研究。为了获取第二联邦巡回上诉法院和纽约州法院的受案审判情况统计数据,这位同学还检索了美国司法部以及纽约州各级法院的统计数据库。这些新材料无疑为其论文增色不少。

总之,初学者论文写作常见的问题就是"过大、过生、过旧",根源都在于没有做好前期的选题工作,涵盖的范围太大,不了解已有的研究成果,缺乏新颖的材料和视角。依照"小清新"这三个选题原则,可以先"题中选新",从众多题目中最"新"的问题开始;其次"新中选清",研究新颖领域中自己更为熟悉、清楚的问题;最后是"清中选小",选择足以驾驭的问题,做到以小见大、察微知著。

7.5.3 选题的来源

1. 从现实中选题

从现实生活中选题。在现实生活中,有许多值得加以探讨的问题。作为学生,可以根据专业学习、课程学习、科研训练的要求选题,可以针对自己的兴趣选题,可以接受老师的建议来选题,也可以是为了解决生活、学习中遇到的问题、值得重新考虑的问题,或者是学习时、听讲座时受到某种启发或发现一些值得怀疑的地方，需要通过研究来解决这些问题。本书第 8 章的案例精选，或能给以一些选题启发，所有案例均为学生自主选题，选题源于学习、生活、兴趣、科研各个方面。

2．从文献中选题

选题的问题意识来源于对文献的阅读和分析，问题意识不是凭空产生的，而是基于既有的研究而发现问题。文献是写好论文的材料，也是研究的基础，它反映的是研究者的专业基础和专业能力。没有文献，就相当于造房子没有砖块；同时，没有文献也像在空中造房子，没有基础。文献是学术传承和学术伦理的载体。尊重文献就是尊重前人的研究，也体现了学术发展的脉络。因此，文献在撰写论文中至关重要。通过搜索、阅读文献，敏锐地发现问题、提出选题。

3．通过检索选题

通过检索并分析数据库的检索结果，可以了解学术研究动态、科技动态及有关资料，选择较新颖的课题。这些数据库各高校都有。

4．运用工具选题

利用数据库提供的选题工具来选题。例如，ISI 中的 Essential Science Indicators 能对正在开展的工作进行量化分析，以保证用户科学研究同科学发展趋向一致。ISI Highly Cited.com 介绍有关最杰出人物研究状况、有关领域研究热点和发展趋向。

7.5.4　题目的表达

在选题之后，还有一个重要的问题，就是题目的表达，即如何把这个内容表达出来，有以下几个注意事项。

1．题目不宜太长

题目太长，表明作者缺乏概括能力和抽象能力。题目要求精炼、简洁，要力求达到多一个字太长、少一个字太短的水平。

2．核心概念的个数

核心概念不宜多，最多两个，最好一个。核心概念超过两个，论文到底研究什么就非常难把握了，而且概念太多，很可能通篇都在解释概念，实质性的内容就被冲淡了。

3．表达要精准

题目表达要精准，如果引起歧义，或者模糊不清，那么论文在写作时就很可能出现跑题、偏题现象。

7.6 学术写作

做科学研究一般都要撰写论文，这是一个对于某个论题研究结果的报告。我们首先要做文献调研；其次做研究，如做实验、做观察、做调查等；再次做分析，得到主要的结论；最后才是写论文。

通过写作，把做了哪些科学研究工作、能够得到哪些结论、为什么能够得到这些结论，整理得井井有条，并记录下来，形成正规的文字形式，自己才能够真正了解清楚，也才能与他人正式交流。

对于本科生来说，常需进行课程论文、创新创业项目申报书、学术性论文、学位论文、综述论文等的撰写。经上述文献调研、信息分析、文献阅读、整理总结的过程，为写作学术论文做了良好准备。

学术写作有一些通用的基本要求，包括：① 学术论文要求在所研究领域中具有科学性、首创性，有较高的学术价值，反映本学科学术水平和发展动向，代表学科发展前沿，有超前意识；② 技术报告要求有新论点、新认识、新发现，实用性强，技术先进；③ 综述性文章要求具有超前信息，有自己独到的观点和见解；④ 立论要求材料可靠、数据真实、公式正确、推理符合逻辑；⑤ 实验结果要求准确可靠、有新成果；⑥ 图表要求与文中的叙述相符；⑦ 英文题目与摘要要符合英美表达习惯和用法。

学术写作的一般步骤包括：① 选题；② 拟出大纲和提纲；③ 命题；④ 资料收集与整理；⑤ 组织文字，包括打腹稿、打草稿、正式成文等；⑥ 定稿后的反复修改；⑦ 投稿与发表。

7.6.1 文献综述的撰写

1. 文献综述的定义

文献综述是对某一学科、专业或专题的大量文献进行整理筛选、分析研究和综合提炼而成的一种学术论文，是高度浓缩的文献产品。它反映当前某一领域中某分支学科或重要专题的历史现状、最新进展、学术见解和建议，能比较全面地反映相关领域或专题的历史背景、前人工作、争论焦点、研究现状和发展前景等内容。"综"是要求对文献资料进行综合分析、归纳整理，使材料更精炼明确、更有逻辑层次；"述"就是要求对综合整理后的文献进行比较专门的、全面的、深入的、系统的评述。

2. 文献综述的类型

历史、成就、展望是文献综述不可缺少的三个组成要素。其中，某个要素在综述文章中所占的比重大小和突出程度，决定着综述的性质。综述的写作，实际上都是回顾性的，具有四个特点：写作方法是概括地回顾过去事实；写作人称是第三人称的陈述；写作态度上是客观的，不夹杂个人的分析推论；文章范围是十分限定的，专题性极强，不能庞杂。根据涉及的内容范围不同，综述可分为综合性综述和专题性综述两种类型。综合性综述以一个学科或专业为对象，而专题性综述则以一个论题为对象。也可以分为以下四种类型。

（1）动态性综述。动态性综述就一个专题，按年代和学科本身发展历史阶段，由远及近地综合分析，反映这方面研究工作的进展。其在内容安排上的特点是：时间顺序严格，注重介绍历史阶段性的成就，关键是学科发展阶段要判断准确，重点选择每一阶段有代表性的文献，其他次要的文献则可多可少。

（2）成就性综述。成就性综述专门介绍某一方面某一项目的新成就、新技术、新进展。这种文献综述可不考虑或避开叙述有关的历史和现状，而是直接跨到所需的时间上来。此类综述颇有实际价值，对当前工作有指导意义。

（3）学术观点争鸣性综述。学术观点争鸣性综述系统地总结出几种学术观点，由作者加以分类、归纳和总结，按不同的观点安排材料，分别叙述。这样的综述，时间顺序和具体成果不是主要的要求。在这类学术观点争鸣性文献综述中，原文的引用更为严格，而且"综"与"述"都要用原文的事实和观点，作者的概括、分析则极少。

（4）综合简介性综述。综合简介性综述为作者概括多方面的事实、现象，对某一个问题的文献资料进行综合的叙述，完全不考虑时间顺序，只按内容本身的特点加以分段安排，多见于首次介绍的问题。

3．文献综述的作用

撰写文献综述是积累、理解和传播科学资料、培养组织材料能力、提高科学思维能力的好办法，是搞好科研工作的必经之路，有助于科研工作的各个环节。

文献综述高度浓缩了几十篇甚至上百篇散乱无序的同类文献的成果与存在的问题或争论焦点，对其进行了归纳整理，使之达到了条理化和系统化的程度。它不仅为科研工作者完成科研工作的前期劳动节省了用于查阅分析文献的大量宝贵时间，而且还非常有助于科研人员借鉴他人成果、把握主攻方向以及领导者进行科学决策。

文献综述为科研选题提供理论上的依据，提供选题线索，扩大选题来源。这是因为文献综述的过程可以帮助作者有意识地改变科研题目的组成，改制出新的选题；发现前人工作中的空白、欠缺和不足，拟定出新的选题；引用边缘科学资料，合成新的课题。通过文献综述，作者可以认真分析、思考自己研究题目中的理论，对自己题目中的假说进行深入理解和分析，为选题打下较坚实的理论基础。此外，在实验手段和指标选择上均可有所参考和借鉴。写好一篇文献综述，会在学术思想上有所启发，对科学实验方法有所借鉴，对自己从事的研究课题的水平有所衡量，对要取得的结果有所预见。

4．文献综述的格式

文献综述的格式与一般研究性论文的格式有所不同。这是因为研究性的论文注重研究的方法和结果，而文献综述要求向读者介绍与主题有关的详细资料、动态、进展、展望以及对以上方面的评述。除综述题目外，其内容一般包含四部分，即前言、正文、总结和参考文献。撰写文献综述时可按这四部分拟写提纲，再根据提纲进行撰写工作。

（1）前言部分。前言部分主要是说明写作的目的，介绍有关的概念、定义以及综述的范围，扼要说明有关主题的现状或争论焦点，使读者对全文要叙述的问题有一个初步的认识。要提出问题，点出主题并指出意义，加上大致的学术背景。文字极少，以100～200字为宜。

（2）正文部分。正文部分是综述的主体，其写法多样，没有固定的格式。可按年代顺序综述，也可按不同的问题进行综述，还可按不同的观点进行比较综述。不管用哪一种格式综述，都要将搜集到的文献资料归纳、整理及分析比较，阐明有关主题的历史背景、现状和发展方向，以及对这些问题的评述。

正文部分应说明主题所提出的问题，根据文章的性质，可再分段落或加小标题，每个段落或小标题下面都是从不同侧面、不同层次上解释题目的中心内容，而且段落之间各有分工并保持内在联系。正文部分的每一段落开始，应是综合提炼出来的观点，即论点；接着是既往文献所提出的实验结果和调查事实，即论据。可见，正文部分是按论点和论据组织材料的。如果作者所要归纳的观点与前人文献所述一致，可把前人论点引证出来，作为开头；如果前人的观点分散或不甚明确，则需作者整理、概括出来，成为开头。总之，综述正文部分是综述概括的论点开头引路，继之以诸家的资料、实验结果为论据展开层次论证。所以，综述也是一篇论证文章的体裁，只是论点和论据均由前人文献提供。

（3）总结部分。总结部分可有可无，当文章较长、涉及内容较多时，最后可回应主题，加上结尾。结尾的内容可以概括精炼地明确文章的结论，交代本专题尚待解决的问题及对前景的展望。有的综述可自然结束，不另加结尾部分，只在正文部分最后写几句加以收笔。

（4）参考文献。参考文献是文献综述必不可少的附属部分，虽然放在文末，但却是文献综述的重要组成部分。它不仅表示对被引用文献作者的尊重及引用文献的依据，而且也为评审者审查提供查找线索。参考文献的编排应格式规范，条目清楚，查找方便，内容准确无误。

5. 文献综述的写作技巧

了解了文献综述的组成因素、格式特点后，要写综述并不困难，关键是掌握文献资料，运用写作技巧。

（1）定好综述的标题。标题要画龙点睛，概括全文的中心问题，并反映说明问题的程度与角度。标题包括文章主要涉及的对象和对这个对象的说明语言，包括研究、进展、关系、简介等，如《益生菌的保健作用与研究综述》、《富营养化水体中微囊藻毒素（MCs）去除技术研究进展》。

（2）精确提炼观点。收集的文献资料有许多是分散的，是从不同侧面阐明问题的，作者要把它们归纳概括起来，按综述文章格式的层次归类，将同类性质问题的归到一起，标注重要资料，如字句和段落，作为综述文章待用的内容。其中，有的是原著的语言，有的是作者理解后的记录。在资料已分组、内容已经充实的基础上，可对各组资料提炼出概括的观点。这种观点如有原文则用原文，如无原文则用作者的语言。归纳的这些观点问题在综述正文部分中，则成为牵头引线的语言，即所谓问题开头，观点引路。

（3）运用好连接性语言。综述主要使用既往文献资料，越接近于和应用于原文越好。因此，综述文章中作者要加的则多半是承上启下、牵头引路的语言，通过概括、综合把各科文献资料的观点、事实等资料融为一体，变成简明、和谐、流畅的一篇论文。

（4）安排必要的铺垫性资料。有的综述内容较深，一般读者不易理解，需要在文献综述开头介绍一些基础资料，作为读者进入这个知识领域的铺垫。这些资料可在文章之前，也可在中间的一个过渡段里面。这部分内容不是某篇文献中记述的，而是作者归纳整理后写进去的。这部分内容不宜过多，只限于极需要的部分。

（5）尽量引用一次文献。写综述时尽量多引用原始文献，即一次文献。文献综述的主要资料来源是公开发表的单篇文献，其次是综述、文摘、简报，再次是教科书、专著、专题等。如果一篇综述大部分资料来自二次文献，则提炼的观点和事实不足以令人信服，而且会导致片面的结论。在文献综述中，教科书和专著为有关问题提供了基本知识和基础材料，也应当利用。尽管这些材料大部分不能写进综述中去，但起到打基础的作用，也十分重要。

7.6.2 科技论文的撰写

科技写作是人类从事科学技术信息书面存储的社会实践活动的全过程。世界著名物理学家和化学家法拉第指出："科学研究有三个阶段，首先是开拓，其次是完成，最后是发表。"科技论文是创新性科学技术研究工作成果的科学论述，是理论性、实验性或观测性新知识的科学记录。按照国际科学界的规定，任何一项科研成果的确立（尤其是基础理论研究成果），都必须以在公开学术刊物发表为依据。专业学术期刊是进行科技信息交流的理想工具。将研究成果撰写成论文，投往专业学术期刊，就是把科技成果公之于众，确定科技成果的优先权。科技写作能力是创新性人才的必备素质之一。

1. 科技论文的概念

科技论文是报道自然科学研究和技术开发创新性工作成果的论说文章，是阐述原始研究结果并公开发表的书面报告。科技论文是以科技新成果为对象，采用科技语言、科学逻辑思维方式，并按照一定的写作格式撰写，经过正规严格的审查后公开发表的论文。写科技论文的目的是报告自己的研究成果，说明自己对某一问题的观点和看法，接受同行的评议和审查，以图在讨论和争论中渐近真理。理解科技论文的定义，有利于科技论文的写作和发表。

2．科技论文的分类

科技论文的分类就像它的定义一样，有很多种不同的分类法。下面从两个不同的角度对科技论文进行分类，并说明各类论文的概念及写作要求。

（1）按其发挥的作用可分为学术性论文、技术性论文和学位论文三类。

① 学术性论文指研究人员提供给学术性期刊发表或向学术会议提交的论文，它以报道学术研究成果为主要内容。学术性论文反映了该学科领域最新的、最前沿的科学水平和发展动向，对科学技术事业的发展起着重要的推动作用。这类论文应具有新的观点、新的分析方法和新的数据或结论，并具有科学性。

② 技术性论文指工程技术人员为报道工程技术研究成果而提交的论文，这种研究成果主要是应用已有的理论来解决设计、技术、工艺、设备、材料等具体技术问题而取得的。技术性论文对技术进步和提高生产力起着直接的推动作用。这类论文应具有技术的先进性、实用性和科学性。

③ 学位论文指学位申请者提交的论文。这类论文依学位的高低又分为学士论文、硕士论文和博士论文。

（2）科技论文按研究的方式和论述的内容可分为六类。

① 实（试）验研究报告。这类论文不同于一般的实（试）验报告，其写作重点应放在"研究"上。它追求的是可靠的理论依据，先进的实（试）验设计方案，先进、适用的测试手段，合理、准确的数据处理及科学、严密的分析与论证。

② 理论推导。这类论文主要是对提出的新的假说进行数学推导和逻辑推理，从而得到新的理论，包括定理、定律和法则。其写作要求是数学推导要科学、准确，逻辑推理要严密，并准确地使用定义和概念，力求得到无懈可击的结论。

③ 理论分析。这类论文主要是对新的设想、原理、模型、机构、材料、工艺、样品等进行理论分析，对过去的理论分析加以完善、补充或修正。其论证分析要严谨，数学运算要正确，资料数据要可靠，结论除要准确外，一般还须经实验验证。

④ 设计计算。它一般是指为解决某些工程问题、技术问题和管理问题而进行的计算机程序设计；某些系统、工程方案、机构、产品的计算机辅助设计和优化设计，以及某些过程的计算机模拟；某些产品（包括整机、部件或零件）或物质（材料、原料等）的设计或调、配制等。对这类论文总的要求是相对要"新"，数学模型的建立和参数的选择要合理，编制的程序要能正常运行，计算结果要合理、准确，设计的产品或调、配制的物质要经实验证实或经生产、使用考核。

⑤ 专题论述。这类论文是指对某些事业（产业）、某一领域、某一学科、某项工作

发表议论（包括立论和驳论），通过分析论证，对它们的发展战略决策、发展方向和道路，以及方针政策等提出新的、独到的见解。

⑥ 综合论述。这类论文应是在作者博览群书的基础上，综合介绍、分析、评述该学科（专业）领域里国内外的研究新成果、发展新趋势，并表明作者自己的观点，做出发展的科学预测，提出比较中肯的建设性意见和建议。一篇好的综合论述，对于学科发展的探讨，产品、设计、工艺材料改进的研究，科学技术研究的选题，以及研究生学位论文的选题和青年科技人员及教师进修方向的选择等的指导作用都是很大的。对这类论文的基本要求是：资料新而全，作者立足点高、眼光远，问题综合恰当、分析在理，意见和建议比较中肯。

3. 科技论文的格式

（1）题名（Title）。科技论文的题名又叫"题目"、"标题"、"文题"或"论题"，有的题名还包括副标题或引题。一篇论文一般还有若干段落标题，也称为层次标题或小标题。

题名是一种标记，题名不是句子，它比句子更简洁。题名是以最恰当、最简明的词语反映报告、论文中最重要的特定内容的逻辑组合。题名所用每一词语必须考虑到有助于选定关键词和编制题录、索引等二次文献可以提供检索的特定实用信息，应该避免使用不常用的缩略词、首词字母缩写、字符、代号和公式等。题名一般不宜超过20字。报告、论文用于国外交流时，应有外文（多用英文）题名，外文题名一般不宜超过10个实词。

（2）作者署名（Signature）。作者署名一般应列于标题之下。署名的作用表明作者对成果有优先权，是论文法定主权人；表明作者的责任，是论文的负责者；便于读者联系；著作权属于作者。著作权包括署名权，即表明作者身份，在作品上署名的权利。

（3）作者单位（Affiliation）。标明作者单位主要是便于读者与作者联系，如索取复印件、商榷某一观点、邀请讲学等。同时也为其作品提供负责单位。署名单位应写全称，中文论文还加上邮政编码。如果论文作者来自不同的单位，则要求用不同的符号或阿拉伯数字标注清楚。

（4）摘要（Abstract）。摘要一般由三部分组成：① 研究目的，简要陈述研究目的、研究内容及需要解决的问题；② 研究方法，简要介绍研究所采用的实验方法和基本步骤；③ 研究结果，简要描述实验主要发现、主要结论及其论文的价值。

摘要应放在文章题目、作者姓名及工作单位之下，这样利于读者在阅读文章之前了解该文章的内容，决定是否需要继续阅读。关于英文摘要，目前国内的专业期刊中，有的刊物将摘要放在题目之下、正文之上，有的放在文章的最后，还有的把刊中所有的摘要放在该刊最后的文摘页上。从习惯上来看，把英文摘要放在中文摘要之后、正文之前为好。

摘要不应分段，但长篇报告和学位论文的摘要可分段。摘要的字数视需要而定，一般中文稿 250～300 字左右；英文稿以 1000 印刷符号为宜，原则上不超过全文的 3%。写论文摘要时，应尽量将文中的内容和理解这些内容的主要要素写入摘要中。

（5）关键词（Keywords）。关键词是为了文献标引工作，特别是适应计算机自动检索的要求，从论文标题、摘要、结论中提炼抽取出的具有实质意义的、表达论文主题内容的语词（单词或组合词）或术语。每篇文章选取 3～8 个词，置于摘要的下方。作者应选用能反映论文内容特征的、通用性强的、为同行所熟知的词。根据联合国教科文组织的规定，全世界公开发表的科技论文，都必须附有英文关键词。因此，为了扩大国际学术交流，发表的论文要用英文给出题名、作者、摘要及关键词，放在中文摘要的后面。

（6）引言（Introduction）。引言又称导言、概述、绪论、前言等，是论文开头部分的一段短文，也是论文主体部分的开端。它向读者交代本研究的来龙去脉，引导读者阅读和理解全文。引言的内容包括：说明本研究工作的缘起、背景、目的、意义等；介绍本研究相关领域前人研究的历史、现状、成果评价及其相互关系；陈述本项研究的宗旨，包括研究目的、理论依据、方案设计、要解决的问题等。引言文字要简练，突出重点，不应与论文摘要雷同。

（7）材料与方法（Materials and Methods）。不同学科、不同类型论文的表述方式不同。一般应描述完成研究的时间、地点，选用的实验材料，说明实验方法和过程。如果是采用前人的方法，则只需写出实验方法的名称，注明出处。如果是自己设计的独特新方法，则需详细说明。材料与方法是论文科学性的基础，是提供论文科学性的依据。该项所描述的程度应以别人能再现文中的实验结果为标准。但是，需要指出的是，涉及保密和专利的内容不要写进去。这是因为科技文章既有理论上（学术上）的馈赠性，又有技术上的经济性（专利性）。要正确处理交流与保密的关系，交流是指学术上的交流，保密是指技术诀窍的保密。对于技术上的要害问题，要含而不露、引而不发。

（8）结果与讨论（Results and Discussion）。实验结果就是实验过程中所获取的数据和所观察到的现象，它是论文的核心，论文是否具有创新性应从这里体现。结果引发讨论，导出推理。研究结果的表达方式不限于文字，通常还可用表格、插图、公式等表示。讨论应从实验和观察的结果出发，从理论上对其分析比较、阐述、推论和预测；推论中要提出自己的新见解，要着重讨论新发现、新发明和新启示，以及从中得出的结论；应比较本研究所得的结果和预期的结果是否一致；应与前人研究的结果进行比较，寻找其相互之间的关系，指出下一步需开展工作的设想和建议。这部分内容是论文的重点，是交流赖以产生的基础，也是评价该研究论文学术价值高低的最重要的部分。研究简报一般将这部分合在一起写。充实的研究论文将结果与讨论分开写。

（9）致谢（Acknowledgements）。致谢位于正文后、参考文献前。编写致谢时不要直书其名，应加上"某教授"、"某博士"等敬称，如"本研究得到×××教授、×××博士的帮助，谨致谢意""试验工作是×××单位完成的，×××工程师承担了大量试验，对他们谨致谢意"。

致谢的对象一般是曾经帮助过本项研究而又不符合论文作者署名条件的团体或个人，以示作者对别人的劳动成果的尊重和感激之情。一般包括在本科研工作中给予指导或提出建议的人；对本项研究工作给予经费、物质资助的组织和个人；承担部分实验工作的人员；对论文撰写提供过指导或帮助的人；提供实验材料、仪器设备及给予其他方便的组织与个人；为本项研究承担某项测试任务、绘制插图或给予过技术、信息等帮助的人。

（10）参考文献（References）。参考文献是科技论文中的一个组成部分，它非常重要，因为当今的大部分科研成果是在前人的研究成果或工作基础上发展起来的。论文中的参考文献可以反映论文真实可靠的科学依据；反映作者对前人劳动的肯定和尊重；便于同行了解该研究领域的动态以及采用追溯法查找与此研究方向相关的文献；有助于科技情报人员进行文献情报研究。

论文中参考文献表置于致谢段之后、附录段（如有）之前。参考文献的著录规则、文献类型和电子文献载体的标志代码、顺序编码制和著者—出版年制见本节第 2 章"2.3.2　参考文献的著录规则"中的相关内容。

4．科技论文的投稿

（1）科技论文投稿的目的。

学术论文撰写完成后需要在学术期刊上发表，以供他人阅读。这就面临如何选择投稿目标期刊的问题。选择原则是根据自己论文的水平，在争取发表的同时，获得最大的投稿价值。所谓投稿价值，是指论文发表所产生影响的总和。最高的投稿价值可概括为：论文能够以最快速度发表在能发表的最高级刊物上，并能最大限度地为需要的读者所检索到或看到，能在最大的时空内交流传递。

（2）选择投稿的期刊。

选择投稿目标期刊总的原则是：在力争尽快发表的前提下，综合考虑各种因素，获得较大的投稿价值。基于论文的水平，向国外投稿尽量选择：SCI、EI 来源期刊；本学科的国外核心期刊；影响因子高的国外期刊。向国内投稿尽量选择：本学科的国内核心期刊、统计源期刊等。结合以下情况考虑。

① 论文水平自我评估、论文及期刊的分类。投稿前对论文的水平或价值（理论价值与实用价值）做出客观、正确的评估，是一个重要而困难的工作过程。评估的标准是论文的贡献或价值大小以及写作水平的高低。作者可采用仔细阅读、与同行讨论、论文信息量评估等办法。其中信息量包括：真实性、创造性、重要性、学术性、科学性和深难度。评估的重点在于论文是否有新观点、新材料和新方法。

对论文理论价值评估是对作者在构造新的科学理论、利用最新理论研究过程和结果的评估，视其是否在理论研究上开辟了新领域、有突破或创见。属于具有国际先进理论水平的论文是：提出了新学说、新理论、新发现、新规律；对国际前沿科研课题做出重要补充或发展；对发展科学具有普遍意义。具有高或较高理论水平的论文是：论文涉及或采用最新科学理论；有独立的科学推论；有抽象模型以及逼近客体原型；构造有新的术语或概念；运用新的研究方法。一般先进理论水平的论文是：在前人的基础上提出新看法、增添新内容、找到新论证方法，其观点、方法虽不是创见，但解决了前人未能解决的问题。

论文分类大致包括：理论论文、理论与技术论文、技术论文、综述、评论和简报快报等。不同类型的论文的投向取决于目标期刊的类型，即理论型（学术型）期刊、技术型期刊等。

② 期刊报道的范围、读者对象。不同科技期刊有不同的宗旨、不同的论文收录报道范围，这决定了投稿论文的主题内容范围。科技期刊的收录范围和期刊的类型及级别基本决定了该刊的读者对象，也基本决定了稿件的写作风格与详简程度。

③ 期刊的学术地位、影响和期刊等级。科技期刊的学术地位和学术影响表现在期刊所收录论文的水平、主编、编辑单位、在专业人员心中的地位等方面。从图书情报界的角度看期刊的学术地位和学术影响，则表现在期刊的影响因子的大小、是否被国内外检索工具收录、是否为学科核心期刊等方面。期刊的学术地位和学术影响与所称的期刊"级别"有密切关系。但不能一味地只看影响因子的高低作为刊物水平的高下，影响因子的高低只是影响的大小，并不一定代表本专业的最高水平。越是专业性强的论文，越应当发表在本专业的范围内。

④ 出版周期。出版周期是指某刊的出版频率，一般分为年刊、半年刊、季刊、双月刊、月刊、半月刊、旬刊、周刊和不定期刊。不定期刊、年刊和半年刊不投稿或少投稿为好。

⑤ 出版论文容量。期刊的论文容量是指某刊一年或一期能发表多少篇论文。例如，某种半月刊每期容量为 20 篇，则年容量为 480 篇。一般来说，应尽量选择出版周期短、容量大的期刊投稿。

⑥ 对作者是否有资格要求。有的科技期刊对作者有资格要求。例如，要求作者具有某国国籍、属某地区、某研究机构、某协会会员等资格。作者应从作者须知等处了解某刊对作者是否有资格要求，不具有某刊作者资格要求的作者不要向其投稿，除非论文合作者有资格。

⑦ 语言文种。从科技文献交流体系看，汉语的使用范围、中文刊的发行范围以及中文论文被世界性检索工具的收录比例等因素制约了中文论文影响力的发挥。而且中国科技人员人均占有刊比例小，发稿不易。英语是一种科技交流的世界性语言，在国际影响大的英文刊物上发表自己的论文，能提高论文作者及其单位的学术地位，因此向国外投稿也受到中国科技界的重视。

当然，如果所研究的问题是中国的问题，希望与中国的同行专家交流，或者有可能启发国内的相邻研究领域的专家，就没有必要到国际刊物上去投稿了。

⑧ 版费。向国外一些学术刊物投稿被接受后，出版社将向文稿作者征收出版费，这些费用被称为版费或出版费。之所以如此，是因为有的出版社把版费作为科研费用的必要组成部分，视版费为作者所在单位对传播其研究成果的费用和对出版社的资助。不同国家、不同刊物，收费标准不同。

⑨ 当前组稿倾向与论文时效性。科技期刊有年度出版计划、主题选择、专题出版和在一段时间倾向某种内容的情况。要掌握目标期刊的这些情况，可向期刊出版社索取年度计划，或查阅该期刊的近期目录和内容。对具有倾向性和时效性较强的论文，应尽量投向出版周期短的半月刊、月刊和快报。

⑩ 刊物内容范围。通过浏览目标期刊近期已发论文的目录和内容等获得目标期刊的动态和变化情况，利用期刊的征稿启事和作者须知等进行了解。

7.7 科技查新

在科学研究中，为了避免科研课题重复立项，以及客观正确地判别科技成果的新颖性、先进性，教育部和科技部设立了查新工作，它可以为科研立项以及科技成果的鉴定、评估、验收、转化、奖励等提供客观依据，保证相关工作的科学性和可靠性，也能为科技人员进行研究开发提供可靠而丰富的信息。

7.7.1 科技查新的主要术语

1. 查新的定义

根据中华人民共和国国家标准 GB/T 32003—2015《科技查新技术规范》，科技查新是以反映查新项目主题内容的查新点为依据，以获取密切相关文献为检索目标，运用综合分析和对比方法，对查新项目的新颖性做出文献评价的情报咨询服务。

2. 查新项目

查新项目，即查新委托人提出的要求查证新颖性的科学技术项目。

3. 查新目的

查新目的，即科技查新报告的具体用途，如用于立项、成果、产品、标准、专利等相关事务。

4. 科学技术要点

科学技术要点，即查新项目的主要技术内容，包括所属科学技术领域、研究目的、技术方案和技术效果。

5. 查新点

查新点，即需要查证的查新项目的科学技术要点，能够体现查新项目新颖性和技术进步的技术特征点。每个查新点应清楚、准确，突出一个技术主题或技术特征。

6. 新颖性

新颖性，指查新委托日或指定日以前查新项目的查新点没有在国内或国外公开出版物上发表过。

7. 查新结论

查新结论，指针对查新点将查新项目与文献检索结果进行对比分析，并由此得出查新项目是否具有新颖性的判定结果。

7.7.2 查新报告案例

课题名称：一种纸张脱酸剂及其使用方法

一、查新目的

申请专利查新。

二、查新项目的科学技术要点

据统计，目前我国各图书馆收藏的古籍文献达3000万册。但由于年代久远，有些传世的珍贵善本已是千疮百孔、残缺不全，有约5%的古籍文献已达到严重破损的程度。造成古籍破坏的原因主要有酸化、虫蛀、鼠咬、霉变以及人为破坏等，其中酸化是造成古籍受损的主要原因，而且它是一个持续破坏的过程。

项目主要是借助有机化学的原理，利用碱性物质三（羟甲基）氨基甲烷进行纸张的浸泡脱酸，并与纸张纤维及其水解产物形成氢键，增强纸张的机械强度；残留在纸张中的碱性物质能防止空气中酸性物质对纸张的破坏，延缓其酸化、老化过程，有利于纸张的长期保存。

三、查新点与查新要求

查新点：使用极性较低的脱酸溶液乙醇水对纸张进行浸泡脱酸，以降低对纸张外观的影响；脱酸剂三（羟甲基）氨基甲烷中的羟基与纸张中纤维素及其水解产物等成分形成氢键，增强纸张强度。

查新要求：查证国内有无与项目查新点相同或类似的科技文献报道。

四、检索策略及文献检索范围

（一）国内数据库检索范围

数据库名称	检索年限
1. 维普中文科技期刊全文数据库	1989—2013.06

2．中国科技经济新闻数据库	1992—2013.06
3．中国期刊全文数据库	1994—2013.06
4．中国博士学位论文全文数据库	1999—2013.06
5．中国优秀硕士学位论文全文数据库	1999—2013.06
6．万方学位论文全文数据库	1989—2013.06
7．万方学术会议论文全文数据库	1993—2013.06
8．万方中国科技成果数据库	1999—2013.06
9．中国专利数据库	1985—2013.06
10．国家科技成果网	1978—2013.06
11．中国科技论文在线	2003—2013.06

（二）检索词

1．纸张；古籍；纸质文献；图书；报刊

2．脱酸

3．溶液

4．酒精；乙醇；C_2H_5OH

5．三（羟甲基）氨基甲烷

（三）检索式

(纸张 OR 古籍 OR 纸质文献 OR 图书 OR 报刊) AND 脱酸 AND (溶液 OR 酒精 OR 乙醇 OR 三（羟甲基）氨基甲烷 OR C_2H_5OH)

五、检索结果

根据查新要求，在上述检索范围内，检索出相关文献39篇，主要相关文献9篇。

[1] 梁义，卿梅．**丙酸钙水酒精溶液对纸质文物脱酸效果的影响**[J]．文物保护与考古科学，2009，（02）：44-47．

[2] 李鸿魁，徐晓蔓，孟远行，等．**老化纸张液相脱酸实验**[J]．中华纸业，2011，（10）：52-55．

[3] 韩玲玲．**天然脱酸剂对纸质文献脱酸的研究**[D]．广东工业大学，2011．

[4] 广东工业大学，广州市余平图文实业有限公司．**一种加压雾化脱酸装置及使用该装置加压雾化脱酸的方法**[P]．中国公开公告号：CN102242529A，2011-11-16．

[5] 王彦娟．**超临界二氧化碳在古籍纸张脱酸和强化中的行为研究**[D]．广东工业大学，2012．

[6] 张晓丽，鲁钢，金江，等．**集锌盐和镁盐于一体的纸张脱酸液制备及性能**[J]．南京工业大学学报（自然科学版），2011，（02）：51-54．

[7] 张晓丽，鲁钢，金江，等．**微波水热法制备纳米ZnO应用于纸张脱酸加固初探**[J]．化工新型材料，2011，（08）：109-111．

[8] 广东工业大学. **可溶性四硼酸盐作为纸张脱酸剂用于纸张脱酸的方法**[P]. 中国公开公告号：CN102268842A[P]. 2011-12-07.

[9] 广州市余平图文实业有限公司. **一种纸张脱酸剂的制备方法**[P]. 中国公开公告号：CN102086613A[P]. 2011-06-08.

国内主要相关文献分析如下：

文献[1]针对不同质量丙酸钙的水-乙醇饱和溶液、不同的水与乙醇的质量比、去酸溶液的量及纸张在溶液中浸泡的时间等因素，对纸张脱酸效果的影响做了系列研究。结果表明，丙酸钙为3g的水-乙醇饱和溶液用于纸张脱酸具有较好的效果，纸张在该溶液中浸泡后pH值为7左右，且自然干燥速度快，基本不发皱、不变色。文献涉及了丙酸钙水酒精溶液对纸质文物脱酸效果的内容，未涉及脱酸剂三（羟甲基）氨基甲烷中的羟基与纸张中纤维素及其水解产物等成分形成氢键，增强纸张强度的内容。

文献[2]在实验室条件下采用液相脱酸法对老化纸张进行脱酸实验，对脱酸前后纸张的抗张强度、耐折度、pH值进行了比较。结果表明，$Ca(OH)_2$水溶液法在质量浓度0.20%、温度70℃、反应30min时脱酸效果最优，有机溶液法在浓度0.20mol/L、喷淋量165g/m^{2}时脱酸效果最优。文献涉及了采用$Ca(OH)_2$水溶液法对老化纸张进行脱酸的内容，未涉及脱酸剂三（羟甲基）氨基甲烷中的羟基与纸张中纤维素及其水解产物等成分形成氢键，增强纸张强度的内容。

文献[3]采用$Ca(OH)_2$水溶液、丙酸钙水溶液、丙酸钙酒精水溶液、异丁胺乙醇水溶液、天然脱酸剂TS4对纸张加压雾化脱酸，比较其脱酸效果。结果表明，天然脱酸剂在小用量范围内，脱酸效果随其用量的增加而增强。不同种类的脱酸剂对纸张脱酸后脱酸效果不一，其中采用有机溶液作脱酸剂时效果最好。文献涉及了采用$Ca(OH)_2$水溶液、丙酸钙水溶液、丙酸钙酒精水溶液、异丁胺乙醇水溶液、天然脱酸剂TS4对纸张加压雾化脱酸，比较其脱酸效果的内容，不同于查新委托项目中采用脱酸溶液乙醇水对纸张进行浸泡脱酸，脱酸剂三（羟甲基）氨基甲烷中的羟基与纸张中纤维素及其水解产物等成分形成氢键，增强纸张强度的内容。

文献[4]一种加压雾化脱酸装置及使用该装置加压雾化脱酸的方法，适用于任何纸张脱酸剂溶液，特别是有机脱酸剂溶液和天然脱酸剂溶液对纸张的脱酸，脱酸后的纸张不变形、不粘连，油墨字迹也不受影响，且脱酸后纸张在阴凉处风干所需的时间短。本方法是在雾化器中加入脱酸剂，经雾化后的脱酸剂蒸汽通入脱酸反应器，对酸化纸张进行脱酸；脱酸后纸张pH值升高，达到脱酸目的。文献涉及了利用加压雾化脱酸装置有机脱酸剂溶液和天然脱酸剂溶液对纸张脱酸的内容，不同于查新委托项目中采用脱酸溶液乙醇水对纸张进行浸泡脱酸，脱酸剂三（羟甲基）氨基甲烷中的羟基与纸张中纤维素及其水解产物等成分形成氢键，增强纸张强度的内容。

文献[5]超临界二氧化碳夹带硼砂醇水溶液对古籍文字及全书的作用行为,包括墨迹的扩散及渗透行为、纸张的粘连行为、纸张的变形。研究在超临界二氧化碳作用下,脱酸剂和增强剂在纸张及书中的渗透及作用行为,各种因素对古籍脱酸及强化的影响,并获得普适性的纸张纤维脱酸和增强规律。文献涉及了超临界二氧化碳夹带硼砂醇水溶液对古籍文字及全书脱酸的内容,不同于查新委托项目中采用脱酸溶液乙醇水对纸张进行浸泡脱酸,脱酸剂三(羟甲基)氨基甲烷中的羟基与纸张中纤维素及其水解产物等成分形成氢键,增强纸张强度的内容。

文献[6]采用含 0.02 mol/L 乙酸锌、0.1 mol/L 六次甲基四胺(HMT)和 Mg(HCO$_3$)$_2$ 溶液复配成脱酸液,纸质文物在脱酸液中浸泡后放入微波炉中低火加热。通过对处理前后纸样的外观、pH 等性能测定及扫描电镜(SEM)和场发射扫描电镜(FESEM)分析,综合评估其脱酸效果。文献涉及了集锌盐和镁盐于一体的纸张脱酸液用于纸质文物脱酸的内容,不同于查新委托项目中采用脱酸溶液乙醇水对纸张进行浸泡脱酸,脱酸剂三(羟甲基)氨基甲烷中的羟基与纸张中纤维素及其水解产物等成分形成氢键,增强纸张强度的内容。

文献[7]以乙酸锌和六次甲基四胺(HMT)为前驱体制成水溶液(n(乙酸锌):n(HMT)=1:5),将纸质文物浸泡后放入微波炉低火加热。通过对处理前后纸样的外观、pH 值、抗张强度等性能测定及 SEM 分析,综合评估其脱酸加固效果。文献涉及了以乙酸锌和六次甲基四胺(HMT)为前驱体制成水溶液将纸质文物浸泡后放入微波炉低火加热用于纸质文物脱酸的内容,不同于查新委托项目中采用脱酸溶液乙醇水对纸张进行浸泡脱酸,脱酸剂三(羟甲基)氨基甲烷中的羟基与纸张中纤维素及其水解产物等成分形成氢键,增强纸张强度的内容。

文献[8]公开了一种可溶性四硼酸盐作为纸张脱酸剂用于纸张脱酸的方法,取四硼酸盐不同浓度的水溶液与不同类型的有机溶剂混合,采用浸泡、喷洒、雾化或超临界处理等多种方式,对纸张特别是酸化、老化的纸张脱酸;可溶性四硼酸盐用作纸张脱酸剂进行脱酸,能将纸张的 pH 值控制在理想的范围。文献涉及了四硼酸盐不同浓度的水溶液与不同类型的有机溶剂混合用于纸张脱酸的内容,不同于查新委托项目中采用脱酸溶液乙醇水对纸张进行浸泡脱酸,脱酸剂三(羟甲基)氨基甲烷中的羟基与纸张中纤维素及其水解产物等成分形成氢键,增强纸张强度的内容。

文献【9】公开了一种用天然产物制备纸张脱酸剂的方法。将所用老茶、带壳茶籽、烟草全株、麦秸秆、稻草、蚕蜕、金皇后、红豆草、黄藤等中药及天然产物粉碎至 0.1~5mm 大小的颗粒,并进行混合;用乙醇超声提取脱脂,过滤;挥干药粉溶剂后,加水,在 15℃~50℃下自然发酵 24~180 小时,过滤并加入防腐剂,即得纸张脱酸剂。文献涉及了天然产物的水溶液用于纸张脱酸的内容,不同于查新委托项目中采用脱酸溶液乙醇水对纸张进行浸泡脱酸,脱酸剂三(羟甲基)氨基甲烷中的羟基与纸张中纤维素及其水解产物等成分形成氢键,增强纸张强度的内容。

六、查新结论

根据委托方提供，本查新委托项目是：一种纸张脱酸剂及其使用方法。其查新点是：使用极性较低的脱酸溶液乙醇水对纸张进行浸泡脱酸，以降低对纸张外观的影响；脱酸剂中的羟基与纸张中纤维素及其水解产物等成分形成氢键，增强纸张强度。

在上述国内数据库及文献检索范围内，对检索出的相关文献进行阅读、分析、对比，结论如下：

（1）有丙酸钙水酒精溶液和 $Ca(OH)_2$ 水溶液对纸质文物脱酸效果的文献报道（文献[1,2]），有采用 $Ca(OH)_2$ 水溶液、丙酸钙水溶液、丙酸钙酒精水溶液、异丁胺乙醇水溶液、天然脱酸剂 TS4 对纸张加压雾化脱酸的文献报道（文献[3,4]），未涉及脱酸剂三（羟甲基）氨基甲烷中的羟基与纸张中纤维素及其水解产物等成分形成氢键，增强纸张强度的内容。

（2）有超临界二氧化碳夹带硼砂醇水溶液、乙酸锌和六次甲基四胺（HMT）为前驱体制成水溶液、四硼酸盐不同浓度的水溶液等用于纸质文物脱酸的文献报道（文献[5-9]），不同于查新委托项目中采用脱酸溶液乙醇水对纸张进行浸泡脱酸，脱酸剂三（羟甲基）氨基甲烷中的羟基与纸张中纤维素及其水解产物等成分形成氢键，增强纸张强度的内容。

综上所述，在上述国内数据库及文献检索范围内，未见有与本查新委托项目"一种纸张脱酸剂及其使用方法"查新点内容相同的文献报道。

↘ 练习、讨论与思考

1．从你现有的知识角度理解"科研"的内涵。
2．你接触科研的方式与经历。
3．你认为科研过程训练对你的作用有哪些。
4．如果希望未来从事科研方面的工作，你认为在本科阶段需要做哪些方面的准备工作？
5．列举你知道的在你的专业科研领域做出突出贡献的专家。
6．什么是引文分析法？它有几种基本类型？
7．什么是内容分析法？内容分析法有哪几个方面的优点？
8．简述文献综述的格式。
9．简述科技论文的撰写过程。
10．近期你在学习过程中对什么问题产生过兴趣吗？能否经过文献调研、分析、阅读、总结、思考等步骤，拟订一个合适的选题，进一步深入研究？

拓展与延伸：阅读推荐

如何阅读一本书[专著]/（美）莫提默·J.艾德勒（Mortimer J.Adler），（美）查尔斯·范多伦（Charles van Doran）著；郝明义，朱衣译. —北京：商务印书馆，2004.

阅读不仅可以获得资讯，还可以提高理解力，获得与作者相同甚至更高的认知水平。《如何阅读一本书》是一本指导阅读的经典，提倡去做一个自我要求的读者。书中指出，阅读是一门艺术，有基础阅读、检视阅读、分析阅读、主题阅读四个层次，对不同的文献，有不同的阅读方法。向希望提高阅读能力者推荐。

第8章

活用信息，发现、探索、创新、创造

发现、探究和解决问题，或者提供解决问题的思路和信息支持，是信息活动的应有之义。面向科学研究全过程的信息活动，是不断地发现问题、研究探索、形成新认知、获得研究成果的探究性活动，是这一系列过程循环式、递进式和开放式进行的活动。信息和知识，通过发现、获得、整合、记录、存取、分享、探索、更新、创造等过程，达到不断创新的最终目的。大学生正处于学术专业学习和科学思维培养的黄金时期，也正处于朝气蓬勃、快速成长、求知欲旺盛的阶段，充满着创新和创造的思维活力和动力，活用好信息的强人助力，并结合科研训练和创新指导，新的成长征程，就从现在开始！

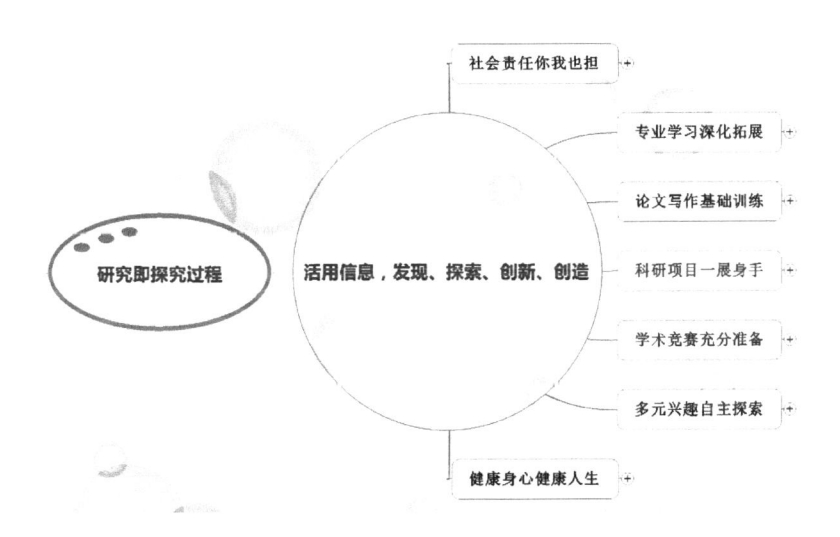

研究即探究过程 —— 活用信息，发现、探索、创新、创造
- 社会责任你我也担
- 专业学习深化拓展
- 论文写作基础训练
- 科研项目一展身手
- 学术竞赛充分准备
- 多元兴趣自主探索
- 健康身心健康人生

8.1 研究即探究过程

8.1.1 对于学习者的知识技能要求

科学研究的过程，就是对未知事物进行探究的过程。科学研究，是针对学科内或学科间的空白点及未解决的问题，或重新审视、质疑已有的研究结论，探索利用更先进的研究方法、更多元的学科视角，提出解决问题方案的信息活动过程。对于学习者的知识技能要求，主要体现在以下方面。

1. 发现和提出问题

能够发现问题，并且提炼出研究问题；能基于信息空白制定研究问题；能重新审视现有的信息或者可能存在矛盾的信息，来制定研究问题。

2. 确立合适的调研范围

解决不同类型、不同要求、不同个案的问题，需要不同特质和性质的信息，在时间、地域、文献类型、学科属性、信息来源等诸多方面都会有区别，因而需要确立合适的调研范围，或限定调研范围。

3. 分解问题

能够将复杂的问题分解为简单的问题。科学问题的解决，往往涉及多个方面、内容和流程，如果能够将复杂的大问题分解为若干相对简单的小问题、子问题，解决的难度就可以降低，从而提高解决问题的效率。

4. 选择研究方法

确定研究问题后，下一步的工作就是选择最能达到研究目的的手段，即通常所说的研究方法。最合适的研究方法的选择，往往取决于多个因素，需要根据不同的研究问题类型，选择和使用适宜的研究方法，以及根据不同的需求、环境条件和探究类型，综合使用多种研究方法。研究方法有很多，常用的有文献法、观察法、实验法、调查法、统计法、比较法等。

5. 综合多种渠道，获取研究观点，并对所收集的信息进行评估

进行科学研究，前人研究是很重要的，需要对研究对象可能涉及的文献有一个全面的把握。需要查找国内外的文献信息，以了解研究概况，知道前人或他人已经研究过什么、做过什么、已经做对了什么、解决了什么，以及忽略了什么、有什么地方存在错误或不完善、有什么得失。对收集到的信息、研究状况进行评估，及时发现信息缺口、薄弱环节或者空白，这就可以成为你的研究方向和内容。

6. 掌握基本的信息组织方法，以有意义的方式组织信息

人们常用的信息组织方法有：形式特征组织法，根据信息的形式特征，使用一套形式化的符号系统按照一定的规则组织信息,包括字顺法、号码法、物名法、专用代码法、引证关系法、时序法、地序法、其他特征充化法;内容特征组织法,根据信息的内容特征,使用一套含有语义的符号系统来组织信息,包括分类组织法、主题组织法、元素结构组织法;信息效用组织法,根据信息的实用价值来组织信息,主要有权值组织法、特色组织法和重要性递减法。信息效用组织法能够反映和满足用户的信息需求,它是一种应用性的组织方法,在实际生活中运用极为广泛。每种信息组织方法都有其特有的功用,有些组织方法功能是互补的,如将多种方法结合起来使用会达到更好的效果,如分类主题一体化的组织方法、规范组织方法与自然语言组织法的结合等。

随着互联网广泛而深入的发展,网络信息在社会信息量中的比重日益上升,是一个巨大的信息资源库,具有无序性、不均衡性、非对称性、资源分布的动态性等特点,它在为人们提供丰富的信息资源的同时,也为信息组织工作带来了极大的困难。在实际操作过程中,人们很少简单地运用某一层次的信息组织方法,通常是将不同层次的不同信息组织法综合起来加以运用,甚至会在它们的基础上加以延伸、改进和创新,使之不断完善和发展。

7. 掌握信息分析的科学方法,能够通过相关分析和演绎得出合理结论

获取信息后,根据课题研究的需要,需要用一定的方法对所收集的大量信息资料进行归纳、分析、判断、推理、计算、综合,形成新的可以利用的信息集合或新的知识。简单地说,仅仅获得文献、知道有哪些文献相关还是不够的,还要懂得在这些文献中哪些是主要的、哪些是次要的,要经过自己的分析归纳和思考,形成新认识、产生新信息。信息分析方法可分为定性分析方法、定量分析方法以及定性和定量相结合的分析方法。定性分析方法包括综合法、对比法、相关法、因果法等,定量分析方法包括义献分析法、预测分析法、系统分析法等。通常将定性分析方法和定量分析方法结合使用,可以更好地进行信息分析工作,满足决策和预测的需要,得出合理结论。

8.1.2 对于学习者的行为方式要求

研究是一个开放的信息探索与深入的过程。每个人都有个人知识或经验的局限,因而,保持强烈的求知欲、开放意识和批判态度非常重要。以下方面有助于提高个人的信息素养和能力。

1. 视研究为开放式的信息探索和深入过程

科学研究是一个螺旋式加深和向上的过程,旧的问题解决了,新的问题又出现了,针对新出现的问题,继续新的研究过程,不断解决问题。个人的知识或经验具有局限性,正确认知这个特点,保持虚心求知的欲望,具备开放和发展的意识,持有科学的批判精神、质疑的态度,不断拓展和深入探索问题。

2. 在发现研究问题阶段

有发现问题的敏感性，不忽略看似简单的问题，以及当前认识较模糊的方面，这些简单问题、模糊问题的存在，对研究过程是有益的，这反映了认识上存在一定程度的不清晰，需要引以重视和解决。而简单问题的领会和解决，有可能对研究产生重要的甚至颠覆性的作用，科学研究的历史上有无数事实证明了这一观点。

3. 在收集和使用信息过程中

在收集和使用信息过程中，要遵守信息道德和法律准则。合理合法地获取信息，规范地进行参考文献引用，尊重知识产权，遵守法律法规，是科学和学术规范的基础。

4. 在研究探索过程中

研究和探索的过程，不是一蹴而就的，而往往具备持久性、适应性和灵活性等特点。在此过程中，需要用多维的研究视角收集和评估信息，努力学习和应用新的研究方法，如有需要可寻求适当帮助。

8.1.3 辩证地利用信息，在传承中创新

传承和创新不可分割，任何创新都是在前人研究的基础上产生的。前人的研究是创新的基石，这也就意味着，我们对信息的获取与利用，需要具备辩证式利用的思维，既有传承，又能创新。

1. 解决问题过程中融入新的信息

问题的解决是一个反复的过程，在解决问题的过程中，我们会利用各种已有知识和信息，解决的问题又可以形成新的知识和信息。在这样的反复过程中，问题不断解决，知识和信息不断增长，新增长的知识和信息又进一步促进新研究问题的发现和解决，在不断地传承中，得到不断的创新成果。

2. 信息成果需要分享

信息和知识经整合与重组，形成新的信息成果，需要与同行分享、交流，进入到文献传递交流环节，融入到学术交流中。这些成果可以是正式发表的，如期刊论文、会议论文、学位论文、专利等，也可以是以非传统形式在网络上发布的，如博客、个人主页、微信、各种社交媒体。无论以何种分享形式，如发表、发布、出版、交流等，都可以促进知识和信息的传播和利用，在被利用的过程中，引致和促进信息的增值。

3. 增强研究影响力，促进研究进步

信息成果的获得，是发现问题、研究问题、探索问题、解决问题，再发现新的问题、解决新的问题的过程。现代社会是分工合作、相互联通的社会，一类问题的解决有助于其他问题的解决，一种技术的进步可以促进另一种技术的发展，各种技术和各个学科相

互依存和促进。因而，将研究成果传播和扩散，增强研究成果的影响力，也是非常必要的。

8.1.4 对本章案例的说明

前面的章节，对信息素养框架中的部分知识技能和行为方式进行了介绍，可作了解、学习和思考，而从本章 8.2 节开始，将为读者提供一批实用案例，以发现、探索、创新、创造的作品为主线。这些作品，均选自大学生作品实例，是大学生结合学习、科研和生活的实际需求，自己发现问题、提出问题，利用信息知识和信息技能，探索和解决问题的实例，展现了信息素养的学习成果，以及因信息素养训练和提升而带来的个人成长、专业深化、科技竞赛、科研入门等方面的进步。

案例基本按以下体例编排：问题情境（或课题背景、选题原因）—课题分析与问题分解—检索策略—检索结果分析与研读—问题解决方案与实践—分享与思考。

因本书篇幅所限，选用案例保留原作整体思路和流程，展示主要过程和结果，仅在结果记录部分会进行一些删节，有些在行文上作极少的润饰。选用案例可以给本书学习者带来学习和应用信息素养的直观感受，引发学习者的思考，有利于促进学习者的信息行动和实践。

8.2 专业学习深化拓展

案例1：基于微控制器的智能温室控制系统

导语：源自专业兴趣，搜索利用信息，明了研究概况，培育创新基础

作品完成人：机电工程学院，杨耿江

完成日期：2016年1月，大三

一、课题名称：基于微控制器（STM32）的智能温室控制系统

二、课题分析

2.1 课题内容特征描述

2.1.1 概念描述

微控制器：微控制器是将微型计算机的主要部分集成在一个芯片上的单芯片微型计

算机。大二下学期班级在学校教务处的统一课程安排下，学习了关于微控制器最简单的入门课程——《51单片机及编程》，其后我对微控制器十分感兴趣，认为计算机以后有两大发展趋势：**变得更大和变得更小**。追求计算速度，计算机则越来越大型；追求携带方便、操作简易，计算机便渐渐变得越来越小。而让计算机越来越小，便是依靠微控制器，俗称芯片。

温室大棚：温室大棚即农业工厂，随着经济的不断发展，人们对农作物的需求量越来越大，智能温室成为受欢迎的"农业小屋"。智能温室能实现农业设施的自动化管理，能使农作物实现生产规模化、精细化。其优点在于使农作物生长不受季节的影响，大大缩短生产周期，进而提高经济效益，适应市场需要。所以，设计一种经济性、实用性更高的智能温室控制系统具有很好的发展前景及推广价值。

智能温室控制系统：智能温室控制系统是我们基于现阶段农业生产发展水平以及面对的实际问题而设计的一款提高生产效率和改善作物生长条件的新型农业设备，可通过温度、湿度、光和二氧化碳浓度等环境参数来实现智能控制管理，从而大大减少人力劳动。

系统可选用微控制器——STM32芯片为核心器件，完成对单体温室控制系统的设计，用嵌入式STM32单片机来进行控制和分析，并采用光照度、湿度和温度等传感器来收集相应的环境因子数据，反馈给相应的执行器件做出相应的调控。系统操作简单，可独立高效运行，与普通8位单片机相比，在性价比、价格、开发难易等方面优势明显。因此，基于STM32的智能温室控制系统将传感器技术、单片机控制技术、计算机技术和通信技术有机结合，实现了温室参数（如温度、湿度和光照度等）的监控，完成了智能温室控制系统的硬件和软件设计，整个系统更为简洁方便，易于控制，可扩展性好。

2.1.2 选题来源和选题初衷

本人现如今大三，跟着师兄学习做项目，自学微控制器，在过程中体会到了微控制器的妙用，对师兄手里正在做的项目特别感兴趣，于是拟定了这个选题，希望通过信息检索，深入了解微控制器，特别是当下最流行的STM32，在室温控制里所发挥的智能作用。

2.2 中英文检索关键词

2.2.1 STM32

STM32控制器（STM32 controller）

STM32单片机（STM32 Singechip）

STM32处理器（STM32 processor）

2.2.2 智能（intelligen*:intelligence, intelligent, …）

自动化（auto*: auto, automatic, automation, …）

2.2.3 温室（greenhouse*: greenhouse, greenhouses, …）

第 8 章　活用信息，发现、探索、创新、创造

2.2.4 微控制单元（microcontroller Unit, MCU）

三、检索策略

3.1 读秀学术搜索（读秀）

检索表达式：stm32 温室

检索结果数量：26（期刊论文）

3.2 维普信息资源系统（维普）

检索表达式：题名或关键词=stm32 与 题名或关键词=温室

检索结果数量：15

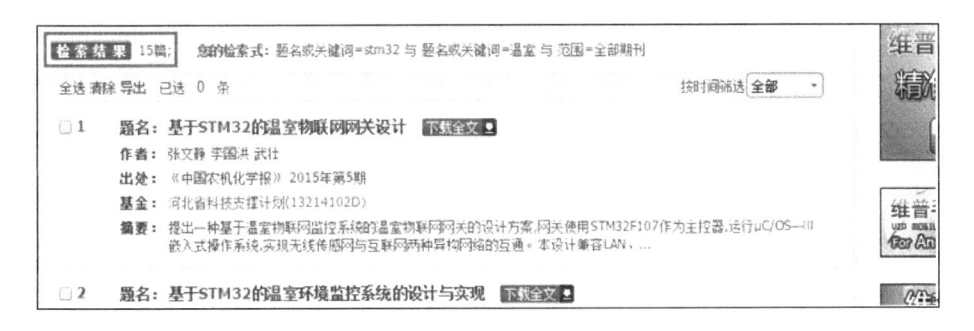

3.3 万方数据知识服务平台（万方）

检索表达式：检索表达式：stm32 * 温室 * 智能 * Date:-2016

检索结果：24　期刊论文（17）　学位论文（5）　会议论文（0）　中外专利（2）

3.4 中国知网（CNKI）

检索表达式：SU=(STM32+STM32 控制器+STM32 单片机+STM32 处理器)*
(智能+自动化)*(温室)

检索结果数量：28

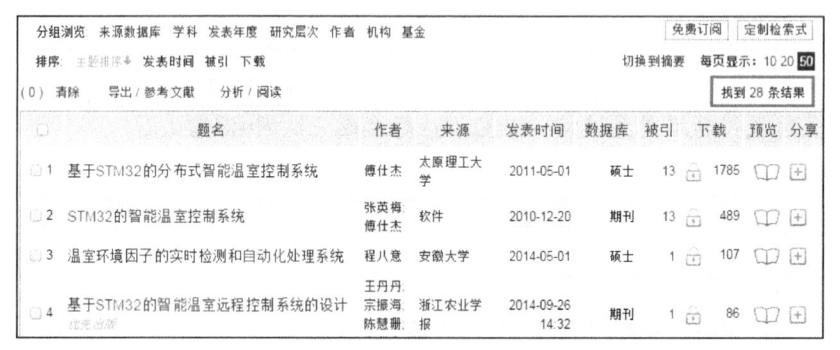

选择发表时间再作限制：从 2012 年 1 月 1 日到 2016 年 1 月 2 日。

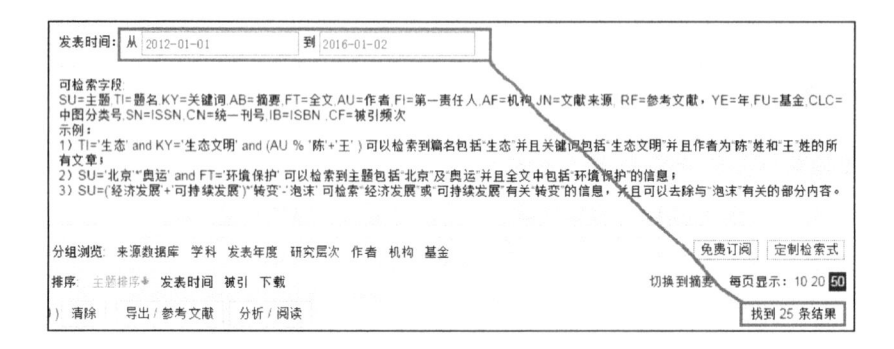

近四年，共有 25 篇，占了 95%，可见微控制器是近些年才兴起的研发领域。

3.5 Engineering Village（EI）

检索表达式：((((stm32 OR(stm32 *controller)OR(stm32 processor))WN All fields)AND ((intelligen* OR auto*)WN All fields))AND((greenhouse*)WN All fields))

检索结果数量：5 articles found in Compendex & Inspec for 1969—2016

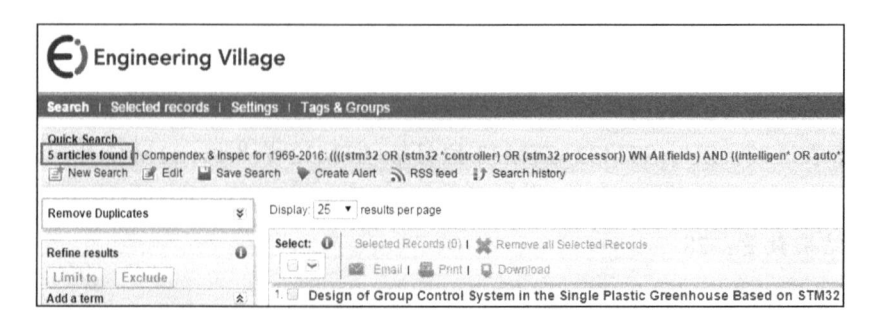

3.6 IEE Electronic Library（IEEE）

检索表达式：((stm32 or stm32 *controller or stm32 processor)AND greenhouse*)

检索结果数量：4

四、检索结果

检索结果统计	
期刊论文	7
专利发明	1
学位论文	1
科技成果	2
产品资料	1

经过整理、评估和分析等过程，筛选出一批文献（考虑相关度、发表时间、被引用次数、作者与机构等各种因素），加以记录并进行研读。

（编者说明：篇幅所限，在此仅列出中英文各1条文献记录，其余略。所选文献有若干见于小综述后的引文。本章节后面的案例，大部分的结果记录也作略去处理。）

4.1

【题名】基于STM32的连栋温室精准灌溉控制系统

【作者】彭章权；牛寅；张侃谕

【机构】上海大学机电工程与自动化学院，上海 200072

【刊名】工业控制计算机. 2014（3）. -107-108

【ISSN号】1001-182X

【CN号】32-1764/TP

【页码】107-108

【馆藏号】92874X

【关键词】精准灌溉；STM32F103；恒压变频；土壤含水量

【分类号】TP273

【文摘】以 STM32F103 芯片为控制核心，选用 FDR 型土壤水分传感器测定作物当前生长期的土壤水分含量，结合当前作物所需要的土壤含水量，实时计算出差值，给出当前作物所需要的灌溉量。通过 PC 机给出灌溉命令，控制恒压变频柜的运行和灌溉电磁阀的开关。同时控制器能将变频器和各个电磁阀的运行状态、当前灌溉量和实时的土壤含水量传输给 PC 机。该系统不仅能精确地自动控制灌溉，而且可以根据种植者的要求提供灌溉。该系统能实现多个温室的精准灌溉自动控制，具有结构简单、成本低和可靠性高的特点，对于实现节水灌溉和发展高效农业具有指导意义。

4.2

Greenhouse SCADA system based on CAN/1-wire hierarchical network
基于 CAN 总线网络的智能温室监控系统

[Lu Ang; Hong Qunhuan] Computer Technology and Development (ICCTD), 2010 2nd International Conference on ,vol.,no.,pp.701,704,2-4 Nov. 2010

doi: 10.1109/ICCTD.2010.5646436

Abstract: This paper discusses a greenhouse SCADA system based on CAN/1-wire double bus hierarchical network, its upper network connects HMI with RTU by CAN bus and its lower network connects RTU with various field environmental parameter transmitters by 1-wire bus. （本文讨论了一种基于 CAN 总线网络的智能温室监控系统，其通过 CAN 总线与 HMI 和 RTU 相连接,通过单总线和低网络与 RTU 和领域的环境参数传感器连接。）Greenhouses which adopt SCADA systems based on hierarchical network are convenient to be managed, they can isolate local faults effectively and improve system reliability. In addition, they have flexible structures and people are easy to install and use them.

keywords: {SCADA systems; controller area networks; telecontrol; CAN/1-wire hierarchical network; HMI; RTU; flexible structures; greenhouse SCADA system; local faults isolation; reliability; Green products; Humidity measurement; Process control; Temperature measurement; Transmitters;1-wire;data acquisition and monitoring system; greenhouse shed; human-machine interface; microprocessor; remote control unit}

URL:http://ieeexplore.ieee.org/stamp/stamp.jsp?tp=&arnumber=5646436&isnumber=5645822

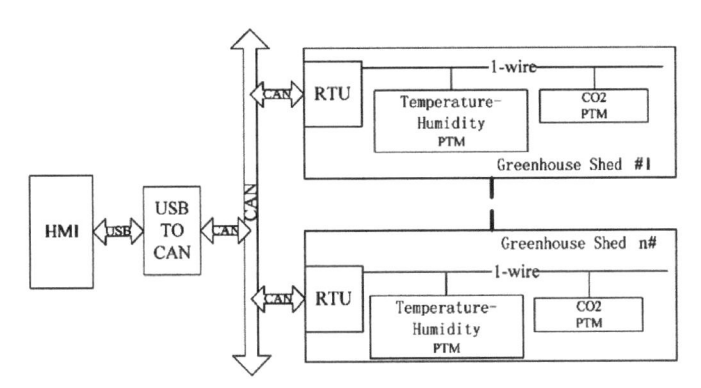

Figure 1. Greenhouse SCADA System Structure.

五、文献综述

基于微控制器 STM32 的智能温室控制系统的研究
——关于 STM32 论文查询的文献综述

关于智能温室控制系统，最直接受益的便是我国现代化农业的发展。中国农业的发展必须走现代化农业这条道路，随着国民经济的迅速增长，农业的研究和应用技术越来越受到重视，特别是温室大棚温室控制系统已经成为高效农业的一个重要组成部分。

来自浙江宁波、注重数据采集与监控系统的洪群欢认为：现代化农业生产中的重要一环就是对农业生产环境的一些重要参数进行检测和控制[1]。例如，空气的温度、湿度、二氧化碳含量、土壤的含水量等。在农业种植问题中，温室环境与生物的生长、发育、能量交换密切相关，进行环境测控是实现温室生产管理自动化、科学化的基本保证。通过对监测数据的分析，结合作物生长发育规律，控制环境条件，使作物达到优质、高产、高效的栽培目的。

来自沈阳工业大学的李珂在《基于嵌入式的温室大棚温度控制》一文中表示：目前，随着温室的迅速增多，人们对其性能要求也越来越高，特别是为了提高生产效率，对大棚的自动化程度要求也越来越高。由于单片机及各种电子器件性价比的迅速提高，使得这种要求变为可能[2]。

当前农业温室大棚大多是中、小规模，要在大棚内引入自动化控制系统，改变全部人工管理的方式，就要考虑系统的成本。基于 STM32 的智能温室控制系统有着更高的稳定性和可控度，成本低，有着很高的应用前景。

智能温室控制系统由核心系统和执行器件组成，分为八个部分：智能控制系统、定时灌水系统、加湿系统、加热系统、遮阳系统、照明电路、通风系统、CO_2 调控系统。

来自太原理工大学的傅仕杰认为，智能温室控制系统有很高的推广应用价值[3]。该系统适合大规模、一体化和精细化的农业生产，如蔬菜大棚。在如今可耕作土地和许多资源日益减少的情况下，为适应农业生产需要，设计一个更稳定、更灵活的智能温室控制系统，从而能实现农业更高水平的生产规模化、精细化。另一方面，一个系统性能更好的温室大棚控制系统，能更大限度地降低生产成本，同时还能高度节约资源和减少对环境的污染。因此，此智能温室大棚控制系统在未来的市场有着很好的发展前景，必然会受到商家的青睐。

来自江西农业大学的许朋、宁夏大学的于才、南京农业大学的王丹丹都在控制程序上做了多年研究，结合他们的论文，智能温室大棚控制程序大致上分为六部分：温室大棚控制总程序、单体温室控制系统主程序、农作物生长阶段控制逻辑程序、各环境因子调控程序、定时灌水程序、报警系统程序[4]-[7]。

（1）温室大棚控制总程序：智能温室控制系统运用分站式处理，通过基于CAN总线的分布式现场控制系统，将相应传感器采集的数据反馈给中央控制系统。其中的中央控制器作为上位机，分布式现场控制器作为下位机。

（2）单体温室控制系统主程序（分站主程序）：单体温室控制系统主程序采用手动和自动两种操控方式，对系统实现更灵活、更人性化的调控，以应对各种环境因素的不定向变化。

（3）农作物生长阶段控制逻辑程序（分站子程序）：此部分程序能独立高效地运行，特别是对光照强度和热量这两部分的平衡协调控制。夏天时，因为温度较高，采用不保温遮阳幕，防止温室内温度过高；冬天时，温度较低，采用保温遮阳幕，获取阳光的同时为温室加温。有阳光时，运用遮阳幕控制光照度；无阳光时，运用照明电路补光。这样既平衡了阳光的利害性，也节省了能源，提高了光能与热能的利用率。

（4）各环境因子调控程度：温度、湿度、光照强度和CO_2浓度都有相应的控制程序，该程序是一个循环的过程。

（5）定时灌水程序：为了提高系统控制效果，达到节水的目的，系统设有两种控制方式。方式一：用户根据实际需要，自行设定喷水时间和喷水间隔，进行定时喷水；方式二：由主控制器根据传感器采集来的环境湿度，进行处理后自动启动执行机构，进行喷水。

（6）报警系统程序：这个程序对整个系统起到非常重要的警示作用。

微控制器STM32的智能温室控制系统，在应用上有很好的前景，国家在未来将投入更多人力、物力进行研发，争取技术上早日成熟，得以大规模投入使用，那样我国自动化农业的曙光便在不远处！

参考文献：

[1] 洪群欢. 一种基于STM32的温室SCADA系统[D]. 农机化研究，2010，32（5）：128-132.

[2] 李珂. 基于嵌入式的温室大棚温度控制[D]. 沈阳工业大学. 2012，S625；TP273.4.

[3] 傅仕杰. 基于STM32的分布式智能温室控制系统[D]. 太原理工大学，2011.

[4] 许朋，孙通，冯国坤，等. 基于STM32的智能温室无线监控系统设计[J]. 农机

化研究，2015，03：87-90.

[5] 于才，刘大铭，何萍. 基于STM32的温室智能灌水系统设计[J]. 工业控制计算机，2012，02：93-94.

[6] 闻晶，孟文，徐正平，等. 基于STM32的智能温室模糊控制器的设计[J]. 机床与液压，2013，（8）：92-94. DOI:10.3969/j.issn.1001-3881.2013.08.032.

[7] 王丹丹，宗振海，陈慧珊，等. 基于STM32的智能温室远程控制系统的设计[J]. 浙江农业学报，2014，（3）：791-796. DOI:10.3969/j.issn.1004-1524.2014.03.43.

六、我的心得

通过信息检索这门课程，重塑了我对信息获取的概念。我在学生会工作，常常需要接触到许多资料，而很多资料需要检索，所以我从一开始的一度依赖百度，到后来使用必应、搜狗、Google，总是停留在较为直接简单的检索方式，直到接触了信息检索课程我才知道，**知其然并知其所以然，对学习一样东西并且拓宽视野至关重要**。

检索语法让我更加精确地定位到需要的资料，使我节省了原先浪费在分辨材料上的大量时间。

案例2：大学生活动中心建筑设计

导语：以不用的视角，不同的关注点，搜寻不同的信息，完成课程设计
作品完成人：建筑与城市规划学院，李劲青，廖国通，蒲奕廷
完成日期：2016年10月，大二

对于同一个主题，不同人会有不同的理解和认识角度，具体设计和设想也会不一样。在这个案例中，编选了一份较完整的信息调研报告，包含课题分析、检索策略、对所选文献进行阅读、思考和利用的过程，对问题的解决方案，以及在此过程中的收获；也编选了另外两份不同思路的课题分析和认识，以期为读者提供启发和思考。

■ 李劲青

一、课题名称：大学生活动中心建筑设计

二、课题分析

2.1 选题背景：本课题的选题来源于我们专业最近的一个设计作业，是在龙洞校区的洞平湖旁边设计一栋大学生活动中心，以满足龙洞校区大学生日常的文化活动与娱乐。

2.2 概念描述：大学生活动中心是各大高校设立的组织指导大学生进行文化艺术娱乐活动，丰富大学生课余生活的场所。它属于文化馆类建筑，其建筑特征有：综合性、多用型与地域性。设计内容包括：总平面设计、流线设计、活动空间组织、造型设计、建筑设计等一系列重要的设计，当然还需考虑各种因素，包括人文、地理、文化等。

2.3 调研重点内容：包括基本形态的设计（哪种形态更适合作为大学生活动中心）、消防交通通道的设计（怎样达到高效的交通空间）、功能空间大致的布局（怎样的空间布置能使使用者感到舒适），以及建筑设计的标准（尺度的规范）等。

2.4 目的：希望借助在课上学到的内容，通过信息检索的方式来解答我在建筑设计过程中产生的一系列疑惑，包括尺度的规范、消防通道的规范等，并且希望从一些论文或者书籍中找到一些灵感与注意事项。

三、检索策略

3.1 检索工具：万方数据知识服务平台；中国知网（CNKI）；维普信息资源系统；读秀学术搜索；Engineering Village（EI）；ISI Web of Knowledge（ISI）。

3.2 检索词的选择：

中文关键词：大学生（大学生、高校学生）
　　　　　　活动中心（活动中心）
　　　　　　建筑设计（建筑设计、设计）

英文关键词：大学生（student、college student、university student、undergraduate）
　　　　　　活动中心（active center、center of activity、center of action、action center）
　　　　　　建筑设计（design、building design、architectural design）

3.3 通用检索式：(大学生 OR 高校学生)AND 活动中心 AND(建筑设计 OR 设计)

说明：不同数据库在检索式的具体表达上有所不同，如：

万方数据知识服务平台检索式：(大学生+高校学生) * 活动中心 * 建筑设计 *Date:-2016

中国知网检索式：(主题=大学生 或者 主题=高校学生) 并且 (主题=活动中心 或者 主题=文化活动中心) 并且 (主题=设计 或者 主题=建筑设计)（精确匹配）

四、检索结果

（编者说明：为节约篇幅，仅给出所选文献的题录。）

部分相关文献及研读思考如下：

[1] 尹冰. 高校学生活动中心的复合化设计——浅析宁夏大学"大学生活动中心"设计[J]. 宁夏工程技术，2006，5（4）：392-394.

重要性：能够让我学习到新知识——复合化设计，给我带来一种新的概念，并强烈联系场地与建筑的关系。

[2] 楼正. 营造开放、交流与凝聚的场所——当代高校学生活动中心设计[D]. 西安建筑科技大学，2010.

重要性：能够让我思考活动中心空间上的意义与应该有的历史意义。

[3] 谢志昌. 高校学生活动中心设计研究[D]. 华南理工大学，2012.

重要性：能够让我更深入地了解活动中心的功能及其与日常生活的关系。

[4] 王芳. 高校学生活动中心建筑的设计和规划[J]. 山西建筑, 2005, 31(17): 35-37.

重要性：能够让我发现活动中心的重点与挑战所在，清晰地面对问题和困难。

[5] 薛东辉, 朱宇. 河北科技大学新校区活动中心建筑设计方案[J]. 山西建筑, 2007, (19): 45-46.

重要性：通过对实例的分析与了解来创新活动中心的设计。

[6] 赵锦斋, 周桂萍. 高等学校建筑的开放性——对哈尔滨大学大学生活动中心建筑设计的开放性探讨[J]. 黑龙江水利科技, 2009, (02): 12-14.

重要性：有助于了解如何提升空间的开放性，如何增强学校各类人士的沟通与交流。

[7] 李洁, 杜荣. 西安医学院体育馆及大学生活动中心的建筑设计[J]. 工业建筑, 2014, (05): 149, 154-157.

重要性：借鉴其他实例，考虑自己的设计能否结合"功能性、文化性、时代性和生态性"。

[8] 李志民, 等. 大学生建筑设计优秀作品集. 北京：中国建材工业出版社, 2004.

重要性：多看建筑设计的优秀作品，有助于提升自己的筑觉，体会平时体会不到的东西。

[9] 朱宝峰. 深圳世界大学生体育运动中心多功能体育馆的消防设计. 第二届亚洲节水会议暨第二届中国建筑学会建筑给水排水研究分会第一次会员大会暨学术交流会论文集, 2012.

重要性：消防设计一般是设计的重点，一个优秀的建筑设计必有优秀的消防设计，故实例的参考对我来说是必要的。

[10] Su Cheng-feng, Zhao Chun-jiang, Hong Chong-en. Development of 10kW Roof Building Integrated Photo Voltaic System. East China Electric Power, 2010, 38(7): 1084-1086.

重要性：考虑到未来科技的发展与能源的短缺，太阳能光伏发电技术越来越成为现代建筑的一个标志性的设计，能否将其应用到我的设计，是我要考虑的问题。

五、问题解决方案

5.1 研究现状：从检索到的论文总体来看，全国上下的大学生活动中心目前面临着功能是否协调、与校园环境是否和谐、对校园环境的影响和受到校园环境的影响等挑战与问题。而对于我这个城乡规划专业的大二学生来说，老师要求考虑到的可能没有达到这么深的层次，老师看的可能仅仅只是内部功能上的分区是否合理、消防通道的摆放是否符合规范、创新点是否具备一定的优势，以及外部形态上是否符合现代建筑的风格并与周围建筑风格不产生矛盾等。

5.2 进展：目前来说我们的设计进度只是到了第一草图的阶段，还没有进入深化方案的阶段，但是我觉得上述问题都是在这个过程中需要考虑到的并且要重点归纳总结的。虽然现在还只是在揣摩和推敲形体，但提前的充足准备一定会带来好处而不是坏处。

5.3 待解决问题：检索到的论文让我感觉，原来学生活动中心这个公用建筑有着这么多的要求，有着这么多的限制，有着这么多的可以创新的点子。就目前而言，对我来说最主要的还是一个吸引人眼球的形态设计、一个符合人体体验的功能分区、一个方便快捷的消防设计、若干个可以创新的点子等。

5.4 解决方法：以上文献对我设计的帮助：首先，《大学生建筑设计优秀作品集》可以丰富我肚子里的"墨水"，让我更清晰地展开对空间形体的设计；其次，借助《西安医学院体育馆及大学生活动中心的建筑设计》，我可以通过其他实例从中学习到其功能分区，并在一些自己觉得不太好的地方做出一些改进；再次，《深圳世界大学生体育运动中心多功能体育馆的消防设计》能够满足我对消防设计的要求，学习一些实例的消防通道设计，结合消防设计规范，我想我的消防设计就能够基本符合要求了；最后，*Development of 10kW Roof Building Integrated Photo Voltaic System*（10千瓦屋顶光伏建筑一体化系统的开发）可以让我结合一些现代元素，将光伏建筑与现代建筑技术相结合，并且可以将其与室内的一些设计结合在一起，如灯的摆放与设计等。

参考文献：

[1] 李志民，等. 大学生建筑设计优秀作品集. 北京：中国建材工业出版社，2004.

[2] 李洁，杜荣. 西安医学院体育馆及大学生活动中心的建筑设计[J]. 工业建筑，2014，(05)：149，154-157.

[3] Su Cheng-feng, Zhao Chun-jiang, Hong Chong-en. Development of 10kW Roof Building Integrated Photo Voltaic System. East China Electric Power, 2010, 38(7): 1084-1086.

……

六、收获

通过这次的检索作业，我学习到对大学生活动中心的一些设计要点，这对未来我在专业中的一些要求、一些设计都很有帮助，就像消防设计，以后在建筑设计中都用得到。并且，学习到信息检索的方法后，以后再也不会只是单一用百度搜索了。大学生活动中心这个设计我们是第一次做，很多设计方法都会在期刊论文或者图书中论述到，看着论文中的实例分析，就会想到自己应该怎么做，比如怎样面对功能的问题、怎样让活动中心更具有历史意义和文化意义等，这些设计上的细节，我想都能从图书或论文中了解获得。别人总结的东西是可以拿来借鉴的，愿这次设计让我能获得满意的结果。

■ 廖国通

课题分析部分

1. 概念描述

大学生活动中心属于公共建筑范畴，是大学设立的组织指导大学生进行文化艺术娱乐活动，丰富大学生课余生活的场所。其建筑特征有：综合性、多用型与地域性。设计内容包括：总平设计、流线设计、活动空间组织、造型设计、建筑设计。

2. 选题背景

城乡规划专业大二上学期的建筑设计课程作业之一就是大学生活动中心设计。大学生活动中心的设计涉及多种功能的组织，对于所给场地的利用与改造，以及空间体验的思考。其设计方法及思想对今后的建筑设计任务具有很强的指导意义，故选择该课题作为研究对象。

3. 调研重点内容

大学生活动中心的建筑体量造型、内部空间规划、人流活动模型、建筑室内外联系、建筑内表皮与外表皮、建筑结构问题等。

4. 调研目的

对于大学生活动中心的基本情况有所了解，掌握其基本设计方法，开拓独特的设计思考方向，为以后的建筑设计积累经验。

■ 蒲奕廷

课题分析部分

大学生活动中心是大学设立的组织指导大学生进行文化艺术娱乐活动，丰富大学生课余生活的场所。其属于文化馆类建筑，是公共建筑。其建筑特征有综合性、多用型与地域性等。设计内容包括：场地设计、总平设计、平面设计、立面设计、造型设计、流线设计、活动空间组织等。

因为我是一名建院的学生，正在进行大学生活动中心的设计，所以本次研究报告的主题就选择了大学生活动中心建筑设计。

我之前做的设计作业包括校园空间设计、别墅设计，都是体量较小、功能较少、使用人数也较少的建筑。而这次则是进行这种公共建筑的设计，不仅体量扩张，使用人数增多，功能变得繁复，还有消防规范等要求，因此对于这次设计，我还有些懵懂。

所以调研的目的是，通过查阅大量的案例和文字的理论资料，更加清晰地了解和大学生活动中心建筑设计有关的信息，并且对设计有所启发。其重点在于案例的查看，即其平立剖、造型、布局等，以及对活动中心空间、流线、规范等内容的理论资料。

案例3：益阳小郁竹艺加工流程探究

导语：关注民间工艺传承与创新，运用思维导图，有效阅读与知识管理

作品完成人：艺术设计学院，胡胜梁，凌海玲等

完成日期：2016年6月，大二

一、课题分析

■ 胡胜梁

1. 选题概念

郁制竹工艺是湖南益阳民间传统的手工艺技术，最初这种传统技艺主要用来制作生活器具，它不仅历史悠久、造型美观，而且做工精细、技艺精湛。"郁"为益阳方言，它有"用力使材料成弯曲状态"的意思。在益阳本土的民间竹艺中，郁多用火烧，把竹子烧出"油"来，用力弯曲。郁又分为大郁和小郁，大郁指较粗放的竹艺，多采用楠竹为材料，制作过程相对简单；小郁的工艺则精细复杂，材料多采用刚竹为骨架，结合拼、嵌、榫合等技法，配上竹枝郁花，经竹青着色，淡雅相宜。

2. 选题来源与意义

因我所在的创新工作室的需要，专业指导老师给我们分配了查找相关论文的前期工作；而本人亦对湖南益阳的这种传统的竹子手工艺十分感兴趣，希望从中找到一些规律和技巧用来指导我以后专业的提升。专业上的需求和这次信息调研实践不谋而合，信息检索为我查找专业论文提供了很大的技术支持，而对竹子制作技艺的浓厚兴趣也为我的信息调研提供了巨大动力。

3. 中英文关键词

小郁，益阳；竹，竹子（bamboo）；工艺，手工艺（craft）

4. 主要检索式

(小郁+益阳) AND (竹+竹子) AND (工艺+技艺)；bamboo AND craft

■ 凌海玲

小郁竹艺加工流程调查及研究是我们艺术设计学院创新班近期一个项目中的课题。小郁竹艺的特点在于它的应用非常广泛并且具有观赏性，大到可以作为园林建筑，小到可以做成极其精致的工艺展示品。由于竹子的自身特性，并且要保持竹子的原生态形状，其核心工艺是机械不可取代的，只能用手工，凭经验去制作。不是一代人、两代人就将小郁竹艺创建完善的，而是许多代人长期探索、改进发展的结果。小郁竹艺作为一门传统的民间手工艺，技术都是靠师徒口传身授、代代相传传承下来的，但是这门技术在益阳发展得并不理想。益阳现在比较出名的竹制品是水竹凉席，以及其他的竹席系列，但

第8章 活用信息，发现、探索、创新、创造

是这些多半都已经是批量化、机械化生产了，因为作为人们生活的必需品，必须达到一定的需求量。

随着现代化的飞速发展，人们更加重视低成本、高效益的产品，纯手工工艺也因为高成本、无太大的经济效益而慢慢地淡出人们的生活。因此，从前非常精美的手工艺正在被人们逐渐淡忘、忽略，甚至是濒临失传，或者已经失传。这无疑是一件非常令人痛心的事情。因此小郁竹艺也应该引起我们的密切关注，更好地开展传承和创新研究。

本题涉及的范围有：小郁竹艺、竹艺加工流程、益阳竹艺、竹艺制品、竹制家具。

可采用的关键词：小郁、益阳、竹艺、竹艺加工、竹艺制品、竹制家具；Xiaoyu、bamboo、processing、products、furniture。

二、课题综述

最后根据搜索到的论文进行阅读，梳理小郁竹艺加工的流程。下图是我们根据论文《益阳"小郁竹艺"工艺技术研究》的主干，再结合部分期刊论文给出的具体工艺流程，用Photoshop整理出的思维导图。

导图囊括了小郁竹艺的具体流程，包括取材工艺、火制工艺、装饰工艺、郁制工艺，以及里面所使用到的器具和设备，作为我们的文献阅读和综述成果，以便于开展研究。

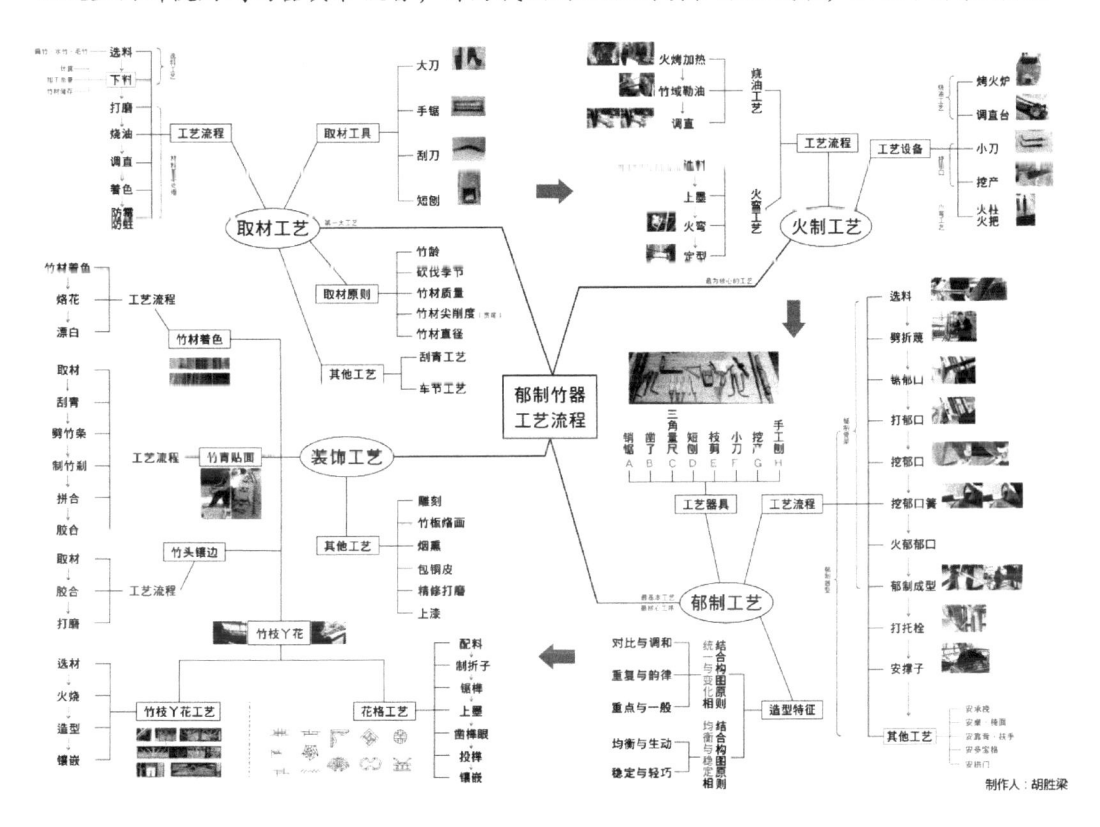

制作人：胡胜梁

8.3　论文写作基础训练

案例4：3D打印材料的研究及应用

导语：立足专业优势，拓宽研究领域，文献调研综述，推动团队发展

作品完成人：机电工程学院，陈顺成等

完成日期：2016年1月，大三

一、课题分析

3D打印，又称增材制造，是快速成型技术的一种，被誉为"第三次工业革命"的核心技术。材料是3D打印的物质基础，也是当前制约3D打印发展的瓶颈。

本课题来源于本人所在的创新团队——G校大西瓜创新团队。团队的研究领域之一是3D打印，在指导老师的带领下，团队多年致力于3D打印运动结构和运动控制的研究，包括硬件和软件的开发和应用，已经在此领域取得了多项专利，发表了多篇论文。但是，尽管国内外3D打印发展极快，核心的材料问题仍然是制约3D打印向更广阔的领域发展的一大关键因素。

因为本人所在的学院以机电一体化专业为主，因此团队发挥自己所长，在机构设计制造方面取得了不错的成绩。但在材料领域，因为不是材料专业的学生，所以在材料方面的研究不多。可以说，材料对于非专业的我们来说，是一大未知又复杂的领域。

因此，本课题是基于团队的研究方向——3D打印，拓宽出来的一个研究话题，通过文献的查阅和综述报告的撰写，对3D打印材料的研究和应用及其未来发展有一个更加清晰的认识。这将反作用于团队研究3D打印机构，尤其是在喷头的研究方面（下图是团队近期在3D打印喷头方面取得的专利），它与材料的性质和种类息息相关。因此，本次专题信息调研，将有助于团队接下来对3D打印材料的认识和推动团队在3D打印领域的发展。

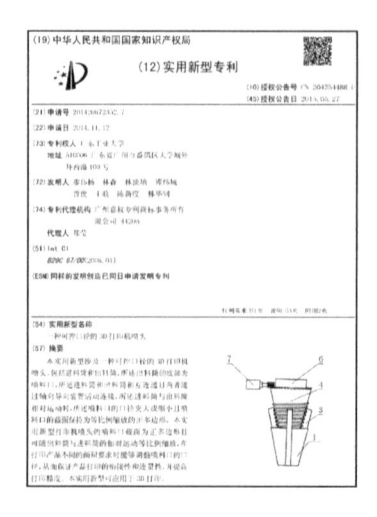

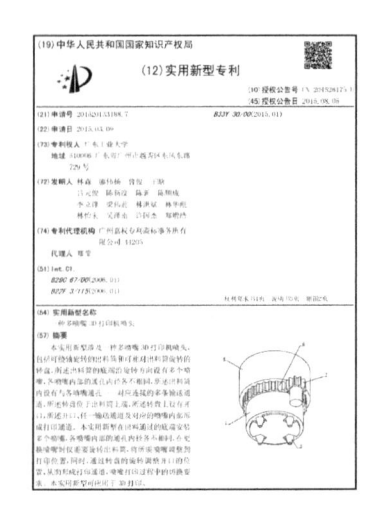

- 中文关键词：3D 打印、三维打印、立体打印、立体印刷、材料。
- 英文关键词：3D printing、three-dimensional、material。

二、检索策略和结果

2.1 选用的中英文数据库

（1）中文数据库：万方数据库、中国知网、读秀学术搜索。

（2）英文数据库：EI、SCI、IEEE 等。

2.2 检索策略和结果

检索策略："3D 打印"与"材料"这两个检索概念使用"逻辑与"进行组配。

具体检索结果及记录此处略。

三、文献综述

3D 打印材料的研究及应用

摘要：3D 打印，又称增材制造，是快速成型技术的一种，被誉为"第三次工业革命"的核心技术。材料是 3D 打印的物质基础，也是当前制约 3D 打印发展的瓶颈。本文综述了 3D 打印材料的历史发展、现状分析，重点介绍了用于 3D 打印的几类主要材料，并指出了 3D 打印材料未来的发展趋势。

关键词：3D 打印，材料，历史，现状，未来

3D 打印，是根据所设计的 3D 模型，通过 3D 打印设备逐层增加材料来制造三维产品的技术。这种逐层堆积成形技术又被称作增材制造[1-3]。3D 打印综合了数字建模技术、机电控制技术、信息技术、材料科学与化学等诸多领域的前沿技术。极受大众欢迎和关注的 3D 打印技术，由于打印材料紧缺和制备困难而导致打印成本昂贵，严重影响了 3D 打印技术的进一步市场化，这也让制造商为之困惑[4]。

（一）3D 打印材料的历史发展概述

3D 打印技术的兴起和发展，离不开 3D 打印材料的发展。3D 打印有多种技术种类，如 SLS、SLA 和 FDM 等，每种打印技术的打印材料都是不一样的，比如 SLS 常用的打印材料是金属粉末，而 SLA 通常用光敏树脂，FDM 采用的材料比较广泛，如 ABS 塑料、PLA 塑料等。

1986 年，美国科学家胡尔利用一种叫光敏树脂的液态材料，被一定波长的紫外光照射后会立刻变成固体的特性，发明了世界上第一台 3D 打印机。其采用的技术是 SLA 技术，该技术通常使用的材料是光敏树脂，如图 1、图 2 所示。

1991 年，Helisys 售出第一台叠层法快速成型（LOM）系统。该系统采用的材料是涂敷有热敏胶的纤维纸，如图 3 所示。该材料相当于目前的高级木材，主要应用于快速制造新产品样件、模型或铸造用木模。

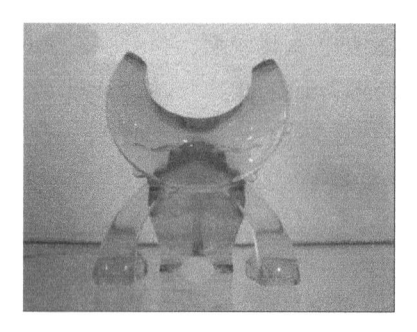

图1 树脂材料 Somos 11122　　　　图2 环氧树脂（类透明 PC 类）

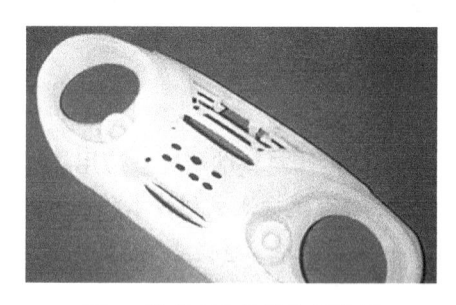

图3 涂敷有热敏胶的纤维纸

1992 年，DTM 售出首台选择性激光烧结（SLS）系统。该系统采用红外激光器作能源，使用的造型材料为金属粉末，如图 4 所示。

图4 3D 打印金属粉末和打印金属件

上述就是世界上最早应用于 3D 打印的技术所对应的使用材料，有光敏树脂、涂敷有热敏胶的纤维纸和金属粉末。

随着数字建模技术、机电控制技术、信息技术、材料科学与化学等诸多领域的前沿技术的高速发展，3D 打印技术也在不断深入发展，3D 打印材料的紧缺和制备困难也不断被克服，与此同时，新的材料也在不断被提出来。

（二）3D 打印材料的发展现状

目前，3D 打印材料主要包括工程塑料、光敏树脂、橡胶类材料、金属材料和陶瓷材料等[5]。除此之外，彩色石膏材料、人造骨粉、细胞生物原料及砂糖等食品材料也在 3D 打印领域得到了应用。

1. 工程塑料

工程塑料指被用作工业零件或外壳材料的工业用塑料，是强度、耐冲击性、耐热性、硬度及抗老化性较佳的塑料。工程塑料是当前应用最广泛的一类 3D 打印材料，常见的有 Acrylonitrile Butadiene Styrene（ABS）类材料、Polycarbonate（PC）类材料、尼龙类材料等[6]。

1）尼龙玻纤

尼龙玻纤（见图 5）外观是一种白色的粉末。比起普通塑料，其拉伸强度、弯曲强度有所增强，热变形温度以及材料的模量有所提高，材料的收缩率减小了，但材料表面变粗糙，冲击强度降低[7]。材料热变形温度为 110℃，主要应用于汽车、家电、电子消费品领域[8]。

2）ABS 材料

ABS 材料（见图 6）是 Fused Deposition Modeling（FDM，熔融沉积造型）快速成型工艺常用的热塑性工程塑料，具有强度高、韧性好、耐冲击等优点，正常变形温度超过 90℃，可进行机械加工（钻孔、攻螺纹）、喷漆及电镀。ABS 材料的颜色种类很多，如象牙白、白色、黑色、深灰、红色、蓝色、玫瑰红色等，在汽车、家电、电子消费品领域有广泛的应用[9]。

图 5　尼龙玻纤 　　　　　图 6　ABS 材料

3）PC 材料

PC 材料[6]是真正的热塑性材料（见图 7），具备工程塑料的所有特性：高强度、耐高温、抗冲击、抗弯曲，可以作为最终零部件使用。使用 PC 材料制作的样件，可以直接装配使用，应用于交通工具及家电行业。PC 材料的颜色比较单一，只有白色，但其强度比 ABS 材料高出 60%左右，具备超强的工程材料属性，广泛应用于电子消费品、家电、汽车制造、航空航天、医疗器械等领域[10]。

4）PC-ABS 材料

PC-ABS 材料[6]是一种应用最广泛的热塑性工程塑料（见图 8）。PC-ABS 具备了 ABS 的韧性和 PC 材料的高强度及耐热性，大多应用于汽车、家电及通信行业[11]。使用该材料配合FORTUS设备制作的样件强度比传统的FDM系统制作的部件强度高出60%左右，所以使用PC-ABS材料能打印出概念模型、功能原型、制造工具及最终零部件等热塑性部件。

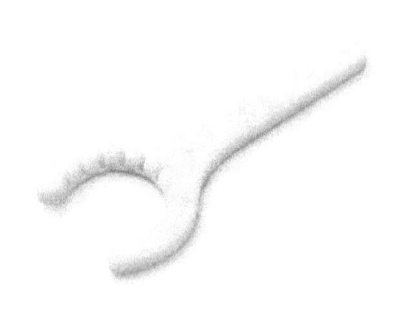

图7　PC材料　　　　　　　　图8　PC-ABS材料

5）PC-ISO材料

Polycarbonate-ISO（PC-ISO）材料[6]是一种通过医学卫生认证的白色热塑性材料（见图9），具有很高的强度，广泛应用于药品及医疗器械行业，用于手术模拟、颅骨修复、牙科等专业领域。同时，因为具备PC的所有性能，也可以用于食品及药品包装行业，做出的样件可以作为概念模型、功能原型、制造工具及最终零部件使用。

图9　PC-ISO材料

2. 光敏树脂

光敏树脂[12]即Ultraviolet Rays（UV）树脂，由聚合物单体与预聚体组成，其中加有光（紫外光）引发剂（或称为光敏剂），在一定波长的紫外光（250～300 nm）照射下能立刻引起聚合反应完成固化。光敏树脂一般为液态，可用于制作高强度、耐高温、防水材料。目前，研究光敏材料3D打印技术的主要有美国3D System公司和以色列Object公司[13-14]。常见的光敏树脂有Somos Next材料、Somos 11122材料和环氧树脂等。

1）Somos Next 材料

Somos Next 材料[6]为白色材质，类 PC 新材料，韧性非常好，基本可达到 Selective Laser Sintering（SLS，选择性激光烧结）制作的尼龙材料性能，而精度和表面质量更佳（见图 10）。Somos Next 材料制作的部件拥有迄今最优的刚性和韧性，同时保持了光固化立体造型材料做工精致、尺寸精确和外观漂亮的优点，主要应用于汽车、家电、电子消费品等领域。

2）Somos 11122 材料

Somos 11122 材料[6]看上去更像真实透明的塑料（见图 11），具有优秀的防水性和尺寸稳定性，能提供包括 ABS 和 PBT 在内的多种类似工程塑料的特性，这些特性使它很适合用在汽车、医疗以及电子消费品领域。

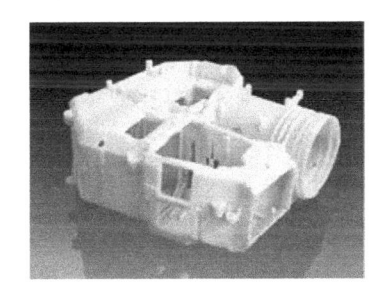

图 10　Somos Next 材料 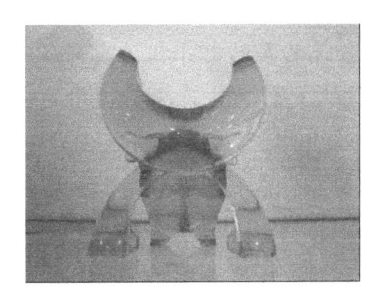　　　　图 11　Somos 11122 材料

3）环氧树脂

环氧树脂[15]是一种便于铸造的激光快速成型树脂（见图 12），其含灰量极低（800℃时的残留含灰量<0.01%），可用于熔融石英和氧化铝高温型壳体系，而且不含重金属锑，可用于制造极其精密的快速铸造型模。

图 12　环氧树脂

3. 橡胶类材料

橡胶类材料具备多种级别弹性材料的特征，这些材料所具备的硬度、断裂伸长率、抗撕裂强度和拉伸强度，使其非常适用于要求防滑或柔软表面的应用领域[16]。3D 打印的橡胶类产品主要有消费类电子产品、医疗设备以及汽车内饰、轮胎、垫片等（见图 13）。

图 13　橡胶类材料

4. 金属材料

3D 打印之所以如此备受欢迎,是因为它能够将物体的设计、复制或创造快速地由概念变为现实。目前大多数 3D 打印耗材是塑料,而金属良好的力学强度和导电性使得研究人士对金属物品的打印极为感兴趣[6]。然而,以金属为原材料的 3D 打印技术通常都非常昂贵,尤其是作为生产原料使用的金属耗材。例如,1kg 用 3D 打印的钛金属粉末的价格为 200～400 美元。通过研制 3D 打印金属耗材低廉的新型制备方法,来降低 3D 打印的整体成本,是其市场化应用的关键因素。目前已用于 3D 打印的金属材料如雨后春笋,有的打印产品早已进入了市场,且引起了人们的极大关注[4]。

截至目前,应用于 3D 打印的金属材料比较常用的有不锈钢、高温合金等黑色金属,钛、镁铝合金、镓和镓-铟合金等有色金属,金、纯银和黄铜等稀贵金属。其中钛合金尤其受到重视,因为钛合金密度低、强度高、耐腐蚀、熔点高,在 3D 打印汽车、航空航天和国防工业都有很广阔的应用前景[17]。钴铬合金是一种以钴和铬为主要成分的高温合金,具有优异的抗腐蚀性能和机械性能,用其制作的零部件强度高、耐高温。

在这里,着重介绍生活中较常接触的金属——不锈钢。3D 打印的不锈钢饰物如图 14 所示。

图 14　3D 打印的不锈钢饰物

不锈钢以其耐空气、蒸汽、水等弱腐蚀介质和酸、碱、盐等化学侵蚀性介质腐蚀而得到广泛应用。不锈钢粉末[6]是金属 3D 打印经常使用的一类性价比较高的金属粉末材料。3D 打印的不锈钢模型具有较高的强度,而且适合打印尺寸较大的物品。

不锈钢是最廉价的金属打印材料，经 3D 打印出的高强度不锈钢制品表面略显粗糙，且存在麻点。不锈钢具有各种不同的光面和磨砂面，常被用作珠宝、功能构件和小型雕刻品等的 3D 打印。用于 3D 打印的 420 不锈钢成分中熔有 30%的青铜。很显然，青铜的添加改变了产品的最终色泽[18]，产品表面的青铜浓度较高，产品呈现出青铜的深褐色外观。青铜的添加不但对不锈钢的性能有显著影响，而且也影响了其饰面的明暗度。另外，对于含有青铜的不锈钢材料 3D 打印制作的首饰，应特别注意首饰中含有的青铜会使有些人产生红肿等皮肤过敏现象[19]。

5. 陶瓷材料

陶瓷材料具有高硬度、高强度、低密度、耐高温、耐腐蚀等优异性能，在汽车、生物等行业有着广泛的应用。3D 打印的陶瓷制品不透水、耐热（高达 600℃）、可回收、无毒，可作为理想的炊具、餐具，以及花瓶、艺术品等家具装饰材料[19]。

英国布里斯托的西英格兰大学（UWE）的研究人员开发出了一种改进型的 3D 打印陶瓷技术，该技术可用于定制陶瓷餐具，比如漂亮的茶杯和复杂的装饰物，如图 15、图 16 所示。根据 CAD 数据可直接进行打印、烧制、上釉和装饰，消除了先前陶瓷产品原型无法过火或测试釉质的问题[20]。

图 15　3D 打印陶瓷牛奶托盘　　　　图 16　3D 打印陶瓷茶杯

陶瓷粉末在激光直接快速烧结时液相表面张力大，在快速凝固过程中会产生较大的热应力，从而形成较多微裂纹。目前，陶瓷直接快速成型工艺尚未成熟，国内外正处于研究阶段，还没有实现商品化[8]。

6. 复合材料

美国硅谷 Arevo 实验室 3D 打印出了高强度碳纤维增强复合材料。相比于传统的挤出或注塑定型方法，3D 打印时通过精确控制碳纤维的取向，优化特定机械、电和热性能，能够严格设定其综合性能。由 3D 打印的复合材料零件一次只能制造一层，每一层可以实现任何所需的纤维取向。结合增强聚合物材料打印的复杂形状零部件具有出色的耐高温和抗化学性能（见图 17）。Arevo 使用该材料有望打印"更轻、更强、更持久"的航空航天、国防和医疗应用的零部件产品[21]。不久前，Solvay 公司将空客鉴定合格的三个等级的 KetaSpire PEEK 树脂用于制造飞机内饰。复合材料的强化除了使用碳纤维，还可以用玻璃纤维。空客之前鉴定合格的苏威公司的 RadelR-7000 PPSU 树脂是专门制作飞机内饰的材料[22]。

图 17　3D 打印的超强聚合物部件

（三）3D 打印材料的发展趋势

1. 工业领域的 3D 打印材料

近年来，3D 打印技术得到了快速的发展，其实际应用领域逐渐增多。但 3D 打印材料的供给形势却并不乐观，成为制约 3D 打印产业发展的瓶颈。

目前，我国 3D 打印原材料缺乏相关标准，国内有能力生产 3D 打印材料的企业很少，特别是金属材料，主要依赖进口，价格高。这就造成了 3D 打印产品成本较高，影响了其产业化的进程。因此，当前的迫切任务之一是建立 3D 打印材料的相关标准，加大对 3D 打印材料研发和产业化的技术和资金支持，提高国内 3D 打印材料的质量，从而促进我国 3D 打印产业的发展。可以预计，3D 打印技术的进步一定会促进我国制造业的跨越发展，使我国从制造业大国成为制造业强国。

2. 生活领域的 3D 打印材料

3D 打印除了在工业上的应用，也已经逐步拓展到了生活食品领域，3D 打印糖果、3D 打印巧克力不仅在国外，在国内也如雨后春笋般涌现出来。2015 年在京东上众筹破了单周记录的巧客—3D 食物打印机，一款可以打印三维形状巧克力的打印机（见图 18），受到国内众多用户的良好反响。但是，纵观国内外的食物打印机，虽然已经实现了巧克力、糖果、面糊等材料的打印，但还不能打印生活中的所有食材，因此，3D 食物打印遇到的问题也是材料上的问题。解决食材问题，也将是 3D 食物打印未来的发展趋势。

图 18　巧客—3D 食物打印机

（四）结论

本文综述了 3D 打印材料的历史发展、现状分析，重点介绍了用于 3D 打印的几类主要材料，并指出了 3D 打印材料的未来发展趋势。随着 3D 技术的不断成熟和 3D 打印材料的不断发展，打印出的产品的成本会不断降低。3D 打印在医疗行业、骨骼打印、科学研究、文物保护、建筑设计、制造业等的应用将会得到更好的发展。

此外，3D 打印技术在食物方面的发展将推动 3D 打印技术逐步进入人们的日常生活，3D 打印机将越来越平民化。

参考文献（略）

编者说明：由于本书篇幅所限，参考文献作略去处理。

案例 5：基于微信的售后维护管理系统

导语：阅读文献，获得帮助，不同功能，不同技术，针对问题，厘清思路

作品完成人：机电工程学院，黄振锋

完成日期：2015 年 1 月，大三

一、课题分析

1.1 概念描述

所谓售后维护管理系统，是需要开发一个设备售后维修管理系统。基于微信，则是前端使用微信公众号接入，在本地可以通过 PC 访问、维护；在外地，维修人员可以通过微信公众号进入系统，获取维修任务安排，并录入维修记录，拍照记录维修相关图片。

1.2 选题来源及意义

此课题来源于专业导师所布置的课题。此微信维护管理系统可以方便维修人员获取维修任务安排，录入机械、仪器的维修记录。此次进行信息调研，希望对此课题有一个较全面和深入的认识，对接下来的学习有帮助。主要希望达到以下目的：（1）通过检索对微信平台有较深的认识；（2）通过检索得到相同或相似的文献，对微信平台开发方法有一定了解。

1.3 中文、英文关键词

（1）微信（WeChat）　　　　　近义词：社交平台（social platforms）

（2）维护（maintenance / maintain）　近义词：维修（maintenance / repair）

（3）管理系统（management system）　近义词：系统（systems）

二、检索策略

知网检索式：SU=('微信'+'社交平台') AND SU=('维护'+'维修') AND SU=('管理系统'+'系统')，检索结果：66 条。

万方检索式：(题名=微信 OR 题名=社交平台) AND (题名=维护 OR 题名=维修) AND (题名=管理系统 OR 题名=系统)，检索结果：11 条。

ISI Web of Knowledge 检索式：TS=(WeChat OR social platforms) AND TS=(maint* OR repair) AND TS=(management system OR system)，检索结果：148 条。

读秀检索式：(S=微信|S=社交平台)*(S=维护|S=维修)*(S=管理系统|S=系统)，检索结果：50条。

三、检索结果（部分）

[1] 黄剑. 基于微信的校园网络故障诊断平台的研究[J]. 软件工程师，2015，08：23-24.

[2] 关辉，许璐蕾. 基于微信公众平台的校园信息自助查询系统[J]. 福建电脑，2014，06：28-30.

[3] 宋超. 基于微信的企业信息整合平台研究与实现[D]. 北京交通大学，2015.

[4] 彭立志. 设备维修管理信息系统开发与应用[C]. 中国有色金属学会第三届青年学术会议论文集，1998：718-721.

[5] PDM2000设备故障诊断与预知维修系统[Z]. 大连理工大学，2012.

[6] 杜斌. 基于混合模式的ERP售后—维修管理系统的设计与实现[D]. 太原理工大学，2013.

[7] 贺建英，李茹钰，谭琳，等. 基于微信公众平台和OpenAPI的微校城平台构建与实现. 现代电子技术，2015，（17）：49-52.

[8] 王洋. 基于智能传感器的公共自行车微信服务系统研究. 中国交通信息化，2015，（21）：54-56.

[9] 孙弋，雷小佩. 基于社交网络的维修办公后台软件的研究. 电子技术应用，2014，（7）：134-136，140.

四、文献阅读与综述

4.1 文献阅读

[1] 黄剑. 基于微信的校园网络故障诊断平台的研究[J]. 软件工程师，2015，08：23-24.

该文献是一篇硕士学位论文。首先阐述了微信的快速发展及其成功对企业信息资源化的影响。该文献设计了CRM系统的方法，即通过分析系统建设目标、功能需求、模块划分等内容，设计了"EntityFramework+WCF+ASENET"的整合框架作为总体架构，实现了基于微信的CRM的方法，对我有很大启示。SQL的数据库也是最近涉猎学习的内容。这篇文献对我有较大帮助。

[2] 关辉，许璐蕾. 基于微信公众平台的校园信息自助查询系统[J]. 福建电脑，2014，06：28-30.

该文献的自助查询系统是我关注的重点。该文献对微信公众平台的开发模式进行了研究，提出了一种基于微信公众平台开发校园信息自助查询系统的设计思路，并解析了系统的设计方法、实现流程和关键技术。这篇文献对我的帮助一般，主要在关键技术的代码、移动端网址接入方面有一定的帮助。

4.2 文献综述

基于微信的售后维护系统（相似微信平台系统方面）

微信公众平台除了可以实现通过简单的界面编辑来设置自动回复这样一些基本功能，还可以在它的"开发者中心"里启用高级开发模式。在开发模式下，开发者可以通过公众平台提供的 API 接口，实现自动回复，获取订阅者信息和自定义菜单操作等。微信公众平台在该模式下提供了一个通用的数据交换和验证规范，开发者只要按照这个规范编写接口程序，就可以接收普通用户通过微信后台服务器转发给公众平台的文本、图片、语音和地理信息等内容，并根据后台设定处理用户发来的信息，再将处理结果根据接口规范返回给微信后台服务器，并由其转发回用户端。具体的数据交互过程如下：（1）用户在微信的手机客户端里向公众账号发送一条消息，该消息通过网络到达微信后台服务器；（2）微信后台服务器将收到的消息转发给公众账号服务器（该服务器需租用或自行提供并开发接口程序）；（3）公众账号服务器收到消息后首先解析该消息，然后根据用户内容和设定的服务器逻辑计算出需要返回给用户的消息，并封装该消息返回给微信后台服务器；（4）微信后台服务器再把公众账号服务器发来的消息转发给用户的微信手机客户端，这样用户就可以在自己的微信手机客户端上看到公众账号回复的消息了。

文献[1]针对单独开发适用于智能移动终端的系统存在成本高、更新维护复杂等诸多问题的现状，对微信公众平台的开发模式进行了研究，提出了一种基于微信公众平台开发校园信息自助查询系统的设计思路，并解析了系统的设计方法、实现流程和关键技术。它采用 PHP 语言开发公众账号服务器接口程序，使用 Zend Studio 作为开发和调试环境，使用 MySQL 作为数据存储系统。

文献[2]基于微信的 CRM 系统实现。从权限管理数据库结构实现，再到利用 Entity Framework 操作数据库，LINQ 动态查询与模糊查询的实现，以及微信操作如何实现展开论述。提出了支持海量数据、高并发、高性能、易于扩展、良好用户体验和面向中小企业的目标。根据提出目标设计了面向服务的 WCF 系统架构，并结合推拉模式设计一套推拉结合的微信内容分发模式。针对用户体验提出前端设计策略。创新性地在 CRM 中实现了微信平台关注、简单的自动对话、自定义微信菜单等基于微信的 CRM 功能。针对目标特点设计了数据层和关系数据库表结构。

文献[3]基于微信的企业信息整合平台，以 AOS 开发平台作为基础，应用 Netty 开源架构进行通信传输，设计出一套整合微信公众平台、通信服务模块和企业客户端应用于一体的企业信息集成系统。系统借助于微信公众平台提供的接口来进行移动端和企业内部的信息交互，开发独立的通信服务模块进行消息的接收、处理、封装、转发，提供企业内部自定义功能命令，方便用户相关工作的实施。用户通过移动终端关注企业公众号，进行账号绑定后发送相关功能命令；通信服务模块接收消息后判断处理，对消息进行封装转发；企业客户端接收到功能命令，以调用服务的形式在企业应用系统上执行相关操作，返回处理结果；再经过通信服务模块接收处理，最后将结果返回给用户移动端，完成一次简单的移动办公应用。企业端也可以通过此系统自主向自己的用户推送消息，进行产品的推广介绍、使用帮助以及服务应用等。此外，企业客户端提供用户身份验证、用户权限管理、功能列表维护以及微信自定义菜单等功能。

文献[4]针对城市社区传统维修服务效率低、人力耗费大等缺点，提出了基于社交网络平台的维修办公自动化系统方案，并设计了该系统维修办公后台软件。该软件在Eclipse平台上使用Java语言开发，并调用新浪微博开放的应用接口，最终生成可执行文件运行在 PC 上，实现社区维修服务流程的实时处理和跟踪，以满足维修服务过程可控、可查询、可追溯历史数据的业务需求。

文献[5]对微信综合信息管理系统选用 net 环境下的 Visual Studio 2012 开发平台作为开发工具，以 Microsoft SQL Server 2008 作为应用系统的数据库。该软件系统具有界面友好、操作简单灵活、系统数据安全和可靠性高等特点，同时在实现现有的公众平台功能的基础上，实现了多人实时互动对话通信的功能和及时应答功能，减轻了企业针对微信的工作负担，提高了工作效率和质量，也为企业做到最大化的成本控制。它介绍了微信公众平台的工作原理和遇到的瓶颈、存在亟欲解决的问题，从而分析当前微信综合信息管理系统研究的现状、设计目标和开发的重大意义。

通过此次信息检索和相关文献的阅读，本人对有关微信平台的管理系统有了较深的认识，确立了基于微信的售后维护管理系统的课题基本解决方案：采用 PHP 语言开发公众账号服务器接口程序，用 MySQL 作为数据存储系统，利用微信公众平台提供一种网址接入的方法，将公众账号服务器的地址提交给微信后台服务器，通过这种方式在微信后台服务器和公众账号服务器之间进行身份确认。之后可以利用 HTTP 请求 XML 脚本实现维护任务的查询和维护信息的录入。这只是一个大致的方法，有待改善。

参考文献

[1] 关辉，许璐蕾. 基于微信公众平台的校园信息自助查询系统[J]. 福建电脑, 2014, 30（6）: 28-30.

[2] 肖富春. 基于微信的中小企业 CRM 系统设计与实现[D]. 山东大学, 2014.

[3] 宋超. 基于微信的企业信息整合平台研究与实现[D]. 北京交通大学, 2015.

[4] 孙弋，雷小佩. 基于社交网络的维修办公后台软件的研究[J]. 电子技术应用, 2014（7）: 134-136, 140.

[5] 程琢. 微信综合信息管理系统的设计与实现[D]. 重庆大学, 2013.

8.4 科研项目一展身手

案例6：基于手势识别技术的手机自动操作研究

导语：细致检索，分析结果，了解概况，综述文献，深入探究，找寻方向

作品完成人：物理与光电工程学院，卢智伟

完成日期：2016年4月，大三

一、课题解析

1.1 概念解析

在计算机科学中，手势识别是通过数学算法来识别人类手势的一个议题。手势识别可以来自人的身体各部位的运动，但一般是指脸部和手的运动。手势识别技术分为手掌检测与分割、手掌跟踪、手掌特征提取和手势识别四个阶段。考虑到手掌总是处于运动的状态，因此可以利用手掌的运动特性来检测手掌。

1.2 选题背景

现阶段，虚拟现实中的手势识别是研究手势作为一种人机交互接口，利用自然直观的手势作为人机交互的指令，从而更加符合人机交互的习惯。此外，手势识别还可以用于三维动画交互、可视化、虚拟现实场景、医学治疗等领域。然而，基于视觉的手势识别由于手势本身的模糊性以及手势受到时空上变化的影响，从而使手势识别研究本身具有很大的挑战性。另外，智能手机的操作方式也由最初的按键逐步发展为触摸屏。虽然触摸屏的操作方式更符合人类的操作习惯，但是触屏手机的使用也存在一些缺陷，常见的如：手机屏幕小，在处理小字距的信息时，容易出现误触现象；当手机使用较长时间后，触摸屏会变得识钝，甚至出现方向错误；当穿戴手套或者使用指甲时，无法激活电容感应系统，即触摸无效。基于以上分析，将图像处理技术应用到智能手机上，实现手势对手机应用的操作功能，可以节约产品的成本，延长手机的使用寿命，因而有着重大的研究意义。

1.3 调研重点内容及目的

本文通过文献检索，主要目的是了解手势识别技术在手机自动操作中的应用情况，并且总结国内外先进的手势识别技术（尤其是算法），最终达到改进手势识别技术应用在手机的自动操作时的响应速度以及实时性目的。次要目的是总结手势识别技术研究中的瓶颈以及解决方法，最后对比三星、华为、苹果三家智能手机领军公司在有关手势识别技术方面的专利申请情况。

二、检索式及检索策略

2.1 选择检索词

为了提高查全率，对研究题目中的检索词进行拓展，包括核心检索词的近义词和同

义词。"手势"与"手掌"、"目标"均可成为摄像头检测的同类对象;"识别"与"辨别"、"跟踪"、"追踪"、"检测"均可表示摄像头对目标对象的捕获识别过程,这个过程也隶属于"计算机视觉"学科,但是"手势识别"只属于其中一个分支,"计算机视觉"不适合作为检索词,它降低了命中率;其中"手机"则明显包括"苹果"、"安卓"两大类操作系统,别称为"iOS"、"Android"。经查阅,研究中常常基于这两种开发平台进行手势识别技术研究,所以必须将这两个检索词加入到核心检索词近义词中。主要研究目的之一包括了解国内外改进的手势识别算法,因此"算法"也是检索词之一。次要目的包括对比三家行业巨头的手势识别研究情况,因此"三星"、"华为"、"苹果"加上之前的核心检索词可以用于专利查询中。

对于英文检索词,单词有动词和名词形式,因此可以使用截词符。"手势"等词可用"palm"、"gesture"、"object"、"target"来表达;"识别"等词可用"recognition"、"identif*"、"detect*"、"track"来表达;"手机"等词可用"cellphone"、"handset"、"mobile phone"、"android"、"iOS"来表达;"算法"可用"algorithm"、"calculat*"来表达;在搜索国外专利时,则使用"Samsung"、"Apple"、"Huawei"三个检索词来表达。

总结:

核心检索词:手势(手掌、目标)、识别(辨别、跟踪、追踪、检测)、手机(苹果、安卓、iOS、Android)、算法;gesture(palm、object、target)、recognition(identif*、detect*、track)、cellphone(handset、mobile phone、Android、iOS)、algorithm(calculat*)。

其他检索词:三星、华为、苹果;Samsung、Huawei、Apple。

2.2 制定通用检索式

S1:(手势+手掌+目标)*(识别+辨别+跟踪+追踪+检测)——全面了解手势识别技术的研究现状。

S2:(手势+手掌+目标)*(识别+辨别+跟踪+追踪+检测)*(手机+苹果+安卓+iOS+Android)——准确查阅国内手势识别技术在手机操作中的研究应用状况。

S3:(手势+手掌+目标)*(识别+辨别+跟踪+追踪+检测)*(算法)——查阅了解国内改进或先进的手势识别算法。

S4:申请(专利权)人=(华为) AND 关键词=(手势识别),申请(专利权)人=(三星) AND 关键词=(手势识别),申请(专利权)人=(苹果) AND 关键词=(手势识别)——了解三家公司在国内的专利申请状况。

S5:(gesture+palm+object+target) and (recognition+identif*+detect*+track) and (cellphone+handset+mobile phone+Android+iOS)——了解国外手势识别技术在手机操作中的研究应用状况

S6:(gesture+palm+object+target) and (recognition+identif*+detect*+track) and (cellphone+handset+mobile phone+Android+iOS) and (algorithm+calculat*)——了解国外改进或先进的手势识别算法。

S7：TI=(gesture OR palm OR object OR target) AND (recognition OR identif* OR detect* OR track)

以上检索式中，"+"表示逻辑或；"*"表示逻辑与；以上只是通用检索式，下面会根据数据库不同而改变检索式表达形式。

2.3 选用的数据库

（1）中文数据库

万方数据库、维普数据库、中国知网、国家知识产权局专利数据库。

（2）外文数据库

Web of Science、Derwent Innovations Index。

三、检索过程及检索结果

3.1 万方数据库

检索式 **S8**：题名或关键词：((手势+手掌+目标) * (识别+辨别+跟踪+追踪+检测) * Date:2013-2016

目的：初步了解手势识别技术的研究状况以及该技术的应用状况。为提高相关度，要求检索词在关键词和标题中出现；为了确保内容的新颖性，时间限定在 2013—2016 年；按照论文相关度排序。

筛选出相关度较高的 4 篇文献：

[1] 朱明茗，景红. 基于体感技术的手势追踪与识别[J]. 计算机系统应用，2014，(8)：228-232. DOI:10.3969/j.issn.1003-3254.2014.08.043.

[2] 关然，徐向民，罗雅愉，等. 基于计算机视觉的手势检测识别技术[J]. 计算机应用与软件，2013，30（1）：155-159，164. DOI:10.3969/j.issn.1000-386x.2013.01.038.

[3] 覃文军，杨金柱，王力，等. 基于 Kalman 滤波器与肤色模型的手势跟踪方法[J]. 东北大学学报（自然科学版），2013，34（4）：474-477. DOI:10.3969/j.issn.1005-3026.2013.04.005.

[4] 杨丽，胡桂明，王威，等. 肤色与运动相结合的手势区域检测[J]. 计算技术与自动化，2015，（3）：111-114. DOI:10.3969/j.issn.1003-6199.2015.03.024.

3.2 维普数据库

检索式 **S9**：(Keyword_C=((手势+手掌+目标)*(识别+辨别+跟踪+追踪+检测)*(手机+苹果+安卓+iOS+Android))+ Title_C=((手势+手掌+目标)*(识别+辨别+跟踪+追踪+检测)*(手机+苹果+安卓+ iOS+ Android)))

目的：准确查询手势识别技术在手机操作中的应用以及技术细节，利用高级检索按照逻辑填入相关搜索词后，维普自动生成检索式。为提高相关度，要求检索词在关键词和标题中出现。论文也按照相关度排序。

筛选出相关度较高的 4 篇文献：

[1]熊欧，郑紫微，胡峰. 基于 Android 平台的视频运动目标检测系统[J]. 数据通信，

2014,（5）：10-14.

[2]房汉雄,何鹏,沙丽鹃,等. 应用于Meego智能手机的手势识别系统设计[J]. 电视技术, 2014, 38（7）：211-213.

[3]张晗. 基于Android平台的手势识别技术设计与应用[J]. 辽宁工业大学学报：自然科学版, 2013, 33（4）：238-241.

[4]冯国平. 基于iOS平台的自定义手势识别研究[J]. 现代计算机：上下旬, 2012,（10）：59-62.

3.3 中国知网

检索式S10：TI=((手势+手掌+目标) AND (识别+辨别+跟踪+追踪+检测) AND (算法)

目的：全面了解国内手势识别算法研究状况,为了确保算法研究的新颖性,而且一般较为新颖的尚未用于手机操作中,重点筛选出这些文献进行对比阅读,按时间排序。

筛选出时间排序较前且相关度较高的5篇文献：

[1]李红波,李双生,孙舶源. 基于Kinect骨骼数据的人体动作姿势识别方法[J]. 计算机工程与设计, 2016, 04：969-975.

[2]于乃功,王锦. 基于人体手臂关节信息的非接触式手势识别方法[J]. 北京工业大学学报, 2016,（03）：361-368.

[3]蒋美云,郭雷,徐梦珠. 基于HOG算子的手型特征提取算法[J]. 计算机应用与软件, 2015, 12：326-329.

[4]刘砚秋,王修晖. 基于圆弧扫描线的手势特征提取和实时手势识别[J]. 数据采集与处理, 2016,（01）：184-189.

[5]庞博升. 基于双摄像头的手势识别及运动参数测量方法的研究[D]. 哈尔滨工业大学, 2015.

3.4 国家知识产权局专利数据库

检索式S11：申请（专利权）人=(华为) AND 关键词=(手势识别),检索结果数量为19条。

S12：申请（专利权）人=(三星) AND 关键词=(手势识别),检索结果数量为34条。

S13：申请（专利权）人=(苹果) AND 关键词=(手势识别),检索结果数量为9条。

目的：分别检索三家公司在手势识别技术方面的专利申请情况,大概估量对比三家公司这项技术的研发能力,大胆猜想其产品的识别能力。

最后筛选出每家公司专利申请时间较新的、标题中含有关键检索词的专利各一件。

[1] 胡伟,刘兆祥,廉士国. 终端以及基于该终端的手势识别方法[P]. 广东：CN105094298A, 2015-11-25.

[2] 陈涛,蒋文明,李敏,等. 一种手势识别方法和装置[P]. 江苏：CN104484644A, 2015-04-01.

[3] P·S·皮蒙特,B·A·摩尔,B·P·陈. 用于三维交互的多点触摸手势识别的

消歧[P]. 美国：CN104471518A，2015-03-25.

3.5 Web of Science

（1）检索式 **S14**：TI=((gesture OR palm OR object OR target) AND (recognition OR identif* OR detect* OR track) AND (cellphone OR handset OR mobile phone OR android OR IOS))

目的：检索国外手势识别技术在手机操作中的研究应用，显示检索结果数量为738条。利用 Web of Science 的分析工具进行分析，2013—2015年三年研究较为活跃，结果如下。

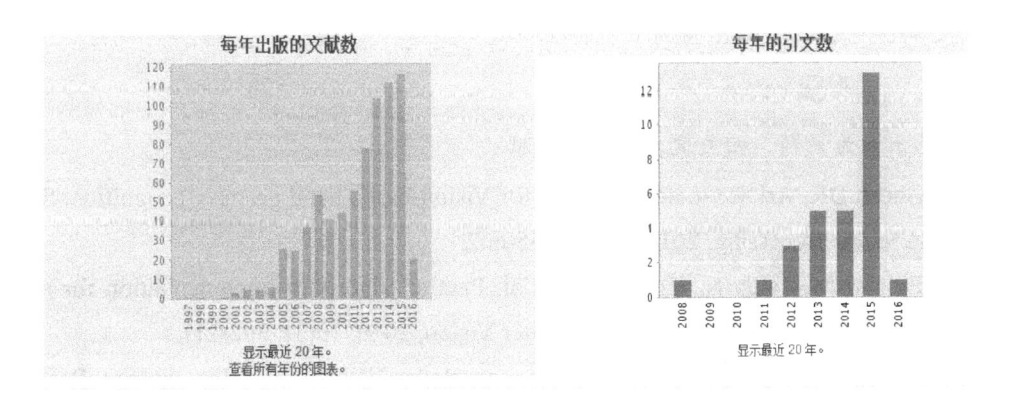

按照被引频次排序，取时间较新、标题中含有关键检索词的三篇论文，三篇都是会议论文：

[1] Wagner D, Schmalstieg D, Bischof H. Multiple Target Detection and Tracking with Guaranteed Framerates on Mobile Phones. 8th IEEE International Symposium on Mixed and Augmented Reality – Science and Technology, 2009.

被引频次合计：11

[2] Choe B, Min JK, Cho SB. Online Gesture Recognition for User Interface on Accelerometer Built-in Mobile Phones. 17th International Conference on Neural Information Processing, Nov 22-25, 2010.

被引频次合计：7

[3] Hannuksela J, Barnard M, Sangi P, et al. Adaptive motion-based gesture recognition interface for mobile phones. 6th International Conference on Computer Vision Systems , MAY 12-15, 2008.

被引频次合计：4

（2）检索式 **S15**：TI=((gesture OR palm OR object OR target) AND (recognition OR identif* OR detect* OR track)AND(algorithm))

目的：按照时间降序，搜索国外较为新颖的有关手势识别算法的研究，检索结果数量为2782条。并且利用分析工具得到每年的文献数量，2014年之前研究热度一直呈上升趋势，2014年研究最为活跃，2015年有所回落。

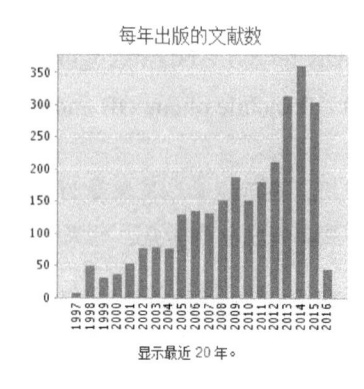

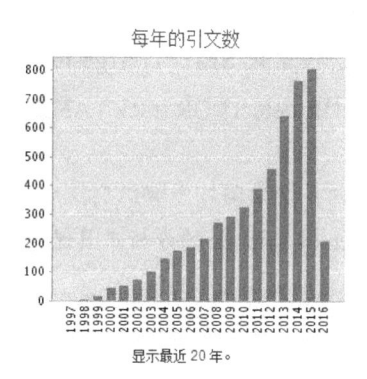

每年出版的文献数

显示最近20年。

每年的引文数

显示最近20年。

筛选出最为新颖、相关度大的4篇文献：

[1] Ghosh DK, Ari S. On an algorithm for Vision-based hand gesture recognition. Signal Image and Video Processing, 2016. 10(4): 655-662.

[2] Elbahri M, Taleb N, Kpalma K, et al. Parallel algorithm implementation for multi-object tracking and surveillance. IET Computer Vision, 2016. 10(3): 202-211.

[3] Du L, He H, Zhao L, et al. Noise Robust Radar HRRP Target Recognition Based on Scatterer Matching Algorithm. IEEE Sensors Journal, 2016. 16(6): 1743-1753.

[4] Wu QE, Wang JF, Yang CX, et al. Target recognition by texture segmentation algorithm. Expert Systems with Applications, 2016. 46: 394-404.

3.6 Derwent Innovations Index

（1）检索式 **S16**：AN=(Huawei) AND TI=(gesture OR palm OR object OR target) AND TI=(recognition OR identif* OR detect* OR track)

目的：检索华为在手势识别国外专利申请方面的信息，检索结果数量为371条。利用分析工具得到如下结果。

字段：有权利人名称	记录数	占371的%
HUAWEI TECHNOLOGIES CO LTD	306	82.480 %
HUAWEI DEVICE CO LTD	54	14.555 %
FUTUREWEI TECHNOLOGIES INC	5	1.348 %
HUAWEI DIGITAL TECHNOLOGY CHENGDU CO LTD	5	1.348 %
HUAWEI SOFTWARE TECHNOLOGIES CO LTD	5	1.348 %
CHENGDU HUAWEI SYMANTEC TECHNOLOGIES CO	3	0.809 %
HUAWEI SOFTWARE TECHNOLOGY CO LTD	3	0.809 %
LI Y	3	0.809 %
HUAWEI MARINE NETWORKS CO LTD	2	0.539 %
LIU J	2	0.539 %
SHENZHEN HUAWEI COMMUNICATION TECHNOLOGY	2	0.539 %
UNIV CHINA ELECTRONIC SCI & TECHNOLOGY	2	0.539 %
UNIV CHINA SCI & TECHNOLOGY	2	0.539 %
UNIV FUDAN	2	0.539 %
UNIV QINGHUA	2	0.539 %
UNIV SHANGHAI JIAOTONG	2	0.539 %
WANG D	2	0.539 %
WANG L	2	0.539 %
WU H	2	0.539 %
ZHU Y	2	0.539 %

第 8 章　活用信息，发现、探索、创新、创造

筛选出华为手势识别技术较为新颖的专利作为参考：

Huawei Technologies Co. Ltd. Method for correcting detection distance between outside object and mobile phone, involves determining correction threshold according to reference strength value, where correction threshold determines correction range for distance: WO2016 045095-A1.

（2）检索式 **S17**：AN=(Samsung) AND TI=(gesture OR palm OR object OR target) AND TI=(recognition OR identif* OR detect* OR track)

目的：检索三星在手势识别国外专利申请方面的信息，检索结果数量为 1203 条。利用分析工具得到如下结果。

字段：专利权人名称	记录数	占 1203 的 %	柱状图
SAMSUNG ELECTRONICS CO LTD	949	78.886 %	
SAMSUNG TECHWIN CO LTD	74	6.151 %	
SAMSUNG ELECTRO-MECHANICS CO	43	3.574 %	
SAMSUNG THALES CO LTD	34	2.826 %	
SAMSUNG HEAVY IND CO LTD	28	2.328 %	
SAMSUNG SDS CO LTD	20	1.663 %	
BEIJING SAMSUNG COMMUNICATION TECHNOLOGY	18	1.496 %	
SAMSUNG MEDISON CO LTD	18	1.496 %	
KIM J	16	1.330 %	
SAMSUNG DISPLAY CO LTD	15	1.247 %	

筛选出三星手势识别技术较为新颖的专利作为参考：

Samsung SDS Co. Ltd. Method for detecting identical object e.g. human, involves detecting position of first object, producing movement route of first object, detecting position of second object, and detecting whether positions of objects in frames are identical: KR2016032432-A.

（3）检索式 **S18**：AN=(Apple) AND TI=(gesture OR palm OR object OR target) AND TI=(recognition OR identif* OR detect* OR track)

目的：检索苹果公司在手势识别国外专利申请方面的信息，检索结果数量为 223 条。利用分析工具得到如下结果。

字段：专利权人名称	记录数	占 223 的 %	柱状图
APPLE INC	197	88.341 %	
APPLE COMPUTER INC	49	21.973 %	
CHRISTIE G	18	8.072 %	
CHAUDHRI I	17	7.623 %	
FORSTALL S	15	6.726 %	
ORDING B	15	6.726 %	
LEMAY S O	13	5.830 %	
VAN OS M	12	5.381 %	
PRIMESENSE LTD	7	3.139 %	
VICTOR B M	7	3.139 %	

筛选出苹果手势识别技术较为新颖的专利作为参考：

Apple Inc. Method for transitioning focus of display corresponding to object motion, involves tracking motion of object within space, transitioning visual presentation of graphical object on display from visual presentation: US2016062453-A1.

四、课题综述

4.1 简析手势识别在手机自动操作中的应用情况

经过对文献数量的统计以及对文献的阅读，发现手势识别技术在手机自动操作中的应用还是很广泛的。有的研究人员改善了识别时的抗干扰能力，熊欧等人提出了一种融合单高斯背景模型和帧间差分的运动目标检测算法，该算法能够有效降低背景扰动的影响[1]。有的研究人员改善了手势识别在手机中的实用性，增加了识别的多样性，冯国平等人提出了一种基于向量统计和正则表达式的自定义手势识别算法，实现了复杂的用户自定义手势识别功能，并在iOS平台实现了该算法[2]。房汉雄等人设计了一款可以应用于以Meego为框架的智能手机中的手势识别系统[3]。Wagner, Daniel 提出了一种用于实时的姿态估计和手机跟踪的新方法[4]。可见，人们一直在不断改善该技术在手机上的可扩展性和应用发展空间，也一直致力于研究更加快速准确的识别方法，增强系统运行的实时性，使之更加符合用户使用习惯，提高用户体验满意度。

4.2 简要总结国内外有关手势识别的改进算法

手势识别是通过数学算法来识别人类手势的一个议题，归根结底，想要提高手势识别能力，就要从算法着手。有的研究人员会通过算法来改善手势识别的精确度，蒋美云等人基于HOG算子的手型特征提取算法[5]，使得手型特征识别平均正确率达到92.78%；也有研究人员会针对算法速度来改善手势识别的实时性，于乃功基于人体手臂关节信息的非接触式手势识别方法，将具有三维空间特征的手势轨迹转化为一维的手势轨迹；最后，将手势预判断过程与改进的动态时间规整（Dynamic Time Warp, DTW）算法相结合，实现对动态手势的快速高效识别[6]。而也有更多的科学家致力于研究手势识别的特征提取方式，其中Wu, QingE等人提出了一种基于纹理分割算法的目标识别方法[7]。可见，手势识别算法还有很大的改善空间，算法的优化一直在向前推进，使得手势识别更加准确高效。

4.3 总结手势识别技术瓶颈以及解决方法

经过在谷歌以及文献上查阅资料，可以总结以下瓶颈。

手势分割方面：把人手从复杂背景中分割出来一直是国内外研究的难点，目前国内外对肤色的颜色空间、肤色模型等问题进行了许多研究，如利用肤色模型、运动分析模型、在线统计训练模型等方式。虽然人体肤色分量在某些颜色空间中具有很好的聚类性，但由于背景中具有与肤色近似的物体，仅仅利用肤色很难将人手完整地分割出来。虽然利用人手运动特性结合起来可以有效去除人手范围外的类肤色区域，但也无法有效去除手势附近的类肤色块。为此研究自适应环境的肤色模型还有很多问题需要解决。微软的Kinect采用CMOS红外功能[8]，可以有效定位手部位置，但仅仅只是定位手部位置，依然无法分割人手附近的类肤色块。

手势跟踪和特征提取方面：由于手势分割阶段会有类肤色块存在，仅仅考虑手型的几何特性时，当类肤色块与手型的几何特性相仿并且距离手势较近时，会发生类肤色块与手势的混淆，从而引起手势跟踪失败。目前解决的方法有：一是微软提供的Kinect有深度数据的检测，在假设手势运动的平面距离摄像头较近的情况下，可以排除背后类肤色对于手势的干扰。二是可以通过算法，通过保存相交的肤色块前几帧的多边形形状，采取提取关键点的方法还原相交的肤色块的轮廓形状或者利用Kalman和Camshift算法来预测和矫正肤色块的质心位置[9]，从而在动态识别中可以矫正手势质心点的位置。

手势识别方面：静态手势识别常常采用的方法是模板匹配法，即首先捕获自定义手势的模板图，并提取预定义手势的轮廓以及特征向量，通过模板匹配将实时图像与模板进行匹配，从而得到识别结果。该方法可以很好地从图像中搜索出从图像中截取的模板，局限性是在采用固定模板的情况下，对于实时捕获的变化的手势图像，严重影响其识别效率。基于颜色直方图匹配的局限性是，当图像大小、直方图的维数过大以及匹配方法不合适时，其很难满足手势识别的实时性。动态手势方面在时间域上的分割较为复杂，即如何确定一连串手势动作的起始点和终止点。常用的方法有隐马尔可夫模型（HMM）、动态时间规整（DTW）Adaboost算法等[6]，其中算法的训练中几乎不需要额外的计算，广泛应用到孤立词语音识别。在动态手势方面，还有很多技术难点需要解决，并有很多技术可以改进及提高。

4.4 对比三家代表性公司研发手势识别技术的能力

从手势识别技术申请专利情况来看：德温特专利数据库显示，苹果223条专利，华为371条专利，三星1203条专利；国家知识产权局专利数据库显示，三星34条专利，华为19条专利，苹果9条专利；二者排名一致。可见三星在这方面研发能力之强，用百度搜索也可知三星较多产品都具有手势识别技术，因此三星手机的手势识别技术已经很成熟了，华为在这方面的研发能力也高于苹果。

参考文献：

[1] 熊欧,郑紫微,胡峰. 基于Android平台的视频运动目标检测系统[J]. 数据通信, 2014,（5）：10-14.

[2] 冯国平. 基于iOS平台的自定义手势识别研究[J]. 现代计算机：上下旬, 2012,（10）：59-62.

[3] 房汉雄,何鹏,沙丽鹃,等. 应用于Meego智能手机的手势识别系统设计[J]. 电视技术, 2014, 38（7）：211-213.

[4] Wagner D (Wagner, Daniel), Schmalstieg D (Schmalstieg, Dieter), Bischof H (Bischof, Horst). Multiple Target Detection and Tracking with Guaranteed Framerates on Mobile Phones. 8th IEEE International Symposium on Mixed and Augmented Reality – Science and Technology, 2009.

[5] 蒋美云, 郭雷, 徐梦珠. 基于HOG算子的手型特征提取算法[J]. 计算机应用与软件, 2015, 12: 326-329.

[6] Choe B (Choe, BongWhan), Min JK (Min, Jun-Ki), Cho SB (Cho, Sung-Bae). Online Gesture Recognition for User Interface on Accelerometer Built-in Mobile Phones. 17th International Conference on Neural Information Processing, Nov 22-25, 2010.

[7] Wu QE (Wu, QingE), Wang JF (Wang, Jifang), Yang CX (Yang, Cunxiang), et al. Target recognition by texture segmentation algorithm. Expert Systems with Applications, 2016. 46: 394-404.

[8] 李红波, 李双生, 孙舶源. 基于Kinect骨骼数据的人体动作姿势识别方法[J]. 计算机工程与设计, 2016, 04: 969-975.

[9] 覃文军, 杨金柱, 王力, 等. 基于Kalman滤波器与肤色模型的手势跟踪方法[J]. 东北大学学报（自然科学版）, 2013, 34（4）: 474-477. DOI:10.3969/j.issn.1005-3026.2013.04.005.

五、检索思考

这次课题源于跟着导师做有关图像处理的项目，加上手机操作的手势识别技术比较贴近生活实际，因此选择了这个课题。在检索中也遇到了不少困难，印象最深刻的是在Web of Science中利用高级检索输入检索式，发现该数据库对检索式要求很严格，输入了很多次依然显示语法错误，反复比对参考数据库中的检索式帮助中的语法，最终成功检索。在检索中，每个数据库的检索式要求格式都不一样，比如万方中的"题名或关键词"在维普中是"Keyword_C和Title_C"，所以也要一个一个地按照格式修改。加上有的检索式检索出来的内容从标题上可以判断出来是不相关的，因此我还会修改检索式追求查准率。比如，题名或关键词：((手势+手掌+目标)*(识别+辨别+跟踪+追踪+检测))会导致出现很多干扰项，因此修改为题名或关键词:((手势+手掌+目标)*(识别+辨别+跟踪+追踪+检测)*(计算机视觉))以提高查准率。另外，查找专利时，一开始是(专利权)人=(华为) AND 发明名称=(手势识别)，查找到的结果数量非常少，修改为（专利权）人=(华为) AND 关键词=(手势识别)后，查全率就提高了很多。最后，使用德温特专利数据库时，一开始是(AU=(Huawei)) AND (TI=((gesture OR palm OR object OR target) AND (recognition OR identif* OR detect* OR track)))，这是错误的表达，华为是专利申请（专利权）人，而不是发明人，更不是作者，应修改为(AN=(Huawei)) AND (TI=((gesture OR palm OR object OR target) AND (recognition OR identif* OR detect* OR track)))。此次进行课题文献调研收获颇丰，发现了很多以前操作中没遇到过的细节问题，为培养搜集、分析和综述信息的能力打下了基础。

案例 7：G-四链体与靶向小分子配体相互作用及研究现状

导语：运用检索思维，剖析科研问题，写作结题论文，探寻研究方向

作品完成人：轻工化工学院，徐妙涵

完成日期：2016 年 4 月，大三

一、相关概念与选题背景

1962 年，美国科学家 Davies 发现，一条富含鸟嘌呤的 DNA 短链，在一定条件下可以形成一种特殊的二级结构，即 G-四链体。G-四链体是由一段富含鸟嘌呤（G）的特殊核酸序列形成的四链螺旋结构，普遍存在于生物体细胞内。目前已知的天然 G-四链体存在于端粒、原癌基因启动子区域、编码核糖体蛋白的 DNA 序列等，参与许多生物学过程，如端粒延伸、基因表达调控等。它与细胞衰老、凋亡密切相关，同时参与肿瘤和基因疾病的发生。

如今，许多科研人士热衷于研究 G-四链体的靶向小分子配体，这小分子配体可以通过外部堆叠、嵌插等多种形式与 G-四链体作用，达到稳定 G-四链体的效果，从而调控相关基因的复杂表达过程。然而，根据以往资料报道，G-四链体也具有多种结构，平行、反平行、混合平行为 3 种主要形态，故研究可与特定结构的 G-四链体选择性相互作用的小分子配体十分重要。

优秀的 G-四链体的靶向小分子配体可以专一与 G-四链体结合，从而使荧光显著增强，且具有一定稳定性，而其与双链 DNA、单链 DNA 等均不结合产生荧光。目前发展起来的 G-四链体小分子配体也可分为几类。科学家们不断创新，寻找荧光效应强且对 G-四链体选择性高的新的有机小分子，推动了相关研究的前进。弄清楚不同门类的小分子配体与 G-四链体的相互作用关系，了解当前发展现状，对于我们合成性质更优良的小分子配体具有重大理论指导作用。

二、重点内容及目的

本人所在课题组也合成 G-四链体的小分子配体并且对小分子配体进行性能检测和评估。2015 年创新创业项目申报中立校级项"新型吡啶类 G-四链体荧光探针的性能研究"，其中本人作为项目负责人。结合本项目研究，本人运用在《信息检索与利用》课程中所学检索知识与技能，开展了关于"G-四链体与靶向小分子配体相互作用及研究现状"的文献信息检索，同时也为该项目的结题论文做准备。

本次调研课题为"G-四链体与靶向小分子配体相互作用及研究现状"，其中关键词是"G-四链体"（G-quadruplex/G-quadruplexex）和小分子配体（Small Molecular

Ligand）。小分子配体有时又可称作"荧光探针"（Fluorescence Probe）或"荧光染料"（Fluorescence Dye）。

因为本项目的任务在于合成新型小分子配体，而 G-四链体是用来检测小分子配体的一个手段，所以调研的重心为小分子配体化合物和其性能研究。简单来讲，也就是检测其对 G-四链体的作用效果。在粗略浏览了几个中英文数据库后，发现关于 G-四链体的科研论文分为以下几种类型，对于本调研来说，重点是第一种类型，在检索中应对后面两种类型不予理睬：

（1）新合成小分子配体与 G-四链体相互作用。

（2）G-四链体的生物学研究。

（3）利用 G-四链体来检测其他物质，如生物体中与疾病相关的酶和一些微量金属元素。

然而，针对 G-四链体的小分子探针类型多种多样，那么这样的检索是否有意义呢？我的回答是否定的。在大量的文献检索之后，我们可以得到以下一些信息：

（1）由不同小分子配体的共同点和相似性归纳作为小分子配体的一些结构特征。

（2）不同结构特征的小分子配体与 G-四链体作用行为差异。

关于课题中"研究现状"方面，通过大量的文献检索，可以总结出小分子配体的发展趋向，包括并入什么基团可以增强小分子的荧光性能，包括哪些基团毒性较小而在合成新化合物中可以并入，等等。

三、检索策略与结果展示

3.1 知网

1. 检索词：G-四链体，小分子配体（核酸探针，核酸染料，荧光探针）

2. 检索式：SU=四链体 AND SU=(配体+小分子配体+核酸探针+核酸染料+荧光探针)

3. 检索数量：127

4. 文献列举：

[1] 田明月，张秀凤，潘然，等. 原癌基因 c-myc 启动区 G-四链体结构及靶向小分子配体[J]. 化学进展，2010，05：983-992.

[2] 谭嘉恒. G-四链体小分子探针的发展与应用[A]. 中国化学会第 29 届学术年会摘要集——第 22 分会：化学生物学[C]. 中国化学会，2014：1.

[3] 黄志纡，古练权，谭嘉恒，等. 一种双功能探针及其制备方法与在检测 G-四链体结构中的应用[P]. 广东：CN102719238A，2012-10-10.

3.2 万方

1. 检索词：G-四链体，配体（探针，染料，衍生物）

2. 检索式：(关键词 = 四链体) AND (摘要 = 配体 OR 摘要 = 探针 OR 摘要 = 染料 OR 摘要 = 衍生物)

3. 检索数量：101

4. 文献列举：

[1] 卢宇靖. 端粒 G-四链体小分子配体白叶藤碱衍生物设计合成及作用机制研究[D]. 中山大学，2008.

[2] 李燕梅，沈晓燕. 具抑制端粒酶活性的 G-四链体小分子配体研究进展[J]. 中国药理学通报，2010，01：17-20.

[3] 马彦，黄志纾. 高选择性端粒 G-四链体稳定性配体：9-O-多胺取代小檗碱衍生物的合成及活性评价[J]. 高等学校化学学报，2012，33（10）：2217-2222.

3.3 Elsevier SDOL

1. 检索词：G-quadruplex, ligand（probe, dye）
2. 检索式：TITLE (G-quadruplex) AND (derivative OR probe OR dye)
3. 检索数量：380
4. 文献列举：

[1] Yu-Jing Lu, Dong-Ping Hu, Kun Zhang, et al. New pyridinium-based fluorescent dyes: A comparison of symmetry and side-group effects on G-Quadruplex DNA binding selectivity and application in live cell imaging. Biosensors and Bioelectronics, 2016, 81: 373-381.

[2] Ming-Hao Hu, Shuo-Bin Chen, Yu-Qing Wang, et al. Accurate high-throughput identification of parallel G-quadruplex topology by a new tetraaryl-substituted imidazole. Biosensors and Bioelectronics, 2016, 83: 77-84.

[3] Yu L J, Gai W, Yang Q F, et al. Recognizing parallel-stranded G-quadruplex by cyanine dye dimer based on dual-site binding mode[J]. Chinese Chemical Letters, 2015, 26(6): 705-708.

3.4 ACS Publications

1. 检索词：G-quadruplex, ligand（probe, dye, derivative）
2. 检索式：Abstract: ligand OR probe OR dye OR derivative
   Abstract: G-quadruplex
3. 检索数量：186
4. 文献列举：

[1] Haudecoeur R, Stefan L, Denat F, et al. A model of smart G-quadruplex ligand[J]. Journal of the American Chemical Society, 2013, 135 (2): 550-553.

[2] Gabelica, V, Maeda, R, Fujimoto, T, et al. Multiple and Cooperative Binding of Fluorescence Light-up Probe Thioflavin T with Human Telomere DNA G-Quadruplex. Biochemistry, 2013, 52 (33): 5620–5628.

3.5 Springerlink

1. 检索词：G-quadruplex，ligand（probe, dye, derivative）

2. 检索式："G-quadruplex" AND (dye OR ligand OR probe OR derivative)
3. 检索数量：72
4. 文献列举：

Chan S, Tan J H, Ou T M, et al. Natural products and their derivatives as G-quadruplex binding ligands[J]. Science China-Chemistry, 2013, 56(10): 1351-1363.

四、课题综述

生物体中的核酸链结构种类包括单链、双链、三螺旋体和四链体，它们之间彼此相互联系、转化，在机体的生长、发育和繁殖等生命过程中起着重要的作用。G-四链体，是一种四链螺旋结构，序列中富含鸟嘌呤，四个鸟嘌呤相互连接为一个四角形环状平面，两层或以上的环状平面通过π-π堆积形成四链体[1]。G-四链体有3种基础构型，即平行、反平行和混合平行。这些独特的核酸结构会出现在生物体基因组中某些重要的区域，如端粒、某些致癌基因的启动区、核糖体DNA，以及某些mRNA的非翻译区域[2-3]。近几年关于活细胞中G-四链体存在的生物意义越来越多，如有相关研究发现，端粒酶是依赖端粒末端线性单链DNA引物来延长端粒长度的，而线性单链DNA在一定生理条件下形成G-四链体结构时，端粒酶无法作用，因此稳定G-四链体具有抗癌的潜在作用[3]。

G-四链体作为潜在的抗癌靶点，催生和推动了许多小分子配体的合成。小分子配体的合成又推动了对人类基因组内G-四链体结构功能的研究。所以这些小分子配体，对G-四链体有诱导、稳定、检测的作用。目前已经发展了很多类型的G-四链体小分子配体，如吖啶类、三嗪类、卟啉类、苊类、二酰胺蒽醌类和吲哚喹啉类等[4]。这些小分子配体的发展趋向是高灵敏性、强选择性、低毒性。随着人们对G-四链体结构及其与小分子配体相互作用的深入研究，也发现了很多问题。首先，小分子配体对不同构型的G-四链体具有不同的亲和性，并且已知的人体内G-四链体序列的构型也未完全知晓，因此，配体的作用靶点很难明确。其次，文献报道很多配体与双螺旋、三链体及四链体都能结合，故小分子配体与G-四链体的选择性及结合力有待提高[5]。

作为抗癌药物，G-四链体小分子配体直接用于人体，必须具有低毒性。在天然药物中，某些植物中的提取物具有抗癌作用[6]，因此许多研究人员会基于这些天然存在的分子合成一些衍生物，如小檗碱衍生物、吲哚衍生物等[7-8]。研究发现，有不少新型衍生物对G-四链体有高选择性，且灵敏性很高。此为，由于G-四链体内部"口袋"具有一定对称性，合成具有对称性的小分子配体也是近两年来的一个重要趋向[8-9]。对称性的小分子配体结构相对简单，而化合物本身改变结构从而与G-四链体作用的概率较高，并且对称性有助于化合物合成工艺的简化，所以也具有广阔的发展前景。

参考文献：

[1] Haudecoeur R, Stefan L, Denat F, et al. A model of smart G-quadruplex ligand[J].

Journal of the American Chemical Society, 2013, 135(2): 550-553.

[2] 田明月，张秀凤，潘然，等. 原癌基因 c-myc 启动区 G-四链体结构及靶向小分子配体[J]. 化学进展, 2010, 05: 983-992.

[3] 李燕梅，沈晓燕. 具抑制端粒酶活性的 G-四链体小分子配体研究进展[J]. 中国药理学通报, 2010, 01: 17-20.

[4] 卢宇靖. 端粒 G-四链体小分子配体白叶藤碱衍生物设计合成及作用机制研究[D]. 中山大学, 2008.

[5] 吕小伟，朱驹，周有骏. G-四链体晶体结构及其小分子配体的研究进展[J]. 国外医学. 药学分册, 2004, 06: 333-337.

[6] Chan S, Tan J H, Ou T M, et al. Natural products and their derivatives as G-quadruplex binding ligands[J]. Science China-Chemistry, 2013, 56(10): 1351-1363.

[7] 马彦，黄志纾. 高选择性端粒 G-四链体稳定性配体：9-O-多胺取代小檗碱衍生物的合成及活性评价[J]. 高等学校化学学报, 2012, 33（10）: 2217-2222.

[8] Yu-Jing Lu, Dong-Ping Hu, Kun Zhang, et al. New pyridinium-based fluorescent dyes: A comparison of symmetry and side-group effects on G-Quadruplex DNA binding selectivity and application in live cell imaging. Biosensors and Bioelectronics, 2016, 81: 373-381.

[9] Yu L J, Gai W, Yang Q F, et al. Recognizing parallel-stranded G-quadruplex by cyanine dye dimer based on dual site binding mode[J]. Chinese Chemical Letters, 2015, 26(6): 705-708.

五、思考

这份检索报告是依据本人目前研究课题来设定题目的。从报告题目的拟定，到文献的检索，再到报告的撰写，花了不少心思和时间。在开始拟定报告题目时思考了很久，因为考虑到题目范围不能太宽，也不能太窄，否则检索效果不佳。最后确定题目为"G-四链体与靶向小分子配体相互作用及研究现状"。

关于 G-四链体和配体的相互作用，偏于理学，不像工学学科一样有许多已发表的专利。与此方面相关的专利大多介绍化合物的合成方案。受此局限，我在本报告中只列出一项专利。

拟定检索式这一过程也比较困难，尽管上课时老师讲得很详尽，可毕竟要自己去实践才能巩固。以本课题为例，化合物在文中称作 G-四链体的"小分子配体"、"荧光探针"、"荧光染料"、"核酸染料"、"核酸探针"等，一开始检索出的文献数量较少，后来抽取几个短语的核心部分，如"配体"、"探针"、"染料"。而后来又注意到有些文章的标题不会明显出现这几个词，而会说"**衍生物"，特别是在英文文献中。

英文文献一般检索起来比较耗时，所以我先浏览标题，如果觉得可能符合我的需求，就会点开，再浏览一下里面的图表，因为经常关注类似的文献，会比较熟悉里面的实验图表种类,所以这也是一种比较好的检索合适文献的方式。

我觉得在信息爆炸时代,在计算机网络高速发展的今天,信息素养是21世纪人才的必备素养,学会科学有效地检索信息可以节省我们大部分时间。

8.5 学术竞赛充分准备

案例8:跨境电子商务物流配送模式研究

导语:为校级辩论赛的辩题搜索资料,完善专业知识,分析辩题利弊

作品完成人:环境学院,郑灿涛

完成日期:2015年4月,大二

一、选题说明及课题分析

1.1 选题说明

本课题为我们环境辩论队校赛复赛辩题涉及的一个研究方向。由于此辩题专业性极强,涉及大量商务及物流知识,所以对其利弊分析需要有极强的知识背景,其中信息检索扮演极为重要的角色。结合生活,故选此辩题为研究课题!

1.2 课题分析

(1)概念描述

跨境电子商务:跨境电子商务是指分属不同关境的交易主体,通过电子商务平台达成交易、进行支付结算,并通过跨境物流送达商品、完成交易的一种国际商业活动。

(2)选题背景

跨境电商,实力较强的大企业,资金实力雄厚,一般通过租用目的国已有的仓储设施,以独立法人的形式建立专为跨境电商服务的企业运营海外仓。

租用自营的好处是能够较为灵活地调整经营规模,加上企业基于自身业务统一开发的国内和境外的物流仓储信息化系统,使得国内国外业务之间的衔接较为顺畅,且效率高、出错率低。

此外,一些专注跨境电商的物流企业也在海外设立了分公司,以自营模式经营英国仓、德国仓、美国仓、澳大利亚仓,这些物流企业开通专线集中揽收,展开租用自营海外仓项目,部分国家日均发货量可高达5万~6万票。其客户的海外销量平均提高32%,累计新增跨境电子商务交易额20亿元人民币以上。

(3)专题调研的重点内容及目的

重点内容:① 跨境电商的物流机制如何设立。
② 跨境电商的物流发展道路研究。
③ 不同物流方式的利弊。

目的：从社会各界对于跨境电商物流的研究了解物流管理的作用机制及利弊。

1.3 检索策略

关键词：跨境电商、外贸电商、海外购物

物流管理、海外仓

进出口、B2C

检索式：（1）(跨境电商 OR 外贸电商 OR 海外购物) AND (进出口 OR B2C) AND (物流管理 OR 海外仓)

（2）(Cross-border electricity OR Foreign trade electricity) AND (logistics management OR physical distribution management) AND (B2C OR export)

数据库：中国知网；维普网；万方；Taylor&Francis 期刊数据库。

二、检索结果

获得一批相关资料，如：

[1] 刘溶剑. 浅析跨境电商物流对苏州外贸的影响[J]. 对外经贸，2015，（12）：89-90，133.

[2] 姚宇. 基于产业融合视角的跨境电商与物流产业链融合发展研究[J]. 价格月刊，2015，（12）：76-81.

[3] 郭亚飞. 我国跨境电商物流困境及对策建议解析[J]. 物流工程与管理，2015，（09）：153-154.

[4] 潘意志. 海外仓建设与跨境电商物流新模式探索[J]. 物流技术与应用，2015，（09）：130-133.

[5] 柯颖. 我国 B2C 跨境电子商务物流模式选择[J]. 中国流通经济，2015，（08）：63-69.

[6] 肖翊. B2C 物流服务质量对网购顾客重购意向的影响研究[D]. 广西大学，2014.

[7] 吴强. 大家电 B2C 网络购物配送物流服务质量测评指标体系的构建及应用[D]. 广东财经大学，2014.

[8] 尚贤慧. B2C 电子商务企业物流网络优化研究[D]. 北京交通大学，2012.

[9] 侯喆. 外贸 B2C 物流系统分析与设计[D]. 北京交通大学，2012.

[10] Nihan Akyelken, Hartmut Keller. Framing the Nexus of Globalisation, Logistics and Manufacturing in Europe. Transport Reviews, 2014, 34(6): 674-690.

三、课题综述

背景：目前我国跨境电商基本采用海外仓模式，即在除本国地区的其他国家建立的海外仓库。货物从本国出口通过海运、货运、空运的形式储存到该国的仓库，买家通过网上下单购买所需物品，卖家只需在网上操作，对海外的仓库下达指令完成订单履行。

货物从买家所在国发出,大大缩短了从本国发货物流所需要的时间。

优势:可提高利润、扩充品类。海外仓的优势来自于发货的速度以及客户体验,使用海外仓,一方面可以降低物流成本;另一方面,由于发货速度加快,卖家可以提高产品的售价,增加毛利。使用海外仓,卖家的产品品类可以无限扩张,有些产品使用期很长,不属于快消品,但是市场需求量大,形成规模,放在海外仓销售也是可以的。

运营:卖家该如何运作"海外仓"?与第三方合作:租用或者合作建设。跨境电商卖家与第三方"海外仓"的合作方式有两种:一种是租用;另一种是合作建设。租用方式会存在操作费用、物流费用、仓储费用;合作建设则只产生物流费用。

发展趋势:商务部将加快落实《政府工作报告》中的相关要求,采取有效措施支持有实力的电商企业设立"海外仓",进一步提高通关效率、降低物流成本、缩短营销环节、改善配送效率,以及帮助企业更好地融入境外流通体系。与传统贸易相比,跨境电商作为一个涵盖海关和国界各种职能的平台,缩短了从批发到销售的多个环节,有效降低了各种商业成本。而"海外仓"模式是指跨境电商企业按照一般贸易方式,将商品批量出口到境外仓库,电商平台完成销售后,再将商品送达境外的消费者。作为一种创新的跨境电商模式,支持企业建设一批出口产品"海外仓",既是推动跨境电子商务发展外贸商业模式的创新,也是实现外贸稳增长和优化升级的一项重要部署。

现存问题:使用海外仓,一定要集中销售资源,一旦分散的话,海外仓的产品容易滞销。另外,产品一定要热卖,如果在海外仓放着,慢慢卖的话,整体的成本会有所增加。部分产品滞销,或者周转期太长,会使成本上升(租赁费用等)。

参考文献略。

8.6 多元兴趣自主探索

案例 9:基于建筑庭院半开放式空间景观设计的探索

导语:专业课程,信息资源,融会贯通,活学活用

作品完成人:艺术与设计学院,杨培锋

完成日期:2016 年 10 月,大二

一、课题分析

景观设计作为环境设计中的重要组成部分,很大程度影响到人与环境相处的关系。随着社会发展,人们物质生活水平的提高,对于精神需求也愈发显得重要。人对于居住环境景观的需求已从最初的美观性、功能性上升到了新的高度。在这次的课题研究中,结合同时期景观设计原理课程的研究方案进行初步探讨,尝试把专业课程与信息素养课

程融合学习，在信息检索过程中找到新的思路和方法，达到提高专业水平的目的。

在景观设计原理课程作业中，以天河区 HJ 新城某独栋别墅作为项目基地，通过自行设定人物角色，调研分析项目环境因素等过程完成初步方案设计。经过前期调研分析得出了初步的设计理念，以"大庭小院"为主题，以"别墅庭院半开放式空间"为概念进行探索性研究。试图通过在私人庭院中创造新的空间增加业主与睦邻之间交流的可能性，在陌生的生活环境中寻回交流趣味。这种初步的课题研究希望能为未来探索一条新的空间概念道路。

本课题涉及的范围有：环境设计学、空间设计、环境心理学、环境行为学。

关键词：空间、概念、半开放式、环境、景观、庭院；Space、concept、semi-open、environment、landscape、garden。

选择的数据库：

中文数据库：知网（CNKI）、万方数据资源系统、维普科技期刊数据库。

外文数据库：美国土木工程师协会（ASCE）、ISI Web of Knowledge。

二、检索策略与结果

使用下述检索式，并根据检索效果加以调整。

篇名=景观设计 AND 篇名=空间

题名或关键词：(庭院景观) * 题名或关键词：(空间) * Date:-2016

庭院景观 半开放式 * Date:-2016

(building OR architecture) AND courtyard AND landscape AND design

搜索并选取中英文期刊论文、学位论文、专利、标准、法律法规若干，具体检索结果略。

三、检索收获

经检索，发现关于庭院景观设计的篇章不可胜数，也包括我所关注的人与庭院景观和谐相处的内容。乡村景观设计是庭院景观设计的主要手段之一，在城市别墅庭院设计中，想要实现半开放式的空间创新，可以考虑借鉴乡村庭院的布局。乡村庭院布局在文末我的景观方案中有所提及。此次课题研究中的空间为主要处理对象，但涉及"半开放式庭院"的学术论文极少，这次检索过程可辅证我所设想的"半开放式庭院"空间设计概念属于尚未充分探索的领域，对此，我有必要再作深入研究，在未来景观设计中找到新的方向。

四、信息活用

信息检索是发现和探究的过程。经过学习信息素养这门课程，我从中找到了很多寻找资料与阅读学术论文的新途径，学会了资源的合理运用，也有助于其他课程的提高。

以同时期"景观设计原理"课程为例。作为环境设计专业中的主要课程之一，景观设计是个人比较偏爱的专业方向，阅读景观方面的书籍与学术论文成为我的个人兴趣爱好和习惯之一，从书籍和论文中总会找到触发心灵的思想或耳目一新的研究主题，种种学术信息不断刷新着个人对于景观和空间的概念。对于新理论和新方法的需求，使得我需要不断寻找不同的信息来源，以满足和充实自我和课程的学习。

此次景观设计课程，从别墅庭院设计出发，在万方和知网等大型学术搜索引擎中搜索到景观庭院和空间的学术论文和设计理论较多。景观设计课程开始之初，我便通过此信息检索途径阅览庭院空间设计的相关论文。以南京林业大学城市规划与设计专业硕士研究生徐苏海的《庭院空间的景观设计研究》硕士论文为引线，我开始了简单的庭院空间探索历程。

徐苏海. 庭院空间的景观设计研究[D]. 南京林业大学，2005.

机构：南京林业大学

摘要：本论文以传统庭院的历史传承作为研究切入口，揭示庭院的历史定位，通过对发展脉络的梳理，找到庭院精髓，以此探讨当代对它的继承与发展。本文论述了目前常见的庭院类型，大致分为三大类型：① 居住区庭院——体现生活氛围；② 文化教育空间庭院——体现人文气息；③ 纪念性空间庭院——体现纪念主题。同时，通过实例的图解分析，寻找设计的规律。从艺术、文化、城市设计不同视角考察庭院，从而完善研究框架。从艺术的视角考察，使我们了解设计的各种可能性；从文化的视角考察，论述了如何利用庭院这一微尺度的景观创作来表达地域文化和高情感；从城市设计的视角考察，阐明了用"缝合"与"构架"的策略实施庭院绿化子系统规划，同时提出立体庭院的探索。本文阐明了庭院研究获得的启示和深入的思考。通过设计实例，运用总结的经验，作为一次有益尝试。

此论文中第一章第2节论述了中国庭院文化的探究，简单分析了中国传统庭院受自我防卫意识、家族制、方位观和宇宙自然观的影响，首次引导我开始探讨别墅庭院作为一个私人空间，如何在已拥有安保防卫的别墅群当中为更多人服务？庭院除了欣赏美景，还能否创造一个新的空间用于促进人与人之间的交流，打破传统家族制影响的封闭庭院形式？此论文中第二章第3节中的围合要素分析为我的设想带来了灵感。文中分析不同的庭院围合形式给人带来不同的感受，其中局部围合的形式以开敞、自由、稳定等优点较为乐观。由此，我开始了从局部围合形式到半开放式庭院的探索历程。

第8章 活用信息，发现、探索、创新、创造

微弱围合		局部围合	
强烈围合		复杂围合	

在这次检索过程中，我在"景观设计原理"这门课程中找到了新的设计概念，也为我的学习和探讨带来了新鲜想法。以下为我与本学期信息素养课程同时进行的部分景观设计方案，涉及部分流程和结果，包括概念生成、元素提取、局部景观、空间营造。

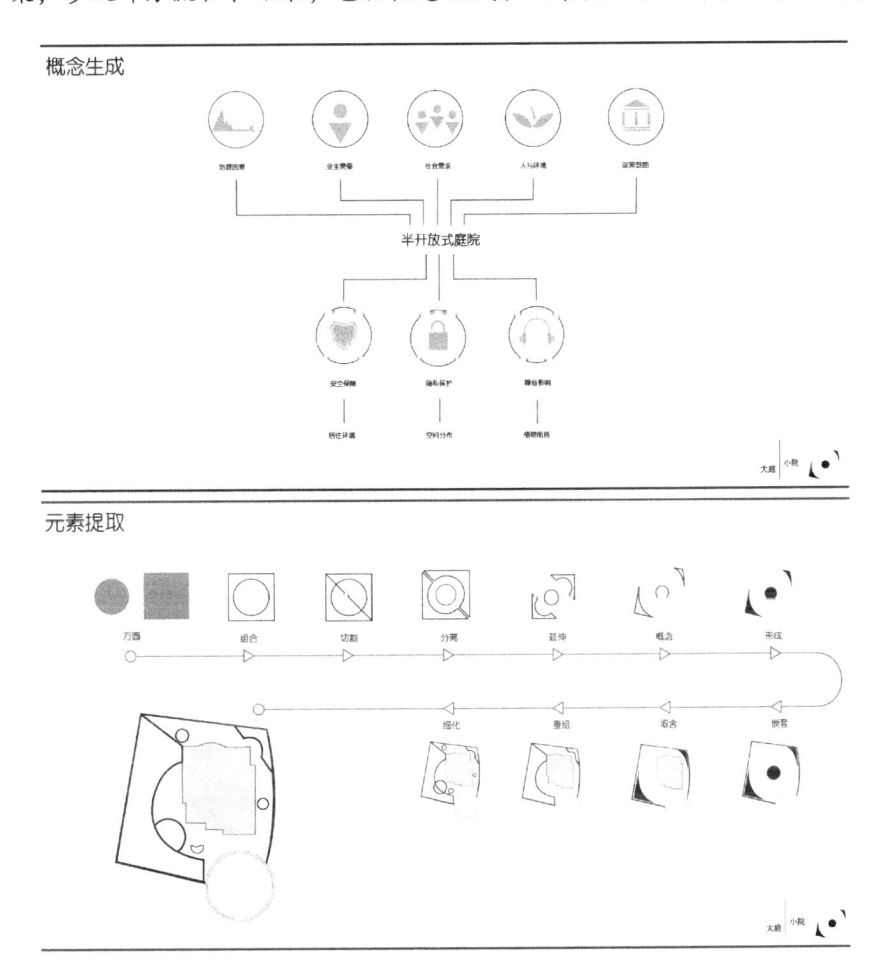

概念生成

元素提取

200

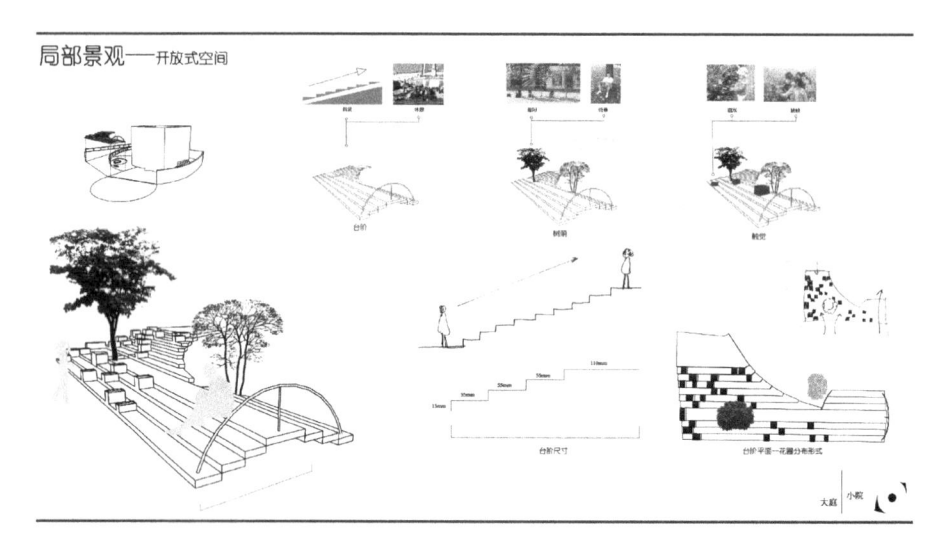

大学生信息素养

局部景观——开放式空间

局部景观——半开放式空间

空间营造——开放式空间

空间营造——半开放式空间

案例10："双十一"单身节的营销策略

导语：观察生活现象，查阅分析资料，探求背后原因
作品完成人：艺术与设计学院，李秀雯
完成日期：2016年10月，大三

一、课题选取

1.1 课题名称："双十一"单身节的营销策略

1.2 概念解释

单身节：单身节也称光棍节、双十一。光棍节的起源有多种说法，广为认可的一种是，它起源于1990年南京高校的校园趣味文化。1月1日是小光棍节，1月11日和11月1日是中光棍节，而11月11日由于有4个"1"，所以被称为大光棍节。而一般光棍节则指11月11日的大光棍节。

营销：营销是指，企业发现或挖掘准消费者需求，从整体氛围的营造以及自身产品形态的营造去推广和销售产品，主要是深挖产品的内涵，切合准消费者的需求，从而让消费者深刻了解该产品进而购买的过程。营销分为市场营销和网络营销。

1.3 中英文关键词

中文：双十一，单身节，光棍节，11月11日；营销，销售

英文：Single day, A double tenth; Marketing

1.4 课题选取缘由

写这篇报告时还有两个星期就到"双十一"了，舍友们都在支付宝里存好了钱，准备在"双十一"那天"血拼"一场。我很好奇，"双十一"，即光棍节，原本是给"单身狗"或者"单身贵族"们感叹一下自己为什么还单身，或者骄傲一下"我单身我快乐"，

或者单身的个体聚集在一起脱离单身的日子，怎么就变成全民购物的狂欢节了呢？

于是我用最常见的搜索引擎——百度，搜索了一下：

Baidu百度
双十一购物狂欢的来源　　百度一下

点击其中一个链接得到：2009年，天猫（当时称淘宝商城）开始在11月11日"光棍节"当天举办促销活动，最早的出发点只是想做一个属于淘宝商城的节日，让大家能够记住淘宝商城。选择11月11日，也是一个有点冒险的举动，因为光棍节刚好处于传统零售业"十一"黄金周和圣诞促销季中间。但这时候天气变化，正是人们添置冬装的时候，当时想试一试，看网上的促销活动有没有可能成为一个对消费者有吸引力的窗口。结果一发不可收拾，现在"双十一"成为电商消费节的代名词，甚至对非网购人群、线下商城也产生了一定的影响力。

2009年至今，"双十一"效应持续火爆，线上线下营销策略层出不穷，吸引了我们这群"吃瓜"的消费群众，在11月11日那天头都不回地栽入商家设立的营销策略里。各商家之间"明争暗斗"，铆足了劲头大把捞金，"马云爸爸"则是坐等收成。

由此，可见营销策略在光棍节那天大放异彩。于是，我决定关注"双十一"商家的营销策略，不再做一个无知的"吃瓜"群众。

二、检索策略及结果

2.1 读秀学术搜索（读秀）

检索式：单身节 营销

检索结果：16条

选取文献：

[1] 王婧怡. 服装营销赚钱秘诀. 北京：中国时代经济出版社，2014.

阅读：由检索词得知此书内容有提到关于单身节的营销策略，且本专业与服装相关，关注服装方面的营销策略有利于日后的运用。

[2] 佚名. 光棍节这样做营销[J]. 成功营销学，2012，（11）：13.

[3] 陈红艳，陈晓芬. "单身节，别约姐"[N]. 新快报. 2011-11-03（A11）.

阅读：发生在广州大学城，距离我们很近，关于大学生的光棍节新颖营销手段，与我们的生活较为贴切。

2.2 珠江三角洲数字图书馆联盟

检索式：双十一 营销

检索结果：521条

2.3 中国知网（CNKI）

检索式：SU=(双十一+光棍节+单身节) AND SU=(销售+营销)

检索结果：629 条

选取文献：

[1] 刘笑笑，冯建平. 基于 SWOT 分析的淘宝"双十一购物狂欢节"营销策略分析[J]. 商，2016，（28）：126.

[2] 隋文哲. 淘宝"双十一狂欢节"营销研究[J]. 时代金融. 2016，（20）：193.

[3] 连晓卫. 双十一线上线下都有颜面[J]. 现代家电. 2015，（23）：20-23.

阅读：SWOT 是经济学里面常用的分析模型，优势、缺陷、机遇、威胁一目了然，有利于营销策略的分析；淘宝（或天猫）是开创"双十一"购物营销的鼻祖，它的成功值得我们研究和借鉴；"双十一"的网络营销方式占大多数，这篇文献讲述的是线下实体店的营销，能与线上营销形成对比分析。

2.4 万方数据知识服务平台（万方）

检索式：双十一*营销*Date:-2016

检索结果：261 条

选取文献：

[1] 冯军. 浅析服装电商的双十一营销策略——以海澜之家为例. 商场现代化，2015，（29）：28-29.

[2] 陈璐. 2013 年京东"双十一"整合营销传播策划案. 浙江大学，2014.

文献选取原因：京东是线上购物平台的主力军之一，与淘宝的营销策略能相互参照。

2.5 维普信息资源系统（维普）

检索式：题名或关键词=双十一+光棍节+单身节 与 题名或关键词=营销+销售

检索结果：125 条

选取文献：

[1] 贾屙澜. 从双十一看电商在市场中的营销策略. 商场现代化，2015，（29）：31.

[2] 唐朵朵. "双十一"与网络购物生态系统. 党政论坛，2015，（2）：17.

[3] 许烟文，垂柳. 假货&刷单：双十一背后的隐忧. 上海百货，2016，（1）：8.

阅读："双十一"网络营销促进我国电子商务不断发展的同时也伴随着种种隐患，值得人们关注、警惕。

2.6 Engineer Village（IE）

检索式：(((single day OR a double tenth) WN All fields) AND ((marketing OR shopping) WN All fields))

检索结果：1096 条

选取文献：

Jen-Her Wu, Lifang Peng, Qi Li, et al. Falling in love with online shopping carnival on singles' day in China: An uses and Gratifications perspective. IEEE/ACIS 15th International Conference on Computer and Information Science (ICIS), 2016.

阅读：本篇从心理角度解释了"双十一"人们疯狂购物的原因。

三、文献综述

"双十一"营销策略概况

近年来，北京和上海的单身人数已突破100万人，广东省25岁以上未婚人口已超过2000万人，单身族的队伍正在不断壮大。与其他阶层相比，单身族群更有花钱的激情和冲动，只要东西够时髦、够奇趣，他们就会一掷千金，无论衣、食、住、行还是娱乐、社交、"充电"、养老等方方面面都开始展现出巨大的市场潜力[1]。敏锐的商家嗅到了其蕴含的巨大消费商机，纷纷在光棍节那天办起了各式各样的营销活动。

以淘宝为例分析"双十一"线上的营销策略。

淘宝在"双十一"前期，就利用各大传播媒介做了大量的宣传和预热活动，在各大门户网站的首页投入了轰炸式的广告宣传。接着，在微博、QQ、微信等社交软件上投入了大量的资金发放活动通知[2]，各种优惠活动层出不穷，牢牢地捉住了消费者的消费欲望，使消费者购买兴趣大增，迫切想参与到"双十一"活动中。

在"双十一"当天，淘宝设置分时段抢购保持消费者的参与热情，这种分时段抢购一方面能让消费者有多种机会抢购到自己心仪的商品，另一方面能够保持消费者的热情。另外，特定时间优惠政策的不同，可以保持消费者的关注度。在特定的时间推出"零元秒杀"、"抢红包"、"全场免单"等巨大优惠活动，以达到让消费者时刻关注淘宝"双十一"活动的目的[2]。

在"双十一"活动过后，淘宝为消费者提供"后悔药"，各种品牌优惠活动的营销策略继续进行，让没来得及在"双十一"中下手的消费者有一个继续消费的机会。另外，淘宝在活动结束之后，会第一时间在各大媒体报道诸如"销售额突破XX，再创新高"等消息，强化节日营销策略的效果，加强"双十一"活动的影响力。同时，在各大社交软件中持续炒作，出台"晒图返利"等优惠活动，鼓励消费者晒出"双十一"的消费成果。一方面有图有真相地证明淘宝"双十一"的优惠活动真实有效，另一方面提高淘宝"双十一"的影响力，为下一次"双十一"活动做铺垫[2]。

以线下电商为例分析"双十一"的营销策略。

线下的实体店具有当地人脉的优势。从家电经销商的角度来看，从"十一"黄金周之后，一些家电代理商和零售商就开始策划家电线下"双十一"活动。市场经销人员走村串巷、上楼进户推广活动内容，锁定目标消费者，最终通过与消费者面对面沟通，不但牢牢抓住了消费需求，更重要的是实现了企业品牌和商家品牌面向用户的零距离推广[3]。

临近"双十一",传统实体零售企业全网比价,PK 网购价的促销活动也在各区域市场遍地开花。例如,2016 年 11 月 7 日江苏新时代电器推广出全城家电购物狂欢节,在 11 月 7 日当天,电视、洗衣机、冰箱、空调、小家电、手机、电脑所有品类直降 200~1000 元不等。此外,购物还可参加整点抽大奖、套购送礼等活动。活动当天各大品牌齐上阵,Wi-Fi 开放,全网比价,并且价保"双十一",如果"双十一"期间线上几大电商平台出现同型号、同款价格低于活动时购买价,则退还差价。同时推出了现货供应不用等待、终身保修等服务措施。活动之前推出预售以及会员超值让利互动活动,各种微粉福利,预售微粉再加料、微信摇红包等,活动的形式比线上还要丰富[3]。

很多区域家电零售企业的促销活动,主题大多是全面 PK 线上,以前做促销是和当地的竞争对手 PK,现在基本都是和线上 PK。实体零售企业已经转变了思路,学会了与电商比价的方法,借力发力,既提高了促销的成交率,提升了销量,又提升了员工的信心。所以对于"双十一"的线上狂欢,应对起来已经很从容。另外,"双十一"对于三四级市场的冲击还不是很大,考虑线上购买家电的消费者还占很少部分,线上比价、线下开单的情况比较多。从数据来看,几家区域的零售企业借势"双十一",促销效果逐年增显[3]。

线上的营销相比线下的营销,客源更广,可以遍布全球,收益也更为丰富,营销手段也更为多种多样。但是,高收益的同时也存在着各种风险。

首先,假货是线上营销模式发展的硬伤。实体店和网店的售假根本不在同一层级,实体商业中由于监管体制相对完善,其售假的成本要比网络售假成本高很多。假货在网络生态的恶化,也使投资者非常疑虑互联网市场的长期发展走向。互联网营销网铺得越大,所需管辖的监管力量就要越强,对规范管理的需求也就越迫切。若要加强对假货的监管,是要以牺牲一时的交易量为代价的[4]。

其次,网络营销虚假刷单现象严重。央视报道,2016 年 11 月 11 日凌晨,某手机品牌便被指出有单次购买 100 部的订单,曾经搞"饥饿营销"的这家手机店突然开放了单人购买 10 000 部的上限,并且每隔几分钟就有 50~100 个这样的订单出现,最离奇的是单笔购买 5000 部该手机产品[4]。这种刷单情况欺瞒了消费者对产品的客观认知,线上商家一味地追求利益并不利于促进商品经济的发展。

综上所述,"双十一"单身节的营销策略可谓五花八门,与我们的生活息息相关。倘若我们是买家,则需明辨是非,谨慎下单,不能随波逐流、有坑就跳;倘若我们是卖家,则更需要聪明行事,策划更新颖、更吸引消费者的营销策略,在不违法、不犯规的前提下为自己争取更多的利益。

参考文献:

[1] 佚名. 光棍节这样做营销[J]. 成功营销. 2012,(11): 13.

[2] 刘笑笑,冯建平. 基于 SWOT 分析的淘宝"双十一购物狂欢节"营销策略分析[J].

商，2016，(28)：126.

[3] 连晓卫. 双十一线上线下都有颜面[J]. 现代家电. 2015，（23）：20-23.

[4] 许烟文，垂柳. 假货&刷单：双十一背后的隐忧. 上海百货，2016，（1）：8.

四、思考

关于写作这份报告，一个原因是自己在修本专业的同时还额外修了工商管理专业，日后也有从事营销方面工作的可能。另一个原因是有同学在淘宝上开设了自己的网店，不过生意一直平平，"双十一"快到了，一年一度的集体购物狂欢节，怎么能错过这个机会？正好借着作业，可以帮同学寻找相关营销策略，一举两得。

在检索过程中，我惊奇地发现，"双十一"的购物狂欢是从2009年开始的，至今居然能检索出不少营销策略信息，可见营销在"双十一"这天被人们广为关注、研究。

最后，经过小综述的写作，感觉要写好一篇报告或者论文等，真不是一件容易的事情，要收集大量的资料，还要对资料进行筛选。文献叙述的观点有不同的取向，必须要保持清醒的头脑、连续的思维。

案例11：尼泊尔建筑研究

导语：搜索文献资料，世界就在身边，回顾自身游历，人文古迹思绪

作品完成人：建筑与城市规划学院，吴薇

完成日期：2015年10月，大二

一、课题分析

1. 课题内容特征：

尼泊尔的建筑在东南亚建筑群中独树一帜，它主要由木材和石材建成，长长的挑檐有明清建筑的意味，高耸的佛寺诉说着藏传佛教的神秘。它不像中国的建筑群，被保护起来作为景点开放，尼泊尔的建筑融入大街小巷间，毫无遮拦，再加上木石易散，2015年的地震让尼泊尔的建筑群遭到重创，这使得它的修复和保护工作尤为重要。

2. 中文关键词：尼泊尔，建筑/住宅

英文关键词：Nepal/Nepali，Architecture/house style

3. 检索工具：中国知网、万方、维普、超星数字图书馆、Wiley

4. 检索式：主题=尼泊尔 AND 主题=建筑 AND 主题=(修复 OR 保护)

二、文献阅读

经检索，获得一批相关文献。选取其中2篇文献精读：

[1]曾晓泉. 尼泊尔宗教建筑聚落空间构成特色探究[J]. 沈阳建筑大学学报（社会科学版），2014，01：10-14.

论文对尼泊尔宗教建筑空间构成特色进行了论述和解析，分析了尼泊尔宗教建筑聚

落通过建筑选址、平面布局、竖向布置、建筑装饰等多种形式呈现的空间构成艺术特色，以及宗教建筑环境与普通民众日常生活互相交融的表现形态，指出了尼泊尔传统文化崇尚人神共存、人与自然和谐相处、共生共融的独特人文魅力。其主要研究方法为比较研究，将尼泊尔的建筑群体之间的关系与中国建筑群相比较，在横向、竖向、选址、空间利用、平面布局、装饰等方面都有详细深入的比较研究，将尼泊尔建筑的布局特色讲述得比较详尽。最终得出了尼泊尔是人与万物共存、与神共存的关系的结论。其宗教建筑空间群落的构建，顺着历史发展的脉络建立了一种既定的韵律，既满足民众的实用功能需求，又关注人们的精神需求，并可根据人口发展、时代变更不断进行调适，在实践"和谐"教义的过程中共同构成表象丰富且散发着浓郁人文精神的建筑空间文化景观，具有较好的可持续发展能力。

[2]藤冈通夫，波多野纯，后藤久太郎，等. 尼泊尔古王宫建筑[J]. 世界建筑，1984，05：78-80.

论文以尼泊尔最有代表性的王宫——帕坦王宫为例，对尼泊尔的王宫建筑特点进行了粗略的概括，从构造（高挑檐陡坡度）到墙面装饰（雕刻、门窗线条），每一点都说得详尽透彻，总结了尼泊尔王宫建筑的特点，最终得出尼泊尔建筑的塔楼、庭院建筑和装饰墙面具有浓郁的东方特色，深受印度、缅甸和中国的影响的结论。

三、我的综述

我选取的课题是"尼泊尔建筑研究"，因此，必须了解尼泊尔建筑特点以及材料性质。我在中英文检索网站上仔细检索了这个主题，但符合要求的不太多，我想这是由于尼泊尔人民对于他们自己的建筑文化遗产还没有引起足够的重视，国际上对此的研究也不足，而且大多停留在表面概括，没有对每种建筑深入具体地分析。2015年的尼泊尔强地震使很多建筑遭到了巨大破坏，如果再不对尼泊尔的建筑进行研究，那么这种精美的建筑形式恐怕就要消失在世间了。

尼泊尔建筑基本分为两类，即古王宫建筑和宗教建筑。古王宫建筑的特点是高挑檐陡坡度、斜撑出挑和直线型屋顶，砖木结构，一般不超过五层，建筑群宏伟。宗教建筑以佛塔为主，周身为雪白石材或砖木结构，上有精美浮雕。王宫又分为城市型和山丘型王宫，典型的城市型王宫是帕坦的王宫，它在立面上用红与黑的颜色搭配以及各种格子型图案做出了强烈的对比，用凹凸的线条装饰强调水平感，用繁复的雕饰说明建筑的重要性。尼泊尔的建筑风格深受印度、缅甸和中国影响。

通过检索和阅读，我大致了解了尼泊尔建筑的特色和空间规划的巧妙之处。尼泊尔人很会因地制宜，用当地最常见的砖木为原材料，搭建三至五层的中高层建筑；又充分结合地势特点，做成高挑檐陡坡度的形式，使得降水不会对建筑体产生过多的不良影响。尼泊尔建筑的宗教痕迹明显，陡坡度某种意义上也是为了保持朝圣者对建筑体甚至王宫本身的敬畏态度。这种充分融合了宗教元素的建筑，有很多细节值得我们细细品味。

尼泊尔建筑一个巨大的特点是，它融入了城市人民的日常生活。我曾有幸在2015年地震前不久到尼泊尔巴德冈的杜巴广场享受了两周的时光。巴德冈的王宫完全和城市居民的房屋混合，王宫成为生活路线的必经之路，人们在一旁经商、买菜、上下班，并没有什么违和感。王宫的威武雄伟与破旧的居民楼相互掩映，风格相同，倒也不会产生非常强烈的对比。王宫入口界限模糊，周边的寺庙也是如此，它们和谐地融入周遭建筑，显得特别真实和有生活气息。他们是如何做到将王宫和宗教建筑完美地融合进日常建筑的？这一点很值得我们研究学习。

参考文献：

[1] 曾晓泉. 人神共存的境界——尼泊尔古宗教建筑空间文化赏析[J]. 设计艺术研究，2013，(3)：97-102.

[2] 张曦. 尼泊尔古建筑艺术初探[J]. 南亚研究，1991，(4)：4，59-66.

[3] 周晶，李天. 尼泊尔建筑艺术对藏传佛教建筑的影响[J]. 青海民族学院学报，2009，(1)：30-34.

[4] 曾晓泉. 尼泊尔宗教建筑聚落空间构成特色探究[J]. 沈阳建筑大学学报（社会科学版），2014，(1)：10-14.

[5] 殷勇，孙晓鹏. 尼泊尔传统建筑与中国早期建筑之比较——以屋顶形态及其承托结构特征为主要比较对象[J]. 四川建筑，2010，(2)：40-42.

[6] 卢珊. 尼泊尔建筑——虔诚佛国的居住艺术[J]. 艺术教育，2010，06：134.

[7] 藤冈通夫，波多野纯，后藤久太郎，等. 尼泊尔古王宫建筑[J]. 世界建筑，1984，(5)：78-80.

[8] 郭黛姮. 韩国与尼泊尔王宫简述及中韩尼三国宫殿简要比较[C]//单士元，于倬云. 中国紫禁城学会论文集（第1辑）. 北京：紫禁城出版社，1997：397.

四、分享

地震前后的尼泊尔建筑之帕坦王宫：

图片来自网络，地震后的帕坦王宫

2015年2月，我拍摄的美丽帕坦王宫

早在公元三世纪，帕坦就成为基拉底王朝的首都。15世纪末开始，又成为马拉王朝三个小国之一的帕坦王国的首都，时间长达270年。正是这段时间的繁荣，造就了帕坦古迹林立，蔚为壮观，被联合国教科文组织列为亚洲18座重点保护的古都之一，其杜巴广场也被评为世界文化遗产。

在帕坦，有1400多座神庙遍布全城的每个角落，其中重要的寺庙有55座，而市中心的杜巴广场，则以皇宫、神庙等16—18世纪的古建筑而在世界建筑史上占据一席之地。三个王国的王宫和大批的寺庙建筑历经战乱、纷争、自然灾害的破坏仍旧相当完好地保存下来。但这次尼泊尔8.1级地震，导致尼泊尔帕坦王宫广场受损严重，哈利桑卡神庙、查尔纳拉扬神庙完全毁坏，杜巴广场被毁情况十分严重。

8.7 健康身心健康人生

案例12：阿尔茨海默病发病机制的研究进展及其治疗药物

导语：健康与家庭，生活的基石，学习与规划，所学为所用
作品完成人：轻工化工学院，陈锴彬
完成日期：2016年12月，大三

一、课题分析
1.1 课题介绍
阿尔茨海默病（AD）是一种起病隐匿的进行性发展的神经系统退行性疾病，临床上以记忆障碍、失语、失用、失认、视空间技能损害、执行功能障碍以及人格和行为改变等全面性痴呆表现为特征，病因迄今未明。65岁以前发病者，称早老性痴呆；65岁以后发病者，称老年性痴呆。该病可能是一组异质性疾病，在多种因素（包括生物和社会心

理因素）的作用下才发病。从目前研究来看，该病的可能因素和假说多达30余种，如家族史、女性、头部外伤、低教育水平、甲状腺病、母育龄过高或过低、病毒感染等。

该病起病缓慢或隐匿，病人及家人常说不清何时起病。多见于70岁以上（男性平均73岁，女性为75岁）老人，少数病人在躯体疾病、骨折或精神受到刺激后症状迅速明朗化。女性较男性多（女：男为 3：1）。主要表现为认知功能下降、精神症状和行为障碍、日常生活能力的逐渐下降。根据认知能力和身体机能的恶化程度分为三个阶段。

第一阶段（1~3年）：在这个阶段，表现为记忆减退，对近事遗忘突出；判断能力下降，病人不能对事件进行分析、思考、判断，难以处理复杂的问题；工作或家务劳动漫不经心，不能独立进行购物、经济事务等，社交困难；尽管仍能做一些已熟悉的日常工作，但对新的事物却表现出茫然难解，情感淡漠，偶尔激惹，常有多疑；出现时间定向障碍，对所处的场所和人物能做出定向，对所处地理位置定向困难，复杂结构的视空间能力差；言语词汇少，命名困难。

第二阶段（2~10年）：该阶段表现为远近记忆严重受损，简单结构的视空间能力下降，时间、地点定向障碍；在处理问题、辨别事物的相似点和差异点方面有严重损害；不能独立进行室外活动，在穿衣、个人卫生以及保持个人仪表方面需要帮助；不能计算；出现各种神经症状，可见失语、失用和失认；情感由淡漠变为急躁不安，常走动不停，可见尿失禁。

第三阶段（8~12年）：该阶段患者已经完全依赖照护者，记忆力严重丧失，仅存片段的记忆；日常生活不能自理，大小便失禁，呈现缄默、肢体僵直，查体可见锥体束征阳性，有强握、摸索和吸吮等原始反射。最终昏迷，一般死于感染等并发症。

1.2 选题背景

我们班的专业是化工与制药类，在大二时就分化工与制药两个方向，因为对有机化学这方面比较感兴趣，所以我选择了制药这个方向。大二第二学期时在学院刘老师的实验室做实验、学习，大三开始进到七楼实验室学习，实验室目前所研究的课题就是开发一类治疗阿尔茨海默病的喹啉药物。研究发现，患有阿尔茨海默病的病人发病部位的游离铜离子数目比正常人高，因此这类药物主要与体内的游离铜离子结合生成络合物，减少游离铜离子的含量。在最近学习《药物化学》《应用药理学》这两门课程时，也学习到了治疗阿尔茨海默病的药物，但是由于此病的发病机制非常复杂，迄今为止其真正的发病机制并没有被完全搞明白，现有的药物是基于对该病发病机理的假说上所研究而合成出来的。阿尔茨海默病不仅给患者带来痛苦，同时也给其家人带来困扰。比如，就算在症状较轻的情况下，患者也会经常忘记东西放哪里了，每次家人可能就需要帮忙四处寻找。综上所述，选择该课题可以让我了解该病的研究进展及更多的发病机制假说，对我的知识学业方面有很大帮助。

1.3 调研内容及目的

对于本次课题的调研，主要是探究目前阿尔茨海默病的研究进展及最新的发病机制假说，以及了解最新的治疗药物及其治疗靶点。调研的目的是为了更好地学习阿尔茨海默病，学习科研工作者的科研工作思路，以及了解治疗药物是基于哪些物质被改造研发出来的，或者有哪些物质可以用来治疗该病。目前我准备考研，方向是有机合成方面，所以对于药物合成改造的了解正所谓越早越好，正好借此次信息调研，强化检索技能以及了解更多关于阿尔茨海默病的内容，对将来会很有帮助。

二、检索策略及结果

数据库的选择：

中文数据库：知网、万方

英文数据库：ISI Web of Konwledge、Nature

主要检索词：阿尔茨海默、进展、病理、药物；Alzheimer's disease、AD、pathogenesis、progress、drugs

部分检索结果如下：

[1] 应侠，吴振，雷严，等. 阿尔茨海默病的发病机制及治疗药物研究进展[J]. 中国药房，2014，33：3152-3155.

[2] 张琳琳，宋宛珊，王凯，等. 阿尔茨海默病发病机制及药物治疗研究进展[C]//中国中西医结合学会神经科专业委员会. 第十一次中国中西医结合神经科学术会议论文汇编. 中国中西医结合学会神经科专业委员会，2015：4.

[3] 刘雨辉. 抗 Abeta 抗体在阿尔茨海默病免疫治疗中的作用及机制研究[D]. 第三军医大学，2015.

[4] A. D. 罗斯，R. 塔内加 用于治疗阿尔茨海默病的方法和药物产品[P]. 美国：CN103501783A，2014-01-08.

[5] 李成刚. 胆固醇与阿尔茨海默病相关性的研究进展[D]. 重庆医科大学，2015.

[6] 赵智林，刘振香. 阿尔茨海默病的防治研究进展[J]. 现代仪器与医疗，2016，03：5-7.

[7] 李孟宇，程肖蕊，周文霞，等. 梓醇防治阿尔茨海默病作用研究进展[J]. 国际药学研究杂志，2016，02：199-204.

[8] Corbett A, Pickett J, Burns A, et al. Drug repositioning for Alzheimer's disease[J]. Nature Reviews Drug Discovery, 2012, 11(11): 833-846.

[9] Kulshreshtha Akanksha, Piplani Poonam. Current pharmacotherapy and putative disease-modifying therapy for Alzheimer's disease[J]. Neurological sciences : official journal of the Italian Neurological Society and of the Italian Society of Clinical Neurophysiology, 2016, 37(9).

[10] Cao H M, Yu G. The research progress of Nrf2 in Alzheimer's disease[J]. Progress in Biochemistry & Biophysics, 2015, 42(6): 533-539.

……

三、课题综述

阿尔茨海默病（AD）是当下研究重点之一，其复杂且仍未完全参透的发病机制仍然阻隔着人们对其更好地研究以及研发相应更好的药物。AD 的具体发病机制目前尚未完全研究透彻，只是存在多种假说，包括胆碱能神经元假说、Aβ 毒性假说、Tau 蛋白假说、胰岛素假说、自由基损伤假说等。然而，AD 是由遗传因素和环境因素共同引发的一种复杂性疾病，单一的假说并不能解释 AD 的全部发病特征。

目前，阿尔茨海默病的治疗药物基本上都是依据上述假说而展开研究的，已进入临床使用的治疗药物和极大部分处于研究阶段的治疗药物都只能减缓阿尔茨海默病发病进程，还没有可逆转疾病进程的药物研究成功。深入研究阿尔茨海默病的发病机制，从而研究出可逆转阿尔茨海默病进程的药物，是攻克阿尔茨海默病的关键。乙酰胆碱酶抑制剂是目前唯一一类明确用于 AD 治疗的药物，为胆碱能增强剂，且为临床使用最广的一类药物。该药物是基于胆碱能神经元假说的药物。基于其他假说的还有很多药物，在此就不一一介绍了。

其实想要治好阿尔茨海默病，重要的还是要把发病机理搞得明明白白。将发病机理研究透彻了，就可以知道是哪些物质缺少或者哪些物质过多，从而可以根据体内原有的物质来进行研究、修饰、改造，增加其在体内的含量或减少其含量。所以，要把阿尔茨海默病完全搞清楚，不仅需要生物学、病理学方面的专家，同时也需要精通有机合成方面的专家以及其他各类专家。随着社会越来越进步，人类越来越发展，该病总有一天会被完全研究清楚。

四、思考

我现在已经大三了，再过一个月大三也就过了一半了，时间真的过得很快。现在的规划是考研，方向是有机合成方面，继续走化学这条路，但现在一切都还是未知数，所以要更努力。假如将来真的读研了，那么基本上整天也就是待在实验室完成课题、做实验，到时候务必要查大量的文献资料，所以现在在掌握了基本的检索技巧，在接下来的时间里不断应用，检索文献也会变得越来越熟练，对学习、工作都会带来很大的方便和好处，所以掌握检索的技巧真的很有必要。最后，谢谢读者花时间阅读到这里！

案例 13：失眠的非药物疗法（以心理疗法为主）

导语：关爱身心健康，搜索寻求方案，找到合适疗法，早日战胜心魔，摆脱失眠困扰

作品完成人：小美（化名）

完成日期：2016年12月，大三

一、课题分析

1.1 概念描述

失眠：指患者对睡眠时间和（或）质量不满足并影响日间社会功能的一种主观体验。失眠按病因可划分为原发性和继发性两类。① 原发性失眠：通常缺少明确病因，或在排除可能引起失眠的病因后仍遗留失眠症状，主要包括心理生理性失眠、特发性失眠和主观性失眠3种类型。② 继发性失眠：包括由于躯体疾病、精神障碍、药物滥用等引起的失眠，以及与睡眠呼吸紊乱、睡眠运动障碍等相关的失眠。

1.2 选题背景

过去的11月本人深受失眠的困扰，曾一度出现睡眠恐惧、轻度抑郁、焦虑的症状，给生活、身心健康带来极大的危害。这一个月，我努力尝试各种方法，包括一部分物理疗法和服用安眠药，症状现已大大改善，但也还会有失眠症状出现。对于安神药物的危害有些许了解，不想借助药物来帮助自己调整睡眠，也不想依赖药物，希望能从根源上摆脱失眠的困扰，故借此次文献调研，更加深入、系统、专业地认识失眠的非药物疗法，帮助自己早日治愈失眠症状，克服对失眠的恐惧，克服心理障碍。

1.3 调研重点内容

之前已做过一些检查，失眠病因排除生理因素（身体上的疾病因素），为原发性失眠。且不想依赖药物，故将调研重点放在失眠的非药物治疗法的研究上，以心理疗法为主。

1.4 调研目的

对失眠心理治疗法有更加深入、系统、专业的了解，找到适合自己的疗法，帮助自己早日战胜心魔，摆脱失眠的困扰。

二、检索策略

2.1 检索工具

中文数据库：知网、万方

英文数据库：ISI、Pubmed（http://www.ncbi.nlm.nih.gov/pubmed）

2.2 检索词

中文检索词：失眠，心理疗法，心理治疗

英文检索词：insomnia, psychotherapy, psychological therapy

2.3 通用检索式

失眠 AND 心理治疗

三、检索结果

3.1 各数据库检索式及检索结果

知网：更新日期 between (2015-12-03,2016-12-03) 并且（主题=失眠 并且 主题=心理治疗）（精确匹配），检索结果数量：34 条。

万方："失眠"*"心理治疗"*Date:-2016，检索结果数量：528 条。

ISI：标题：(insomnia) AND 主题：(psychotherapy OR psychological therapy) 时间跨度：所有年份 检索语言=自动，检索结果数量：667 条。

再缩小研究领域为"SCIENCE TECHNOLOGY"，缩小研究方向为"PSYCHOLOGY"、"NEUROSCIENCES NEUROLOGY"，检索结果数量：611 条。

Pubmed：nsomnia psychotherapy，检索结果数量：1599 条

Search details: ("sleep initiation and maintenance disorders"[MeSH Terms] OR ("sleep"[All Fields] AND "initiation"[All Fields] AND "maintenance"[All Fields] AND "disorders" [All Fields]) OR "sleep initiation and maintenance disorders"[All Fields] OR "insomnia" [All Fields]) AND ("psychotherapy"[MeSH Terms] OR "psychotherapy"[All Fields])

3.2 部分中英文文献列举

[1] Brasure M Fuchs, E, MacDonald R, et al. Psychological and Behavioral Interventions for Managing Insomnia Disorder: An Evidence Report for a Clinical Practice Guideline by the American College of Physicians（心理和行为干预来管理失眠障碍：美国医师学会临床实践指南的证据报告）. Annals of Internal Medicine, 2016, 165（2）:113.

[2] Qaseem A, Kansagara D, Forciea MA, et al. Management of Chronic Insomnia Disorder in Adults: A Clinical Practice Guideline From the American College of Physicians（成人慢性失眠障碍的管理：来自美国医师学会临床实践指南）. Annals of Internal Medicine, 2016, 165(2): 125.

[3] Eidelman P, Talbot L, Ivers H, et al. Change in Dysfunctional Beliefs About Sleep in Behavior Therapy, Cognitive Therapy, and Cognitive-Behavioral Therapy for Insomnia（关于行为治疗功能障碍的变化，认知疗法和认知行为治疗失眠）. Behavior Therapy, 2016, 47(1):102-115.

[4] Norell-Clarke A, Jansson-Frojmark M, Tillfors M, et al. Group cognitive behavioural therapy for insomnia: Effects on sleep and depressive symptomatology in a sample with comorbidity（小组认知行为治疗失眠：对并发症样本中睡眠和抑郁症状的影响）. Behaviour Research and Therapy, 2015, 74:80-93.

[5] 李红梅, 张伟, 杨芳, 等. 心理治疗模式联合催眠治疗对控制大学生应激性失眠的效果观察[J]. 国际精神病学杂志, 2016,（01）: 80-82.

[6] 刘海波, 吴小容, 易炼, 等. 重复经颅磁刺激联合认知行为心理治疗对失眠症

患者的治疗作用[J]. 中国民康医学，2016，（12）：10-12，15.

[7] 黄均毅. 针灸联合心理治疗对亚健康失眠临床疗效观察[J]. 中医药信息，2015，（06）：86-88.

[8] 肖丹青. 基于心理生理性失眠个案分析的中医心理疗法TIP治疗特色研究[D]. 北京中医药大学，2012.

[9] 冯艺，吴一兵. 疼痛应激及主观感受、疼痛治疗的无线移动信息交换方法[P]. 北京：CN103876708A，2014-06-25.

[10] 韩旭庆，黎红华. 失眠症的非药物治疗进展[J]. 中国康复理论与实践，2013，（06）：541-543.

四、综述

失眠患者的临床表现主要有以下方面。① 睡眠过程的障碍：入睡困难、睡眠质量下降和睡眠时间减少。② 日间认知功能障碍：记忆功能下降、注意功能下降、计划功能下降，从而导致白天困倦，工作能力下降，在停止工作时容易出现日间嗜睡现象。③ 大脑边缘系统及其周围的植物神经功能紊乱：心血管系统表现为胸闷、心悸、血压不稳定、周围血管收缩扩展障碍；消化系统表现为便秘或腹泻、胃部闷胀；运动系统表现为颈肩部肌肉紧张、头痛和腰痛。情绪控制能力降低，容易生气或者不开心；男性容易出现阳痿，女性常出现性功能降低等表现。④ 其他系统症状：容易出现短期内体重减轻，免疫功能降低和内分泌功能紊乱。

《中国成人失眠诊断与治疗指南》制定了中国成年人失眠的诊断标准。① 失眠表现：入睡困难，入睡时间超过30分钟；② 睡眠质量：睡眠质量下降，睡眠维持障碍，整夜觉醒次数≥2次、早醒；③ 总睡眠时间：总睡眠时间减少，通常少于6小时。

在上述症状基础上同时伴有日间功能障碍。睡眠相关的日间功能损害包括：① 疲劳或全身不适；② 注意力、注意维持能力或记忆力减退；③ 学习、工作和（或）社交能力下降；④ 情绪波动或易激惹；⑤ 日间思睡；⑥ 兴趣、精力减退；⑦ 工作或驾驶过程中错误倾向增加；⑧ 紧张、头痛、头晕，或与睡眠缺失有关的其他躯体症状；⑨ 对睡眠过度关注。

失眠根据病程分为：① 急性失眠，病程≥1个月；② 亚急性失眠，1个月≤病程<6个月；③ 慢性失眠，病程≥6个月。

失眠的干预措施主要包括药物治疗和非药物治疗。一些常见的非药物疗法如下。

1. 物理疗法

重复经颅磁刺激：这是目前一种新型的失眠治疗非药物方案，经颅磁刺激是一种在人头颅特定部位给予磁刺激的新技术，指在某一特定皮质部位给予重复刺激的过程。重复经颅磁刺激能影响刺激局部和功能相关的远隔皮层功能，实现皮层功能区域性重建，且对脑内神经递质及其传递、不同脑区内多种受体包括5-羟色胺等受体及调节神经元兴奋性的基因表达有明显影响。其可以和药物联合治疗，迅速阻断失眠的发生，特别适用于妇女哺乳期间的失眠治疗，特别是产后抑郁所导致的失眠。

负离子疗法：其作为失眠的自我疗法，是通过吸入及生态级负离子淋浴的形式进行，仅是在治疗中增加了人们与生俱来时时吸入的自然因子，所以无毒害及副作用；同时，性能稳定的小型负离子健康机，在休闲、办公、学习及休息时均可使用。

足浴疗法：热水泡脚可以改善睡眠，但是想达到比较好的治疗效果，就需要添加治疗失眠的中药。因为用热水泡脚可以促进血液循环，热水中的热力还能帮助水中药物成分渗透到脚部的毛细血管，这样就可以达到很好的护理作用。泡脚时间最好选择在睡觉前半小时。

食补疗法：饮食上应多食用富含血清素的食物，血清素除了控制我们的睡眠，还控制着我们的情绪和食欲。睡眠不好的人，往往情绪上会出现抑郁或者暴躁的倾向，血清素控制着这些横冲直撞的不良情绪。以下食物富含血清素：香蕉、香蕉皮萃取物、黑巧克力、全麦面包、鱼类等。

2. 心理疗法

睡眠卫生教育：睡眠卫生教育的内容包括：① 睡前数小时（一般下午4点以后）避免使用兴奋性物质（咖啡、浓茶或吸烟等）；② 睡前不要饮酒，酒精可干扰睡眠；③ 规律的体育锻炼，但睡前应避免剧烈运动；④ 睡前不要大吃大喝或进食不易消化的食物；⑤ 睡前至少1小时内不做容易引起兴奋的脑力劳动或观看容易引起兴奋的书籍和影视节目；⑥ 卧室环境应安静、舒适，光线及温度适宜；⑦ 保持规律的作息时间。

松弛疗法：应激、紧张和焦虑是诱发失眠的常见因素。放松治疗可以缓解上述因素带来的不良效应，因此是治疗失眠最常用的非药物疗法，其目的是降低卧床时的警觉性及减少夜间觉醒。减少觉醒和促进夜间睡眠的技巧训练包括渐进性肌肉放松、指导性想象和腹式呼吸训练。患者计划进行松弛训练后应坚持每天练习2~3次，环境要求整洁、安静，初期应在专业人员指导下进行。松弛疗法可作为独立的干预措施用于失眠治疗（Ⅰ级推荐）。

刺激控制疗法：刺激控制疗法是一套改善睡眠环境与睡眠倾向（睡意）之间相互作用的行为干预措施，恢复卧床作为诱导睡眠信号的功能，使患者易于入睡，重建睡眠—觉醒生物节律。刺激控制疗法可作为独立的干预措施应用（Ⅰ级推荐）。具体内容包括：① 只有在有睡意时才上床；② 如果卧床20分钟不能入睡，应起床离开卧室，可从事一些简单活动，等有睡意时再返回卧室睡觉；③ 不要在床上做与睡眠无关的活动，如进食、看电视、听收音机及思考复杂问题等；④ 不管前晚睡眠时间有多长，保持规律的起床时间；⑤ 日间避免小睡。

睡眠限制疗法：很多失眠患者企图通过增加卧床时间来增加睡眠的机会，但常常事与愿违，反而使睡眠质量进一步下降。睡眠限制疗法通过缩短卧床清醒时间，增加入睡的驱动能力以提高睡眠效率。推荐的睡眠限制疗法具体内容如下（Ⅱ级推荐）：①减少卧床时间以使其和实际睡眠时间相符，并且只有在 1 周的睡眠效率超过 85%的情况下才可增加 15～20 分钟的卧床时间；②当睡眠效率低于 80%时则减少 15～20 分钟的卧床时间，睡眠效率在 80%～85%则保持卧床时间不变；③避免日间小睡，并且保持起床时间规律。

认知行为治疗：失眠患者常对失眠本身感到恐惧，过分关注失眠的不良后果，常在临近睡眠时感到紧张、担心睡不好，这些负面情绪使睡眠进一步恶化，失眠的加重又反过来影响患者的情绪，两者形成恶性循环。认知行为治疗的目的就是改变患者对失眠的认知偏差，改变患者对于睡眠问题的非理性信念和态度。认知行为治疗常与刺激控制疗法和睡眠限制疗法联合使用，组成失眠的 CBT-I。认知行为治疗的基本内容包括：① 保持合理的睡眠期望；② 不要把所有的问题都归咎于失眠；③ 保持自然入睡，避免过度主观的入睡意图（强行要求自己入睡）；④ 不要过分关注睡眠；⑤ 不要因为一晚没睡好就产生挫败感；⑥培养对失眠影响的耐受性。CBT-I 通常是认知治疗与行为治疗（刺激控制疗法、睡眠限制疗法）的综合，同时还可以叠加松弛疗法以及辅以睡眠卫生教育。CBT-I 是失眠心理行为治疗的核心（Ⅰ级推荐）。

现研究阶段的非药物疗法没有明显地将物理疗法和心理疗法单独使用，基本上以心理疗法和物理疗法相结合使用，以达到更好、更有效、更安全的治疗效果。但心理疗法的主观因素是治疗过程中的主导因素，物理疗法的疗效取决于心理状态，然而心理因素多变而不稳定，严重时不可控，研究起来具有极大的不定性，无法得到科学的准确定论，故得到的研究基本以物理疗法的研究为主。

虽然对心理疗法没有准确的定论和系统的认识，但我通过本次作业对一些物理疗法有了更加深刻、深入的认识，学会了如何正确地选择适合自己的物理疗法，也能通过一些简单的心理治疗法介绍结合适合自己的物理疗法，制订一些计划来调整自己的状态。

8.8　社会责任你我也担

案例 14："互联网+"形势下制造业如何转型

导语：关注社会热点，开展项目调研，成功申报立项，思考总结活用
作品完成人：政法学院，刘蕙珊
完成日期：2016 年 7 月，大二

一、课题分析

1.1 概念描述："互联网+"形势下制造业如何转型

"互联网+"实际上是创新 2.0 下的互联网发展新形态、新业态，是知识社会创新 2.0 推动下的互联网形态演进。新一代信息技术的发展催生了创新 2.0，而创新 2.0 又反过来

作用于新一代信息技术形态的形成与发展，重塑了物联网、云计算、社会计算、大数据等新一代信息技术的新形态，并进一步推动知识社会以用户创新、开放创新、大众创新、协同创新为特点的创新2.0，改变了人们的生产、工作、生活方式，也引领了创新驱动发展的"新常态"。

制造业是指对制造资源（物料、能源、设备、工具、资金、技术、信息和人力等），按照市场要求，通过制造过程，转化为可供人们使用和利用的大型工具、工业品与生活消费产品的行业。制造业包括：产品制造、设计、原料采购、仓储运输、订单处理、批发经营、零售。在主要从事产品制造的企业（单位）中，为产品销售而进行的机械与设备的组装与安装活动。

转型，是指事物的结构形态、运转模型和人们观念的根本性转变过程。不同转型主体的状态及其与客观环境的适应程度，决定了转型内容和方向的多样性。转型是主动求新求变的过程，是一个创新的过程。

互联网+形势下的制造业转型，指的是在处于新一代信息技术形态的形成发展的形势下，制造业应该如何面对新一代信息技术带来的变化的冲击及如何顺应这种趋势转型成为"高实力、富竞争力"的新一代制造业。

1.2 选题背景

本课题所提到的转型主要是制造业在"互联网+"环境下的转型。制造业是技术创新的基本源泉，是一国经济增长的原动力。如果没有一个强大而极具创新性的制造业体系，任何一个经济体都不可能实现繁荣发展。国际金融危机爆发后，主要经济体都提出了制造业国家战略，制造业正重新成为国家竞争力的战略制高点。

在当下"互联网+"快速发展的时代，我国制造业正处于转型升级的关键时期。制造业在总量上升到世界第一的同时，也出现了一些重要的阶段性变化，主要表现在增长速度持续回落、制造业占比不断下降、内部结构出现重大调整、增长动力发生重大更替，既面临着严峻的挑战，也蕴含着重大的发展机遇。促进制造业健康发展，直接关乎我国制造强国目标的实现，关乎我国产业创新能力和国际竞争力的提升，关乎我国经济的持续稳定增长，关乎中国经济的提质增效。

1.3 专题调研的重点内容及目的

重点内容：关注制造业的转型途径，其中包括企业盈利模式的转型、企业定位的转型和企业运营模式的转型。

目的：如何更合理、正确地实现制造业的成功转型是我国切实关注的问题。本课题探究"互联网+"形势下制造业如何转型，了解制造业经营与管理的客观经验及模式，如何促进制造业顺应"互联网+"的发展趋势，在"互联网+"环境下成功转型升级，提升我国制造业的整体实力，实现我们制造强国的目标，进而提升创新能力和国际竞争力，有助于我国经济的持续稳定增长。

二、检索策略

2.1 本课题涉及的范围

"互联网+"、环境分析、企业管理、产业升级、制造业、盈利模式、定位、运营模式、转型方式。

2.2 关键词

中文关键词：互联网+、制造业、转型、方式。

英文关键词：Internet +、manufacturing、transformation、method/way/means。

2.3 数据库或检索工具的选择

（1）中国知网（CNKI）。

（2）万方数据资源系统。

（3）维普中文期刊数据库。

（4）皮书数据库。

（5）读秀学术搜索。

（6）北大法宝数据库。

2.4 检索词的选择

核心检索词：互联网+、制造业、转型、方式；Internet +、manufacturing、transformation、method/way/means。

其他检索词：

互联网+：互联网发展新形态、互联网发展新业态。

制造业：制造工程、工业、产品制造企业。

转型：转变、转换、构造。

方式：方法、途径、做法。

2.5 通用检索式的制定

S0："互联网+"*制造业

——了解有关"互联网+"制造业的中文文献，发现与转型相关的其他检索词。

S1："互联网+"*制造业*转型

——了解关于"互联网+"形势下制造业转型的相关文献。

S2：("互联网+"+互联网发展新形态+互联网发展新业态)*(制造业+制造工程+工业+产品制造的企业)*(转型+转变+转换+构造)*(方式+方法+途径+做法)

——全面了解与"互联网+"、制造业和转型方式有关的文献。

S3："互联网+"*制造业*(转型+转变+转换+构造)*(方式+方法+途径+做法)

——重点了解在"互联网+"形式下制造业发生变化的具体表现形式，回归"如何转型"的主题。

说明：

（1）在这里，"*"表示逻辑与，"+"表示逻辑或，检索时根据具体的检索工具和检索结果对检索式的形式进行调整。

（2）2015年3月5日，在十二届全国人大三次会议上，李克强总理在政府工作报告中首次提出"互联网+"行动计划。所以，在以下的检索结果中，大多数文献的时间范围都是2015年3月5日至今。

三、检索过程及结果

3.1 检索过程

1. 中国知网（CNKI）

① 检索式：主题="互联网+" 并且 (主题=制造业 或者 主题=制造工程) 并且 主题=转型 并且 (主题=方式 或者 主题=方法)（精确匹配）

时间：从 2015-03-05 到 2016-07-07；排序：被引；检索结果有 107 条。

② 检索式：关键词="互联网+" 并且 (关键词=制造业 或者 关键词=制造工程) 并且 (关键词=转型 或者 关键词=转变) 并且 (关键词=方式 或者 关键词=方法)（精确匹配）

时间：从 2015-03-05 到 2016-07-07；排序：被引；检索结果有 0 条。

③ 检索式：关键词="互联网+" 并且 关键词=制造业

时间：从 2015-03-05 到 2016-07-07；排序：被引；匹配方式：模糊；检索结果有 3 条。

④ 检索式：主题="互联网+" 并且 主题=制造业 并且 主题=转型 并且 主题=方式

时间：从 2015-03-05 到 2016-07-07；排序：被引；匹配方式：模糊；检索结果有 54 条。

分析：①的检索结果太多了，调整检索点，将"主题"改为"关键词"，但发现得到的检索结果竟然为 0。于是将关键词中出现的词语数量减少，并且将精确匹配改为模糊匹配，得出 3 条检索结果。但是总体而言依然很少，于是④将其换回原来的"主题"，并且去除可替换的词语，得到的检索结果数量较为适合。所以选取④的检索式。

2. 万方数据资源系统

① 检索式：题名："互联网+"*制造业*转型*方式 * Date:-2016

匹配方式：模糊；检索结果有 21 条（期刊论文 19 条，学位论文 2 条）。

② 检索式：关键词："互联网+"*制造业*转型*方式 * Date:-2016

匹配方式：模糊；检索结果有 11 条（期刊论文 9 条，学位论文 2 条）。

③ 检索式：全文：("互联网+") *制造业* 转型*方式 * Date:-2016

匹配方式：模糊；检索结果有 1476 条（期刊论文 767 条，学位论文 677 条，会议论文 32 条）。

④ 检索式：题名或关键词：("互联网+") * (制造业+制造工程) * (转型+转变) * (方式+方法) * Date:-2016

匹配方式：模糊；检索结果有 39 条（论文类型期刊论文 31 条，学位论文 8 条）。

分析：①、②、③的检索式分别使用"题名"、"关键词"和"全文"三个检索范围，分别得到的结果是21条、11条、1476条。相对而言，由检索题名得出的检索结果数量一般，由检索关键词得出的检索结果数量偏少，由检索全文得出的检索结果数量过多。在前三个检索式的基础上，考虑到检索题名或关键词，于是进行第四次检索，得出的结果数量适中。所以选用第四种检索方式。

3. 维普中文期刊数据库

进入广东工业大学图书馆→中文数据库→维普中文期刊数据库→高级检索。

① 检索式：题名=互联网+ 并且 题名=制造业 并且 题名=转型 并且 题名=方式

匹配方式：模糊；检索结果有0条。

② 检索式：题名或关键词=互联网+ 并且 题名或关键词=制造业 并且 题名或关键词=转型 并且 题名或关键词=方式

匹配方式：模糊；检索结果有5条。

③ 检索式：题名或关键词=互联网+ 并且 题名或关键词=制造业 并且 题名或关键词=转型

匹配方式：模糊；检索结果有122条。

④ 检索式：题名=互联网+ 并且 题名=制造业 并且 题名=转型

匹配方式：模糊；检索结果有18条。

分析：①的检索结果为0条，调整检索点，把"题名"改为"题名或关键词"，检索结果扩大，但②的检索结果数量较少。继续尝试将检索点换成"题名或关键词"，但是减少检索词的总数，检索结果扩大，但检索结果数量过大。为了便于查找合适的数据，在③的基础上将"题名或关键词"改为"题名"，最终得到较为合适的结果。所以选取④的检索式。

4. 皮书数据库

① 检索式：标题=(互联网+)*制造业*转型*方式

匹配方式：模糊；检索结果有0条。

② 检索式：全文=互联网+ 并且 标题=制造业 并且 全文=转型 并且 全文=方式

匹配方式：模糊；检索结果有26条。

③ 检索式：全文=互联网+ 并且 标题=制造业

匹配方式：模糊；检索结果有46条。

分析：①的检索结果为0条，调整检索式，将除"制造业"外的其他检索范围皆改为"全文"，保留"制造业"检索范围为标题检索，从而方便检索出以制造业为重点的相应报告。但②得出的检索结果虽然数量还可以，但感觉还不够全面，所以在②的基础上进行第三次检索，将检索词缩减为"互联网+"和"制造业"，从而检索出更丰富的结果。所以选择③的检索式比较适合。

5. 读秀学术搜索

检索学位论文和会议论文。

① 检索式：标题="互联网+" 并且 标题=制造业 并且 标题=转型 并且 标题=方式

匹配方式：模糊；检索结果有 0 条。

② 检索式：全文="互联网+" 并且 全文=制造业 并且 全文=转型 并且 全文=方式

匹配方式：模糊；检索结果有 0 条。

③ 检索式：全文="互联网+" 并且 全文=制造业

匹配方式：模糊；检索结果有 10 条。

分析：①的检索结果为 0 条，调整检索式，将检索范围皆改为"全文"，但②得出的检索结果仍然为 0 条。在②的基础上进行第三次检索，将检索词缩减为"互联网+"和"制造业"。

6. 北大法宝数据库

检索法律法规。

① 检索式：标题=(互联网+)*制造业*转型*方式

匹配方式：模糊；检索结果有 0 条。

② 检索式：标题=(互联网+)*制造业

匹配方式：模糊；检索结果有 37 条（立法草案 18 条，法规解读 18 条，白皮书 1 条）。

分析：①的检索结果为 0 条，调整检索式，考虑到行政法律法规在与本主题相关的条文中很少涉及"转型"、"方式"的字眼，所以缩减检索词，第二次检索时得出 37 条结果。

3.2 选择并记录检索结果

考虑相关度、重要性、新颖性等因素，选择并记录一部分文献，文献类型包括：期刊论文、报告、学位论文、会议论文和国务院规范性文件，如下。

[1] 吴强. 互联网+时代制造业发展战略研究[J]. 湖南城市学院学报（自然科学版），2016,（04）：146-147.

[2] 童有好. 互联网+制造业的路径与机遇[J]. 企业管理，2015,（06）：6-11.

[3] 杜传忠，杨志坤，宁朝山. 互联网推动我国制造业转型升级的路径分析[J]. 地方财政研究，2016,（06）：19-24,31.

[4] 童有好. 论"互联网+"对制造业的影响[J]. 现代经济探讨，2015,（09）：25-29.

[5] 左世全. "互联网+"驱动生产制造方式转型[J]. 互联网经济，2015,（04）：44-47.

[6] 黄阳华，林智，李萌. "互联网+"对我国制造业转型升级的影响[J]. 中国党政干部论坛，2015,（07）：73-75.

[7] 刘明宪，等. 加快"互联网+工业"发展，推动先进制造业大省建设——河南省信息化. 2016 年河南经济形势分析与预测，2016.2.

[8] 张曌. 互联网背景下广东省制造业转型升级路径研究[D]. 广东财经大学, 2015.

[9] 罗文. "互联网+"：制造强国的新引擎[C]//中国武汉决策信息开发中心, 决策与信息杂志社, 清华大学经济管理学院. 决策论坛——科学制定有效决策理论学术研讨会论文集（上）, 2015: 2.

[10] 国务院关于积极推进"互联网+"行动的指导意见[Z]. 2015.

[11] 国务院关于深化制造业与互联网融合发展的指导意见[Z]. 2016.

……

四、文献综述

4.1 研究现状

"互联网+"对新一代信息技术与制造业的深度融合产生极大而深入的推动作用，并且对我国制造业生产方式、商业模式、价值链和管理方式等产生巨大而深刻的影响，最终促进我国制造业转型升级。

4.2 进展

研究发现，在生产方式方面，"互联网+"推动制造业大规模个性化定制，促使制造业数字化、网络化、智能化发展；在商业模式方面，互联网平台创新传统原材料采购方式，形成线上线下市场营销新模式，促进制造业服务化更普遍；在价值链方面，"互联网+"优化制造业价值链结构、提升运行效率以及促进各环节融合发展；在管理方式方面，"互联网+"更新传统制造企业管理理念，完善制造企业信息化管理系统，形成制造企业扁平化管理组织。

4.3 趋势

制造业通过与先进计算、分析工具、低成本传感和更高联网水平的融合，使得创新与变革加快，产品和装备技术含量不断提高，绿色制造、制造业服务化趋势日渐明显，盈利能力进一步提升，为我国建设制造强国带来新机遇。

4.4 待解决问题

那么如何顺应"互联网+"的发展趋势，结合具体的措施进行制造业的转型呢？具体又应该围绕哪些方面进行呢？经过对各种文献的检索和阅读，我归纳为以下几点。

1. 提高产品和装备技术含量[1]

通过制造业与先进计算、分析工具、低成本传感和更高联网水平的融合，创新与变革正在展开，产品和装备技术含量不断提高，绿色制造、制造业服务化趋势日渐明显，盈利能力得到提升，传统制造业正有助于形成绿色制造集成系统，包括：产品和工艺设计与材料选择系统的集成、用户需求与产品使用的集成、绿色制造系统中的信息集成、绿色制造的过程集成等，有助于基于知识系统、模糊系统和神经网络等人工智能技术在绿色制造中发挥重要作用。如在制造过程中应用专家系统识别和量化产品设计、材料消耗和废弃物产生之间的关系，来比较产品设计和制造对环境的影响等。此外，企业实施绿色制造，需要大量实施工具和软件产品。

2. 专项特性化，以制造业具体的内容为实际出发点[2]

（1）离散制造与"互联网+"——以汽车制造为例

离散制造产品一般由多个零部件经过一系列连续的工序加工装配而成，要求多个企业、多个部门，甚至一个部门内的多个工作中心协同生产。以汽车制造为例，汽车的核心技术包括生产自动化、安全生产和质量控制体系。

（2）批量流程制造与"互联网+"——以钢铁制造为例

批量流程制造采用大规模生产方式，生产工艺较为成熟，能够使用过程控制系统，控制生产的自动化水平也较为成熟。批量流程制造产业生产车间的工作人员主要负责管理、监视以及设备维护。随着计算机、通信、互联网技术的运用，一位工人可以远程控制若干台机器，极大地提高了生产效率。

（3）半离散制造与"互联网+"——以服装制造为例

半离散制造指企业前期生产是流程的，后期包装是离散的。如果没有前期"原料"生产，而是通过购买"原料"进行包装，则就是完全的离散行业。服装就是一个半离散的制造行业。在服装生产领域的设计阶段，要求企业用互联网的思维，建立大数据系统，确立个性化量身定制的服装战略。

3. 企业逐渐向服务型制造转型[3]

"互联网+"并不是在互联网上卖商品、做营销，而是利用互联网技术实现企业内外价值链的完全数据化，是信息技术与企业经营管理各种要素的深度融合。制造型企业对互联网的应用，不应仅停留在工具应用层面上，而是应把握"互联网+"的本质，为企业的创新发展开拓途径。随着互联网的深入应用和客户成为中心，越来越多的制造业企业不再仅仅关注实物产品的生产，而是涉及实物产品的整个生命周期，包括市场调查、产品开发或改进、生产制造、销售、售后服务、产品报废或回收等。服务环节在制造业价值链中的作用越来越大，许多传统制造业企业甚至专注于战略管理、研究开发、市场营销等活动，放弃或者外包制造活动。部分制造企业正在转变为某种意义上的服务企业，产出服务化成为当今世界制造业的发展趋势之一，企业的收入来源也从销售产品转向"销售产品+提供服务"，获取持续收入。制造业服务化发展有三种主要途径：一是利用互联网开展远程运维、监控等服务。例如，三一重工在设备上增加了通信功能，通过网络与其企业控制中心和快速反应团队连接，运用3G网络、视频远程故障诊断等信息服务系统，远程监控设备运转情况，并基于工业大数据实现故障预警，有针对性地提供咨询、维修等服务，不仅提高了产品附加值，而且实现了从制造产品为主向提供工程承包和远程运维服务的转变。二是在推广应用互联网过程中，衍生出信息服务、系统集成、运维服务等一系列专业性服务企业。三是产生各类平台型服务机构，专门为制造企业提供研发设计、生产制造、经营管理、市场销售等服务。

4. 提升制造业盈利能力[4]

由于世界经济一体化日渐深化，技术转移日益迅速，互联网带来的益处将惠及全球，也为提升制造业盈利能力和水平创造了条件。工业互联网的数据分析能力，可以帮助铁路运输更好地解决速度、可靠性和运能等挑战。互联网与制造业融合空间广阔，潜力巨大，如能充分利用好这一优势，将会极大地提升"中国制造"在全球的竞争地位。因此，未来时期，我国制造业不仅要维持"用机器生产产品"的世界地位，更要抓住"互联网+"带来的机遇，对"中国制造"进行全面升级，在技术、标准、政策等多方面实现"互联网+"与"中国制造"充分对接与深度融合，为迈向制造强国打下坚实基础。

对于我个人而言，我觉得"企业—政府"两位一体模式共同参与转型，以企业为主，结合具体政策，是非常有必要的。制造业的创新转型是以企业为主体，在政府公布的相应政策下进行的创新型转型，通过对业务和管理进行结构性变革，获取经营绩效的改观。转型具有系统性、跨越性、阶段性等特点，往往自上而下，涉及观念、组织、流程、人员能力等一系列变革，依赖经验和直觉的方式已经无法奏效，而是需要一套科学的方法论。而这套科学的方法论也需要相应适配的社会环境，其中政府公布的政策就属于社会环境中的一个重要因素。这个重要因素对转型所起的作用会影响到制造业转型是否成功。因此，对于企业而言，还应该积极地把握国家发展方向、发展政策。对于政府而言，应该完善融合发展体制机制，培育国有企业融合发展机制，加大财政支持融合发展力度，完善支持融合发展的税收和金融政策，强化融合发展用地、用房等服务，健全融合发展人才培养体系，推动融合发展国际合作交流。

参考文献：

[1] 夸颖. 用"互联网+"提升制造业转型[J]. 中国高新区, 2015, （8）: 20-21.

[2] 吴强. 互联网+时代制造业发展战略研究[J]. 湖南城市学院学报（自然科学版）, 2016, 04: 146-147.

[3] 童有好. 互联网+制造业的路径与机遇[J]. 企业管理, 2015, 06: 6-11.

[4] 汤杰新, 薛佩佩, 唐德才. "互联网+"助力中国制造业转型升级[J]. 改革与开放, 2016, 11: 8-10.

五、思考

5.1 选题缘由

为什么选用"互联网+形势下制造业如何转型"这个课题呢？其实跟我参加的两个团队项目调研是有很大关系的。第一个团队，本学期院级项目立项成功，主要研究"互联网+环境下的知识产权侵犯重点——关注高校老师著作权侵犯问题"，想起当时写申报书时真是"惨不忍睹"，我们当时唯一获取"互联网+"相关资料的途径只有百度，而且仅仅局限于百度的网页搜索，耗费很长的时间却没有半点进展，居然还对指导我们立项的师兄说我们找不到这方面的更多资料，因此误以为我们的立项是很少先例的，颇具新颖性的。现在看来,当时的我们真是井底之蛙。至于另一个团队,将在这个暑假参加三下乡活动,调研顺德北滘镇的经济转型——主要是制造业的转型。学习了信息检索这门课程后,我学会运用多种检索工具和方法查找到大量关于企业转型的学术文献,帮助我们圆满完成了申报书的撰写并一举申报成功。

拿到这次文献调研任务时,我马上想到可以把上面这两个项目结合起来,通过检索,能够对调研内容有更深入的了解,便于以后调研活动的进行,同时还锻炼了自己的检索技能,一举两得。

5.2 经验分享

在这里也分享一下在检索过程中的感受。我们在信息检索过程中常常会面临这种情况:要么获得的信息结果数量太多,要么少得可怜。这里我有几个小经验想与大家分享。

(1) 如果获取结果的数量太少,不仅可以用"或"来增加近义词、同义词,还有一个我经常会用到的方法就是,缩减检索的词语。虽然在一个课题中可能会有3~4个检索词语,但在结果数量太少的情况下,可以将这几个检索词分出主次关系,把相比之下较为次要的词语暂时删减,这样得出的结果就会丰富很多。

(2) "题名、关键词、题名或关键词、篇名、全文"等检索字段,可以在同一次检索过程中交互使用。举个例子,"全文=互联网+ 并且 标题=制造业 并且 全文=转型 并且 全文=方式",这一检索式的特点在于对"制造业"的检索范围是标题,而其他是全文,那么通过对重点突出的内容进行标题或篇名的检索,其余次要的内容进行全文或主题的检索,得出的结论会离你的预期值更近。

(3) 在这次信息检索报告中,不局限于上课时讲到的几个数据库,我通过尝试新的数据库,发现了自己很喜欢的数据库,如"皮书数据库"。

(4) 特别想说的是,学会了检索的技能,除了能助力学习和科研,还对日常生活有很大帮助。我运用老师教的检索思路和流程,尝试去找一些电影资源,确实效果很不错!

案例15:地铁空气幕挡烟有效性研究

导语:学习和运用专业技能,开展大创项目的研究,关心城市和社会建设
作品完成人:环境科学与工程学院,陈结云,蔡泽钊
完成日期:2015年4月,大二

■ 陈结云

一、课题分析

1. 概念描述:"地铁空气幕挡烟有效性研究"即通过实验和调研,寻找合理的数学模型模拟实验,针对广州地铁的现状提出合适的地铁空气幕安装参数(送风角度、送风

速度、空气幕宽度等），提高火灾发生时空气幕挡烟的有效性。

2. 选题背景：由于地铁内通道的有限性，烟气将会顺着这些通道蔓延至站厅各层，而这些通道往往也是人员疏散和火灾救援的必经之路，所以烟气的蔓延几乎与人员疏散的方向一致。开放的楼梯间不仅是人员疏散通道，也是火灾蔓延的通道，这样非常不利于进行人员安全疏散，这种情况下需要引入一种既可以让人员能够安全通过并且也可以有效地挡烟的技术，而空气幕正好可以满足这两个要求。

3. 专题调研的重点内容及目的：对当前广州地铁站内火灾风险和空气幕安装使用状况进行调查，研究喷气速率和喷气角度对空气幕挡烟效果的影响，研究适用于广州市地铁站空气幕的最佳喷气速率和喷气角度的设计参数要求。项目研究的目的是为了以事故数据为基础，以广东省广州市地铁为研究背景，通过对广州市地铁空气幕使用现状和安装参数调查和数据收集，深化分析广州市地铁空气幕的使用现状，开展基于广州市地铁现状进行空气幕有效性的研究，提出科学合理的措施。

二、检索策略

检索词：

地铁

空气幕/空气帘

挡烟/防烟/阻隔/隔离/应用

Railway；subway；metro

air curtain；air screen

smoke；gas；flue

control；diffusion；hold；dielectric barrier；prevent

检索式：

（1）地铁 AND (空气幕+空气帘) AND (挡烟+防烟+阻隔+隔离+应用)

（2）(railway OR subway or metro) AND (air curtain OR air screen) AND (smoke OR gas or flue) AND (control OR diffusion OR hold OR dieletric barrier OR prevent)

检索工具：

知网、万方、ISI Web of Knowledge、Engineering Village 平台

三、检索结果

本部分略。

四、我的理解

地铁通风排烟效果差，疏散通道单一，人员密度大，发生火灾时人员难以逃生而且火灾产生高温烟气的扩散方向与人员逃生方向相同，高温烟气使得能见度降低，可能会对乘客的心理产生重大影响，引起人员的跌倒和慌乱，很容易导致疏散通道堵塞，最终

导致人员吸入过多有毒烟气而中毒昏厥，造成重大的人员伤亡事故。地铁安装空气幕能够隔离烟气，能够保证6min的疏散时间，减少人员伤亡，所以地铁空气幕有效性研究具有重要意义。

国外对于空气幕的设计主要集中在进出口空气幕和采矿用的空气幕方面，而对于空气幕的挡烟研究相对较少。目前国内通过对于煤矿空气幕挡烟效果的研究，发现设置空气幕风速为3.4~5.6m/s时，对呼吸性粉尘比传统的喷雾除尘方法效率提高20%，其除尘率可以达到79.3%~85.8%[1]。实验通过模拟对比空气幕前后温度变化，得出空气幕风速为4m/s或者5m/s时即可较好地阻挡烟气。角度为15°的空气幕比0°和30°的空气幕挡烟效果好[2]。目前空气幕的研究还在进行中，除了研究空气幕最佳风速和最佳角度，还需要研究对于隔离区内烟气的排出及如何提高空气幕隔离区内的能见度，以及研究站台到楼梯距离不同的空气幕安装参数的设定，使得空气幕在火灾发生时发挥更好的作用。

参考文献

[1] 吴振坤. 地铁车站敞开楼梯空气幕防火防烟分隔技术研究[D]. 中国科学技术大学，2015.

[2] 吴振坤，张和平，盛业华，等. 地铁站内空气幕防烟效果的数值模拟研究[J]. 火灾科学，2013，01：31-35.

■ 蔡泽钊

一、空气幕

1.1 什么是空气幕

空气幕是通过贯流风轮产生的强大气流，形成一面无形的门帘，因此，亦称风帘机、风幕机、空气风幕机、风闸、空气门、风门机、风闸、钻石空气幕、钻石风幕机、钻石风帘机。其具有隔热功能、防虫功能、保鲜功能、负离子功能、遥控功能。

1.2 地铁中空气幕的作用

大量火灾案例证明，火灾产生的热烟气具有减光性、毒害性、恐慌性等特点，地铁站火灾造成的人员伤亡往往是高层建筑的5~6倍，财产损失是高层建筑的1~3倍，且经科学研究，约85%的伤亡是由热烟气直接或间接造成的。

然而在地铁站中，人流密度大，通风排烟效果较差，疏散通道数量较少且形式单一。一旦发生火灾，产生的高温烟气容易大量积聚，其扩散方向与人员疏散方向一致，向疏散通道蔓延，使得能见度降低，加大了人员逃生的难度。可能会对乘客的心理产生极大影响，容易引起慌乱的场面，造成疏散通道堵塞，导致人员吸入过多有毒烟气而中毒昏厥，甚至发生踩踏事件，造成重大的人员伤亡事故。为保证人员安全疏散，亟须采用有效的挡烟设施。火灾发生时，要保证在6min疏散时间内人员得到疏散，传统的阻烟卷帘有较好的阻烟防火效果，但是会阻碍人员疏散，不利于人员安全逃生。

空气幕既能有效阻止烟气蔓延，又不妨碍人员的安全疏散，是非常有效的挡烟设施。因此，空气幕作为地铁站的辅助挡烟设备，研究广州地铁站空气幕的使用现状和挡烟有效性有非常重要的意义。

1.3 专题研究的关键问题

（1）对当前广州地铁站内火灾风险和空气幕安装使用状况进行调查。

（2）研究广州地铁站空气幕使用存在的问题。

（3）研究当前空气幕安装使用存在的问题对挡烟有效性的影响。

（4）研究适用于广州市地铁站空气幕的关键影响因素的设计参数要求。

1.4 项目研究的目的

针对新型的城市轨道交通工具地铁空气幕使用现状和挡烟有效性技术进行调查分析，致力于提升广州市地铁站的防灾能力，为消防救援和人群疏散留下更多宝贵的时间，同时为各大城市地铁站空气幕挡烟有效性的优化提供有力依据。本研究以广州地铁站为背景，通过对广州市地铁空气幕使用现状和设计参数调查和数据收集，深化分析广州市地铁站空气幕的有效性，开展基于广州市地铁站现状进行空气幕有效性影响因素的研究，提出科学合理的改善措施。

二、检索策略

中文数据库：中国知网、万方、读秀、维普等。

英文数据库：ISI、EI、ASCE 等。

检索式：

（1）(地铁 OR 地下空间) AND (空气幕 OR 风帘机 OR 风幕机 OR 空气风幕机 OR 风闸 OR 空气门 OR 风门机 OR 风闸)

（2）(地铁 OR 地下空间) AND (空气幕 OR 风帘机 OR 风幕机 OR 空气风幕机 OR 风闸 OR 空气门 OR 风门机 OR 风闸) AND 防火

（3）subway　Air curtain

具体结果记录略。

三、课题预期

纵观地铁火灾事故，地铁安全形势依然严峻。广州市地铁人口密度大，人流量多，可燃物复杂，逃生通道相对人流量较单一、狭窄，若没有性能良好的挡烟设备，将会成为火灾逃生的重大隐患，因此空气幕运行的有效性直接关系到地铁的安全。

本项目研究如果能顺利完成，将综合当前政府出台的相关法规以及行业守则，研究出适合当前发展形势的整治建设方案，向相关企业单位提出切实可行的要求，从而提升广州市地铁空气幕的有效性，在发生火灾时为人员疏散和消防救援提供足够的时间，减少人员伤亡和财产损失，进一步保障人民的生命财产安全，促进和谐社会的发展。

📥 练习、讨论与思考

1. 阅读本章案例，思考给你的学习和研究带来的启发。

2. 近期你有什么学术问题希望深入了解、学习或解决？心动不如行动，赶快行动起来，自主确定好选题，较全面地搜索中英文文献并作文献分析，完成一份专题信息调研报告。

3. 自拟研究主题，搜索文献资料，遵循学术规范，写作一篇论文或综述。

4. 学完了本书，对于"信息素养是包含了多种关于信息的知识技能和思维意识的一组复合能力"，你有何思考和理解？

5. 知识更新，学无止境，每个人都应该做一个终身学习者。请思考与实践：更好地掌握以信息素养为核心的学习能力，延伸你学业学习的范畴，以及与其他学术和社会学习目标相融合。

主要参考文献

[1] Information Literacy Competency Standards for Higher Education [EB/OL]. [2017-02-15] http://www.ala.org/acrl/sites/ala.org.acrl/files/content/standards/standards.pdf

[2] Global media and information literacy assessment framework: country readiness and competencies [EB/OL]. [2017-02-15] http://www.unesco.org/new/en/communication-and-information/resources/publications-and-communication-materials/publications/full-list/global-media-and-information-literacy-assessment-framework/.

[3] Framework for Information Literacy for Higher Education [EB/OL]. [2017-02-15] http://www.ala.org/acrl/standards/ilframework.

[4] 程萌萌,夏文菁,王嘉舟,等.全球媒体和信息素养评估框架（UNESCO）解读及其启示[J].远程教育杂志,2015,（01）：21-29.

[5] 符绍宏,高冉.《高等教育信息素养框架》指导下的信息素养教育改革[J].图书情报知识,2016,（03）：26-32.

[6] 王知津.工程信息检索教程[M].北京：机械工业出版社,2015.

[7] 林豪慧,孙丽芳.高校信息素质教程[M].北京：电子工业出版社,2013.

[8] 蔡莉静.图书馆利用基础.北京：海洋出版社,2013：119.

[9] 彭奇志.信息检索与利用[M].北京：中国轻工业出版社,2013：22.

[10] 葛兆光.大胆想象终究还得小心求证[N].文汇报,2003-03-09（8）.

[11] 黄健.高校图书馆发展研究[M].长春：吉林文史出版社,2009：36.

[12] 胡爱民.现代信息检索[M].光明日报出版社,2014：283.

[13] 孙道银.信息管理[M].北京：经济管理出版社,2014：6.

[14] 张智松,李民胜.现代医药、化工企业经济信息分析方法[M].北京：中国医药科技出版社,2000：124.

[15] [美]迈克尔·德图佐斯（Michael L. Dertouzos）.未来的社会：信息新世界展望[M].上海：上海译文出版社.1998：282.

[16] [美]葛洛蒂，[中]张国治. 未来生存——通向 21 世纪的超级文凭[M]. 北京：电子工业出版社，1999：325.

[17] 胡昌平，乔欢. 信息服务与用户[M]. 武汉：武汉大学出版社，2001：202.

[18] 胡继武. 信息科学与信息产业[M]. 广州：中山大学出版社，1995：49.

[19] 陈燕，等. 传播学研究方法[M]. 北京：科学出版社，2002：163.

[20] 赖茂生. 科技文献检索指导[M]. 北京：北京大学出版社，1992：8.

[21] 刘城汾. 网络信息安全常见问题及其对策[J]. 科技与企业，2015，（12）：69. DOI:10.3969/j.issn.1004-9207.2015.12.065.

[22] 凌斌. 论文写作的提问和选题[J]. 中外法学，2015，27（1）：24，36-42.

[23] 廖晨. 微博信息可信度的评判模型和可视化工具研究[D]. 北京：清华大学，2015.

[24] 彭真明. 给初涉科研同学的建议[EB/OL]. (2017-01-01). [2017-04-02]. http://blog.sciencenet.cn/home.php?mod=space&uid=425437&do=blog&id=1024732.

[25] 杨延丽. 给新人的一点文献调研经验[EB/OL]. （2016-10-08）. [2017-04-02]. http://blog.sciencenet.cn/blog-285633-1007357.html.

[26] 往北走. 如何研读一篇论文？[EB/OL]. （2015-05-11）. [2017-04-02]. http://www.360doc.com/content/15/0511/11/23023322_469620827.shtml.

[27] 蒋永福，刘鑫. 论信息公平[J]. 图书与情报，2005，（6）.

[28] 穆安民. 科技文献检索实用教程[M]. 重庆：重庆大学出版社，2015.

[29] 景玉慧，介伟萌，刘晓玲. MOOC 与公开课比较研究[J]. 软件导刊，2014（8）：199-201.

[30] 刘赛娜，董玉伟，黎婉倩. 网络公开课及其对我国高等教育的影响[J]. 软件导刊，2016，15（7）：218-219.

[31] 开放存取及其发展历程[EB/OL]. （2015-08-29）. [2017-04-03]. http://www.zhixing123.cn/lunwen/50413.html.

[32] 维基百科. 开放获取[EB/OL]. [2017-04-03]. https://zh.wikipedia.org/wiki/%E5%BC%80%E6%94%BE%E8%8E%B7%E5%8F%96.

[33] 季燕江. 作者自存档：学术交流的新途径[EB/OL]. [2017-04-03]. https://zh.wikisource.org/zh-hans/%E4%BD%9C%E8%80%85%E8%87%AA%E5%AD%98%E6%A1%A3%EF%BC%9A%E5%AD%A6%E6%9C%AF%E4%BA%A4%E6%B5%81%E7%9A%84%E6%96%B0%E9%80%94%E5%BE%84.

[34] 温州大学图书馆. 开放获取资源推荐[EB/OL]. [2017-04-03]. http://lib.wzu.edu.cn/Col/Col50/Index.aspx.

[35] 在线课程学习网站合集[EB/OL]. [2017-04-03]. http://www.jianshu.com/p/52b9539ca0e2.

[36] 全球60个超优质线上学习资源网站. http://posts.careerengine.us/p/5865d155f8ae4e700f8de992.

[37] 百度百科：网盘[EB/OL]. [2016-12-01]. http://baike.baidu.com/view/71279.htm.

[38] 兰州大学信息素质教育网站. 开放存取[EB/OL]. [2017-04-03]. http://lib.lzu.edu.cn/Html/xinxi-2011/2011-6/16/20110616111599.html.

[39] 吉林大学远程教育. 检索语言的分类[EB/OL].（2004-08）. [2017-04-02]. http://dec3.jlu.edu.cn/webcourse/t000052/main/ch12/ch1202.htm.

反侵权盗版声明

电子工业出版社依法对本作品享有专有出版权。任何未经权利人书面许可，复制、销售或通过信息网络传播本作品的行为；歪曲、篡改、剽窃本作品的行为，均违反《中华人民共和国著作权法》，其行为人应承担相应的民事责任和行政责任，构成犯罪的，将被依法追究刑事责任。

为了维护市场秩序，保护权利人的合法权益，我社将依法查处和打击侵权盗版的单位和个人。欢迎社会各界人士积极举报侵权盗版行为，本社将奖励举报有功人员，并保证举报人的信息不被泄露。

举报电话：（010）88254396；（010）88258888
传　　真：（010）88254397
E-mail: dbqq@phei.com.cn
通信地址：北京市万寿路173信箱
　　　　　电子工业出版社总编办公室
邮　　编：100036